《新中国成立70周年重庆口述回忆文集》

编委会

编辑说明

一、本书共四个部分:第一至三部分按照时间进程分为“建设人民的生产的新重庆”“争当改革开放排头兵”“直辖开启新征程”,总体勾勒了新中国成立70年来重庆建设发展的历史脉络,从市级层面的重大事件和决策展现重庆在党的全面领导下取得的建设成就;第四部分“民营企业家话改革”,选取改革开放进程中成长壮大起来的一个特殊群体,以点带面从局部突出反映了党领导经济建设方面取得的成绩以及改革开放政策带来的巨大变化。

二、因本书收录的口述回忆文章分别形成于不同年代,为充分尊重作者观点和语言风格,本书在编辑中尽量保持原貌。个别略作改动的文章,均于文末做出说明。

三、本书所收录文章主要来源于市委党史研究室已出版的书籍、刊物和新征集采访的口述回忆文章,大致可分为口述和回忆两类。凡已发表过的文章,编者均在文末注明出处;口述类文章,均在文末标明采访时间和整理者。

目 录

第一部分 建设人民的生产的新重庆

第二部分　争当改革开放排头兵

第三部分　直辖开启新征程

第四部分　民营企业家话改革

第一部分

建设人民的生产的新重庆

重庆解放与接管的回忆

陈锡联[1]

1949年4月南京解放后，我到芜湖训练军队去了。7月，我到南京时，有一天，刘、邓首长找我谈话，说中央决定进军西南。重庆解放后，要我任重庆市市长。当时在座的还有张霖之同志。还说，重庆军管会主任是张际春同志。我说，我不会也不懂地方工作。刘、邓首长说，可以学嘛！你是兵团司令，下面还有人嘛！当时就确定重庆市的领导班子主要是我、张霖之、曹荻秋同志三人（曹当时还在上海，我不认识他）。我是军管会副主任、市委第一书记，主管军管会工作；张霖之同志是市委书记，主管党务和群团工作；曹荻秋同志是市委副书记，主管政府工作。刘明辉同志管公安工作，王近山同志是军管会委员、市委委员，主管市里的卫戍工作。组织部部长、宣传部部长当时怎么定的，我不知道。在进军路上，才知道组织部肖泽宽同志是副部长，宣传部部长是任白戈同志。

1949年7月，在南京就拟定了进军西南的作战方案。三兵团的十军、十一军、十二军及四野的四十七军（曹里怀）跟我们一路进军。按当时部队的队形，进军到哪里就接管到哪里。十军进军到川南自贡，成立川南军区，杜义德是司令员，王维纲是政委；十一军到川东，成立川东军区，由我兼司令员，谢富治是川东军区党委书记、政委，副司令员是王近山，阎红彦是副政委；十二军就到重庆。

1949年9月，部队到常德时，曹荻秋同志从华东带来的一批地方干部和学生与二野的军队干部会师了，开过一次会，参会的还有四川地下党的少数同志。

在常德期间，主要做了3件事。一是军事准备。对解放重庆几个军的进军路线、战斗部署做了具体布置。有关这方面的详细情况，可详见《二野军战史》[2]。此书是在刘、邓首长亲自主持下，具体由我负责来完成的。二是班子准备。由华东调来的地方干部和军队干部及部分地下党的同志组成接管班子。军管会下设几个接管委员会。三是政治准备。分析了重

---

① 陈锡联（1915—1999），曾任重庆市军管会副主任，中共重庆市委第一书记、市人民政府市长，川东军区司令员，中国人民解放军炮兵司令员，国务院副总理，中央军委常委，中共中央政治局委员，中央顾问委员会常务委员。1955年授予上将军衔。

② 全名为《中国人民解放军第二野战军战史》，解放军出版社1990年出版。

庆的军事、政治、社会、经济情况。重庆是抗战时期的陪都，也是全国解放前蒋介石企图盘踞的最后据点，全国不少省份（如西北、河南、湖南等）的反动势力、社会渣滓都汇集到重庆，敌情复杂。还分析了抗战八年，蒋介石对人民的欺骗性。在部分人的心目中（错误地认为），蒋介石即使做的坏事再多，抗日战争依然是他领导胜利的。同时，研究了到重庆后军管中可能遇到的问题，请了参加接管上海、南京的同志们介绍经验。

在常德期间的工作，主要是由张霖之、谢富治主持的。上述3个方面的准备工作可以说都很重要。到重庆后接管工作之所以能按我们原定的部署顺利开展，与常德期间准备工作做得好有很大关系。离开常德后，他们还一路行军打仗，一路研究问题。我到前线打仗，首先在酉（阳）、秀（山）、黔（江）、彭（水）歼灭了大量敌人，打通了通向重庆的道路。然后对敌迂回包围，强渡了乌江，于11月24日占领南川城。

11月28日，我们就到了重庆的南温泉，将敌宋希濂集团和罗广文兵团的大部歼灭于南川以北，共歼敌几万人。29日，十二军的先遣营到达重庆，十一军和四十七军的一部分也进入重庆。我所在的部队于30日进城。

重庆解放前，蒋介石亲自来到重庆，还从台湾调了"技术大队"，用飞机运来许多炸药，企图对重庆进行大破坏。由于我军进军神速，也由于重庆的工人、职员、学生等在地下党的领导下，英勇护厂、护校，这使得蒋介石的阴谋没有得逞，只炸了国际广播电台就逃跑了，大部分工厂、学校都完好无损地保存了下来，使重庆免遭严重破坏。

重庆解放后，遇到几个亟待解决的问题：

一是反动势力嚣张。我们针对敌人的反动宣传，大力宣传党的政策，以事实揭露蒋介石的反动面目，抗战时期他躲在重庆消极抗日，镇压进步力量，欺压剥削人民。我和刘明辉、任白戈同志经常分析敌情，研究对策，及时揭穿敌人的阴谋，打击敌人。如12月10日公布人民币兑换金圆券、银圆券后，敌人造谣说这是共产党欺骗老百姓，企图制造混乱。由于我们兑换办法正确，宣传工作深入，人民有了货币，城乡物资流通了，买得到东西，生活有了保证，他们切身体会到共产党是为人民的，进而拥护共产党，人心也安定了。宣传工作做得好，任白戈同志是有功劳的。

二是特务多，散兵游勇多。解放后，上层人士、工商界的头面人物经常收到恐吓信，反动派还给我写过恐吓信，曾两次打我黑枪。我们经过周密调查，掌握敌特线索，有六七百人，经刘、邓首长批准，于1950年1月18日上午进行了第一次大逮捕，封锁了大街小巷，控制了交通要道，全城统一行动。我和刘明辉、尤太忠同志坐车在街上巡视，那些特务和受蒙蔽的人吓得把蒋介石的头像，国民党的旗帜、委任状，还有枪支、弹药、电台等扔得满街都是，缴枪的、自首的、检举的都不少。逮捕后的当天下午，我在电台上讲了话，着重讲了党的政策，打击敌人，教育人民。这次行动，狠狠地震慑了敌人，人民拍手称快，大得人心。这次逮捕的大都是浮在面上的敌人，所以采取了快抓快审快放的办法，用他们引出暗藏的重要的敌人。上午捕人，下午电影院、戏院、茶馆等都开放营业，一些反动头子以为没事了，又出来活动。当天晚上，我们公安便衣又出动，抓了100多人，这些人大都是有名的特务。这两次逮捕，狠狠打击了敌人，社会秩序逐步好转，恐吓信少了，抢劫案也少了，人心更加安定。

三是乞丐问题。全市有乞丐1000多人，白天见到穿得好一点的人就拦路要钱，耍无赖，扰乱社会。一些民主人士、大小资本家对此反映强烈。我们采取收容教育的办法。第一次收容没有经验，跑了很多。第二次收容进来后，就给他们理发、洗澡，因为他们很脏，虱子、跳蚤满身，还给他们换上新衣服，管吃管住，不把他们当犯人看待，给他们治病，让他们戒烟，组织他们学习、劳动。收容的人中，有部分是中学生、大学生，有学问、有技术，在蒋介石的反动统治下，流离失所，就业无门，生活无着，沦为乞丐。我们给他们看报纸，向他们讲述旧社会对人民的压迫。通过教育，大都改邪归正，要求工作，愿做新人。当时，中央已决定修建成渝铁路，这些人就成为修建成渝铁路的劳动骨干。

四是整顿码头。重庆市码头工人多，人力车夫多，把头对他们剥削得很厉害。搬运行李、拉客人漫天要价，过一档要收一档的钱，经常闹事、打架，码头上非常混乱。我们派军队协助维护治安，公安局抓了几个把头，对民愤大的判了刑，送去劳动改造。对于码头工人和人力车工人，通过组建工会把他们组织起来，进行教育学习。经过整顿，情况很快好转，工人中该救济的就救济，该就业的就就业，有个别的坏人就送去劳动改造。

对妓女，我们也是采取收容教育的办法，也收到了同样好的效果。

五是治脏问题。解放前重庆脏得很，下水道不通，污水满街流，老鼠又多又大，猫怕老鼠。这个问题在召开的各界人士座谈会上许多人提出来，要求解决。我们很快把国民党搞的市政工程地图找了出来，组织人力整修下水道。这不但解决了脏的问题，而且还解决了部分失业人员的就业问题。

我们采取上述措施之后，各方情况很快有了好转，人民生命财产得到了保障，社会治安好了，人心日益安定。

还有劳资关系问题。重庆工厂多，劳资关系问题很突出。官僚资产阶级办的工厂我们接管了，其他人办的工厂如何处理？工厂开工需要原材料，工人生活需要改善，就要搞好生产。这方面政策性很强，花费的力气最大，张霖之和曹荻秋同志管得多。李震同志主管工会，主要抓工人方面的工作。我只参加讨论和处理方针、政策方面的问题，具体事情管得少。

以上是对重庆解放与接管前后的一些情况的回忆。

（1985年4月25日）

（选自中共重庆市委党史研究室编：《城市的接管与社会改造·重庆卷》，西南师范大学出版社1995年版）

｜接管重庆｜

任白戈[①]

1949年秋，我从西北前线到达北平，参加中国人民政治协商会议第一次全体会议。会议期间，刘伯承、邓小平两位首长找我谈话，要我回四川工作。会后，我随第二野战军第三兵团经武汉、长沙抵达湖南常德；11月初，我又沿川黔公路向四川进发，11月30日随军进驻重庆。

12月初，重庆市军事管制委员会成立，我兼任军管会文教接管委员会主任。我对文教接管工作只做了一些应做的事，没有什么值得记载的。但对整个接管山城的工作，却印象颇深。

12月3日，即重庆解放的第三天，中国人民解放军重庆军事管制委员会正式成立，下设7个接管机构，分别负责对国民党留下来的所有厂矿、企事业单位、学校、机关，包括庞大的国家机构和战争机构及所属单位的物资、财产、档案资料及全部人员进行接管，为进行社会改革、医治战争创伤、恢复和发展生产、建立一个人民的新重庆扫除障碍。

在中共中央西南局的直接领导下，整个山城的接管工作历时仅50多天。这在当时的形势和条件下，其速度之快、效率之高，的确堪称奇迹。凡是当年亲自参加接管山城工作的同志，每当他们谈起这段历史的时候，无不感到神往和自豪。

接管山城工作之所以取得如此重大的胜利，我认为以下几条是很重要的。

一是党中央决策英明正确。这是最根本的一条。早在党的七届二中全会上，党就规定了新解放区和城市接管的战略方针和一系列具体政策。根据七届二中全会的精神，中央军委在中国人民解放军向全国进军的命令和"约法八章"中，以及在中国人民政治协商会议第一次全体会议通过的《共同纲领》中，都贯彻了党关于团结一切可以团结的力量，共同为社会改造、建立新秩序、建设新城市而斗争的思想。重庆接管就是在党中央一系列方针政策指引下进行的。

---

①任白戈（1906—1986），曾任重庆市军管会文管会主任，西南军政委员会文教部副部长，中共重庆市委宣传部部长，重庆市人民政府市长，中共重庆市委第一书记，四川省人民政府副省长，中共四川省委常委，中共中央西南局书记处书记，四川省政协主席。

二是二野前委有战略眼光，事前对接管山城的准备工作抓得紧、部署得当。早在1949年7月，重庆市军管会的主要领导人就已在南京确定。在占领沪、杭之后，随即着手筹组西南服务团接管队伍。部队驻常德时，利用修整又狠抓了干部的思想发动工作，向他们介绍重庆的社情、敌情，介绍其他大城市的接管经验，传达中央关于加强统战工作的指示和团结、改造、使用、安置旧人员的政策，还进一步研究落实了接管山城的计划部署和具体办法。因此，保证了接管工作的顺利进行。

三是二野解放大军进军神速，以迅雷不及掩耳之势攻占了重庆，同时川东地下党为迎接解放，配合接管，认真贯彻中共中央南方局的地下工作方针，发动群众、保护工厂、加强统战，从而有力地制止了敌特对山城实行大破坏的罪恶计划，保护了山城的完整性。

四是在抗日战争时期，周恩来、董必武、林伯渠、邓颖超等中共中央南方局的同志在重庆曾同蒋介石反革命集团进行针锋相对的斗争，深入细致地开展统战工作，联系和争取了不少爱国民主人士和民族工商业者站到同情和拥护我党主张的立场上来。这些政治的、历史的影响，为我党在解放前夕策动蒋军起义，为我党在接管中顺利发动山城群众，打下了重要的基础。

五是干部队伍思想作风好。当时，无论是军队干部、西南服务团的干部或地下党的骨干，绝大多数同志都有为人民服务的思想和高涨的革命热情。他们组织纪律性强，执行党的政策和上级指示坚决，作风踏实。在接管工作中，他们坚持走群众路线，同群众打成一片，充分发挥留用人员的作用，谦虚谨慎，重视政治理论学习和世界观的改造。这支可爱的干部队伍是当时接管山城的主要支柱，并在接管中得到了锻炼和提高。现在，他们中的许多人已经成为当前四化建设中的领导骨干。

重庆的顺利接管，为彻底清除旧社会的"污泥浊水"，确立良好的治安秩序、医治战争创伤、进行社会改造、恢复和发展生产、建立一个人民的新重庆，打下了牢固的基础。这段历史值得我们永远铭记。

（1985年7月8日）

（选自中共重庆市委党史研究室编：《城市的接管与社会改造·重庆卷》，西南师范大学出版社1995年版）

会师大会

邓照明[1]

我们中共川东地下党组织和同志们，在上级党组织的领导下，在蒋管区白色恐怖之下，经过多年的革命斗争，终于赢来了解放！重庆解放了！如何将地下党的组织与党员和以解放区来的同志为主的新成立的党委会融合成为一个整体，还有一些工作要做。在进军的途中，在常德，我和肖泽宽、魏思文等同志，曾经讨论、研究过配备班子的问题，但那是初步的接触。现在，要全面地解决这个问题。

当这些组织工作做得差不多的时候，由市委召开了会师大会。

大约在12月初，在市政府礼堂曙楼举行了会师大会，到会的有市委领导人张霖之、曹荻秋等及军管会各接管部门的负责人，西南局组织部副部长于江震（原来地下党的领导人）和在重庆的地下党员。大家个个笑容满面，会场的气氛和谐融洽。

首先是张霖之同志代表市委讲话。他说，川东和重庆解放了，地下党组织和党员给予了外来同志和军管会各部门有力的配合，使接管城市的工作进展得既迅速又顺利。地下党同志了解本地情况，与群众有密切联系，解放区来的同志要多向本地同志学习。从常德共同行军以来，肖泽宽、邓照明二位同志，以及其他同志，工作都做得很好。今后，外来同志与本地同志要互相尊重，互相学习，融为一体，共同做好重庆市的工作。接着，由于江震同志代表地下党讲话。他的讲话，是从对地下党同志严格要求说起的，指出我们的工作还有许多缺点与不足。地下党干部政治水平不高，对各项政策不熟悉，要虚心地向老区来的同志学习。解放了，是大好的事情，要防止骄傲自满，要更加谦虚谨慎，特别是要和老区来的同志搞好团结，共同做好重庆的各项工作。当天到会的地下党员有100多人。随后陆续恢复关系的有300多人，共计400多人。

会师大会的召开，标志着地下党的组织与工作的终结。老肖和我，也深入地交换过看法与意见。从此以后，我们要强调党组织的统一，不要再谈地下党如何如何，使人产生误解。

---

① 邓照明（1919—1990），曾任中共重庆市委宣传部副部长，重庆市总工会组织部部长，重庆市工业局副局长，西南水力发电工程局局长，二机部科学技术局局长，中国科学院二局副局长、数学物理学部副主任。

我们曾在各种场合分别与同志们反复讲这个观点。看来,解放初期重庆党组织的团结与统一是比较好的。我们认真做了这方面的工作,是应当的而且也是有成效的。

我们当时的工作,是通知地下党各部分的负责人开出党员名单,经过老肖和我审阅,然后送交市委组织部。同时,通知党员本人到市委组织部报到。根据党员本人所在的单位,由市委组织部同志填写组织介绍信,党员持介绍信去与本单位党的负责人接头。比如某工厂的党员持介绍信去找军事代表(解放初期,军事代表也就是该厂党的负责人或党委书记)。机关、学校大体上也是这样。当时,军事代表或接管负责人对这里的情况是不熟悉的,重庆的政治情况又相当复杂,军事代表等非常需要地下党员向他们汇报真实情况与共同合作。有这样合作的单位,工作就顺利得多。

根据在武汉时川康党的负责人交代,我通知川康在重庆的3个部分的党组织负责人来和我接头。他们是罗民十、刘康和张万禄同志。他们在重庆都有一批党员,并团结和组织了一批进步群众。罗民十和刘康所联系的大多数是青年和学生。刘康是从北京大学回川来的。值得一提的是,当时还有一位同志叫刘康,是一位老同志。为了有所区别,我们把年轻的叫小刘康。张万禄同志这一部分,多是年纪大一些的中学教师。张本人和我原来就是熟悉的。抗战时期,我们同去成都四川大学理学院学习,他在化学系,我在数学物理系。他们那个支部的陈显志、郭倬甫,也都是川大理学院的党员。我们这时在重庆见面,由我来和他们接头,大家格外高兴。同对待重庆本地的党员一样,我把他们的名单交到市委组织部,由他们本人去组织部报到,取组织介绍信,去和本单位军事代表接头,共同进行接管工作。

(1986年7月写于北京)

(选自中共重庆市委党史研究室编:《城市的接管与社会改造·重庆卷》,西南师范大学出版社1995年版)

治乱是接管山城的首要任务

刘明辉[①]

忆往昔峥嵘岁月稠。

作为当年亲身自加了解放重庆、接管山城这场战斗的一员，每当回首往事的时候，我的心里总是久久不能平静。虽然解放重庆时，新中国已宣告成立，国民党反动派早已溃不成军，解放重庆没有经历过像解放上海那样连续几昼夜的攻坚战。然而要捣毁国民党反动派盘踞多年的巢穴，推翻蒋家王朝的黑暗统治，把重庆接管过来，建立起一个人民的、生产的新重庆，确实也经历了一场异常激烈的、极其尖锐、极为复杂的战斗。

在胜利完成了渡江战役之后，1949年秋，按照毛主席亲自制定的对西南残敌实行大迂回、大包围的重大战略部署，我第二野战军奉命向大西南挺进，开始了在中国大陆上彻底埋葬蒋家王朝、夺取全国最后胜利的西南战役。伟大的历史使命鼓舞着我全体指战员。“宜将剩勇追穷寇，不可沽名学霸王”，毛主席将革命进行到底的战斗号召，时刻激励着每一个战士的斗志，大家都为能亲自参加这次战役感到无比的光荣和自豪。

我就是在进军大西南的征途中，受命筹组解放后的重庆市公安局的任务的。

当时的心情十分激动。既高兴国民党反动派行将彻底崩溃，我们很快就要接管西南重镇重庆，将实行由城市领导乡村的历史性转折；又担心自己由于长期从事军队工作，对地方工作很不熟悉，尤其是要去接管重庆这样一个敌情、社情极其复杂的大城市，更是感到责任重大，难以胜任。据当时重庆地下党同志介绍：重庆虽然人口只有120来万，但社情、敌情之复杂却为全国之冠。抗战期间，蒋介石把重庆作为战时首都前后长达8年之久；后又出于反共、反人民的需要，在美帝国主义的支持下，建立了所谓的“中美技术合作所”，培植了一大批特务；解放战争期间，蒋介石又把重庆作为反共的一个主要基地，一个残杀共产党人和革命志士的集中营；南京解放后，蒋介石便把重庆作为其负隅顽抗的最后据点，妄图以川、康、云、贵为后方，割据西南，建都重庆。所有这些，都充分说明了重庆战略地位的重要性和敌情、社

① 刘明辉(1914—2010)，曾任重庆市军管会公安部部长，中共重庆市委常委、市公安局局长兼重庆警备司令部副司令员、司令员，中共云南省委常委兼公安厅厅长，中共云南省委书记、省长，云南省人大常委会主任。

情的复杂性。从客观上讲，这一方面使自己那种担心进入重庆后完不成任务的心情加重了，但另一方面，也确实帮助我进一步认识到了解放重庆的重大意义和接管山城任务的艰巨性和复杂性。

当时，摆在我人民解放军面前的主要有两重任务：一是迅速解放重庆，彻底捣毁蒋介石的复辟巢穴；二是接管好这个大城市，建设一个人民的、生产的新重庆。

为了这个目标，我们加快了接管重庆的组织准备工作。

1949年10月，当部队到达常德时，我们从十二军抽调了近400名干部，从兵团部、十军、十一军也各抽调了一部分，这时从南京市公安局抽调的300来名干部和公安支队的700多名大中学生也陆续到达了常德，一共1500多人，这些同志是我们进入重庆后筹组公安局工作的主要干部力量。

我们在抓紧组织准备工作的同时，还积极进行了思想准备工作。在常德，我们组织这些干部认真学习了党的七届二中全会决议和人民解放军的约法八章，请兵团首长给他们讲解当时敌我军事态势，介绍重庆的敌情、社情等，使他们从思想到行动上都逐步适应了由战斗队变为工作队这一重大转变。为即将开展的接管工作做了充分的思想准备。

我是1949年12月1日随军进入重庆的。先头部队入城后除留下一部分担任城防外，其余继续向西推进，追歼残敌。当时军管会尚未成立，公安支队还在途中，整个城市处于无政府状态，到处一片混乱。我乘车巡视了车站、码头、交通要道、白市驿机场，又驱车去磁器口、渣滓洞（“中美合作所”）凭吊了惨遭美蒋特务杀害的死难烈士。眼前的重庆，真是千疮百孔，破烂不堪。只见这里冒烟，那里无人管，工厂停工，散兵游勇到处都是。这种混乱的局面，给我们打了一个大大的问号——怎么办？

12月3日，人民政权的第一个标志——重庆市军事管制委员会成立。当时我是委员之一，兼任军管会公安部部长。7日，警备司令部成立，我又兼任警备司令部副司令。战争所留下的痕迹——生产停顿、商业歇业、交通阻塞、人心不安，这一切混乱现象亟待我们从头解决。

当时，我们所面临的治安任务非常复杂和艰巨。

一方面，重庆是全国最后解放的一个大城市，各地的反动势力随着南京、上海、武汉、广州等大城市的相继解放，最后都逃集到这里来了。寄生在旧社会这个机体上的一切腐败现象，在这里应有尽有。据调查，当时重庆各种特务人员在6000人以上，旧警员3000多，散兵游勇9000多，杨森的“保民军”2万多，土匪、流氓、扒手1万多，妓女1万多。临解放前蒋介石还从台湾调来一支“技术大队”专门进行爆破活动，还有计划地从监狱中释放了一批惯匪盗窃案犯流散市区。另一方面，刚解放时公安支队还未到达，加上警备力量有限，他们除了担任工矿、桥梁、仓库、码头、电台、发电厂、自来水厂等要害部门的看守外，抽不出更多的力量来维持社会治安。因此，当时的重庆各种破坏活动不断发生，社会治安极其混乱。敌特主要采取暗杀、纵火焚烧我工厂和仓库、炸毁交通设施、组织暴乱武装、冒充我人民解放军进行接管、抢劫市民财物、盗卖军用物资、扰乱金融市场、窝藏战犯财物、制造各种谣言、挑拨离间各阶层人民的团结等手段进行公开或隐蔽的破坏活动，一度使国家财富和人民的生命财产安全受到严重威胁，极大地影响了革命秩序的确立。

面对敌人的破坏和捣乱，我们针锋相对地给予了严厉的打击，使社会治安由大乱达到大治，这是当时我们公安部门所面临的一项首要任务。不如此，人心就不可能安定，人民的生命财产安全就得不到保障，新生的红色政权就无法巩固，接管任务就难以完成。在这一思想的指导下，军管会公安部在中共中央西南局和中共重庆市委的直接领导下，在警备部队配合和重庆市各阶层人民的支持下，先后采取了一系列的治乱措施，具体如下：

1. 遵照中国人民解放军重庆市军事管制委员会的命令，对国民党反动派的军事、政治、经济、文化等机构按系统实行军事接管。

2. 迅速派出人民解放军城防部队担任机关、工厂、银行、仓库、交通要道、公共场所和公共工程的守卫任务，立即派出军事代表进驻上述单位进行军事接管。

3. 颁布国民党反动党团骨干自首登记办法。

4. 勒令解散一切游杂武装，停止非法接收，依法逮捕冒充人民解放军进行接收的犯罪分子。

5. 颁布蒋军溃散官兵登记办法，收容散兵游勇。

6. 命令解散中统、军统等一切特务组织，并着令各该组织的一切成员立即停止活动，向人民政府悔过自新，立功赎罪。

7. 收缴非法武器与电台，抗拒不缴者依法惩处。

8. 颁布交通管理暂行办法，加强交通管制，对所有车辆实行登记，发给通行执照，没收非法车辆。

9. 整编处理“保民军”，留下一部分，在我警备部队的指挥下，担负维护社会秩序的部分任务。

10. 统一流通币制，宣布人民币为唯一合法货币，公布金银管理暂行办法，明令禁止银圆为流通媒介，取缔银圆黑市。

11. 整顿市容，禁止乱摆摊点，惩处强讨硬要的乞丐和沿街聚赌者。

12. 针对敌特分子由溃退时的混乱逐渐转向稳定后开始破坏活动等情况，在警备力量增强了的情况下发布戒严令，实施戒严。

13. 结合党和政府的各项措施，广泛开展党的方针、政策的宣传，及时揭露敌人的各种阴谋和造谣破坏活动。

配合以上治乱措施，我们还于1月18日对潜伏本市的国民党特务、残匪及扰乱金融秩序的坏分子等实行搜捕，被捕匪特共1300余人。陈锡联同志当即代表军管会通过电台向全市人民做了广播讲话，宣传党的“坦白从宽、抗拒从严”的政策。紧接着这次行动，我们又于1月19日颁布了《重庆市国民党特务人员申请悔过登记实施办法》，并按照“首恶必办、胁从不问、立功受奖”的既定政策，对敌人发动了强大的政治攻势。从宽处理了自首的敌保密局西南区副区长李修凯等150多人；对继续进行反革命活动的29人，根据他们的罪行和坦白程度分别进行了不同惩处。我们当时把打击面尽量缩小到最顽固的反革命分子身上，进一步促进了敌人内部的分化瓦解。

为了有效控制城市户口，1月20日，市公安局颁布了《户籍登记管理暂行办法》，还配合军管会各有关部门政策法令的贯彻，严厉打击了金融投机犯、盗窃军用物资犯、强占房地产犯等的犯罪活动；并对混迹在码头工人中的封建把头进行了打击，对一切不安定因素进行了严密控制。

由于采取了以上措施，敌特活动的嚣张气焰基本上被打下去了，敌人活动的社会基础也大大缩小了，社会治安迅速好转，人民民主专政的威力得到了发挥，有力地保障了各项接管任务的胜利完成。

在接管期间，我们对已经登记的旧警人员采取了争取、改造的方针，并根据他们的特长和愿意为人民服务的愿望，分别安排他们担任刑事、交通、消防、户籍警等工作，对维护当时的社会治安起到了积极的作用。实践证明，这样做是正确的。

对自首的特务，我们也根据他们的立功表现，分别做出了不同的安排。

与此同时，我们还特别注意了公安队伍的自身建设，当时主要抓了这样几项工作：一是迅速建立了20个公安分局，100多个派出所；二是在磁器口筹办了公安学校，第一期招收学生1000多人；三是加强了对公安人员的政策、纪律教育，及时表彰模范执行政策、纪律的好人好事，树立正气，抵制资产阶级糖衣炮弹的袭击；四是认真总结交流工作经验，不断提高业务工作能力。

整个接管时期，我们在对敌斗争上基本上做到了打得稳、打得准、打得狠，达到了确立革命秩序、保障人民生命财产和维护社会正常生产的目的。

1月23日，重庆市召开了第一届各界人民代表会议，标志着全市的整个接管工作胜利结束，重庆市进入了民主建政的新阶段。

当我回忆30多年前接管重庆那段历史的时候，特别怀念当年同我并肩战斗的同志们。他们那旺盛的斗志，对敌斗争的坚决，遵守纪律、听从指挥、勤奋好学的精神，刻苦钻研的优良品德和工作作风，给我留下了至今难以磨灭的印象。我们之所以能够在短短的50多天的时间里胜利地完成了艰巨复杂的接管任务，一个重要的原因，就是我们拥有一支无私无畏的干部队伍，他们为接管山城浴血奋战、呕心沥血，做出了重大贡献，用血与汗谱写了一首山城神曲。抚今追昔，怎不令人自豪、神往。

以上，是我对重庆解放初期接管工作的片段回忆，因为事隔多年，离开重庆又很久了，难免有挂一漏万之处，某些情节也可能有出入，希望当年在公安战线上共同战斗过的老同志和大力支持过我们工作的山城人民予以补正。

（1985年7月10日）

（选自中共重庆市委党史研究室编：《城市的接管与社会改造·重庆卷》，西南师范大学出版社1995年版）

重庆公安局解放初期政保工作回顾

张若干[①]

1949年4月23日，南京解放。我从二野保卫部调到南京市公安局政保处任副处长，分管侦查、预审和管制工作。

南京、上海解放后，根据党中央、毛主席的战略决策，刘邓大军挥师进军大西南。为了解决干部问题，二野决定成立西南服务团。1949年9月下旬，西南服务团第六支队（公安支队）在南京成立，二野政治部保卫部部长、南京市公安局副局长刘秉琳任支队长，南京市公安局副局长赵苍璧任政委，南京市公安局办公室副主任李俊成任副支队长，南京市公安局人事处长、公安学校副校长段大明任副政委。我也奉命编入公安支队。公安支队约1200人，人员来自3个方面：一是二野参加接管南京市公安局的干部；二是南京公安学校的部分学员；三是南京市公安局的干部和部分地方党政干部。公安支队随二野大军出发，准备接管国民党重庆市警察、特务机构，组建人民公安机关。10月1日，公安支队从南京乘火车出发。中旬，部队到达湖南常德，与二野三兵团政治部组织部部长刘明辉率领的公安工作队会合，随即组建了中国人民解放军重庆市军事管制委员会公安部干部班子。组织上任命刘明辉同志为重庆市军管会公安部部长，同时任命一批团级以上干部分别担任部属处室领导和准备接管重庆市国民党各警察分局的军事代表。公安部下设四处一室，即人事处、政治保卫处、治安行政处、总务处和办公室。我被任命为政治保卫处处长。另外还任命了一些正、副科长和20个警察分局的军代表，配备了股、所及一般干部。

重庆当时是西南地区政治经济的中心，是抗日战争时期国民党的“陪都”。国民党长期在这里盘踞，训练、发展了大批特务。各地的敌党、政、军、警、宪、特分子，地主、还乡团、反动会道门头子等也大量逃集于此。临解放前夕，国民党“中央政府”从广州迁来重庆，蒋介石亲自坐镇指挥，妄图盘踞西南数省负隅顽抗，“苦撑待变”。同时，指使特务头子毛人凤等大批屠杀关押的共产党员和革命人士；爆破军工、发电、桥梁、广播等重要设施；有计划地布置“应

①张若干（1921—2013），曾任重庆市公安局政保处处长、副局长，四川省重庆市委农工部副部长、市农办副主任，四川省委第二党校校长、党委书记，中共四川省重庆市委委员、重庆市纪委书记。

变”，部署地下潜伏组织和“游击”武装。

由于解放战争的形势发展迅猛，我们对接管重庆的准备工作和对重庆的敌情掌握了解是不够的。为此，在进军途中我们做了大量的准备工作：听取了肖泽宽同志（川东地下党派来）关于重庆情况特别是有关敌特情况的详细介绍；下发了二野保卫部、中南社会部编印的《四川调查》《四川匪特调查》等敌情、社情资料；组织公安支队同志学习公安业务等。公安支队在常德附近的芦溪时，我听从上级领导的命令向中层领导干部讲了公安接管中的肃特工作，内容主要是根据我曾参与起草的“南京公安接管工作总结报告”和结合已调查了解到的一些关于重庆的实际情况来介绍的。1949年11月15日，根据西南公安部周兴部长等领导的指示，由我执笔起草了《重庆市治安肃特工作计划草案》，主要内容包括对敌情的估计、接管方针和接管办法等，为下一步展开肃特工作做好充分的准备。

为了尽早赶赴重庆，我跟随刘明辉同志和三兵团政治部明朗、卢耀武、韩明等同志一起，从常德出发后，乘一辆中吉普兼程赶路。1949年12月1日，我们随军进入重庆。先头部队入城后除留下部分部队担任城防外，大部队继续向西推进，追击残敌。当时军管会尚未成立，公安支队还在行军途中，整个城市一片混乱。随着后续人员的到来，接收整顿工作开始。12月3日，重庆市军事管制委员会成立，刘明辉同志担任军管会委员兼军管会公安部部长。12月5日，经过安全检查和清理后，我处进驻老街“慈居”（国民党西南长官公署二处和保密局西南特区所在地）办公，着手接管国民党的特务、情报系统。政保处的编制序列与南京军管会公安部政保处相同，由三兵团军大来的程诚同志任副处长，下设侦察、内勤、情报、预审、机关学校保卫、管训等七个科和侦察工作队，分别由刘祥纶、黎强、熊良晨、程途、李宪昌、林谊、袁鉴承、唐玉坤、李明先等同志任正副科长和队长。在公安支队长途跋涉到达重庆后，各科室配备营、连、排干部88人。侦破特务潜伏电台，是我们入城后的主要任务之一。12月6日下午，熊良晨科长带着一个身材瘦小、穿长袍的中年人来到我的办公室投案自首，他就是国民党“保密局”西南区少将副区长李修凯。我和程诚对他前来自首表示欢迎。傍晚，程诚随李修凯到枣子岚垭“中央合作金库”宿舍取回电台两部以及密码本、潜伏人员材料等。我们及时向刘明辉部长和市委第一书记陈锡联、第二书记张霖之报告了李修凯投案自首的情况。张霖之同志听取汇报后指出，敌特正在被我们分化瓦解，看来，李修凯是真自首。陈锡联同志说：在当前蒋政权土崩瓦解的形势下，自愿跟着去殉葬的人是不会很多的。接着，我公安人员随李修凯到中正路（现新华路）成功玻璃店、若瑟堂巷5号挖出了“保密局”邹俊明、黄珣“万能台”各一部。12月8日，国民党“国防部”中条山挺进总队司令官张钧前来投案自首，交出“游击台”一部。随后，又破获了“内调局”彭衡“潜伏台”等。

1950年1月9日，重庆市人民政府公安局成立，内设办公室、人事处、政治保卫处、治安行政处、总务处、公安医院、公安学校、水上分局，下辖19个分局，公安业务工作由西南公安部领导。刘明辉同志被任命为重庆市公安局局长。为了肃清浮在面上的敌特分子，遵照西南局、重庆市委的指示，我们在广泛调查收集材料的基础上，经过充分准备，从1950年1月17日晚至18日下午1时在全市进行了第一次大逮捕，共捕获各类犯罪分子1315人，其中特务分子820（骨干198人），随后又陆续侦捕了一批上山打“游击”和外逃又潜回的敌特分子，加上从成都押解回的70名敌特分子，到1950年4月，共侦捕敌特分子1511人。

自重庆市军管会发布特务登记自首布告，到1950年“1·18”大逮捕前，只有155人前来自首登记，大部分敌特分子尚在徘徊观望中。在“1·18”大逮捕的震慑下，经宣传和发动群众，到4月26日，登记自首的特务分子已达1521人。随着农村清匪反霸斗争的开展，解放前夕从城市潜逃到农村的敌特分子和农村的地主恶霸又纷纷潜回城市，与城市的匪特相勾结，进行袭击哨兵、毁坏机器、投毒等破坏活动，反革命现行破坏活动又有所抬头。为了发动群众，巩固革命秩序，保卫生产建设，经市委批准，从1950年5月5日开始，我们召开分局长和分局政保科科长会议，要求统一搜捕标准，稳、准、狠地打击拒不登记的特务组长以上分子，有现行活动的特务分子和阴谋组织“游击”、散布谣言之首要分子，以及悔过登记、逮捕释放后继续进行反革命活动的分子。同时，规定了政策和纪律。为了不影响群众的工作、生产、生活秩序，从5月19日凌晨4时起至8时，我们进行了全市第二次大逮捕，共逮捕敌人416人，其中组长以上分子76人。

1950年7月，我调到重庆市公安局任副局长，仍分管政保业务工作。从1950年11月开始，我们对政保处的机构进行了调整，以加强调查研究和专案侦查工作。1951年3月13日，我们进行第三次大逮捕，共逮捕反革命分子4296名，破获了一批重要案件。之后，全市开展了轰轰烈烈的镇压反革命运动。1951年9月，第四次全国公安工作会议认为，重庆是“镇反”基本彻底的城市。

回顾政保处创建初期的工作，我体会到：必须坚持党委对政保工作的绝对领导，必须坚持专门工作和群众路线相结合，必须坚持广泛深入的调查研究工作。

（选自中共重庆市委党史研究室编：《重庆党史研究资料》2010年第4期）

坚决镇压反革命　建立革命新秩序

段大明[1]

重庆解放初期，在党的领导下，充分发挥人民民主专政的职能作用，在不长的时间内，把重庆这个国民党经营多年的巢穴，迅速改造成20世纪50年代全国8大城市中社会治安较好的一个。作为重庆解放、接管工作的历史见证人，彼情彼景，至今仍历历在目，萦回脑海。

1949年11月29日，我刘邓大军兵分两路直插重庆市区，国民党残余仓皇逃离。11月30日，人民解放军胜利入城，重庆成为大陆最后解放的百万人口的大城市。12月3日，我们20多位在进军途中被任命的市公安局的处和分局领导，昼夜兼程赶到了重庆，与先期到达的市军管会公安部部长刘明辉同志（市公安局正式成立后任局长）会合，开始陆续对口接管国民党的党、团、宪、特单位。12月16日，西南服务团公安支队近1200名同志到达重庆。1950年1月初，我们基本完成了接管工作，建立起人民的公安机关，进而全面开展建立革命新秩序的工作。

据地下党提供的情报：重庆解放前夕，麇集了一大批从沪、宁、汉、穗等地溃退到此的反动势力。全市有各个系统的特务分子6000多人，散兵游勇近万人，旧警察3000多人，“反共保民军”2万多人，以及大批党、团、政、宪、保甲长等旧基础人员，加上反动会道门头子、帮会把头、地痞流氓、小偷、妓女等数以万计，特别是军统、中统有计划地组织了各种匪特武装，布置了潜伏组和电台，并从监狱释放了上万名包括匪首、惯盗在内的刑事犯。所有这些，都给新生的人民政权造成了直接威胁。

就在我们进城前夕，特务爆炸破坏了21兵工厂（今长安厂）等工厂。入城初，一些散兵游勇竟冒充我人民解放军进行接管。如南岸的兵痞刘大申，冒充二野十一军，组织了数百人的武装，接管了两个纱厂和20多艘船艇，勒索群众钱财，还准备成立“区政府”，气焰十分嚣张。此外，特务四处搞暗杀破坏，居然给陈锡联市长写恐吓信、打黑枪。散兵游勇、流氓等在光天化日之下公然持枪抢劫、哄抢公物、强占民宅。总之，我们面临工厂停产，商店关门，交

① 段大明（1910—2002），曾任重庆市公安局副局长，重庆市人民检察院检察长，重庆市人民政府常务副市长、党组副书记兼市政法委党组书记，中共重庆市委常委、市监委副书记、市纪委第三书记，重庆市政协主席。

通、社会秩序混乱不堪的局面，真是百废待举、百端待治。

根据党中央、毛主席关于入城接管的方针、政策，市军管会公安部在西南局、市委的领导下，在一个月的时间里，收容遣散了散兵游勇9000多人，收缴了上万支枪和数以吨计的弹药。但是，除少数特务自首登记或被捕外，绝大多数特务仍蛰伏民间，有的仍在搞破坏活动。因此，肃清匪特，是当时建立革命新秩序、巩固新生政权最迫切的任务。

1950年1月18日、5月19日、1951年3月13日，我们连续开展了3次集中行动，大规模地打击特务、反动党团骨干、反动会道门头子、匪首和恶霸5个方面的敌人。

第一次行动主要打击公开的“浮在面上”的敌特及其他进行现行破坏活动的反革命分子。根据地下党和群众的检举、敌特的口供，在掌握大批线索的基础上，从1950年1月18日零时开始，在陈锡联市长、刘明辉局长及警备区李静宜参谋长组成的指挥组的指挥下，全体公安干警和警备部队经过13小时的奋战，抓获敌特1000多名，其中有“较场口事件”主凶吴人初等罪大恶极的敌特。通过这次行动，鼓舞了群众，震慑了敌人。在随后的20天时间里，有1200多名特务前来登记自首，从而初步结束了解放初期的混乱局面。

随着城市对敌斗争的深入，逃到农村的敌特勾结地主恶霸、惯匪、散兵等，组织武装暴乱，向我新生政权猖狂进攻。在农村，土匪攻打南桐煤矿一分厂，攻占巴县走马乡，袭扰白市驿机场。在城市，敌特枪击市委哨兵，在部队驻地埋设地雷。3月6日，还发生了国民党军需人员伍自强进行抢劫后，在和平隧道口甩手榴弹，炸伤解放军战士和群众10人的恶性案件。面对敌人的反扑，我们根据党中央对反革命分子的破坏活动“必须给予严厉的及时的镇压，决不能过分宽容，让其猖獗”的指示，于5月19日，进行了第二次集中行动。这次集中行动，逮捕了匪特400多名，使社会治安秩序进一步趋向好转。

1951年，毛主席签署的《惩治反革命条例》公布后，市委成立了“镇压反革命委员会”，市委书记张霖之任主任，市委常委、市公安局局长刘明辉任副主任。3月13日，根据市委《关于三、四、五三个月镇反工作计划草案》，为干净彻底地肃清匪特，我们组织了一支由公安干警、部队、机关、学校和厂矿干部组成的9000余人的队伍，进行第三次集中打击敌人的统一行动。这次行动，刘明辉局长指定由我统一指挥。这天凌晨，我在电话里下达了开始行动的命令。经过彻夜激战，共逮捕反革命和刑事罪犯4000多人，摧毁了一批密谋暴乱、进行反革命活动的反动组织。通过这次行动，不少群众打消了顾虑，主动配合公安机关，在短短的时间里，就检举特务和反革命分子5500多名，扭送公安机关800多名。

在肃清匪特的同时，我们还清扫了社会毒瘤。先后收容遣散改造乞丐、妓女7000余人，一扫街头强讨恶要、卖淫嫖娼的丑恶现象，还查封鸦片烟馆80多个，组织戒烟所700多所，使1.1万多名烟民脱瘾。在人民公园，一次就销毁毒品4万多两。对2000多个反动会道门神坛，数千个封建帮会、堂口，全部予以取缔。1950年5月14日，通过枪毙特务恶霸连绍华，揭开了码头反霸斗争和民主改革的序幕。

山城稳固的革命新秩序，就是在这些强劲、有力的工作中建立起来的。到20世纪50年代中期，重庆还出现过“夜不闭户”的新气象呢！

解放初期，我们为什么能在十分险峻的形势下，迅速建立起山城的革命新秩序呢？

一是在党的领导下，认真贯彻执行了党中央的方针、政策。早在1949年8月，根据党中央进军大西南、解放全中国的决策，刘伯承司令员、邓小平政委就做出指示，从部队、地方抽调1200多人，组成了西南服务团公安支队，作为建立重庆市公安机关的主要力量。同年10月，在湖南常德，又从二野三兵团抽调130多名干部编入公安支队，同时筹组了重庆市公安局的局、处、分局领导班子。干部配备相当强，局长刘明辉同志是三兵团组织部部长，处、分局领导都是师团级干部。在常德，根据地下党提供的情况以及中央的方针、政策，制定了《接管重庆市治安肃特工作计划草案》。刘伯承、邓小平、张际春、李达等首长专门向团以上干部做了解放西南战斗部署、执行政策和接管方针的报告。入城以后，西南局和市委对治安肃特工作从总体部署到各项具体斗争任务都有明确指示。在刘、邓首长及市委领导的讲话中，总是把治安肃特工作放在最重要的位置，邓小平同志对一些重要计划和重大案件还亲自过问过，并做出了批示。

市委领导更是直接研究、部署公安工作，从公安工作业务会议到公安学校开学、结束典礼，陈锡联、张霖之、曹荻秋等同志都经常亲自到会讲话。记得“1·18”集中行动时，西南局常委、西南公安部周兴部长和陈锡联市长还亲临公安局指导，并深夜上街巡视，第二天陈市长还发表广播讲话，敦促匪特自首，争取宽大处理。当时能取得这么大的成绩，是与西南局、市委对公安工作的坚强领导分不开的。

二是充分发挥人民民主专政的职能作用，震慑了敌人，鼓舞了群众。当时党的政策是“首恶必办，胁从不问，立功受奖”，惩办与宽大相结合。党的政策提出：“对敌人的仁慈就是对人民的残忍，要稳、准、狠地打击敌人。”我们坚决贯彻了这一政策：对那些怙恶不悛、罪大恶极的“南霸天”“西霸天”，继续搞游击、抢劫、破坏的敌人，我们坚决进行了镇压。如前述伍自强在和平隧道扔手榴弹案，3月18日上午10时将其捕获，下午5时就押往作案现场枪决，震慑了敌人，鼓舞了群众。保密局西南特区少将副区长李修凯等敌特分子主动前来登记自首，我们分别给予了宽大处理和奖励，并在当时重庆《新华日报》的显要位置公布，给敌特分子极大震动。在宽大与惩办相结合政策威力的感召下，通过3次集中打击行动，数千名敌特分子向公安机关登记自首。对敌特分子，我们根据民愤和罪恶大小，分别依法给予判刑劳改、管制或交群众监督改造，将其中的大多数人改造成了新人。

1950年、1951年，刘明辉、段大明、张若千三位局领导还分别召开过反革命分子家属座谈会，宣传党对反革命分子的政策，分化瓦解了敌人。对于吸食大烟者、妓女等社会丑恶现象和反动会道门、帮会，我们则采取了打击首恶者，解脱挽救胁从者、失足者的方针政策。

通过坚决有力的打击处理敌特分子，涤荡旧社会污泥浊水，从而达到了改造社会、改造人的目的。

在治安肃特工作中，我们还坚决贯彻了党的专门工作与群众路线相结合的方针。当时，群众普遍有一股翻身解放做主人的自豪感，对敌特恶霸罪行极其痛恨，纷纷起来控诉、检举、扭送和监督改造敌特分子。1950年4月11日，市军管会在菜元坝广场公审了一批反革命分子。会上，伪“国大代表”、女特务薛智有的女儿陈某某上台控诉其母罪行，即一例。由于群众发动起来了，许多反革命分子感到只有登记自首，才是唯一出路。

三是坚持用马列主义、毛泽东思想武装、教育干部，培养锻炼了一批政治素质好、效率高的政法公安队伍。在常德，我们强调了军队干部和地方干部、老同志和新同志之间的团结问题。针对在宁、沪、杭等地参加革命的青年学生对国民党警察和人民警察之间本质区别存在的模糊认识，我们进行了人民警察光荣感、荣誉感的教育，强调与工农兵相结合、与实际相结合，使这些同志树立起革命的人生观，迅速适应新的环境和工作。入城后，我们根据延安抗大的办学经验，市公安学校先后培养了6批学员，经过实践锻炼，他们成了政法战线上的骨干。

尽管当时工作十分繁忙，但同志们都抓紧时间学习，特别是抓紧了对马列主义、毛泽东思想的学习。如团以上干部，虽多是工农出身，但硬是挤出时间“啃”《干部必读》8本书，打下了坚实的理论基础。对其他同志，也要求他们努力学习毛主席、刘少奇同志的著作，用马列主义、毛泽东思想指导自己的行动。

解放初期的公安队伍，同志之间、上下级之间民主气氛浓厚，关系融洽，批评和自我批评也开展得很好。研究案子时，见习科员敢于在西南公安部部长面前发表自己的见解，同志之间有意见摆在桌面上，毫不留情地开展批评和自我批评。但有一条，就是有缺点改了就好，绝不记账。

至今使我感受最深的，要属当时艰苦朴素、以苦为荣、以苦为乐的革命作风。入城后的生活条件是十分艰苦的，吃大灶的同志每月才8万元（旧币）伙食费，大部分时间每天吃两顿，每月5000元（旧币）津贴仅够买牙膏、肥皂等必需品。从没有星期天休假，经常工作到深夜12点以后，也没有夜餐补助。晚上米汤充饥，有时米汤也没有。市局和各分局的粮、菜、煤还得靠自己去河边或郊区肩扛人抬。工作条件也十分艰苦，到近郊区办案出差基本上是靠步行，没有出差补助，信笺稿纸用多少领多少，一个信封用4次。新同志也是以艰苦朴素为荣，向老同志学习。同志们在生活上毫不叫苦，工作上不讲价钱，思想问题也很少。我记得1950年4月，市公安学校首批学员毕业，在今“美蒋罪行展览馆”前的大操场宣布分配以后，马上出发，步行到单位报到。我想，没有坚强的共产主义信念，没有马列主义、毛泽东思想的教育，没有强有力的政治思想工作，在当时那种艰苦、危险的环境中，是不可能完成党和人民交给的任务的。

四是有人民解放军做人民民主专政的坚强后盾。重庆公安机关主要骨干都是解放军建制入城接管后转业的，刘明辉同志还兼任警备部队的副司令员和公安总队司令员。当时，重要目标和首脑要害部门的保卫、戒严、巡逻、维护社会秩序、捉拿现行破坏分子以及收容散兵游勇、收缴非法武器的工作，特别是3次集中打击行动，都是解放军和公安机关联合进行的。在巩固新生政权、建立山城革命新秩序的斗争中，人民解放军立下了不可磨灭的功勋。

40年过去了，抚今追昔，着实令人回味，使人自豪。我想，无论是过去还是现在，坚持中国共产党的领导，坚持马列主义、毛泽东思想，坚持人民民主专政，加强政治思想工作，发扬艰苦朴素的优良传统，都是确保社会主义祖国永不变色的法宝。

（选自中共重庆市委党史研究室编：《城市的接管与社会改造·重庆卷》，西南师范大学出版社1995年版）

回忆解放初期重庆市党的思想政治教育工作

黄友凡[①]

全国解放以后，共产党成了执政党，党的工作进入一个崭新的阶段。面临新的任务，思想政治工作继承和发扬了过去的优良传统，发挥了更大的威力。1949年11月30日重庆解放后，中共重庆市委在党中央和西南局的领导下，从接管重庆、恢复和发展生产、清匪反霸、土地改革、抗美援朝、镇压反革命、“三反”“五反”，到实行党在过渡时期的总路线和第一个五年计划建设，都把思想政治工作放在重要地位，并贯彻始终，从而保证了党的各项中心任务胜利完成。重庆是全国解放较晚的一个大城市，是国民党蒋介石在大陆的最后巢穴。刚解放时重庆总人口110多万，是一个破烂摊子，情况复杂，困难重重。但仅仅用1个月零23天就完成了接管任务，这以后围绕“为建设人民的生产的重庆而斗争”这一中心，各项工作都进行得比较顺利。1954年西南大区撤销时，党中央曾经高度评价重庆工作，指出，西南解放虽晚，但重庆工作进展快，可以与其他各地同时进入经济建设。党的思想政治工作在完成这些任务中发挥了重大的作用。

思想政治工作包括的内容很多，有党的组织工作、宣传工作、理论工作、党员教育、统战工作和工会、共青团、妇女工作，我只就党的思想政治教育工作做些回忆。

党的思想政治教育是党的思想建设的重要组成部分。中华人民共和国成立初期，重庆市党的思想政治教育，通过入城教育、干部鉴定、党员整风、整党和各项中心工作，如春风细雨般不断深化，全党抓思想，全党受教育。党的政治思想教育主要目的是提高党员干部的共产主义思想觉悟，树立全心全意为人民服务的思想，克服各种非无产阶级思想，改变脱离群众的官僚主义作风。

毛主席在1949年3月5日至13日举行的党的七届二中全会上指出，“必须用极大努力去学会管理城市和建设城市”“必须全心全意地依靠工人阶级”“夺取全国胜利，只是万里长征走完了第一步”“有些共产党人可能经不起人们用糖衣裹着的炮弹攻击”。他告诫全党：“务

---

① 黄友凡(1917—2014)，曾任中共重庆市委宣传部部长，市委党校副校长，市委副秘书长，市委委员，中共重庆市委顾问委员会常委。

必使同志们继续地保持谦虚谨慎、不骄不躁的作风，务必使同志们继续地保持艰苦奋斗的作风。”毛主席的这些讲话加上“三大纪律，八项注意”，成为中华人民共和国成立后一段时期党内教育的重要指导思想和主要内容。

一、以李自成为镜子向党员干部进行入城教育

1949年冬，我们还在常德准备向重庆进军的时候，领导同志总是讲要克服骄傲自满、脱离群众的思想作风，不能以功臣自居，享乐腐化。刘伯承在动员报告中说，进城后一定要发扬革命传统，纪律严明，爱护群众，要万分警惕李自成入北京后的享乐思想，绝不可居功自傲，贪图享受，搞特殊化，脱离群众。李自成的失败就是前车之鉴。邓小平讲，不能居功自傲，认为江山是自己打出来的，只能是自己坐；千万不能搞宗派，要团结更多的人共同建设新中国。解放初有两个戏，当时规定党员、干部必须看，看后座谈讨论收获。一个是京剧《闯王进京》，又名《北京四十天》，一个是话剧《霓虹灯下的哨兵》，也就是《南京路上好八连》。这对我们党员、干部起着警钟和镜子的作用，抑制了一些党员、干部骄傲自满、以功臣自居、贪图享乐等思想情绪的滋生。

为什么进城之初，全党强调要以李自成为鉴，要学习南京路上好八连？这是由于我们党的地位发生了根本变化，从不当权变成领导全国的执政党，帝国主义希望我们失败，大资产阶级说城市是个大染缸，“解放军红的进去黑的出来”，共产党能否巩固红色江山，还要经过严峻的考验。因此，狠抓“反腐防变”的教育，便成为入城之后的第一课，这也是一个马克思主义政党伟大的表现。

二、通过年终鉴定、党日活动、公开党员等方式进行党的教育

最初几年，市委规定每年年终都要进行干部鉴定。1950年2月，市委发出《关于干部鉴定的通知》，并在春节期间对党员和党员干部进行了一次普遍检查和鉴定，内容包括立场、观点、思想作风、政策掌握、遵守纪律、联系群众、学习态度等方面。市委书记陈锡联同志在干部大会上，根据邓小平《关于整编节约问题的报告》精神，号召党员开展批评与自我批评，克服享乐腐化思想，发扬艰苦奋斗的作风。他分析了重庆市干部思想上的不良倾向：①普遍存在不安心工作、斤斤计较地位和物质待遇的情绪；②享乐腐化思想在抬头和滋长，许多人认为战争结束了，革命胜利了，应该享乐了；③官僚主义、脱离群众和丧失共产党员立场的事情接连发生；④无组织无纪律的现象严重存在；⑤干部之间、军民之间存在着不团结的问题。因此，陈锡联同志提出“进行干部鉴定性质的检讨，在党内开展坚决反对不良倾向的斗争”。这是入城之初对干部、党员进行的一次自我教育，全市有3922名干部参加，占干部总数的93.7%，这种干部鉴定以后每年进行一次。1951年春，市委又发出干部鉴定的指示，参加干部9897名，占干部总数的92.6%。老干部主要检查政策观念、领导、学习态度；新干部检查立场观点、工作态度，以划清敌我界限，树立革命人生观。市委通过建立“党日活动”、公开党的组织来发展新党员和进行党的教育。1950年4月，市委做出建立“党日”的决定，各机关、学

校每星期六下午为“党日”，学习政策，进行生活检讨，开展批评与自我批评，发扬党内民主。这个“党日”规定很严格，支部党员都得参加，不得安排其他会议活动。市委书记编成一个小组，由一个青年秘书做组长，负责“打缺席”。陈锡联、张霖之同志如来晚了还要说明情况，做检讨。1950年，直属党委要求党员更好地团结群众，一同工作，公布党员名单，征求意见，以便群众监督。对群众则进行党史、党章的教育。

三、整风整党，集中打思想仗

1950年6月至9月进行了一次全党整风，邓小平6月6日在重庆市第二次党代会上做了“关于整风问题的报告”，他讲了前两次整风[①]的历史和这次整风的意义及党内存在的最主要的倾向。他说：“这次整风主要是查思想、查作风，看我们的同志对党的革命事业抱什么态度，在各种运动中是否执行了党的政策，是否联系了群众，工作是否做得那样好，是否合乎毛泽东思想，目的是经过整风，克服思想上、政策上的混乱现象，达到思想上的统一，政策上的统一，使工作在已有的基础上前进一步。”他指出，重庆党内最主要的倾向是官僚主义、命令主义，还有统战工作中的关门主义和干部中正在发展的蜕化腐朽思想。6月24日，张霖之、曹荻秋同志在重庆市干部大会上做整风学习动员，在肯定进城以后干部思想主流的同时，以大量的事实分析了干部思想上存在的问题，主要是官僚主义、命令主义。这些问题已使国家财产遭受损失甚至达到害死人的地步。他们还指出蜕化思想也存在，批判了对整风“无所谓”“不在乎”“怕整风”等错误思想，公布了《整风学习计划》。曹荻秋同志着重讲了整风的重大意义。然后张霖之同志又做了“加强自我批评，完成整风任务”的报告，他运用《联共(布)党史》的经验，阐述了个人英雄主义、被胜利冲昏头脑和脱离群众的官僚主义的严重危害，对同志们教育很大。参加整风的干部共4291人，其中县团级以上干部256人，区营级干部286人，一般党员干部1397人，非党干部2352人。这次整风检查了官僚主义、命令主义、不讲政策、违反纪律、脱离群众的情况；检查了以功臣自居、地位观念、自高自大、背老资格包袱和个人英雄主义、一切功劳归自己、“重庆的天下是我们打出来的”等思想情绪；检查了和党外人士合作中的关门主义。通过检查，加深了大家对党的群众观点和群众路线的认识，进一步树立了全心全意为人民服务的思想，加强了党内外、干部群众之间的团结合作，党的威信大大提高了。我是第一次参加这样的整风，自觉地检查了官僚主义、个人英雄主义等毛病，如同洗了一个温水澡。有的同志反映，整风不仅是一面镜子，而且是照了一次X光，把身上肮脏的东西都照见了，也整掉了，保持了一个共产党员本来的面目。

1951年年底到1952年秋，市委根据全国第一次组织工作会议精神和刘少奇同志“为更

① 分别指中国共产党抗日战争时期开展的延安整风运动和解放战争时期进行的“三查三整”运动。延安整风运动的主要内容是反对主观主义以整顿学风，反对宗派主义以整顿党风，反对党八股以整顿文风。三查，在地方上是查阶级、查思想、查作风，在部队中是查阶级、查工作、查斗志；三整，指整顿组织、整顿思想、整顿作风。

高的共产党员条件而斗争”的报告，进行了整党。先是系统学习文件，主要是刘少奇同志的《论共产党员的修养》和《关于修改党章的报告》有关章节，《中国共产党党章》总纲、“共产党员标准八条”和《中国共产党三十年》，还有斯大林的《论党》、马克思的《共产党宣言》、列宁的《做什么？》《进一步退两步》。学习时间两个月。这次整党，对全体共产党员进行了一次深入的共产主义和共产党员标准的教育，提高了党员觉悟，使每个党员真正认识到共产主义事业的伟大，明确了共产主义者的人生观，正确了解党的性质，懂得如何做一个共产党员，从而分清先锋队与群众的界限，同时也使非党干部受到了共产主义与中国共产党以及共产党员标准的教育，并对整党工作提出意见。市委还制订了《整党学习计划》。市委常委、组织部部长李唐彬在党的第二次代表会上做了《关于全市进行整顿党的基层组织的报告》。为了充分进行动员，市委书记张霖之、宣传部部长任白戈、副市长罗士高，在第一、第二机关直属党委党团员会上，针对党员的思想进行动员，讲明整党的重要意义。中间经过“三反”运动。1952年7月至9月底，正式进行整党。据市委组织部《关于整党的总结报告》，全市参加这次整党的有341个支部，6349名党员。另有14个工厂支部、6个农村支部因民主改革未进行整党。这次整党收获很大，普遍提高了党员觉悟，增强了党的战斗力，进一步批判了资产阶级思想，划清了先锋队与群众的界限；有的农民党员克服了“退坡思想”，加强了革命一辈子的决心；背功臣包袱的党员，正确认识了自己；小知识分子党员普遍自我批判了个人英雄主义和患得患失的个人主义，表示要争做一个光荣的完全合乎标准的共产党员。这次整党同时进一步巩固和纯洁了党的组织，严格了党的纪律，密切了党群关系，提高了党的威信。在258个支部已做结论的3825名正式党员中，合乎标准与基本上合乎标准的3392名，占88.7%；不完全合乎标准的389名，占11.7%；不合乎标准的44名，占1.14%。这次整党，为以后大规模的经济建设和“一化三改造”奠定了政治思想与组织基础，意义十分深远。

四、通过各项政治运动和中心任务，对党员干部进行思想政治教育

镇反、土改、抗美援朝、“三反”“五反”和贯彻中共七届四中全会决议，以及党的过渡时期总路线，都加强了党员的思想教育。在土地改革中对农民党员干部进行社会主义、共产主义前途教育，批判李四喜、封思云思想和革命到头的换班思想。在抗美援朝运动中，进行抗美援朝保家卫国的爱国主义和国际主义教育，增强民族自尊心和自豪感；肃清亲美、崇美、恐美思想，用抗美援朝的实际行动推动工作和生产。1952年上半年，全市开展了“反贪污、反浪费、反官僚主义”的“三反”运动，这既是一场政治经济斗争，又是一次无产阶级思想的教育运动。虽然运动初期来势猛烈，发生过做法粗糙、追求数字、界限不清的情况（后来得到纠正），但在思想作风上的教育，可以说是让人终身受益。

张霖之同志在1952年7月中共重庆市第七次代表大会的报告中指出：“贪污有罪，浪费可耻的思想已经深入人心，腐朽的官僚主义遭到彻底揭发，对资产阶级两三年来的进攻，予以有力回击，巩固了党及无产阶级的领导”“廉洁朴素、爱护公物、全心全意为人民服务的革

命工作作风已经在广大的国家工作人员中进一步树立起来”“划清了无产阶级与资产阶级的思想界限，基本上克服了消极因素”。市委在“三反”后期很强调思想建设，张霖之同志专门讲了无产阶级的本质特点，用理论与实际结合，给大家上了很好的一课。经过“三反”运动，加深了大家对无产阶级的大公无私、集体主义、严密的组织纪律性和团结性的认识。“三反”对党来说是一次大的整风和整党，对社会来说是对社会风气的革命。

五、运用典型事例教育党员，教育干部

进城之初，针对党内出现的违纪事件，市委及时处理了一些腐化分子和违纪人员，同时也抓了一些好人好事的典型进行表扬。1950年初，有一位驻原中央医院的军事代表，到职不几日，即以军代表权力用私人名义向该院借公款银圆40枚、人民币10万元，用公款购买温水瓶两个、被面一床，及毛线袜子、扑克牌等私人用品。市委对此做出处分决定，指出该同志擅自动用公款，目无组织，目无纪律，贪图个人享乐，不顾影响，严重破坏了我党我军艰苦朴素、廉洁奉公的传统与优良作风，严重损害了党的形象及党和人民的利益。为了教育这位同志和教育全党，经市委决定并呈请中共中央西南局批准，给这位同志以“当众警告及撤销军代表职务的处分，并在市委党刊上公布之”。这是进城之后，市委抓的第一个典型，对我们教育很深。接着，抓了豫丰纱厂军代表的典型，该军代表骄傲自满和官僚主义、命令主义，严重脱离群众，使该厂工人的主人翁思想得不到发挥，车间秩序混乱、工人中出现磨洋工、坐厕所、松马达、关纱车等现象，坏人也乘机破坏机器，影响生产。西南工业部部长万里，西南工会办事处主任蔡树藩到该工厂，发动工人提意见，批评军代表。市委领导向群众做了工作，撤销了该军代表的职务。工人们很受教育，很受感动，有的流了眼泪，也做了自我批评，提高了主人翁责任感。西南局邓小平等领导同志，多次运用这一典型教育西南各地党组织，“千万不能脱离群众，必须真心实意地依靠工人群众”。市委还通报了纱厂工作组，表扬了码头工人工作组深入群众，不怕艰苦，执行党的政策，搞好生产，克服困难，以及打破封建把头制度的群众路线。市委派的工作组到工矿企业蹲点，星期一下厂，星期六回来，跟工人同吃同住同劳动同学习，向市委书记直接汇报情况并听取指示。下厂都是赶公共汽车或走路。干部群众的学习成为日常习惯，大家严格遵守制度。

回顾20世纪50年代初期党的思想政治教育工作，深切体会到毛泽东同志在《论联合政府》中指出的“掌握思想教育，是团结全党进行伟大政治斗争的中心环节。如果这个任务不解决，党的一切政治任务是不能完成的”，的确是一条颠扑不破的真理。我们要认真研究总结20世纪50年代的经验，继承发扬党的思想政治教育的优良传统，并在新的历史条件下加以创造和发展，以保证我们党的各项任务的顺利完成。

（选自中共重庆市委党史研究室编：《城市的接管与社会改造·重庆卷》，西南师范大学出版社1995年版）

回忆重庆解放初期的金融工作

白银彰①

1949年11月30日，重庆解放。我是随王磊同志一行15人由山西临汾出发，经石家庄、济南、徐州、汉口、常德沿川湘公路于12月5日左右进城的。我们进城之前，由邓辰西、张茂甫带领的一部分同志已先到重庆。由张茂甫带领的先行工作组一行12人（张茂甫、陈心波、余跃泽、段谦大、程衡、余勉、龙在天、邓林春、高焦、于振海、杨德祥、沈至宝）于11月30日就进城了。我们到时，接管工作刚刚开始。

我在重庆分行恢复期间，在业务、计划、秘书部门负责过工作。1951年7月开始任副行长，没有抓过全面工作，仅凭自己的感受以及所见所闻回忆如下。

重庆是川东门户，西南重镇，加上蜀道天险，三峡屏障，蒋介石幻想以此负隅顽抗，亲自坐镇指挥，抽调残余，沿川湘边境堵截我军，调精锐第一师守备重庆。然而这一切都挡不住我军的强大攻势，一触即溃。1949年11月27日，我先头部队已到近郊，30日一举解放全城，从此山城展开了新的一页。

刚解放的山城，一方面是一队队青年学生集会游行迎接解放；另一方面是工厂停工，商店关门，市场混乱的一片萧条景象。如何在短时期内把山城搞活，困难显然是很大的。从金融战线来说，由邓辰西、张茂甫从北京出发经武汉、常德，沿路集中，于1949年12月到渝的干部约46人；由王磊带领到渝的15人，其中干部13人；西南服务团分配来的干部10人左右，加上地下党的干部约80人。以此少量干部在短期内接管旧银行，成立新机构，整顿混乱的金融秩序，以至开拓新业务，如果不是党的政策和广大职工的支持，在短期内完成这样艰巨的任务，显然是不可能的。

入城后，为了迅速建立革命新秩序，重庆市军事管制委员会立即宣布成立，下设几个部。金融部由邓辰西、张茂甫分别任正、副部长，负责接管金融单位。金融部赓即于12月5日派出军代表和联络员（张茂甫、郝振乙、余勉、毛步奇、李士彬、余跃泽、陈心波分别当过接

① 白银彰（1915—2012），曾任中国人民银行重庆市分行行长，重庆市财政局局长兼税务局局长、银行党组书记，中国人民银行重庆市分行党组书记、行长。

管行局的军代表)分赴中、交、农、合作金库,保险公司,四川省银行以及外地驻渝的省市地方银行办事处及重庆市银行,大川银行等18个单位进行接管(重庆刚解放时,共有纯属官僚资本的金融单位20家,其中中央信托局、邮政储金汇业局分别由贸易部门和邮政局接管)。除纯属官僚资本的国家行局外,尚有公股比重大的川康、川盐、工矿以及川盐银行保险部4个金融单位也是金融部派人进行接管的。1949年12月18日,正式成立接管小组,1950年1月20日就完成了接管任务。仅纯属官僚资本的17家行局,共接管留用员工2433人,黄金5517两,白银77793两,美钞7300元,房地产305栋(3408间),地皮10块,大小机动车64辆(不包括大川及官股比重大的川盐、川康等4个单位)。发动群众登记、清点、造册、汇总,工作量是很大的,而仅仅一个多月的时间就顺利地完成了接管任务,其原因除了全国解放人心所向、地方党的帮助以外,最主要的是党的政策的感召。接管一开始,军代表立即召开员工大会,详细讲解放军入城八条,即约法八章(早在1949年4月就以毛主席、朱总司令的名义发表。——见《毛泽东选集》第四卷),把党的政策讲得既全面又清楚。宣讲"包下来"的政策,即留者欢迎,去者欢送,解除了职工的思想顾虑,调动了他们的积极性,从而顺利地、迅速地完成了接管任务。同时,对留用职工采取团结、教育、改造的方针,在工作分配上、工资待遇上尽量照顾了他们的资历,开始对他们的工资定得还略高于老区来的同志。对其家属,凡有一定文化程度,能工作的,经过学习,吸收他们参加了工作(解放初期十分重视人才培养,专门办了银行学校)。以上不仅对接管的官僚资本金融单位是这样,对接管的官股资本大的几家金融单位也是这样处理的,深受广大职工的好评,也对以后建立银行和开展业务打下了基础。

接管工作之所以顺利,与我党解放前的宣传和地下党的工作是分不开的。这次接管,除中央银行解放前就将重要资财、档案、账表运走及人员遣散外,其他单位大体保持完整。中国银行、交通银行两行的职工在解放前夕还组成防护团,保护资财安全,迎接解放。中央印刷厂的职工在解放前夕封存物资,造具清册,等待接管,这都为接管工作创造了有利条件。

一手抓接管,一手抓建行和建立统一的人民币金融市场。

1949年12月10日,中国人民银行重庆分行正式成立,同时在市中区、近郊区按经济区划成立了若干办事处。重庆分行以原中央银行重庆分行为班底,适当增添力量在原中央银行地址开始营业。张茂甫任经理,余跃泽、郝振乙任副经理。1951年上半年张茂甫调到区行。余跃泽任重庆分行行长,我任副行长(我是1951年7月被任命的)。

1950年5月12日,西南区行正式成立。王磊、邓辰西分别任正、副行长。1951年上半年,王、邓先后调离银行,张茂甫、张连方(原贵州省行行长)分别任正、副行长。

1950年2月1日,川东分行正式成立,郝振乙、李士彬分别任正、副行长。1950年4月11日,川东分行与重庆分行合并;10月,两行又分开,分开后川东分行正、副行长分别为郝振乙、张宗汉。

1950年1月23日，西南区保险公司在重庆成立。

1950年12月10日，中国银行复业，办理出口业务。毛步奇为经理。

1950年12月10日，交通银行复业，专营扶助工矿、交通、公用事业，整顿投资机构。江冬任经理。

1951年4月1日，保险公司川东分公司成立。张宗汉兼经理。

1951年12月1日，重庆保险公司正式成立，白银彰兼经理，张维仁为副经理。

重庆是西南重镇，解放初期是西南局所在地。大区级和省市级金融机构就有8个，它们是西南区行、西南保险公司、重庆分行、川东分行、重庆保险公司、川东保险公司、中国银行、交通银行。处、科级基层机构就更多了。仅重庆分行与川东分行合并期间（1950年4月—1950年10月）基层单位就有70多个。至1951年8月，仅重庆市分行就有科级机构15个，办事处26个，分理处和储蓄所38个，以上共79个基层机构。而老区来的干部，1949年底不过70名，加上川东地区也不过100多人。1950年—1952年从老区和部队以及西南地区银行系统陆续调来一批干部，例如参加重庆分行工作的周炳琳、晋希侃、张益民、曹建业、吕文扬、吴绍文等，参加西南区行工作的张连方、段其寿、曹子文、牟正茂、胡明、张汉、张恩等，加上川东地区随军来的干部，总共也不过100人。如果不主要依靠接管干部和新吸收的干部，显然是不能应付当时的局面的。

为迅速扭转混乱的货币局面，稳定金融秩序，为重庆以及西南的经济发展打下良好的基础，我们做了艰苦的工作。1949年12月10日，在中国人民银行重庆分行正式成立的同时，重庆市军事管制委员会发布军金字第一号布告：一、宣布人民币为唯一合法的货币；二、禁止黄金、外币计价行使；三、银圆券作废。留在人民手中的银圆券按1∶100的比价由人民银行收兑。银圆券是国民党掠夺人民的工具，我们是可以不负责任的，尽管我们当时还处在十分困难的条件下，也明知收兑回来的银圆券只是一堆废纸，但我们想到人民的困难，还是收兑了。仅5天时间，在重庆就收兑银圆券1000多万元，兑付人民币10亿元（旧币，下同），使山城人民体会到共产党处处为人民。

为了照顾人民群众使用银圆的心理习惯，也由于我们还缺乏货币手段，在宣布黄金、外币禁止计价使用的同时，还允许银圆以1∶6000的比价进行使用。后来由于特务造谣，投机分子兴风作浪，出现了银圆黑市，影响人民币的币值稳定和群众的根本利益，因此于1950年1月12日开始禁止银圆流通，只允许储存，随即，在党政统一领导下，发动群众，展开了全市性的"拒银运动"，清除了银圆公开市场，同时，对黄金、外币进行严格管理，从而建立起人民币的统一市场。

1950年4月，川东、重庆两行合并，组织人民币下乡为当时重要工作之一。一面扩展川东地区的建行工作，一面配合财政贸易部门，对物资进行适当吞吐，调节货币流通，严禁银圆交易买卖，使人民币流通领域逐渐由城市扩大到农村乡镇。随着城乡物资交流，人民币逐渐深入农村。

1950年6月，朝鲜战争爆发，国际金价波动，导致我国上海、天津、武汉、广州等大城市金价上涨，走私活跃，牵动重庆。重庆分行及时拟定打击投机、消灭黑市的具体意见6条，经上级同意认真贯彻后，金银黑市受到进一步打击。在继续加强管理，调整税收价格后，金银黑市活动逐渐销声匿迹，更加巩固了人民币市场。

采取利用、限制、改造的政策，改造私营行庄，一直是我们的一项重要工作。

重庆解放前金融业最多时达150家(不包括保险公司)。由于恶性通货膨胀，工商业萧条，加上“九二”火灾，金融业纷纷倒闭。但解放前夕仍有奄奄一息的金融业93家(不包括私营保险25家)，除国家接管24家外，尚余私营银行、钱庄69家。

由于通货膨胀、货币贬值，临近解放时这些行庄多已内部空虚，负债累累，解放时基本上陷于停顿状态。为了工商企业也为了私营金融业的恢复创造条件，1949年12月17日重庆市军事管制委员会发布《关于清理银圆券债权债务之决定》。1950年1月部分私营行庄陆续开门营业。先后开门营业的有上海、新华、四明、聚兴诚、和成、金城等22家银行；有宜丰、信通、深后、金源等12家钱庄，共占69家行庄的近50%。尽管这些行庄恢复营业，但一方面由于国家银行普设机构充任了主要融资业务，私营行庄存款来源枯竭，放款对象难找，另一方面取缔了私营行庄过去惯行的囤积居奇、投机倒把活动，1950年1月底私营钱庄亏损即达15.5亿元。尽管我们采取了“管理与疏导相结合”“积极疏导、深入改造”“成立联合贷款银团”“委托代理业务”政策措施，但到1950年6月只剩新华、四明、中实、建业、聚兴诚、和成、上海、金城、浙江兴业、永利、大同11家继续营业，其他23家相继停业。这11家钱庄存、放、汇业务的百分比比1月份显著增加，而绝对金额很小；又由于人浮于事，开支庞大，加之利率下降，收入减少，收不抵支，除了引导合营外别无他法了。

重庆私营金融业合营是由小到大的。最初合营的是新华、四明、通商3家银行。1950年3月，因通商银行违法，责令停业。4月，中实、建业银行参加合营，增加到4家，即所谓“小四行”。随后，浙江兴业、聚兴诚、和成银行相继参加合营。1951年5月27日，在京组建公私合营银行联合总管理处，重庆则由以上7家组建成公私合营银行联合管理处西南办事处。1951年9月，上海商业储蓄银行、金城银行也相继参加合营。从此，重庆9家私营银行走上了联合经营的道路。

1952年11月，根据西南区行制定的《西南区整顿合营金融实施办法》，将新华集团的7家银行和金城、上海两家银行合并成立了一个合营银行，原9家银行的行名及机构一律撤销。因重庆是银行聚兴诚、和成总行所在地，允许两行分别挂“公私合营银行聚兴诚银行”和“公私合营银行和成银行”的牌子。合并后的合营银行成为人民银行对私业务的一部分，主要面向中小工商业。

合营银行走上公私合营以后，进行了机构精简，除一部分职工留下继续工作，一部分经过学习，参加了人民银行。

对停业清理的60家私营金融业，是采取积极慎重的态度的。对资不抵债的15家行庄是将其资产负债移送法院破产清偿后结束的；对资产负债基本相抵的36家是偿付公私债务后结束的；美丰、重庆、华康等9家金融机构经过清理后尚剩财产价值143.77亿元，动员投入生产，一部分职工资遣，一部分经过学习参加人民银行工作。由于对停业行庄采取了积极慎重的态度，清理终于顺利结束，达到了安定民心的目的。

特别值得一提的是清理解放前存款的问题。它是一个涉及人民群众利益的大问题。重庆解放不久，我们就组织人力着手清理，到1953年底止，共登记15923户，应折付人民币70亿元。从6月开始偿付，到1953年共付人民币63.8亿元，存户反映良好。

围绕恢复经济，发展生产，稳定物价，银行做了大量的工作。1950年3月政务院发布《关于统一国家财政经济工作的决定》，这是新中国成立后，对财政、经济、金融工作采取的第一个重大措施。其基本内容为：一是统一全国财政收支，使国家收入中的主要部分，集中用于国家的主要开支；二是统一全国的物资调拨，使国家所有的重要物资，从分散无力的状态中，集中起来变为有用的力量；三是统一全国的现金管理，把所有属于国家的、但又分散在国营企业、机关、部队的现金，由中国人民银行统一管理，集中调拨，增加国家能够使用的现金。通过以上措施，力争做到三个平衡，即全国财政收支平衡、物资调拨平衡和现金收支平衡，以达到制止通货膨胀，稳定物价的目的。这三个平衡是互相影响的统一整体，至今仍有借鉴的价值。赓即中央人民政府于1950年4月公布了现金管理办法，规定各国营企业、机关、部队的现金除经核准保留的库存现金外，必须一律送存中国人民银行；上述各部门的一切交易往来、货币收支，除零星小额及准予使用现金者外，一律用转账办法，集中人民银行进行清理，不得使用现金。从此，中国人民银行就成为全国的现金中心和结算中心了。为了贯彻统一的财经决定，实现“三平”，总行规定1950年全行的重要任务是“收存款、建金库、灵活调拨”。

银行十分重视存款工作，特别是储蓄工作。早在1950年1月9日，“三平”政策尚未公布前，就紧跟全国，成立储蓄部，举办折实存款，保证市民职工利益，回笼货币，支援建设。此种储蓄，储户存款时银行将存入的人民币按照当日五种实物（大河上熟米三市斤、双喜白布一市尺、熟菜油一市两、合槽煤三市斤）的定额价格的总和折成折实单位，支取时银行按支取日的五种实物单位牌价付给人民币。

1950年5月，由于物价基本稳定，停办折实储蓄，但从人民生活实际出发，不受物价上涨或下跌影响，在停办折实存款的同时，举办了保值存款。

1950年12月，还举办了保本保值定额储蓄和保本保值有奖储蓄。

几种储蓄开办后，对稳定币值，鼓励储蓄，发挥了重要作用。1950年，全市折实保本保值储蓄存款余额为人民币182.96亿元，占当年储蓄存款总余额224亿元的81.68%。说明以上几种储蓄是受广大人民拥护的，至今仍有现实意义。由于“三平”政策的见效，物价稳定，1951年、1952年两年大力开展各类货币储蓄，经过三年多的努力，1952年底全市储蓄存款余额为1699亿元，比1950年的224亿元增加了6.5倍，为争取财政经济状况好转做出了贡献。

信贷工作一直是银行的一项重要工作，要把消费的山城变成生产的山城，是离不开银行贷款支持的。银行对国营、私营工商业的贷款是逐年增加的，1950年底贷款余额为738.3亿元，1951年为1753.3亿元，1952年为3673.5亿元，1953年为12989.5亿元，1952年比1950年增加约4.98倍。第一个五年计划开始的1953年又比恢复初期的1950年增加约16.6倍。以下着重谈谈对私营工商业的贷款。解放后不久，就对中小企业发放了小额贷款以活跃市场；1950年5月，发放了55亿元扶助航运事业，促进物资交流，结合开展廉价多汇的汇兑业务，争取兄弟行的支持，克服商品缺乏的困难，使日需“千猪百羊万担粮”的120万人的山城市场逐渐恢复正常。

1950年8月，推出了各农村贷款（桐油加工贷款、土产运销贷款、土产加工与手工工业贷款、农业贷款四种）并试办稻谷储押贷款共计600亿元，以发展农业生产，促进城乡物资交流；1950年12月，由于农村退押进入高潮，部分工商业抽资退押，市场资金短缺，银行除发放公营贸易贷款外，向私营工商业贷款82亿元。1951年4月，本着“广泛开展、深入联系、大出大进、公私两利”的方针扩大办理小型工商业贷款50多亿元。1952年4月，为活跃市场，扶助中小工商业，又推出小额贷款50亿元。这只是有案可查的、集中的、大批的贷款。因为信贷工作是银行的一项经常重要任务，集中的、大批的只是贷款的一部分。以上只说明在恢复时期对私营工商业采取利用、限制、改造的同时，国家还是大力支持的。因为恢复时期国营商业是采取商业金库制度，上贷下拨，工业企业的自有资金比重比较大，相对来说私营工商业贷款，占了很大的比重。

银行的现金是经过信贷投放出去的，现金能否平衡，很大程度取决于贷款能否按计划执行。因此银行特别重视贷款的三性，即计划性、保证性、期限性，既注意效果又强调按期归还，强调三查制度（贷前调查、贷时审查、贷后检查）。这些至今仍是值得提倡的。

由于采取了一系列有效措施，1950年底重庆就与全国一样，经济形势开始好转，再经1951年、1952年两年的努力，顺利地结束了国民经济恢复阶段。1953年开始进入了第一个五年计划建设时期。

重庆解放初期的金融工作是有成绩的，效果是显著的，这应当首先归功于党的政策，党的政策是适合民意的，不少政策措施至今仍有参考的价值。

解放初期工作之所以顺利，与解放前的准备工作是分不开的。有的同志说早在1948年人民银行建行前夕就办过入城训练班，这我是相信的。据我所知，晋南区行在1949年三四月份就开始准备参加新解放区的接管工作。我是1949年4月从山西运城调往临汾西南区行任秘书工作的。当时区行除正常工作外，主要是抽调干部，组织学习，了解新解放城市的风俗人情和入城注意事项，更重要的是提高干部的思想认识，准备迎接新的任务。我记得主要学习了毛主席七届二中全会的报告、中国人民解放军布告即约法八章、《论人民民主专政》等。记忆犹新的是告诫我们“务必使同志们继续地保持谦虚谨慎、不骄不躁的作风，务必使同志们继续地保持艰苦奋斗的作风”“严重的经济建设任务摆在我们面前。我们熟习的东西有些快要闲起来了，我们不熟习的东西正在强迫我们去做。这就是困难。帝国主义者算定我们办不好经济，他们站在一旁看，等待我们的失败”“我们必须学会自己不懂的东西。我们必须向一切内行的人们(不管什么人)学习经济工作。拜他们为老师，恭恭敬敬地学，老老实实地学。不懂就是不懂，不要装懂。不要摆官僚架子。钻进去，几个月，一年两年，三年五年，总可以学会的”。我觉得这些教导对南下干部是起了很大作用的，对团结全行同志做好工作是有影响的。

在写解放初回忆录的时候，深感党的政策的威力。“得人心者昌，失人心者亡”，这是过去、现在、将来都必须牢牢记取的。

（选自中共重庆市委党史研究室编:《城市的接管与社会改造·重庆卷》，西南师范大学出版社1995年版）

玉宇澄清万里埃

——重庆市的社会改造

马永明 洪帮仁 徐　褒 孙　曙[①]

重庆市的社会改造，是解放初期，根据中共中央西南局的统一部署，在中共重庆市委和西南公安部的直接领导下，大张旗鼓开展的一次大规模的群众运动。这次运动，从1949年年底开始到1953年结束，历时3年多。运动主要集中在收容散兵游勇、收缴非法武器，取缔金银黑市、稳定金融市场、收容游民乞丐、加强对野力[②]的管理、取缔台基（一种情色服务机构）、改造妓女、禁止赌博等方面。通过一系列的改造工作，人民的生命财产得到了保障，新的社会秩序得以建立，社会主义建设得以顺利进行。具体的改造工作，分别详述如下。

收容散兵游勇，收缴非法武器

重庆是大陆解放最迟的大城市之一，抗日战争期间曾是国民党政府的陪都，解放前夕，又为国民党政府"行营"，还是西南地区军、政首脑机构所在地，地方封建把头、地痞流氓与军警、特务汇集丛生，社会情况非常复杂。我人民解放军在各个战役中击溃的国民党军队官兵，流散、窜逃、隐藏在重庆的数量，据统计，在万人以上，约占当时全市总人口的1%。内有将级军官212人，校级军官900人。他们大多无生活来源，以摆摊、跑小生意和售毒品为生，有的与特务、土匪、帮会头子沆瀣一气，是导致社会不安宁的一个重要因素。其活动特点为：

一是以茶馆、旅栈、烟馆为集结地，以喝茶为名，策划阴谋活动。重庆刚解放，他们趁解放军主力追击残敌、人民政权刚刚建立之机，四处活动，大肆勒索敲诈群众。如敌军排长刘大申冒充我军管会张贴布告，公开接收国防舰队、工厂及收缴国民自卫队武器，伪造符号，接收我军存放江南的物资。兵痞周维新冒充解放军，召开群众大会，通令群众杀猪摆宴欢迎。

---

①作者均为重庆市公安局干部。

②解放初期所谓的野力，指非正式搬运工人，靠出卖劳动力为生，常对客商进行强运争运甚至敲诈勒索，聚群殴打在业工人，扰乱搬运秩序，阻碍城乡交流，影响社会治安，因此，人民政府对他们逐步加以取缔并安排出路。

二是针对我们的工作部署，不断转换活动方式。当我们按系统组织接收，宣传收缴非法武器、敌军用物资时，他们模仿我们的工作方法，欺骗群众，趁机作恶。当人民政府禁止银圆流通时，他们又冒充检查人员，趁机贩卖银圆，败坏人民政府威信，危害甚大。

三是勾结土匪，城里压力大时，跑到乡下，郊区出现紧张又跑回城里，四处流窜作案。有的在城区组织土匪武装，拉人上山，以山区为据点，到城里作案后又跑回山上。在破获的匪特案件中，敌军官兵参与案件占案件总数的75%。

1949年12月12日，重庆市警备司令部颁布《蒋军溃散官兵登记办法》，并在城区设12个登记站，办理登记手续。截至12月20日，共收容溃散官兵6500多名。收容的官兵内有国防部中将1名，少将10名，校官340余名，尉官1800余名。12月21日，市警备部和公安部又派出大批检查组，深入旅馆、公共场所检查，发现改头换面的散兵游勇中的特务分子，仍在不断散布蒋介石"反攻大陆""第三次世界大战就要打起来"等谣言。而且抢劫案频繁发生。于是市委于12月31日发布《深入清查散兵游勇的决定》，同时加强了户口管理工作，使漏收的散兵游勇无处藏身。

国民党遗留的散兵游勇，虽是一种消极因素，但只要做好工作，就可化消极因素为积极因素。对他们进行改造的方针为"改恶从善，不咎既往"。警备公安部门还办了学习班，要求他们放下包袱，正确认识过去，改造旧思想、旧作风，树立为人民服务的人生观。在学习过程中，组织他们参加一些简易劳动，如担米、运煤、打草鞋、上山打柴等，不仅解决了一些生活问题，而且使他们学会了劳动，使他们初步树立了劳动观念。经过短期集训，他们都有不同程度的转变。不少人不仅检讨自己的错误，而且还能揭发坏人坏事。有的在检讨自己的历史劣迹时说："自从参加国民党十多年，对人民犯下了很多罪恶，人民政府和解放军，不但宽大处理，还帮助组织学习，准备送回老家，只有回乡努力生产，来报答人民政府。"要回家的，都订了生产计划，打算重新做人。

1950年3月31日，重庆市成立了散兵游勇资遣委员会。除少数安置工作或需要打击处理以外，其他的全部有计划、有组织地发给路费，遣返原籍。重庆市共遣返散兵游勇5185人，其中送往华东的830人，中南的2382人，华北的57人，西北的329人，东北的73人，就近资遣的514人。

在收容散兵游勇的同时，也开始了收缴非法武器的工作。其措施如下：

①布告周知。使人人皆知私藏、隐瞒、毁坏武器是违法的。运用报纸、广播等舆论工具，大张旗鼓地宣传军管会《收缴非法武器、电台办法》，结合典型案例，反复向人民群众讲清私藏武器的危害，做到家喻户晓。动员广大群众自觉缴出非法武器，检举私藏武器的违法行为。用强大的社会舆论，敦促非法武器持有者到公安机关呈缴。

②设立收缴站，集中收缴。各公安派出所均设有收缴站，组织专门力量，负责动员、收

缴。如第十三公安分局山洞派出所,在20多天内就收缴了200多支枪。截至1950年4月30日,全市收缴轻机枪65支、步枪7034支、手枪1615支、卡宾枪19支、汤姆逊冲锋枪25支、各种炮15门、手榴弹14368枚、子弹70242发、炮弹3231发、地雷14个、炸药18箱又113包、电话机75部、电台2部、收发报机2部。

③建立水陆检查站,检查收缴非法武器。全市在进出口要道共建有8个水陆检查站,陆地有土桥、新桥、小龙坎3个,水上有望龙门、储奇门、千厮门、磁器口、朝天门5个。检查过境旅客,收缴携带的非法武器。截至1950年10月,共查获收缴短枪32支、步枪1支、手榴弹1枚、子弹1296发。基本上制止了非法武器出入市区。

经过集中处置,基本上收缴了群众手中持有的非法武器。但是,特务、土匪、敌伪顽固分子是不会轻易缴械的。他们妄图变天,抢劫杀人、为非作歹、上山打游击,就是仗恃手中的非法武器。政府的对策是一靠群众,二靠政策,充分发挥专门机关的职能作用,进行彻底清查,坚决收缴。

一是清匪肃特,政策兑现。1950年1月18日和5月19日重庆市的两次大搜捕,对1331名匪特做彻底搜查,缴获电台11部、手枪15支、炸弹5箱、子弹4000余发。对隐藏武器的,结合其他罪行,给以从严惩罚。一方面号召敌特人员立功赎罪,另一方面发动群众检举。1950年1月至9月,由群众检举,经查实私藏武器的就有328起,都及时地予以追缴和处理。

二是集中优势兵力,侦破大案、要案,坚决及时地镇压持枪匪特的破坏活动。公安机关自重庆解放后的10个月内,破获持枪抢劫案218起,其中较大的64起,收缴了大批武器。

三是加强户籍管理,追缴非法武器。1950年初,接管工作完成,即着手查对户口,整顿户籍,建立户口登记管理制度,配合清匪肃特的中心工作,密切联系群众,深入调查。1950年12月1日,西南军政委员会公安部批准重庆市公安局颁布《奖励检举私藏武器、非法物资暂行办法》,对收缴非法武器起了积极的推动作用。

由于以上举措,截至1950年底,全市共收缴非法武器计有枪支10822支,子弹477箱又295133发,手榴弹145箱半又2259颗,炮弹713箱又2011个,炸药15箱半又167包以及其他武器。

取缔金银黑市,稳定金融市场

解放前夕,重庆市场流通的主要是国民党政府发行的银圆券和银圆。由于长时期、大幅度的通货膨胀,法币、银圆券等急剧贬值,物价轮番上涨,人们的生活必需品的价格一日数变,导致经济崩溃,投机倒把盛行,刚刚解放的重庆面临百业凋敝、生活物资奇缺、民不聊生、金融市场极度紊乱的局面。那时,银圆与人民币混合流通,金银、外币投机盛行。

奸商囤积居奇，操纵、扰乱市场，高价买卖银圆，使银行由6000元（旧人民币）的挂牌价格一度上升到9000元（旧币）以上。银圆价格上涨，带动物价随之上扬。各类金融投机分子见有利可图，大肆倒卖银圆。从事金银投机活动者数以万计。

为了整顿紊乱的金融市场，重庆市军事管制委员会于1949年12月10日颁布了《关于使用人民币及禁止使用伪币的规定》。规定“中国人民银行发行之人民币为市场流通之唯一合法货币”“伪银圆券及其辅币券自即日起宣布作废，禁止流通”。为照顾群众生活，市军管会规定按人民币100元（旧币）合银圆券1元的比价，限期收兑散在民间的银圆券。仅10天时间即收兑银圆券1017万元（旧币），支付人民币1017700万元（旧币）。

为了保持人民币币值的稳定，确保人民群众的生活安定，市军管会于1950年1月20日公布《西南区金银管理暂行办法》，禁止银圆、外币计价流通和私相买卖。《办法》规定人们可以持有银圆，暂不兑换。这样虽对持有少量银圆的市民有些不便，但数量不多，影响不大，而主要限制了持有大量银圆的地主官僚和投机商人的非法活动的余地，国家避免了因大量收兑增大货币发行量，导致物价上涨的风险。同时，国家按规定牌价，分别由人民银行收购黄金，中国银行收购外币，以充实国家外汇储备。

①发动群众开展“拥币拒银”宣传活动。为了树立人民币的信誉，1950年春，在各级党委领导下，在全市范围内广泛发动群众，运用报纸、广播大造舆论，宣传《拥护人民币宣传提纲》，组织“拥币拒银”的万人大游行。以工人、学生为主力，运用文娱、秧歌的形式，在工厂、街道和农村场镇宣传讲演人民币是保护人民群众根本利益的唯一合法货币。由于广泛深入的宣传动员，广大工农群众反映强烈，纷纷要求统一人民币制，取缔金银黑市投机行为，为人民币的正常发行、流通澄清了认识，扫除了障碍。

②加强金银管理。《西南区金银管理暂行办法》规定：制止金银投机和防止走私贩卖；准许私人储存金银及其制品，但不得流通或私相买卖。发现无证携带或计价交换的，按情况轻重没收1/3或1/2；用于走私资敌者，全部没收，情节严重者按扰乱金融罪处罚；买卖金银累犯者，除全部没收外，并课以1~10倍的罚金；操纵金银买卖，对物价、民生造成影响者，没收其全部财产并视情节轻重处以3~15年徒刑。对检举告发者奖，违法乱纪者罚。1951年，市政府又颁发了《重庆奖励检举违法使用与买卖金银暂行办法》，进一步加强管理，严格禁止银圆流通、金银买卖，人民银行亦不兑换，使之与物价脱钩，让它暂时冻结在持有者手里，成为有价值但不能交换的东西。这相当于是对银圆大户、银楼、钱庄的黑市投机活动进行“釜底抽薪”，有效地制止了金融市场的紊乱局面，保证了市场物价的稳定。

在冻结金银、禁止银圆流通期间，人民银行仅对因减租退押、缴库、捐款等收入按牌价收兑金银及其制品，直到1951年3月，才开始收兑甲类银圆及少数杂牌银圆和银锭。1952年后，随着土地改革、“三反”“五反”运动和清理敌伪财产等工作基本结束，国家财经状况好转，金银收兑数量减少，人民银行才放宽收兑，不加限制。

国家收兑的金银多系金银饰品、冶炼业副产金银、沙金和银圆，收兑总量以20世纪50年代初期数量最大。

③取缔黑市，打击投机。在整顿金融市场、货币流通与加强金银管理的同时，在西南财政经济委员会的统一部署下，积极开展依法打击破坏人民币信誉和金银黑市投机的违法犯罪活动。1949年12月至1950年9月的10个月内，公安机关依靠群众，对发生的扰乱金融市场案件，查处了1083起，抓获相关各类人员968人。仅1950年上半年就收缴非法黄金1219595市两，白银5676930市两，银圆1319900元，美金1000000元。截至1953年底，共收缴非法黄金130万两，白银1800万两，银圆3500万元，美金157万元。

收容游民乞丐，加强对野力的管理

解放前的3年里，蒋介石热衷于反共反人民的内战，政治腐败，经济崩溃，法币贬值，物价飞涨，人民处于水深火热之中。加之连年水旱灾害，大批失去土地的贫苦农民、失业工人和公私职员被抛向社会，流落街头。其中许多人或因好逸恶劳，或因染上烟毒，为环境所逼不得不沿街乞讨或以偷扒为生，长年累月，养成好吃懒做、依赖、寄生、不思自力的惰性，丧失做人的尊严。这支“队伍”随着时间的增加，越来越庞大，对社会正常生活构成严重的威胁，极容易被坏人利用，成为反革命的社会基础。

重庆解放后，为了巩固新生的人民政权，建立革命秩序，维护社会治安，市军事管制委员会和市人民政府根据党中央、政务院和西南军政委员会的有关政令，一开始就着手整顿市容秩序，在收容遣返国民党散兵游勇的同时，于1950年2月25日颁布收容处置、教育改造游民乞丐的布告，并制定了《重庆市游民乞丐收容处理办法》(以下简称《办法》)。《办法》明确指出收容处置游民乞丐的必要性和迫切性，以及收容处置的方针、政策和措施、办法。

游民乞丐分布面广、量大，成分复杂，分散在城区各个角落，《办法》规定分区设点、设站收容，集中管理，组织劳动，进行政治思想教育，清除其依赖、寄生意识，使之逐步实现自食其力。把他们从堕落、死亡的边缘拯救过来，以根治这类丑恶的社会现象。

为了及时有效地处置游民乞丐，1950年3月，按《重庆市游民乞丐处理委员会章程》，以市民政局为主，联合重庆警备司令部、市公安局、市卫生局等行政、军事单位组建处理乞丐委员会，集中社会各方面的力量，统一领导，统一安排。在该委员会下设两个收容所(后因实际收容人数超量增加，又添设一个，共3个收容所)。第一收容所负责收容处理有劳动力的；第二收容所收容老弱病残无劳动力的。各所配备足够的管理干部和必要的医务人员，对游民乞丐进行规范化管理。针对游民在游乞生活环境中养成的寄生、依赖、懒惰、邋遢等恶习，首先从规范其正常生活秩序入手，组织参加生产劳动，培养劳动习惯。在劳动过程中对他们进行思想政治教育，并辅以文化教育，使他们懂得劳动光荣、寄生可耻，促其逐步树立劳动观念，学会一定的生产技能，以达到自食其力的目的。其次是政治学习，由专职干部上课，主讲新旧社会对比和社会关系，分析他们沦为游民的社会原因和个人原因，指出游民乞讨对社会的危害和自身堕落毁灭，使他们认识如何争取改造自新的道理。课后组织分组讨论，启发他们在无拘无束的气氛中自觉倾诉沦为乞丐的堕落过程和遭遇的苦难，以期找到自新的道路，恢复做人的尊严。

重庆市有计划地收容游民乞丐工作是从1950年3月开始的，到年底共收容了8次，合计8269人。直到1952年年底，3年内共收容20685人。在经过劳动教育的基础上，开始了分别审查，并按《办法》规定进行分别处理：对来自农村有家可归的，资助其返回原籍，在原籍分田参加生产劳动；凡无家可归有劳动力的，送需要劳动力的部门（如城建、交通等）安排劳动，以工代赈；查明系国民党散兵游勇，送驻军警备司令部处置；属于老弱病残又无家可归的，转送生产教养院或保育院予以教养，对其中可以习艺的，施以技术训练，使之学得一技之长，以便自谋生路；对表现较好，又有谋生能力的，给以必要的资助，准其自谋就业。3年内先后共遣返7885人；分配到厂矿、交通、城建等单位的2210人（其中送去修筑成渝铁路的计1293人）；介绍就业的64人；介绍结婚或领养的133人；转入教养院的6119人；逮捕的潜伏反革命、恶霸和乞丐头子34人（仅1951年数）；因病不治死亡593人；尚未处置的675人（截至1952年年底）。

解放初期所谓野力，即非正式搬运工人，他们靠出卖劳动力维持生活。据重庆市公安局1953年5月份统计，当时重庆的野力有6074人，且有逐年增加的势头。原因是“一五”计划的执行，经济建设规模扩大，往来的物资逐渐增多，搬运公司无充足人力，且搬运手续较复杂，客人怕麻烦，为了方便省时，就雇佣野力搬运。这就给野力留有余地，人数逐渐增多。

野力的来源和成分复杂，一是农村中一部分羡慕城市生活而流入城市的农民；二是破了产及一时失了业，以肩挑收入，补助家庭生活的小商小贩；三是转业军人中不愿回乡务农而滞留城市的；四是劳改释放人员，期满释放找不到工作的；五是“五反”运动中垮杆破产的奸商；六是各工地遣回街道的建筑工人，一时分配不到工作的。

野力对社会的危害是明显的。1952年4月，公安部门在2533名野力中，抽样调查了956名，其中就有反革命分子和敌人的社会基础分子——特务2名，把头4名，释放人员10名，现管分子5名，毒犯50名，敌军官17名，偷扒4名，地痞流氓7名，反革命分子25名，其他12名。1954年4月，公安部门调查到的68名野力头子中，就有66名是反革命和敌人的社会基础分子，占总人数的97.6%——土匪3人，逃亡地主9人，把头5人，释放人员7人，现管分子8人，毒犯8人，敌军官3人，小偷5人，地痞流氓8人，兵痞2人，其他8人。这些人不但品质恶劣，而且有的思想反动。因此在他们的掌握支持下，各码头经常发生打架斗殴、敲诈勒索、偷扒拐骗以及吃白食等事件，不但严重妨碍码头秩序，同时对人民的生命财产也是一种威胁。外地客商经常抱怨说："重庆码头还有这种人！？我们不敢再来了。"

1954年1月11日，重庆市人民政府认为目前要求消灭野力不可能，决定改变方针为减少野力，逐步消灭。减少的办法：凡是能转移到居民生产组的，尽量动员转移，并配合公安部门发动生产队员对他们实行监督；留下不能转的有两种，一是外地农民，二是地痞、坏分子等，前者能动员返乡者，可动员返乡，后者在街头捣乱，破坏社会秩序者，采取逮捕劳改办法处理。

事实上，中共中央西南局早在1950年为了搞好城市治安工作，就做出了将在城市内无法安插的人员，包括野力以及被裁减与被管制的分子，遣送还乡，参加农业生产的规定。中共重庆市委也研究了这一问题，指出除尽量收容安置外，其余全部遣送回农村（原籍）。但是，过去遣送时各级政府均不收留，市委曾于1951年2月22日报请西南局转请各省、区协助办理，其办法是：

①凡是重庆市遣送回乡之一般失业人员（包括野力在内），持有市劳动局发给还乡证者，各级政府、乡村农协（以原籍为限），应负责安置，土改时分给一份土地。

②被管制分子遣送回乡者，由市公安局派定专人并持市公安局正式介绍信负责押送各省、区或专署，然后由省、区或专署分别送回原籍管制。

为了做好这项工作，重庆市还制定了《野力工人戒毒转业委员会组织草案》，据此成立转业委员会，下设6个分会，委员会设秘书、宣教、总务等3个处。第一任转委会主任委员为尹楠如，副主任委员为陈其祥。

为"野力工人"生活出路计，市人民政府曾于1950年9月17日责成搬运公司协同失业工人救济处，负责动员其中真正失业的人员转向铁路工作（1950年9月份的野力是送到成渝铁路修路的），谋取正当职业，同时劝告新从农村中来的季节性野力，返回原籍，各安生计。

根据以上方针政策，单1950年2月就转走1321人，同年8月参加市政建设者7169人，1951年6月逮捕34人。搬运秩序日趋正常，社会治安逐渐好转。

取缔台基，改造妓女，禁止赌博

抗战期间，重庆为国民政府的陪都，既是政治中心，又是经济中心，可以说是纸醉金迷的花花世界，嫖妓宿娼的现象到处可见。据不完全统计，全市妓女不下一万人。

解放初期，由于新生的人民政府注意力集中在对反革命活动的打击上，这就给妓女造成一些误解，认为她们是被压迫的，现在解放了，她们也要"解放"，一度肆无忌惮，猖獗一时。

当时这些流落街头的妓女，从早到晚经常活动在临江门、沧白路、兴隆巷、人民公园、小什字、北区干路、较场口、中兴路、木货街、解放碑、老衣服街、夫子池、七星岗、金汤街、两浮支路、南区公园一带。此外，舞厅等娱乐场所也是妓女栖身之地。她们拉截行人，估要敲诈，扒窃偷盗，影响极坏。

为了整顿社会秩序，改造无业游民，重庆市人民政府从1950年3月即开始收容工作，每次收容都包括流落街头的妓女在内。1951年8月，重庆市公安局根据市民政局1951年7月24日发布的关于收容本市妓女游乞会议的决议，决定8月10日开始收容这些流落街头的妓女，并决定以后随时发现随时收容。截至1952年年底，共收容了游离分子20457人，其中妓女6000余人。

当这些妓女被收容到集中地点时，妓女对自己行将开始的新生活抱有各种不同的想法：在外面无法谋生或想改造的都愿意到收容所；也有不想来的，如台基老板，她们平时勾引好人，剥削妓女，过惯了不劳而获的寄生生活，在收容时就耍无赖不来。但是，不管妓女当时想法如何，对收容改造妓女，广大群众是拥护的，一般看到的人都拍手称快，说"人民政府又办了一桩好事"。

妓女情况复杂，思想混乱，生活方式和遭遇各有不同，比如沦落较久的妓女，恶习就深，寄生思想就重，怕劳动，怕吃苦，善应对，虚伪，口是心非。这种人教育改造比较困难，特别是劳动习惯较难养成；沦落不久的年轻妓女，恶习不深，易于接受新鲜事物，比较容易改造。因此在改造妓女方面，就不能"一刀切"，必须耐心细致，区别对待。具体做法如下：

①管理教育。政府的管理教育，就是针对上述实际情况来进行的，大体上分为以下三个阶段。

第一阶段，稳定情绪，建立秩序，戒除烟瘾，培养集体生活习惯。

第二阶段，以抗美援朝、镇压反革命为中心，结合她们的切身遭遇启发她们诉苦，使她们认识到自己浪迹风尘的根源和今后努力的方向。同时组织参加实际劳动，使她们认识到劳动的光荣和寄生生活的可耻。

第三阶段，根据不同情况进行深入调查与教育，以求进一步提高思想觉悟，并结合劳动生产方针，鼓励她们走向独立谋生的途径。一般地说来，经过教育，她们思想上都有不同程度的转变。

②分别处理。经过一段时间的教育改造后，即按其不同情况，分别予以处理。

在农村，由于即将进行或正在进行土改，故处理游离分子的重点，是以遣到农村生产为宜，处理妓女亦不例外。所以处理的原则：凡属于有家可归的，尽量动员其资遣回原籍生产，无家可归而有劳动力的，在她们自愿的原则下，并商洽原籍政府同意，资遣回籍生产；其无法资遣而有劳动力的，组织起来参加力所能及的工作和各种手工业生产；至于无家可归的老弱病残妇女，则分别转入各院继续教养，组织其参加可能的各种劳动生产。政府在处理上采取认真负责的态度，资遣回原籍生产的，绝大部分都得到了适当的安置。例如：璧山县在土改中曾留下一部分土地，并发动群众代为种好，被资遣回籍生产的，立即分得已经插了秧的田，她们对政府非常感激。

但也有部分回籍生产的，因为长期流落城市，不习惯于农业生产，又跑回本市来了。经查有30多人，政府依然收容，重新安置。

其他参加劳动生产的1009人，由生产教养院来领导，在不断劳动锻炼中，身体日壮，工效日高，有400多人先后经各生产部门挑选纳为正式工人。其余继续教养的，仍根据其体力、智力分别参加各种生产劳动。比如老弱病残——还能做点工作的，也参加了制酱油，做雨伞、棕绳、棕刷等手工业生产。生产教养院的每月生产收益已达全部院民供给的60%，生产情绪一般都很高，并自动订立了爱国公约。总的说来，经过分别处理后，这类人基本上已转向靠生产劳动谋生的途径。

赌博是旧社会遗留下来的恶习。解放前，重庆这个水陆交通大码头，各公口社（指青红帮的社会茶馆）招待应酬费用，多系靠茶馆后面的赌场抽头而来，因此赌场半公开化；其次是赌头、赌棍所开的私人赌场比比皆是。他们靠赌假钱稳赢，靠抽头，有百利而无一灾。其他赌徒靠运气、凭手气，想发财、想捞本的也纷纷参与其中，遂致赌博成风，无法禁止。解放后，人民政府禁止赌博，特别是1950年7月至8月，中央公安部召开了第一次全国治安行政会议后，公安机关的治安管理部门配合全国范围的镇压反革命运动，进一步禁毒禁赌，旧社会遗留的赌博风气基本绝迹。但是，禁赌是一个比较复杂的社会问题，不可能一劳永逸，还会反复出现。据重庆市公安局城二分局1953年7月至9月份的案件登记看，就有大的赌博案32起。同年，城一分局龙王庙一个所，28天内就缴获赌具10余副。由此可见，赌博流毒流传甚广。

参与赌博者，当时多系旧货业、钟表业、成衣业、屠宰商、百货等行业的资本家、店员及家庭妇女，也有从乡下来的农民、摊贩以及自首的反革命分子和管制分子。

赌博的方式，一般桌上不摆钱，以“打子子”“火柴笺”“算盘子”“心记”等花样来记输赢。输赢的数额由几百上千元（指旧币，下同），进而慢慢地发展到输赢数万元、数十万元，乃至数百万元。其结果是不仅耽误了正当工作，更严重的还会引起家庭不睦，闹离婚、闹自杀。在工商业及小型工厂中，因老板赌输而拖欠工人工资，有的赌输了无法生活或偿债，就铤而走险，去偷、去抢，造成了社会极大的不稳定因素。

重庆市委和市人民政府对禁赌工作十分重视，专门制定出《关于严禁赌博活动的布告》，公安司法部门根据这一精神，采取了以下的具体措施：

①广泛深入地开展严禁赌博的宣传教育活动。运用报纸、广播等舆论工具，大力宣传严

禁赌博的《布告》,反复向群众讲清赌博的危害,动员广大群众自觉反对和抵制赌博活动,造成强大的社会舆论。在广泛宣传的基础上,通告有参与赌博活动的违法人员到公安机关坦白交代,登记悔过。

②大力开展查禁赌博的工作。依靠各级党政领导,发动群众,密切掌握本地区、本单位的赌博活动情况;对进行过赌博活动的人员,普遍进行调查摸底,分别情况,采取措施,加强教育管理;对聚众赌博的赌头、赌棍、窝主和赌博情节比较严重、屡教不改的人,掌握名单,核实材料,根据违法犯罪的不同情况,分别给予惩处。

③坚决打击赌博犯罪分子。在查禁赌博的工作中,对以营利为目的,聚众赌博或以赌博为业的赌头、赌棍坚决依法公开处理;对有一般违法行为的人,以教育为主,处罚为辅,采取广泛宣传与个别教育相结合,加强治安管理与政策措施相结合的办法,促其登记悔过;已停止活动,并能主动交代问题,揭发检举他人的,免予处罚或从宽处理。

④加强对禁赌工作的领导。各地区、各部门、各单位要把禁赌工作纳入议事日程,确定一名领导抓这项工作。对赌博活动不加禁止以致蔓延成风的单位和地区,要追究领导者的责任。

经过上述各种措施,在整个20世纪50年代,公开的赌博基本绝迹,以赌为生的赌场不复存在,人民群众也知道赌博是犯法行为,赌徒再也不敢明目张胆地赌了,社会风气日趋好转,治安案件相对减少。

(选自中共重庆市委党史研究室、重庆市档案馆编:《新重庆的起步》,西南师范大学出版社1996年版)

宝元通转向国营的经过

黄凉尘[①]

1982年3月,姚依林副总理在国务院召开的国家商业部门机构调整会议上,宣布我为新组建的商业部顾问,那时谈到了宝元通公司,姚副总理指出:宝元通是全国第一家转到国营的民族资本企业。

而在"文化大革命"中,"造反派"曾追问我:何以会那么早就希望转到国营部门?他们怀疑宝元通有特务组织,是想伺机"打入国家机关"。他们毫不听我解释,真令人啼笑皆非。

回想当年,宝元通转为国营,西南贸易部举行欢迎会,宝元通创办人萧则可激情满怀地说:"这是宝元通自1920年创办以来,盼望已久的一件翻天覆地的大事。"他的确说出了宝元通同人的共同心愿。

宝元通兴业公司具有中国民族工商业的共性,又有它的特性,就是搞改良。宝元通主要创办人萧则可长期担任总经理,思想进步,有事业心。他钦慕邹韬奋办生活书店的创业道路。在20世纪30年代,萧则可就倡导劳资合作,吸收职工入股,使股东、职工一体化;限制股额,节制个人资本;总经理由全体职工选举,实行企业民主管理;建立福利制度,注重职工思想教育,长期订阅《生活周刊》,把邹韬奋著的《事业管理和职业修养》列为职工必读书,邀请李筱亭、李紫翔、章乃器、江问渔等进步人士为职工做报告,培养职工的民主进步思想,树立终生为宝元通事业服务的志向。解放后担任内江地区专员的张××、北碚区财贸部长的刘志军,就是当年从宝元通奔赴延安,投身革命的。我也受到萧则可的影响,追求民主进步。1945年在重庆的星五聚餐会上,听到周恩来《当前经济大势》的讲演,领悟到民族资产阶级应走的道路,这次讲演给我留下了极深的印象。这些就构成了宝元通得以动员全体职工转向国营的思想基础与物质基础。

到了20世纪40年代后期,国内局势急剧变化,解放战争节节胜利,国民党政权腐败不

---

① 黄凉尘(1912—2004),曾任重庆宝元通公司经理、副总经理、总经理。1950年宝元通公司交给国家经营后,任西南军政委员会贸易部副部长、财经委员会委员,西南行政委员会商业局副局长,中国药材公司经理,农产品采购部储运局局长,城市服务部局长、部长助理,商业部储运局局长,商业部副部长,民建中央委员、秘书长、常委,全国工商联副主席。

堪，垮台在即。宝元通年年出现亏损，几乎难以为继，于是确定了“现在拖得过，将来站得起”的应变原则，进行艰苦的努力。

1947年夏天，宝元通总管理处在重庆北温泉召开了主干人扩大会议。经过秘密探讨，分别交谈，终于取得了基本一致的看法：宝元通倡导的“团体”精神和“事业”意义，不仅不足以妄自尊大，退而求保持其“划地为域的好人社会”也将落空，另谋新路已是势所必然。宝元通只有在人民解放和建设的伟大事业里，才能求得新生。

那时，宝元通已经换届，萧则可身体欠佳，推辞不当总经理，由我继任，郑星垣出任董事长。因我同一些中共地下党员和进步人士有交往，遂决定由我出面寻求宝元通新的前途。

1948年10月，我和樊陶斋、李清法到香港视察宝星纺织厂筹建工作时，会见章乃器，同他商讨宝元通的出路。章认为全国解放不会太近，也不会太远，要我们靠拢进步力量。我们深以为然。1949年3月，我再到香港，经陈铭德、邓季惺介绍，在华人行楼上会见了中共有关方面负责人许涤新、夏衍。许涤新详细讲了当时政治、军事形势和党的民族资产阶级政策。我则向他们介绍了宝元通的情况和倾向革命的心情，并约定以后再谈。同年5月，我回重庆参加股东会，用隐蔽的办法，带回了《新民主主义经济》《论联合政府》等小册子和解放区的一些剪报。总管理处极少数主干人如饥似渴地阅读这些书报，又一次结合共产党的政策酝酿解放后的出路。时值重庆局势动荡、混乱，人心思变，民族工商业萎靡不振，宝元通连维持日常开支尚属不易，又逢一些非在职股东闹着要分钱退股，这比经营方面的问题更令人苦恼。为了安定人心，我给职工们讲共产党的政策。有的同人说讲得太露骨了，国民党晓得了要出事。但我觉得应让大家感到有盼头。

以后，我再次与成都地下党员易野源（他的两个弟弟都是宝元通的主干人员）接触，讲了转向人民事业的决心。易说重庆解放不会太远了，他完全赞成宝元通转向国营、公私合办或交给政府的愿望。他的话更坚定了我们的决心。

1949年8月4日，我离开重庆赴香港，准备自港转赴北平。此时我已正式受命联系宝元通的出路，决定在重庆解放前不再回来。离渝前，我对爱人讲了一些情况，嘱咐她带着孩子等到团聚的一天。我说波折肯定会有，但宝元通同人会全力保护你们的。我就带着国民党特务追捕的进步学生杨代蕴（民生公司杨成质之女）脱离了虎口，一道飞往香港。

1949年11月，我经天津抵达北京，由章元善陪同见到了黄炎培、章乃器。他们对宝元通转向国营的意愿表示赞成。随后，章乃器即在政务院会议上代宝元通向中财委主任陈云申请。不久，章乃器告诉我，中央财经委员会原则同意。重庆解放后，章又告知中财委原则同意的电报已发，嘱我回重庆向西南财委申请。章乃器给西南财委秘书长刘岱峰、西南财贸部副部长李斌和川东行署财委副主任沈兰芝写了信，表示在政治上他对宝元通负完全责任。

我当即发电报回渝，将情况报告总管理处。总管理处为了使全体职工提前做好转向国营的思想准备，于1949年12月9日发出解放后的“通关信”，号召全体职工“认清新民主主义所规定的革命任务……提早转向社会主义性质的国营经济”。广大职工闻讯后欢欣鼓舞。

我于1949年12月4日离京去上海，与樊陶斋一同取道武汉回重庆。到武汉后，我找到以前认识的地下党员赵忍安，由他写了一封信，让我面交西南局统战部秘书长林蒙。

回到重庆后，我第一个见到的是林蒙，我向他介绍了宝元通的情况。总管理处指定我和樊陶斋向西南区财经贸易方面的负责同志洽商，提出转向国营的申请。我们与西南局贸易部副部长刘卓甫、李斌恳谈，樊陶斋连续数晚向李斌介绍宝元通的经营管理情况和人事情况，问答极详。总管理处又广泛开展民主讨论，召开了重庆、成都、宜宾、泸县四地总、分公司主干人和职工代表扩大联席会议，取得了一致的意见。很快，西南财委正式批准宝元通贸易部门转向国营。

1950年1月25日，中共中央西南局第一书记、西南财经委员会主任邓小平在林蒙的陪同下，接见了我和樊陶斋。邓小平亲切地问我：“让你担任西南贸易部副部长，怎么样？”我回答说听从党的安排。他还谈到任命樊陶斋为中国百货公司西南区公司经理。邓小平说，在旧社会，宝元通是“划地为域的好人社会”，近于空想的社会主义，培养了一批有经营管理经验的人才，这些经验是有用的，要批判地运用，为开创西南国营贸易工作做出贡献。

之后，樊陶斋在北京参加了中国百货公司成立会议。1950年4月上旬，他按照中央贸易部副部长姚依林的指示，由北京去香港，将宝元通设在香港和印度加尔各答的贸易机构交给国家，之后回到上海，将上海、南京两地的贸易机构转为国营。至此，宝元通申请转向国营的愿望，得以完全实现。

行文至此，不禁令人由衷地怀念郑星垣。郑星垣是从教育界延揽进宝元通的，他在宝元通受到普遍的尊敬。他热爱祖国，向往革命。解放前夕，在宝元通面临各种困难的情况下，他极力主张维护这个企业到解放后参加国营，并协调各方，力促其成。还有宝元通的创办人熊郁村、熊荫村先生，他们对宝元通事业的发展颇有劳绩，对萧则可的民主思想，也是一贯支持。

1954年，在全国政协二届一次会议期间，周恩来总理在怀仁堂看见我，亲切地询问我的情况及宝元通职工的工作和生活情况，令我十分感动。党和政府的关怀与爱护，给广大宝元通职工以极大的鼓舞。

（选自中共重庆市委党史研究室、重庆市委统战部编：《中国资本主义工商业的社会主义改造（四川卷重庆分册）》，中共党史出版社1992年版）

重庆民建培养工商业者会员成为工商界骨干分子的经过

徐崇林[①]

20世纪50年代，国家过渡时期总路线公布后，对资本主义工商业的社会主义改造逐步展开，并胜利完成。那个时期，我担任中国民主建国会重庆市委员会主任委员，与全市民建会员及工商界人士一起，参加了轰轰烈烈的社会主义改造运动。在那场运动中，民建担负着特殊的使命，培养工商业者会员成为工商界的骨干分子。任务艰巨，工作细致，至今犹历历在目，颇堪回味。

一

1953年11月，民建中央委员会提出新的工作方针：培养、提高工商业者会员成为工商界的骨干分子，联系并带动尽可能多的资本主义工商业者积极接受社会主义改造。这个方针适应了国家过渡时期总路线的要求。我们民建作为一个民主党派，相继以《共同纲领》和《中华人民共和国宪法》的总纲为自己的政纲，当然也要以国家过渡时期总路线为自己的总任务，民建会员中，工商业者会员占了大多数，大都在工商界具有代表性，培养、提高这些会员成为接受社会主义改造的骨干分子，联系、带动尽可能多的工商业者参加到接受社会主义改造的行列中来，自然就成了我们的特殊使命。民建重庆市委相当重视这一工作。

解放初期，我们发展工商业者会员，执行过"中小路线"，着力发展中小、培养中小，对大的注意不够。"五反"运动以后，毛主席接见总会负责人黄炎培，明确指示：要用经济观点，向大的远的方面看。毛主席的指示端正了我们组织发展的方向，我们乃着力发展并培养大型、上层、影响面广的工商业者会员。

---

① 徐崇林（1906—1999），曾任重庆市各界人民代表会议协商会常委、副秘书长，重庆市政协副主席，重庆市人民政府委员，重庆市企业局、公用局、交通运输局局长，西南军政（行政）委员会委员，四川省政协副主席，民建中央委员、常委、咨议委员会副主任，四川省工商联副主任委员。

1954年初，民建重庆市委制订出“全面教育，重点深入”的办法，按工商业者会员接受社会主义改造的程度和情况，分类排队，以培养、提高骨干分子。

1955年5月，民建重庆市委召开第三届会员大会，我在工作报告中要求“必须根据本会第一次全国代表大会的精神和决议，深入理解培养骨干分子对于协助国家推动工商业者接受社会主义改造的重要作用，充分吸取大会总结出来的培养骨干分子的五点主要经验，并用来贯彻本会的工作方针，充分做到有计划、有系统地培养骨干分子”。8月22日，市民建常委会通过了《关于培养和提高本会工商业者会员成为工商界骨干分子的实施办法》，提出了对于培养骨干分子工作的几点基本认识，规定了培养骨干分子的主要工作内容和方式方法。那年秋天，各基层组织按照布置，开展了对工商业者会员成为骨干分子的检查工作。10月27日晚，在各小组组长和各组织干事会议上，我指出，这次检查是对现有骨干分子的巩固与提高。经过一个多月，骨干分子大都写出了“自我思想检查提纲”，肯定了成绩，看到了差距，增强了改造的信心和决心，起到了巩固和提高的作用。

1955年10月29日，毛主席约集全国工商联执委，座谈如何更适当地对资本主义工商业进行社会主义改造的问题，提出认识发展规律，掌握自己的命运，要求进一步培养和发展接受社会主义改造的核心力量。11月18日，民建中央发出《关于迎接国家对资本主义工商业的社会主义改造的新形势，进一步加强培养、提高工商界中骨干分子工作的指示》。我们根据指示的要求，具体规划，积极贯彻。

1956年年初，重庆市同全国各大城市一道，掀起了全行业公私合营高潮。10月，举行工商业者会员积极分子代表会议。我在大会上，号召进一步发挥骨干分子的作用，团结和动员一切积极力量，贯彻“长期共存，互相监督”的方针，为社会主义事业服务。

几年中，我们通过大会小会，会上会下着意宣传、规划部署，检查督促，引导并推动广大工商业者会员按照骨干分子的条件要求自己，奋力发挥骨干作用，就这样把培养、提高骨干分子的工作一步一步地推向深入。那时，在工商业者会员中，年轻的如吴修辅，年老的如卢澜康，或发言，或撰文，都表示要使自己成为名副其实的工商界中的骨干分子。

二

要把工商业者会员培养成为骨干分子，最终是要靠工商业者会员自身去实现。这是一项艰巨、复杂而又十分细致的工作，牵涉许多方面。民建重庆市委推动这一工作，紧紧依靠中共重庆市委的领导，得到市委统战部的帮助，同市工商联紧密合作，与工会、妇联、各国营专业公司等有关方面相配合，具体从以下几个方面去进行的：

培养骨干，首在教育，包括形势教育、政策教育和前途教育。1954年年初，我们在党和政府的统一领导下，在传达和学习民建中央委员会全体会议制订的各项工作计划和标准的基础上，配合西南行政委员会学委会，市、区政治协商委员会和市工商联等，有计划、有系统地进行了国家过渡时期总路线的学习。在这次学习中，市工商联召开会员代表大会，传达中财委李维汉副主任在全国工商联会员代表大会上的讲话，我们全体工商业者会员，或出席、或列席，都参加了这次大会，受到深刻的教育，看到了国家的发展方向，了解了对资改造政策，明确了工商业者的前途。

1954年3月至5月，进行了3个月的爱国守法教育，使大家懂得“爱国守法是会员最起码的、最主要的，也是最基本的条件”，并推动各基层小组工商业者会员订出《爱国守法公约》，自觉遵守。民建重庆市委还运用鼓励加批评的方法，一方面通报表扬邱鹤寿遵守加工订货管理办法的爱国守法行为，宣传介绍陈君爽主动向国营医药公司退回多收的加工费的良好表现；另一方面严肃批评庞思危违反市场管理，任意抬价、压价，企图对抗合作社，操纵湖南锅市场的违法行为。经过4个月时间，40多次大小会议和个别谈话，使庞思危认识了错误，公开检讨了违法行为，受到了教育。后来，他写出文章《感谢党和组织对我的教育》，在工作上有了良好的表现，还出席了民建重庆市委工商业者会员积极分子代表会议，名列光荣榜，受到了表扬。

1955年4月，民建第一次全国代表大会在北京胜利举行。黄炎培主任委员在大会上阐述了民建培养骨干分子的特殊使命，提出了对会员尤其是工商业者会员的五项要求，大意是：要在爱国守法，接受社会主义改造，服从国家行政机关的管理、服从国营经济的领导和接受工人群众的监督方面，做出榜样，带动私营工商业者积极拥护并遵守宪法；继续发扬爱国主义精神，团结私营工商业者共同坚持反对国内外敌人的斗争；要以身作则，并推动工商界服从国家的经济计划，服从政府对于私营工商业的统一安排，积极地把自己有关的企业推上国家资本主义的轨道和国家计划的轨道；必须自觉地、积极地接受社会主义改造，要以自己觉悟的提高，带动资本主义工商业者一道前进，为国家的社会主义改造事业增加助力，减少阻力；必须密切联系工商界群众，认真地代表他们的合法利益，并严肃地对一切非法行为和错误思想进行批判和斗争。

我在民建重庆市委第三届会员大会上传达了全国代表大会精神，全面展开对会议文件的学习，热烈讨论了骨干分子问题。在1955年9月8日的大组座谈会上，我在发言中谈到骨干分子问题，希望工商业者会员自觉地努力工作，积极学习，在认识和实践上争取做到会员的五项要求，发挥带头、模范、桥梁三个作用，成为名副其实的骨干分子。

我们了解，骨干分子的可贵，就在于自己能搞好企业，又带动他人。因此，我们着力推动工商业者会员搞好生产经营，改进经营管理，提高生产技术，努力办好企业。1954年8月，市私营工业增产节约运动委员会成立，民建重庆市委有18家会员企业在各区增产节约委员会领导下，开展了增产节约工作。民建重庆市委不仅把继续重点帮助工业会员、搞好增产节约列入下半年工作计划纲要，而且在8月底就派出干部下厂，到药友制药厂、合众机器厂增产节约工作组工作。12月13日，民建重庆市委举行增产节约工作经验交流座谈会，上述两厂都在会上介绍了经验。12月30日，民建重庆市委对吴祥麟改进翻砂技术进行了通报表扬。毕长顺经营的顺昌家庭工业社改进再生胶底，试制60打，节约生胶28.895公斤，每打降低成本2.423元，百货公司即以这项节约金额作为奖金，对其给以鼓励。对工商业者会员改进生产技术，厉行增产节约的一切成就，我们都及时加以肯定，广为宣传。

1954年12月11日，民建重庆市委召开商业会员座谈会，我在会上讲话，要求大家积极改善经营管理，端正经营作风。1955年8月29日，又举行商业会员接受改造、改善经营管理座谈会，请平德昌介绍华西公司几年来接受社会主义改造，改善经营管理的经验教训，起到了通报情况、交流经验、相互启发、相互帮助的作用，有助于大家接受安排和改造。

在培养骨干工作中，我们很注意帮助工商业者会员克服困难，解决困难，把思想教育同解决实际问题结合起来。民建重庆市委常委会设立了工商研究委员会，又设立了工商改造辅导处，后改称工商研究处，专事了解、发现、研究、反映工商业者会员在生产经营和接受改造中出现的情况、发生的困难、碰到的问题。对于这类问题，我自己就向党政领导机关，特别是市委统战部，做过多次口头汇报和反映。工商研究处干部下厂下店，调查了解，写出调查报告。几年中，这类调查材料，恐怕不下一百份，不单反映出工商业者会员在改造中的良好表现，更着力反映了他们存在的困难和问题，包括税收、劳资、加工订货、收购、货源、差价、贷款等方面的问题。经过反映，许多问题得到了及时解决。工商业者会员得到帮助，渡过了难关，推进了生产经营，有助于他们增强改造的信心，发挥骨干分子的作用。

三

那些年，随着国家对资本主义工商业的社会主义改造事业的发展，通过各方面的工作，经过民建重庆市委的组织推动，我们工商业者会员的思想觉悟逐渐提高，接受改造的积极性逐渐增长，在工商界中，越来越多的会员发挥了骨干作用。

许多同志积极参加社会活动，获得了党和人民的信任，到1956年，被推选为全国、省、市、区各级人民代表、政协委员的有134人；在工商联各区分会、同业公会的167位正、副主任委员中，民建同志占117人；在市工商联执行委员141人中，有民建同志113人。这些同志，沟通上下，联系各方，形成工商界的一支进步核心力量，在工商界群众中起到积极的影响。

许多同志在社会主义改造过程中，带头走上国家资本主义的各种形式，进行企业和人的双重改造。到1955年年初，会员纳入国家资本主义的比重已达到82.8%，其中工业户纳入的为92.1%。公私合营由7户增加为21户，到年底更增达35户。全部加工订货的由28户增加为54户。商业方面纳入的为66.6%，专业经销的由1户增加为6户，并陆续出现批发代理，公私联购、批购零销、供销合同等国家资本主义的新形式。我记得杨受百代总经理的聚兴诚银行，是一家典型的民族资本的金融企业，早在1951年就走上了公私合营之路。童少生代总经理的民生公司，1952年公私合营后，这家企业很快就被《人民日报》誉为“公私合营企业的一个范例”。汪文竹经营的裕华纱厂，萧松立经营的沙市纱厂，相继公私合营，在棉纺业和工商界中都产生了好的影响。萧松立早在市工商联首次代表大会上就被树立为“企业改革模范”。

1956年初，全国掀起社会主义改造高潮，民建重庆市委工商业者会员和全市工商界一道，积极投入这一伟大的社会主义改造运动中。1月17日，在全行业公私合营的庆祝大会上，吴修辅登上解放碑大会主席台，发表铮铮誓言：同资本主义撒手告别，奔向社会主义的光明大道。这反映了私营工商业者的心声。在大会高潮中，许多同志带头申请公私合营，拥护定息制度，积极投入企业合营工作。不少同志参加各行业公私合营工作委员会，担任领导职务。在清产核资工作中，有些同志以身作则，带动行业，做到公平合理；在清理债权债务工作中，好些同志推动行业做到实事求是，贯彻从宽从轻的政策精神；在经济改组、网点调整工作中，许多同志了解并反映群众意见，提出建议，推动了调整工作。企业合营后，不少同志进一步发挥生产经营积极性，参加社会主义劳动竞赛，做出了显著成绩。当年第二、第三季度，有14个同志荣获单位优胜，有60个同志被评为先进生产者、先进工作者。8月，四川省财粮贸系统举行先进生产者与先进工作者会议，民建重庆市委刘伊凡、向兴华、杜冰、张时芳光荣出席，被评为四川省的先进工作者。在合营高潮中，民建重庆市委有3位同志被任命为长江航运管理局重庆分局副局长，有20个同志被任命为市级国营专营公司的经理、副经理，承担了企业经营的重大责任。

1956年10月，民建重庆市委为了奖励先进，交流经验，在党的领导下，召开了工商业者会员积极分子代表会议，出席会议的代表249人，列席17人。会议展览了代表们的先进事迹，张贴了光荣榜。我在会上做了报告，强调进一步发挥骨干分子的作用，要求全体同志今后更要加强团结，紧密依靠党的领导，团结和带动工商界，充分发挥积极性，努力工作，为社会主义事业服务。可以说，这次会议，是我们民建先进人物的大会师，是对民建重庆市委骨干分子队伍的大检阅，是我们多年来培养、提高骨干分子工作的总结。很自然，这次会议，也是向党汇报，重庆民建是怎样实现它培养、提高工商业者会员成为工商界骨干分子这一特殊使命的。

回想起来，过去那些年，我们绝大多数的工商业者会员，通过培养、提高，成为大大小小的骨干分子，在工商界中发挥了骨干作用。但也有极少的工商业者会员没有走上骨干分子的行列，或者从这个行列里滑了出去。我记得，有的在“五反”运动中掉了下去，有的在公私合营企业里违法乱纪，受到了处分。我们这项工作并非尽善尽美，还有缺陷，我厕身其间，兢兢业业，做了应做的一些工作，不管过程多么复杂、曲折，终归形成了一支骨干队伍，充分显示了党的和平改造政策的巨大威力，使我这样一个从旧社会跟着党走过来的知识分子，也从中受到了深刻的教育，得到了改造，更加密切了与党的关系，坚定了走社会主义道路的决心！

（选自中共重庆市委党史研究室、重庆市委统战部编：《中国资本主义工商业的社会主义改造（四川卷重庆分册）》，中共党史出版社1992年版）

始终抓住对人的团结教育改造

余跃泽[①]

20世纪50年代，我在重庆工作期间，参加了重庆市对资本主义工商业的社会主义改造工作。1952年以前我在中国人民银行重庆市分行工作时，通过对私营工商业的贷款等业务关系参与了对资改造工作。1953年以后，我调重庆市财委和市委财贸部工作，在市委领导下直接进行对资改造工作。在重庆对资改造工作中，改造企业与改造教育人相结合像一根红线一样贯穿着。回忆起来，我的实际工作体会最深的，关于团结、改造私营工商业者的是这样几件事。

一

共产党对胡子昂先生无微不至的帮助，从细微处体现党的统战政策。胡子昂先生于抗日战争时期就在重庆就与周恩来、许涤新有所接触，在共产党的影响下，他有强烈的民族、民主意识，对蒋介石的反动政策不满，向共产党靠拢，在全国解放前夕与国民党统治区的一些高层民主人士毅然投奔解放区。重庆解放后，邓小平就提出由他出任重庆市副市长。在他任副市长期间，陈锡联、张霖之、曹荻秋等市委领导同志一再叮嘱我们，一定要像尊重党内副市长那样尊重胡子昂先生。记得成立市工商联的时候，市委要我去任工商联的副主任委员，曹荻秋找我谈话，我有点胆怯，不大愿意接受这个任务。曹荻秋明确指出要我去支持胡子昂先生的工作，工商联的事情都由胡子昂先生做主。这说明市委领导对胡子昂先生十分信任。

胡子昂先生经营的华康银行，受到国民党的排挤、压榨，解放前很不景气。解放初，胡子昂先生提出由政府接收华康银行的全部人员，当时西南财委和市委马上表示同意，不仅安排了全部人员，胡子昂的弟弟胡永龄还被安排到重庆市人民银行做中层干部。这件事是我具

① 余跃泽(1922—2010)，曾任中国人民银行重庆市分行行长，重庆市工商联党组书记，重庆市统计局、财政局局长，重庆市体委党组书记，重庆市财委、计委副主任，重庆市委财贸部部长，重庆市人委财办主任，重庆市人民政府副市长，重庆市革委会常委、副主任，四川省革委财贸组副主任、省商业局党委书记。

体经办的。根据政策，对华康银行只接收其人员参加国营，不接收其资财，但胡子昂要把华康银行的股票连同其他企业的股票交给政府，一再声明自己是政府官员了，不能再有私人股份。经曹荻秋指示，市委统战部向他说明政府不能接收资财的道理，胡子昂向政府交股票的事才搁置起来。此事在重庆各阶层人士中反映极为强烈，大家更加相信我们党的政策。胡子昂先生对政府帮他解脱困境，一再表示感谢，他说，政府解除了我后顾之忧，我一定要好好为人民办事。

还记得解放初期，全国召开的两次财经工作会议，曹荻秋都要我向胡子昂先生传达，我当时思想不通，认为这么重要会议的精神，有关财经政策要向党外人士个别传达是不恰当的。曹荻秋说，对像胡子昂这样的党外人士要高度信任，要让他有职有权。我又问是只传达精神呢还是全部传达，曹荻秋答复说，不要保留，全部传达。谈话后，我就同当时财委的秘书，后来在中共四川省委办公厅工作的华青一块去临江路胡子昂的住宅，用了一天时间，向他传达了财经会议的全部内容。传达后，胡子昂非常激动，认为这是党对他的高度信任。中午他还叫人去临江豆花店端来豆花招待我们，对我们的态度非常热情。由于市委对胡子昂先生的高度信任和具体帮助，树立了胡子昂先生在工商界的威信。事后看来，效果非常好，胡子昂先生与党的距离更近，跟市里的领导和市政府各部门关系也更加密切，也敢于工作了，在税收、教育、工商、抗美援朝等工作上都发挥了应有的积极作用。重庆市对资改造工作进行得比较顺利，这与胡子昂先生的努力工作是分不开的。

二

促使宝元通走上国营的工作是在邓小平亲自指导和过问下进行的。

1949年11月，重庆解放，我就与张茂甫担任中国人民银行重庆市分行的领导工作，我管筹建银行机构和业务。记得是1950年1月初，西南财委副主任刘岱峰召开会议，我也列席参加。这次会议主要是由刘岱峰传达邓小平关于宝元通问题的指示。大意是：宝元通公司是劳资一体的企业，主持人如黄凉尘等渴求进步，要求我们接收他们的企业，现在中央已经批准同意他们转向国营的请求；我们要做好工作，把宝元通在四川各地的机构变为国营机构，安排好人员，特别是他们的主要负责人，中央已经同意黄凉尘任西南贸易部副部长，其他人员也要妥善安排；移交的资产折价要合理，要使他们感到共产党做事是公平、公正的，这对加快建立四川各地国营贸易机构，开展贸易，恢复经济，稳定市场都有好处。刘岱峰讲完后，西南贸易部李斌表态说，西南贸易部在黄凉尘等人的配合下已将宝元通的情况弄清楚了，一些原则问题也通过协商形成了一致意见，工作进展很顺利；根据邓小平的指示，力争在短期内召开欢迎会，欢迎他们参加国营商业的工作。刘岱峰问我宝元通资产负债的情况，我说具体情况说不出来，但总的来说不会有问题。因为当时我们银行对私营工商大户的资产负债情况都指定专人密切注意和了解过，银行经办部门并未向我反映宝元通在资金上有问题，所以我答复说不会有问题。刘岱峰说宝元通在转向时如果资金周转上有问题，银行可以短期贷款帮助解决，还说这也是邓小平的意见。事实上宝元通的资金相当充裕，转向过程中并未向银行贷款。从这里看出，邓小平和当时的西南财委对宝元通的转向，对机构、资产作价、人事、资金安排的考虑都很细致。说宝元通的转向是在邓小平亲自指导和过问下进行的一点也不过分。

随后，西南贸易部举行了欢迎宝元通走上国营的欢迎会，我也应邀参加，地点是在冠生园底楼大厅里。李斌和刘卓甫主持会议，黄凉尘代表宝元通的与会者讲了话，除感谢共产党、人民政府外，他的讲话让我记忆犹新的一句是：从此宝元通走向了新生。这句话说出了解放后民族工商业者的心声，是由衷之言。刘岱峰受邓小平的委托代表西南财委讲了话。欢迎会是简单而又隆重的。从此，宝元通成为全国解放后第一个由私营企业转为国营的企业。

宝元通的转向成为重庆市对资改造工作的先声，对重庆市的私营工商业者的震动和影响很大。胡子昂对我说过，私营工商业者应像宝元通那样，依靠共产党，靠拢政府才有出路，宝元通的转向，为我们树立了榜样，我办的华康银行也要像宝元通那样走转向的路。杨受百也一再对我说，聚兴诚银行也要走这条路。不久之后，聚兴诚银行实现了公私合营。

宝元通转向过程中，我们很注意代表人物的安排、使用和培养。宝元通的首要代表人物黄凉尘被安排为西南贸易部的副部长，其他如樊陶斋被安排为西南百货公司经理，黄君鹤、易仲郛、孙燮阳等都安排在重庆商业部门，宝元通创始人之一的萧则可被安排为川南商业厅厅长。这些代表人物对当时的转向工作推动很大，他们在党的教育培养下，经过自身的学习努力，进步很快。黄凉尘担任了中国民主建国会的秘书长，樊陶斋担任了全国工商联的秘书长，成为全国工商界的代表人物。邓小平指示，改造企业要与安排私营工商业者结合好，不仅是做好宝元通转向工作的指导思想，中共重庆市委也是遵循这一思想，把注意对人的安排、改造、培养工作贯穿在重庆市整个对资改造工作中，这是重庆市对资改造工作的一个特色。

三

重庆私营银行的公私合营，首先是从新华银行重庆分行开始的。新华银行等几家省外银行，在重庆设有分支机构，它们的总行公私合营了，下面的分支机构理所当然要公私合营，这对重庆私营工商业影响不大。

在重庆私营银行中，聚兴诚银行的公私合营对重庆私营工商业影响较大。聚兴诚银行在重庆地方金融界中有实力也有影响，对于公私合营问题，聚兴诚银行内部有较大的意见分歧。以杨粲三为代表的，反对公私合营，认为聚兴诚在四川牌子老，还有一定的实力，过去在四川就有“无聚不成行”（意思是没有聚兴诚的人就办不起银行）的说法，杨氏家业不能丢掉，要硬撑下去。杨受百在杨氏家族中比较年轻，倾向进步，则主张依靠政府，跟共产党走，聚兴诚银行要及早公私合营。重庆刚解放时，西南区人民银行副行长邓辰西就对我谈过，说邓小平告诉他聚兴诚银行是四川甚至是西南有代表性的银行，应及早引导其走上公私合营的道路，要在杨氏家族中找出代表人物加以帮助、培养，这对四川的私营工商业是有影响的，团结有实力的人物就会影响一大片。后来，邓辰西、陈心波（西南区行业务处处长）和我分析了杨氏家族中的人，一致认为杨受百在杨氏家族中是倾向进步、愿意跟着共产党的人。我又与当时西南局统战部部长程子健和市委统战部部长杨松青交换过意见，他们都认为在杨氏家族中，杨受百倾向进步是比较突出的。曹荻秋也指示过我，聚兴诚银行有代表性，要争取尽早公私合营，杨受百在杨氏家族中是靠拢共产党的，要通过他做他们家族的工作。我根据曹荻秋、邓辰西的指示，就经常与杨受百接触，要他做他们家族的工作，特别要做杨粲三老先生的工作，只有他们家族都同意了，自愿申请公私合营，政府才会批准，因为对公私合营政府不能强迫命令，不能做硬性决定。杨受百在市委统战部的具体帮助下，进步很大，特别是说服杨松青部长也经常找他谈话，向他阐述党的政策，对促进他的进步起了积极作用。杨受百接受党的政策，细致地做家族的工作，耐心说服他们，特别是说服杨粲三老先生，要及早走公私合营的道路。杨粲三在杨受百的帮助下，在解放后共产党、人民政府的所作所为无一不是为人民的现实感召下，提高了觉悟，愿意走公私合营的道路。我记得是1950年或1951年的国庆节观礼中，杨受百很热情地引着杨粲三来见我和市里其他领导人，这位老先生就主动说聚兴诚要走公私合营的路，杨受百在你们共产党、人民政府的教育下也很不错，感激之情，溢于言表。1951年下半年聚兴诚就主动申请，并经政府批准，实现了公私合营。杨受百在聚兴诚银行合营中具有举足轻重的作用，但没有杨粲三的思想的转变，聚兴诚银行的公私合营也难以很快实现。在聚兴诚银行的公私合营过程中，也贯穿着在对资改造中找代表人物做工作的这根主线。杨受百在市委统战部的帮助下，也逐渐成了四川省和重庆市工商界的代表人物。杨受百经常说，我这个在旧社会无所事事的人，在共产党的教育下成了有用之才。1987年我去重庆看他时，他还说：“没有共产党就没有我杨受百的今天。”他又说：“我杨受百没有其他的本事，只有一条，共产党、人民政府叫我干的，我就干；共产党、人民政府叫我不要干的，我就不干。”据我所知这确实是近40年他言行的写照。

聚兴诚银行公私合营后不久，和成银行也在其主持人陈诗可的努力下申请公私合营，很快得到了批准。

1952年冬，以聚兴诚、和成为主的公私合营银行成立。我在成立大会上代表政府和金融主管部门讲话，主要是鼓励他们走公私合营的路，希望他们遵守政府法令，端正经营方向，为恢复和繁荣重庆市经济贡献力量。新的公私合营银行的负责人就是杨受百和陈诗可，陈诗可虽不是和成银行的大股东，但长期主持和成银行的工作，除吴晋航外就是他能代表和成银行，在重庆金融界也是有影响的人物，让他与杨受百共同负责公私合营银行是很适宜的，实际上具体工作也是陈诗可做的，他工作勤勤恳恳，公私合营银行转向后在人民银行工作也是很努力的。

1955年公私合营银行与中国人民银行重庆市分行储蓄部合作，转为人民银行内专办储蓄的部门，至此，公私合营银行就成为历史的名词。但银行的转向与宝元通不同，它是经过公私合营后转向的，更是水到渠成的事。

当时还有的私营金融机构由于各种原因不愿参加公私合营，如美丰银行、重庆商业银行等，因经清理债权债务还有剩余资产，更由于美丰银行的康心如在四川金融工商界中也是有影响的人物，市委和西南财委都指示要加以任用，以便更广泛地团结私营工商业者。经请示市委和西南区行，就由未参加公私合营的银行和钱庄筹组了重庆市投资公司，由美丰银行康心如主持，这一措施深得重庆私营工商界的好评。康心如主持重庆投资公司也较努力，不久就建起了和平公寓，私营金融业的剩余资金得到了利用。

在重庆私营金融业公私合营和进一步转向的工作中，我们都认真细致做了代表人物的工作，对有影响的代表人物都做了妥善安排，使合营和转向工作顺利开展。对众多的私营金融企业采取各种形式加以融化，对当时市场、物价、货币的稳定起了积极作用。

四

我们在对私营批发商的改造工作中，也与前面回忆的两件事一样，遵循邓小平和市委的指导思想——改造企业和安排好代表人物相结合，细致地做了大批发商的工作。因为要改造的私营批发商较多，我们根据市委指示，就与市商业局、市委统战部王寒生处长(主管对私营工商业的改造)研究，决定通过市工商联办一个私营批发商业资方从业人员学习班，后来参加学习班的资方从业人员有100多人。我们还请胡子昂到学习班讲了话，胡着重讲了私营批发商业转业转向的必要性以及政府会对资方人员进行妥善安排和使用，并以黄凉尘、樊陶斋、黄君鹤、易仲郛等人为例，具体阐述了政府对资方从业人员的政策，对解除资方从业人员的顾虑起了很大作用。

在私营大批发商中，百货行业群大百货公司经理童佐臣，是在私营工商业中有代表性的人物。胡子昂就同我谈过，童佐臣负责的群大百货公司资金金额较大，在重庆经营百货批发的时间也较久，把这个问题解决好了，对私营批发商的转业转向会有积极的影响。我们专门做了童佐臣的工作，我也与他谈过话，希望他在私营批发商转向转业中有积极的表现，起推动的作用。同时我们与市委统战部研究，请示市委安排童佐臣为重庆市百货批发站的副经理。市委同意我们的意见，还指出对其他批发商也要根据他们的具体情况安排使用。我们对童佐臣这样有影响有代表性的人物做了妥善安排这件事，对童佐臣的企业和其他私营批发商的震动和影响很大。我们对其他行业的大批发商如刘伊凡、李达尊、夏鹤雏、陈天赐等人也进行了妥善的安排，减少了大家的思想阻力，少数批发企业转为国营，多数批发商转变为经销方式的国家资本主义。

我们不仅安排了工商业者，做了私营工商业者的工作，而且也对与工商业者有关的知识界代表人物也进行了安排。如刘崑水，抗日战争时期与许涤新有较多的接触，思想进步，重庆解放以后，在党的教育帮助下，进步显著，曹荻秋就对我说过像刘崑水就应当多给他工作做。刘崑水担任市商业二局副局长，抓蔬菜工作，经常深入农村，是有突出成绩的。他的工作热情很高，还忙里偷闲写了很多歌颂商业工作的诗篇。曹荻秋对我说，对党外人士不能要求过严，要帮助他，我们就经常与刘崑水下基层，经常交换工作意见。刘崑水成为重庆市级领导干部，也是与党的教育帮助分不开的。

总之，重庆市对资改造工作中贯穿了企业改造与人的安排、人的改造这条主线。

（选自中共重庆市委党史研究室、重庆市委统战部编：《中国资本主义工商业的社会主义改造（四川卷重庆分册）》，中共党史出版社1992年版）

重庆市私营工商业社会主义改造高潮的到来

周怀瑾[①]

我于1952年5月调市工商联任秘书长，1956年6月调市委统战部。在工商联的4年多时间里，主要做工商统战工作。

我到工商联时，“五反”运动刚结束。针对当时工商界的思想顾虑和消极情绪，市委指示：要迅速活跃市场，恢复全市经济生活，必须进一步加强对私营工商业者的教育，使其认识政策，消除顾虑，提高其经营积极性。曹荻秋市长在6月份召开的重庆市工商界临时代表会上宣布政府关于分期退赃[②]的办法和继续加工订货、向工商业者贷款的措施，并着重指出“五反”后私营工商业的有利条件及其前途。由于政府采取了一系列措施，逐步扭转了“五反”以后工商界中存在的消极情绪，引导私营工商业者爱国守法，积极经营，恢复发展生产，活跃市场。

1953年党中央提出过渡时期总路线之后，重庆开始对私营工商业进行有计划的改造。当时工商界不少人对总路线不满，说总路线给他们带来了困难，“总路线这座灯塔，把他们的企业照化了”，甚至诬蔑“过渡”为“饿肚”，害怕共产，情绪消极；部分人则误认为“已经进入社会主义”。为此，市工商联组织工商界有计划地大规模开展过渡时期总路线的学习，进行前途教育。曹荻秋市长先后向工商界代表人士及工商联会员代表大会做了专题报告，着重阐述了国家在过渡时期对私营工商业的社会主义改造问题所采取的政策、形式，并指出私营工商业者，只要在过渡时期遵循总路线的道路前进，积极进行思想改造，发挥私营工商业对国计民生有利的作用，那么，前途是光明的，今天有合法利益可得，将来有适当工作可做。通过对总路线的学习，广大工商业者改变了错误认识，积极拥护总路线。

1955年11月1日至21日，全国工商联召开第一届执行委员会第二次会议，我应邀列席。我随同市工商联主任委员胡子昂、副主任委员温少鹤及陈叔敬(3人均系工商联执委)，

① 周怀瑾，曾任重庆市工商联秘书长，中共四川省重庆市委统战部部长，四川省重庆市人大常委会副主任。

② 指“五反”运动中，责令违法资本主义工商业者退还其通过贪污盗窃、投机倒把等方式非法所得的赃款赃物。生活确有困难、一时不能退清的，允许其分期分批退还。

提前几天到京参加。

当时正值全国农业合作化高潮。1955年10月29日，全国工商联开会前，毛主席邀集全国工商联执行委员会的全体委员在怀仁堂谈私营工商业的社会主义改造问题，我列席旁听。入党17年，第一次当面聆听毛主席的报告，我心情十分激动。毛主席针对当时工商界由于要改变所有制产生的担心前途问题而导致动荡不安的思想状况，在会上做了关于前途问题的重要讲话，希望他们认清社会发展规律，掌握自己的命运，安下心来，进一步接受社会主义改造。毛主席还提出：要加强宣传教育工作；培养工商界的核心分子，通过他们和在座的执委去教育其他工商业者；改造要有准备、有秩序、有步骤，做到瓜熟蒂落，水到渠成。毛主席讲完后，全国工商联主委陈叔通及各大城市的工商联主委如李烛尘、荣毅仁、胡子昂等都在会上发了言，这是一次很重要的会议。

全国工商联一届二次执行委员会议就是这样在党中央、毛主席的亲切关怀和亲自指导下召开的。会上执委们学习了毛主席的讲话，又听了陈云、陈毅两位副总理的报告。他们阐释了毛主席的讲话，要求工商界认识社会发展规律，放弃剥削，还讲了有关改造的整个政策。毛主席的指示和两位副总理的报告，不仅使参加这次会议的全体人员，对于国家前途和个人前途，对于接受改造，掌握自己的命运有了更进一步的认识，同时，也为全国广大的私营工商业者指出了一条社会主义的光明大道，这次会议的意义是十分重大的。

这次会议，在联系实际深入学习、讨论的过程中，执委们始终贯彻了批评与自我批评的精神。他们在发言中，联系自己的亲身经历，许多人都谈了自己过去剥削发家的历史；有的用亲身经历批判了资本主义大鱼吃小鱼，盲目竞争，使多数人贫穷破产的现象；不少人还通过解放前后的对比，证明资本主义堕落腐朽的生活方式的害处，说明资本主义只能给国家、人民和自己本身带来无穷的祸害。大家都认识到剥削可耻，劳动光荣，只有做好放弃剥削的思想准备，积极接受改造，决心走社会主义道路，才能掌握自己的命运，获得光明的前途。

在会议过程中，委员们还对如何协助国家对私营工商业进行社会主义改造，如何培养提高骨干分子，扩大工商界核心力量等工作交流了经验，提出了不少积极的办法和建议。由于出席这次会议的都是全国工商界的领导骨干，经过学习、讨论，统一了认识，消除了顾虑，坚定了接受改造、走社会主义道路的决心和信心，为今后进一步协助党和政府推动工商界的工作提供了更加有利的条件。因此，这次会议取得了很大成果。

全国工商联执委会召开的同时，中共中央政治局又召集各省、市、自治区党委书记开会，研究对资本主义工商业的改造问题，经过讨论，通过了《中央关于资本主义工商业的改造问题的决议（草案）》。重庆市委副书记鲁大东出席了会议。

1955年12月初，鲁大东回渝后，市委立即召开市属各部门负责干部会议，鲁大东在会上传达了中央会议精神。会议结束后，有关部门经过调查研究，很快做出了对全市资本主义工商业进行社会主义改造的全面规划，要求在1956年大部分（占全市私营工商业的89%）实行公私合营，到1957年（占11%）全部实行公私合营。

1955年12月28日至1956年1月11日，在市委、市人委的亲切关怀和领导下，重庆市工商联召开了第三届第九次执行委员、监察委员联席扩大会议。会议的主要任务是传达学习毛主席、中央领导同志对资本主义工商业进行社会主义改造的重要讲话，以及全国工商联第一届第二次执行委员会议及四川省工商联筹备委员会第四次常务委员会扩大会议的精神，要求提高思想，统一认识，迎接国家对资本主义工商业的社会主义改造的新形势。

在传达、学习的过程中，市委统战部邀集500多名工商界人士举行座谈，听了市委副书记鲁大东关于资本主义工商业社会主义改造问题的重要讲话。市人委八办、市工商局分别就本市私营工业和商业的改造规划有关问题做了发言。许多委员在认真学习、热烈讨论中，联系实际，运用批评的方法，经过深刻的反思，以亲身的经历，生动地揭露了过去走资本主义道路、依附帝国主义、勾结军阀官僚、剥削起家的丑恶历史，挖出了损人利己、唯利是图的思想根源，消除了疑虑、彷徨，明确了自己应走的道路。会上还讨论了党和政府提出的“全面规划，统筹安排，经济改组，全行业公私合营”的方针和采取定息办法的赎买政策，通过深入学习、讨论，许多人提高了认识，看清了前途，下决心放弃剥削，走社会主义道路。

大会闭幕那一天，市委统战部部长杨松青来市工商联给辅导处长徐伯图通报消息，他说：“接到北京电话，首都的私营工商业已经全部公私合营了！”同一天，《重庆日报》也报道了周恩来总理接见首都庆祝全行业公私合营游行群众时的指示：“私营工商业改造的高潮已经到来。”新的形势给予委员们极大的推动和鼓舞！许多人说：“再也不能等待了，要赶快走向社会主义！”“前几年吃苹果（指个别企业公私合营），现在要摘葡萄（指全行业合营），葡萄不摘，就要烂了！”晚饭后，委员们申请公私合营的热情越发高涨。首先有糖食加工、金属加工、化学工业、食品工业、百货商业等8个行业联名向大会提出了动议：建议本市所有各行业联名向政府申请全部公私合营。当主持大会的胡子昂主任委员宣布这一动议时，全场欢腾，在不停地掌声和欢呼声中通过了这一建议。随后，全市42个行业的主任委员都积极响应签名，向政府申请全行业公私合营。公私合营申请于1956年1月16日即被市人委批准，42个行业，共14602户，实行全行业公私合营，迎来了重庆私营工商业社会主义改造的高潮。

1956年1月17日，市中区8万多职工、工商业者及其家属在解放碑举行庆祝大会，陈筹副市长在大会上讲话，代表市人民委员会宣布实行全行业公私合营，并对私营工商业者公私合营后的努力方向和具体工作内容提出了希望和要求。在会上，还有徐崇林、温少鹤、吴修辅分别代表民建重庆市委、市工商联讲话。吴修辅讲：“我们今天向资本主义撒手告别啦！”这句话给大家的印象很深，人们记忆犹新。大会结束后，大家敲锣打鼓，举行游行联欢。1月21日，各区30多万人又分别集会游行，庆祝私营工商业社会主义改造的伟大胜利。

高潮到来后，按原来规划的要求，完成时间几乎提前了两年，从怀仁堂座谈到重庆出现私营工商业社会主义改造高潮，则仅两三个月，因此，还有许多工作要在高潮以后继续进行。工商联继续协助政府有关部门搞好合营企业的清产核资、经济改组和人事安排等工作，进一步搞好公私合营，深入企业改造和人的改造。1957年2月10日，市工商联召开的第四届第二次会员代表会议接近尾声。周恩来总理出国访问归来暂留重庆，曾于2月10日下午5时前来工商联与代表们会见、合影留念。在小型会上听取了温少鹤副主任委员汇报情况后，总理指出：现在全行业合营了，资本主义所有制基本解决了，但改造人的工作还十分艰巨。总理希望工商界代表人士要带头加强学习，联系群众，深入基层，继续前进。工商界人士受到极大鼓舞。

在对私营工商业进行社会主义改造中，工商联发挥了积极作用。在中央的路线方针政策的指引下，在市委、市人委的正确领导下，市工商联协同民建重庆市委、市工会、市妇联、市青联等党派、团体一起，遵照有关部门的安排、部署和统一规划，工商联在业务辅导、宣传教育和培养积极分子、核心分子等方面，特别是对企业改造和人的改造方面，都做了大量的工作，发挥了积极的作用。对资本主义工商业的社会主义改造取得的伟大胜利，是与工商联的长期努力分不开的。

（选自中共重庆市委党史研究室、重庆市委统战部编：《中国资本主义工商业的社会主义改造(四川卷重庆分册)》，中共党史出版社1992年版）

回忆在对资改造中加工订货的情况和问题

樊恒才[①]

向私营工业加工订货，是政府扶持其恢复生产的重要措施之一，也是贯彻“利用、限制、改造”方针的一个重要步骤。1950年初起，政府就开始筹备组织加工订货，建立管理机构，制订管理办法，按照军需、民用的需要，组织生产。后来管理机构逐步健全，管理办法日趋完善，加工订货任务也不断增加。这不仅对恢复生产、搞活经济起了积极作用，而且还促进了私营工业对加工订货的依附性，为以后对私营工业的社会主义改造创造了条件。

在恢复国民经济时期的加工订货

在恢复国民经济时期的加工订货，主要在于恢复生产和引导私营工业接受“利用、限制和改造”的方针服务。自重庆解放时起，至1952年国民经济基本恢复时止，这时主要任务是恢复生产，搞活经济，解决就业，改善人民生活，保证军需民用。

1950年初，部队为了准备物资进军西藏，开始在市场上零星采购，组织加工订货。部分资本家，由于长期贪图暴利的恶劣习惯难改，再加我们的步调不一致，他们就趁部队不熟悉市场情况的机会钻空子，在订购物资中，虚报成本，高估工缴，抬价出售，敲榨部队。这就在客观上要求加强对私营工业加工订货的统一管理。因此，市政府于1950年11月28日公布了《重庆市公私企业间关于加工订货暂行办法》，规定每件合同除公私双方签章外，必须先经过总工会和工商联签证同意，再做出适当保证并经市工商局批准方为有效。

为了统一管理加工订货，市工商局于1951年1月成立了直属的重庆市信托公司，根据中央和西南贸易部的决定，信托公司的任务，除“配合工商部门平抑物价，辅导各专业公司的不足和组织城乡物资交流”外，主要代理委托单位直接办理加工订货的具体业务，同时代表工商部门执行部分行政管理职能。凡各单位向本市私营厂商投放加工订货任务金额较大者，由市工商局主持分配，其余由信托公司统一计划进行分配，信托公司根据规定，还代表工商

① 樊恒才，曾任重庆市工商联副主任、重庆市工业局副局长。

局鉴证合同，管理业务等项工作。

1951年8月20日，根据中央财委指示，在市财委领导下，正式成立了重庆市加工订货委员会，发布了《关于办理加工订货工作的规定》。重庆市加工订货的统一管理工作，初步步入正轨，并取得了较为显著的效果。

第一，基本上克服了盲目投放的混乱现象。在实行统一管理以前，由于各单位对市场情况和私营工业的生产情况不够了解，多是根据本单位的需要投放加工订货或收购商品，盲目性大，这样就容易被某些资本家钻空子，进行投机违法活动，影响投放任务的完成。实行统一管理以后，基本上克服了这些消极现象，使国家需要得到了有力的保证。

第二，稳定了市场物价。重庆受国民党长期统治，解放较晚，市场还没得到改造，同时由于国营公司、国营商店正处于创办阶段，尚难满足国家建设和军需、民用，因此，大批物资必须经过市场购进，在统一管理加工订货以前，资本家任意抬价和高估工价方面的情况相当严重，统一管理后，在审核价格方面，有了一定改进。如国营二十三厂向私营永祥厂订制变压器等一批产品，双方议定价格为5.3万元；经过信托公司详细了解核实后，降低为4万元，又如国营四五六厂，急需橡皮手套一批，向中南橡胶厂洽购，每双索价为13.50元，通过信托公司向另一私商收购，每双收价6.50元。中国百货公司西南区公司委托益记群力纺织实验工厂代弹棉花1.65万公斤，每公斤收加工费0.56个折实单位，签订合同后，送信托公司签证，了解议价过高，将每公斤核定为0.5个折实单位，使国家避免了990个折实单位的经济损失。总之，通过向私营工业加工订货和对其经济活动的管理，又经过“五反”运动，对资本家进行了一次深刻的爱国守法、积极经营的教育。这不仅对发展国民经济起了积极作用，而且还为私营工业接受社会主义改造，奠定了一定的基础。

在社会主义改造中的加工订货

1953年，中共中央公布过渡时期的总路线，开始进行我国第一个五年建设计划。为适应各项建设事业的发展和不断提高人民生活水平的需要，国家对私营工业加工订货任务的投放，也随之不断增加，国家资本主义不断发展。

为了搞好对私营工业加工订货的进一步管理，以利引导其走上国家资本主义高级形式的轨道，重庆市人民政府于1953年9月公布了《重庆市加工订货管理暂行办法》，加工订货的管理工作进入了一个新的阶段。

党在过渡时期为了促进资本主义工业的进一步改造，对加工订货加强了管理，以便更好地贯彻“利用、限制、改造”的方针，特别是在国营各专业公司已经建立并加强领导的新情况下，加工订货由统一的机构来管理，就显得十分必要。因此，根据上级的决定，在1953年2月份撤销了重庆市信托公司，8月份撤销了加工订货委员会，明确了重庆市工商行政管理局为统一管理加工订货的执行机关，这样就解决了原来只有加工订货委员会的形式，而无具体领导加工订货的机构的问题，同时又能与工商行政管理部门控制私营工业的计划，掌握私营经济情况，指导同业公会等项工作，密切结合起来。这时除钢铁机器、电工器材两类产品仍由中央第一机械工业部、西南销售办事处办理具体分配任务和审核价格外，其他绝大部分的加工订货任务，都由市工商行政管理部门统一管理起来。如此就能加强加工订货的计划性，使私营工业更好地为国民经济服务，逐步改善经营管理，提高产品质量，降低成本，增加社会财富。

通过工会发动工人对资本家进行监督，是防止资本家偷工减料、虚报成本等不法行为的重要手段，是胜利完成加工订货任务的有效措施之一。1953年，国家依靠工会发动工人对一些较大的厂户加强监督，因此，这些厂户的资本家偷工减料等行为有所减少，如惠工、合作、治华等厂的工会，对接受任务、订立合同（均有副本）都进行了监督，因而，没有发现资本家偷工减料的现象，并如期完成了合同任务。又如西南军区向冠生园订购罐头，核定增加数量，资本家不同意，结果通过工会发动工人搞好生产，最后增加了产量20%；大来机器厂也由于工会掌握和审核了厂内的工缴价格，致使资本家的报价与核实价的差距接近，有的甚至还自动改正误计价格。

1953年，重庆市全年加工订货合同户为4202户，加工总值达9423万元，为全市私营工业总户数12089户的34.8%（包括大中型及个体手工业户）。加工订货产值约占私营工业总产值的65%，国家对私营工业加工订货无论是在户数上还是在投放金额上都是逐步扩大的。若以1953年第一季度加工订货的户数和金额均各为100%，则第二季度加工订货的户数为209%，加工订货金额为113%；第三季度户数为253%，金额为177%；第四季度户数为428%，金额为174%。随着加工订货范围的扩大，私营工业的总产值也在逐步上升。如以第一季度为100%，则第二季度为108%，第三季度为105%，第四季度为120%。

1953年，国家对私营工业投放的加工订货任务，较国民经济恢复时期的各个年度均有发展：（一）从数量上看，1953年加工订货总产值较1950年上升42%，比1952年上升25.4%。（二）从形式上看，除加工比重增加、订货比重缩小外，包销有了显著的发展。加工的产值，在加工订货中的比重为54%；全行业或全行业90%以上承接加工的有钢铁机器、复制印染、橡胶、化工等行业。实行全行业包销的有复制印染、皂、烛、火柴、机器、化工等行业的60余家工厂。（三）从投放单位的变化情况看，1951年因国营专业公司尚未建立或健全，军需部门较多；1952年交通运输和工业建设部门较多；1953年国营专业公司较多，交通、工矿基建、文教、军需等部门次之。（四）从品种上看，1952年生产资料多，主要是铁路、邮电所需用的器材；1953年生活资料多，绝大多数为国营专业公司组织生产的产品。（五）从每个合同的金额看，

1952年显得零星，1953年常年加工和长期包销合同有了显著增加。

1954年是重庆市工农业生产蓬勃发展的一年，是对资改造进一步深入的一年，广大工农群众社会主义觉悟有了显著提高，资本家逐步认识到走社会主义道路已经成为不可抗拒的历史潮流。对私营工业的社会主义改造，相应地有所加强，对加工订货的领导和管理也进一步加强，在保证国家资本主义初级形式不断巩固的基础上，为有计划、有步骤的公私合营创造了条件。

1954年，全市国家资本主义工业企业加工订货和包销的产值为13234万元，按可比部分计算，较1953年增加12.86%。1953年，加工订货产值占私营工业总产值的69%，其中大型工业为77%，小型工业为23%。1954年加工订货产值占私营工业总产值的百分比上升到77.53%。

这一年国家资本主义初、中级形式的发展，还表现在继续扩大了全行业的加工订货和包销方面。在1953年棉纺、面粉、碾米三个全行业加工订货包销的基础上，又将针织、土布、卷烟、制药、日用、橡胶、钢铁冶炼、火柴等行业相继纳入了全行业的加工订货和包销。其他行业纳入国家资本主义形式的也有所增加，很多行业由收购发展到加工订货和包销，由于国家资本主义初、中级形式的扩大，自由市场逐渐缩小，资本主义盲目生产情况受到限制，资本主义工业对国家的依附性越来越大，尤其是大型工业90%以上依靠投放加工订货来维持，国家投放加工订货的多少，已经左右着私营企业生产的发展变化。

随着加工订货投放比重的增大，对加工订货工作的领导也进一步加强。

第一，计划管理与生产安排有所加强。1954年，市财委于一、二季度先后主持召开了三次加工订货的内部会议，统一和提高了各单位对加工订货的重要性的认识。会议加强了整体观念，基本上做到了加工订货的统一安排，不同程度地克服了在加工订货中各自为政的现象。不提计划，自行投放的现象大为减少。从二季度起，已有化工、医药、电池、玻璃、卷烟、橡胶制品等行业的产品能在较前大体上加以安排，同时计划的准确性也逐步提高，过去计划的变动频繁，时多时少、时有时无的现象相当严重，1954年来已有好转，订金金额的差距，到四季度已缩小到20%左右。从而更有利于对私营工业生产的计划安排，加强了国家对私营工业的领导。

第二，鼓励先进带动落后。从1952年二季度起，市工商行政管理部门，着重扭转加工订货中任务分配的平均主义现象，对那些经营管理落后，或有其他违法行为的工厂，暂停分配任务，并予以批评教育，限期改进；对经营管理较好具有一定条件改造的工厂，予以重点安排，使其维持正常生产。这个方针的贯彻，鼓舞了工人，教育了资本家，有力地推动了落后企业改善经营管理，能最大限度地起到发挥改造私营工业的积极作用。

在加工订货中的反限制活动

一些资本家反限制的活动相当猖獗，这些人在“五反”运动中尽管受到了一次深刻的爱国守法、积极经营的教育，但由于其贪图暴利的思想没有得到彻底改造，在加工订货中，一有机会他们就进行各种投机违法活动。他们投机违法的手段主要有：

虚报成本。据不完全统计，在钢铁、机器、化学、机器修配等行业，虚报成本的情况甚为惊人，比如惠昌、兴昌两机器厂，承接610厂的元宝车报价，超过其实际成本140%；永利五金厂承接西康国营运输公司订货任务，虚报成本高达158%。机器修配行业，厂多面广，虚报成本尤其严重。医药公司1953年第四季度调查制药厂利润时发现，该行业为数不多的几家药厂（中法、药友、兴华、新生等）对生产成本都有不同程度的虚报，其中中法厂虚报成本竟超过其实际成本的98%。他们虚报成本最普遍的手法是虚报工时、将辅助工谎报为技术工、降低原材料的质量、降低出品率等，无所不用其极。虚报费用也很严重，固定资产折旧不合理，也是常见的事，更有个别厂，把尚在订购中的机器，竟欲提折旧费，有的化工厂产品从来没有进行研究实验，而成本上却报有研究实验项目。此外，以腐蚀工人为目的的各种开支，如聚餐费、伙食费、津贴等也一律计入成本，甚至资本家的私人交际费、小孩零用钱等有的也摊入成本。在税款这一项目上，也有虚报行为。

偷工减料，盗窃原材料。这类私营工业为数很多，其中又以化工厂、钢铁、机器、机修配件、玻璃、木竹、棕麻、金属制品等行业较为严重。偷工减料的手法很多，以劣充好，减少配料，改变规格等都时有发现。

抗拒接受加工订货任务，也是一部分资本家反限制活动的一种手法。有些资本家，为了摆脱限制，抗拒改造，追求自由市场的高额利润，当其产品有一定销路，而原料供应又没有问题时，就抗拒接受国家的加工订货任务。如兢力机器厂，不愿接受邮局的手推车订货，并以威胁的口吻说：“要我接受订货，就得预付40%的订金。”交电公司向永安电池厂投放2万多元的订货，该厂嫌产值少，不愿接受，最后由工人力争才解决。福裕机器厂资本家分配其承接西南军区直属医院X光架配件时，却嫌任务小而借口工作忙，企图拒绝。上述情况说明，国家掌握供销产品的原料，是打击资本家反限制活动的一个重要手段。

盲目接受任务，拖延交货时间，也是有些资本家反限制活动的一个方面。这些情况在化工业中最为严重。资本家在接受任务时，很少考虑自己的生产能力，认为任务愈多，利润就愈大，甚至认为接受任务，是我的事情，而任务能否完成，则应由工人负责。因此，接受的任务超过了生产能力，其结果就是拖延交货时间，影响国家计划的完成。这种情况的形成，除了资本家盲目追求利润、不以国家利益为重、消极经营的根本原因外，部分投放单位，不执行加工订货管理办法，还向私营工厂投放任务，以及个别任务分配不当也是其中一部分原因，给资本家空子可钻。

在党的过渡时期的总路线公布后，资本家明确了走社会主义道路是大势所趋，人心所向，他们知道像1952年“五反”运动前那样明目张胆地用“五毒”行为反限制的活动，已经愈来愈难以施展了，因而，他们采取了更加隐蔽的形式，与政府做斗争。比如不愿意接受加工订货的资本家，从不公开说不愿意接受任务，而是迂回曲折地找各种借口加以拒绝；有的表面接受工人监督，而又暗中企图瓦解工人队伍的团结，破坏工人的监督或者从工人内部挑拨工人与工会、工人与政府的关系，引起工人群众对工会和政府不满。如华新染织厂一工人因生活困难，工会出面代其向资方借钱，以解决困难，资方不借，后来工人直接向资方借，资方不仅借了，反而还对工人说，是工会说你不要钱，才没借的，挑起工人对工会的不满。张洪发翻砂厂，资本家暗中给4名工人加工资，妄图分裂工人内部的团结，工会发现后不同意，引起加了工资的工人对工会的不满。有的资本家在接受加工订货时，高估原材料，少报工时，工人做不出来，资本家反而污蔑是政府造成的。

有的资本家为了反限制的需要，想方设法抓企业的控制权，把自己的亲信全部安排到企业的各个重要部门，对工人进行挑拨、腐蚀、拉拢，以破坏工人的监督。如兴华制药厂，把12个资方人员都安排到企业的重要部门，把原任各项工作的劳方人员借故调走。再如冠生园资方把一名积极监督他的劳方人员，调到门市部去，使他起不了作用。叫苦，也是他们的一个手段，他们煞有介事地向一切有关部门诉苦，不是叫喊加工订货任务太少，就是叫喊利润太低，不是叫喊银行贷款困难，就是叫喊工人监督太严，影响了他们的积极性，妄图混淆视听，争取舆论同情，以便乘机钻空子。

当时工商行政管理部门和有关单位，针对资本家在加工订货中的反限制活动，进行了针锋相对的斗争。

建立驻厂联络员制度。1954年5月起，市工商行政管理局向36个重点私营厂派出了23名驻厂联络员，通过驻厂联络员的监督，把国家行政机关的管理、国营经济的领导和工人群众的监督有机结合起来。在派有驻厂联络员的工厂，一般地都建立和健全了必要的生产管理制度，改变了企业的混乱状况，不少企业都能按质按期完成加工订货任务。

加强对合同履行情况的检查，严肃处理重犯“五毒”的不法资本家。从1955年二季度起，工商行政管理部门对未派驻厂联络员的私营厂，加强对合同执行情况的检查。一方面依靠各级工会及区县工商行政科的力量，一方面发挥钢铁机器、电工器材、化学工业、复制印染、机器修配、橡胶等11个重点同业公会的38个督导检查组（共230多人）的作用。通过检查，以及对资本家进行爱国守法、积极经营的教育，企业对合同的执行情况逐季好转，违约数逐季下降，计二季度履约差的占27%，三季度下降为24.17%，四季度下降为11.36%。

加强价格检查。1954年一、四两季度，工商行政管理部门，分别对钢铁、机器、复制印染、玻璃、制革、化工、棉纺、金属制品、罐头食品等行业的工缴利润进行了检查，发现私营企业成本不实，利润偏高的情况相当严重。为此，工商行政管理部门，对加工费3000元以上、订货总值1万元以上的合同，重点进行了审查，对一般合同也尽可能进行核实。审查中，特别着重处理了虚报成本的重大案件。通过处理打击了资本家的不法行为，挽回了国家财产的损失，也教育了资本家，同时也发现了我们工作中的薄弱环节，有助于审价工作的改进。

1955年全市私营工业中，国家资本主义中级形式（加工订货包销）又在进一步发展，全年投放总产值为514.6万元，占私营工业总产值比重，由1954年的77.53%，上升为82.18%。

解决企业困难，促进全行业公私合营

针对私营企业的困难，市工商行政管理部门，配合有关单位，采取了一系列的安排改造措施。主要改造措施有：加强管理，控制发展；进一步开展增产节约运动；从地方国营、公私合营企业中，尽可能让出部分生产任务和原料；大力组织加工订货任务的投放，减轻私营工业任务不足的困难。经过以上安排，私营工业困难的情况逐步有所改善，加之国民经济迅速发展和1955年秋冬全国农业合作化高潮的推动，1956年初，国家对私营工业的改造取得了决定性的胜利。

全行业公私合营后，国家的经济成分发生了根本性的变化。社会主义经济阵地大大加强，公私合营企业已在国家专业公司直接管理下进行生产。改变了原来加工订货的购销关系，企业安排生产的中心内容是如何利用公私合营原有设备、劳动力和原材料，尽量先满足急需的进行生产。因此，过去那一套加工订货形式的管理方法，在实现全行业公私合营后，不再适用于对合营企业的生产安排，宣告完成了它伟大的历史使命。

（选自中共重庆市委党史研究室、重庆市委统战部编：《中国资本主义工商业的社会主义改造（四川卷重庆分册）》，中共党史出版社1992年版）

关于重庆市第一个五年计划的回忆

陈之惠[①]

1949年解放后，重庆市是西南大区党政领导机关所在地，是西南最大的工商业城市。

1953年8月，我奉命由重庆市税务局调到重庆市财政经济委员会计划处工作。到计划处后，分配我到综合计划科工作。

当时，财政经济委员会计划处处长是刘兆丰。计划处下设综合、基建、财贸、劳动工资、物资等科。行政、人事等工作由财委管理。

财委计划处负责重庆市的各项计划的编制、下达和组织实施等工作。新中国成立初期，各项计划都不对外公开，所以财委计划处属于保密单位，调入人员都要经过严格的政治审查。

综合计划科（简称综合科）负责计划编制和下达的综合工作。计划编制前，由综合科起草通知，明确编制的内容、办法，要求上报的时间，各部门计划编制完竣后，送综合科编制全市的计划。编制综合计划的要点，是注意各项计划的平衡、衔接。综合计划科综合后提出的计划经过计划处审核上报财委批准。后由综合科统一拟文下达各单位执行。

综合科除了负责计划的综合业务外，其他科室不管的业务，也由综合科管理。当时的文教卫生等计划，就由综合科主管。

我到财委计划处后的第一任务是在领导的组织下与同事一起学习苏联的计划管理知识，增强“计划就是法律”的观念。

我到财委后不久，接到西南财委的通知，要求编制重庆市第一个五年计划。第一个五年计划的基期是1952年，计划时间是1953—1957年的全市国民经济计划，包括工业、农林水利、交通运输、商业、物资、劳动工资、文教卫生、基本建设等计划。

重庆市第一个五年计划的指导思想，是按照党中央提出的过渡时期总路线：“要在一个相当长的时期内，逐步实现国家的社会主义工业化，并逐步实现国家对农业、对手工业和对

---

① 陈之惠，曾任四川省重庆市计划委员会主任、党组书记兼国际信托投资公司、建设投资公司党组书记，四川省重庆市第十二届人大常委会副主任，重庆市第一届人大常委会副主任。

资本主义工商业的社会主义改造。”

当时编制计划是按企事业单位的隶属关系编制，而当时占全市工业总产值53%的大型企业由中央各部委管理，许多大专院校和科研院所也由中央各部委管理。重庆市管理的企事业单位的经济总量不大，涉及全市人民的供水、城市建设、管理、维护等工作，则由市里统管。

1954年7月，重庆市第一届人民代表大会批准通过了重庆市第一个五年国民经济计划。

1954年6月，西南大区撤销，重庆市划归四川省管理，四川省计委通知重庆市计委将各项计划中应有的统计数字上报省计委。我们通知各有关单位搜集整理并上报财委计划处，由综合科综合打印装订成册后，由我专程乘火车将这近10公斤的材料送到四川省计委综合计划科。四川省计委综合计划科科长是辛文，副科长是方玙钟（女），负责接收这些资料，并询问有关情况。

1954年9月1日，重庆市财委撤销后，成立重庆市计划委员会，由市委分管工业的书记鲁大东兼任市计委主任，余跃泽任副主任，市属农业、工业、商业、宣传、计划、统计等部门的负责同志任委员。委员是辛易之、陈筹、马力、张尚德、何正清、邓肯、刘兆丰、郝正乙、李思源等。计划委员会第一次会议在市财政大楼会议室召开（现在重医儿科医院大楼），鲁大东主持会议，讨论了计委成立后的有关工作，由我担任会议记录，会后负责整理会议纪要。

重庆市计划委员会定编106人，其中干部98人，设11个科室，即国民经济综合科、工业计划科、私营企业计划科、城建基建科、劳动工资科、物资分配科、财金成本科、商业计划科、社会文教科、人事科、办公室。市统计局属市计委直接领导，市政府物资处归口市计委领导。

1954年冬天，国家计委召开全国计划会议，会议地点在北京市西苑饭店，重庆市由郝正乙、刘兆丰和我出席全国计划会议。会议期间我和四川省计委的辛文、方玙钟同志将重庆市的计划在四川省计划中单列好后，上报国家计委。

因为是全国第一次计划会议，加上重庆、沈阳、哈尔滨、西安、武汉、广州等直辖市改为省辖市，省市计划合并、单列等工作比较烦琐，所以这次全国第一次计划会议，大约开了一个月。

当时的国家计委主任是李富春，和我们衔接工作的是综合计划局房维中同志。

1955年7月30日，中华人民共和国第一届全国人民代表大会第二次会议讨论并通过了我国发展国民经济的第一个五年计划。第一个五年计划中，突出了苏联援建的156个项目，其中重庆市的民用项目只有水电部直接管理的重庆发电厂。重庆发电厂是一个火力发电厂，装机容量是两台1.2万千瓦的发电设备。

在第一个五年计划期间，我国建立了完整的社会主义计划经济体制。第一个五年计划的实施，为我国打下了比较坚实的经济基础。1958年，国家计委还组织我们到东北参观第一汽车制造厂、吉林三大化工厂和大连市等重化工建设项目和基地，坚定了我们加快建设重庆现代化工业的理念和信心。

重庆市第一个五年计划也是以重点建设投资项目为核心的建设计划。"一五"期间，重庆市全民所有制基本建设投资总额为8.28亿元，其中工业投资为5.46亿元，占66%。"一五"期间，新建和扩建100多个工业项目。国家在重庆新建扩建了一批大型工业项目，如重庆钢铁公司、长寿化工厂、重庆电厂、长寿电厂、重庆塑料厂、重庆空气压缩机厂等项目。市属工业也新建和扩建了重庆热水瓶厂、610染织厂、重庆罐头厂、重庆肉联厂等项目。城市基础设施建设方面，建成了重庆人民大礼堂、重庆市劳动人民文化宫、重庆市青年宫、少年宫、体育馆场、两路口缆车道、无轨电车，增建了道路、供水、排水管道等项目。农业方面扩建了3个国营农场，修建了16座小型水库等，重点建设项目的建成，奠定了重庆发展的初步基础。我曾到许多建设项目工地检查工作，还到人民大礼堂和大田湾体育场等工地参加劳动。

重庆市在第一个五年计划期间，基本上完成了对农业、手工业和资本主义工商业的社会主义改造。

1957年全市工农业总产值达到19.1亿元，比1952年增长112.7%，平均每年增长16%，高于全国同期平均增长10.9%的速度。市的财政收入，1957年达到3.85亿元，比1952年的1.2亿元增加了2.2倍；支出2.14亿元，比1952年的4850万元增加了3.4倍，收支平衡，市里有较多结余资金。全市职工和农民的收入都大约增加50%以上。

第一个五年计划的实施，使全市经济得到了全面的发展，加上各项社会改革进展顺利，城市就业人口增多，市容市貌焕然一新，社会井然有序，各行各业展现出欣欣向荣的繁荣景象。老百姓交口称赞：共产党好，社会主义好。

我为能参加重庆市第一个国民经济五年计划的编制和实施，感到无上的光荣。第一个五年计划的成果中，有我们的辛勤劳动，第一个五年计划的实施，也为重庆之后的发展打下了一个良好的基础。

（选自中共重庆市委党史研究室编：《重庆党史研究资料》2013年第1期）

三线建设及调整改造时期的重庆军工概况

崔连胜[①]

三线建设时期，重庆建立起了门类较为齐全的，以常规兵器制造为主，电子、船舶、航天、核工业等为辅的国防工业生产体系，汇聚了一大批军工企事业单位。这与此前重庆本身具有较强的军工实力是分不开的，而此后经过改革开放后的调整改造，这些企业对重庆经济的振兴又发挥了极其重要的作用。

三线建设前重庆的军工概况

重庆地处祖国内陆腹地，位于长江上游，四面环山，两江环抱，近代以来就是西南最大的水陆交通枢纽和内河外贸口岸。正是由于这种优越的地理位置和经济条件决定了重庆重要的战略后方基地地位。

作为战略后方基地，重庆的国防工业本身具有一定基础。如重钢的前身是张之洞建立的汉阳兵工厂，后来搬到重庆成为国民党第29兵工厂；特钢的前身是1936年刘湘建立的兵工厂，主要生产钢材、迫击炮和炮弹等。抗战时期，国民政府迁都重庆，随之而来的除了大量的工厂、商业、金融、文教、科研机构，还从南京、上海、广东、湖南、湖北等地向四川重庆先后迁入并新建了一批兵工厂。当时如果不算关外，军火工业80%都靠重庆生产。后经国民政府几度拼拆迁移，加之战乱连连，到1949年解放时，仅存7个已遭到严重破坏的军工厂，分别是江陵、嘉陵、长江、建设、长安、望江、重庆无线电厂。当时因为军队干部不熟悉管理，所以接管时西南局第一书记邓小平打电话给工业部部长何长工，要求从沈阳等地的老兵工基地借调人员过来管理重庆的兵器工业（我就是这时过来的）。于是，1951年成立了西南兵工局。

新中国成立后，党和政府十分重视国防工业的建设。在1950—1952年的国民经济恢复

① 崔连胜（1929—2013），曾任四川省重庆市委国防工业部办公室主任、副部长，四川省重庆市大渡口区委书记、区革委会主任兼重庆钢铁公司党委副书记，四川省重庆市委副书记、市委常委，四川省重庆市委工交政治部主任、市经委党组副书记，四川省重庆市人大常委会副主任。

时期,国家对重庆7大兵工厂进行了恢复性建设。1952年将余家坝纺织机械厂改建为生产坦克的军工厂,即现在的空压厂。1953年至1964年间,国家大量投资,从苏联引进军工技术,对老厂进行技术改造和扩建,同时还于1959年新建了巴山仪器厂(生产航天遥测设备)。由于改造扩建,重庆的军工生产规模迅速扩大,配套能力迅速增强,到1964年三线建设开始时重庆共拥有10个军工厂。

三线建设时期重庆国防工业的布局

1964年,中共中央和毛泽东在国际局势日趋紧张的情况下,为加强战备,逐步改变我国生产力布局,做出了进行三线建设的重大战略决策。重庆作为三线建设的重点地区,目标是建立“以交通、能源为基础,以国防工业为重点,原材料工业与加工工业相配套,科研与生产相结合,门类比较齐全的工业体系”。因为重庆过去的工业门类很不齐全,三线建设前没有仪器仪表工厂,只有一个716电子厂(整个北碚的热工仪表中心都是三线时期建成的),而炼钢、化肥等都需要热工仪表来指挥。于是,以重庆(当时还包括广汉等,不是现在的范围)为中心,从沿海发达城市搬迁来了200多个厂所,其中,上海122个,广州、南京20个,东北地区27个,华北地区43个。搬迁采取的是小厂全搬,大、中厂一分为二的办法。

当时,国防工业的部署是把兵器、船舶、航天放在重庆及周围,把二机部的核能、核工业、电子、飞机放在成都。重庆根据这个要求,在綦江、江津、南川、南桐、荣昌沿线安排了常规兵器工业,以大炮为主。有三个炮种:最大的是152大口径加农炮,由綦江双溪厂生产(由东北齐齐哈尔搬来);其次是122加农炮,生产量不大;另外当时还准备按照37炮基本原理生产“100高”(100毫米高射炮),就是把炮弹口径从37毫米扩大到100毫米,从而增强杀伤力,主要是车用。在巴县、涪陵、万县主要安排船舶工业。重庆重点生产两种舰艇:一个是小型巡洋舰,用于内海巡逻。当时在巴县的明月沱生产了一台这种舰艇,但由于吃水太深没法开出去。另一个是在涪陵的李渡准备生产核潜艇,但由于一些原因最终没能生产出来,下马后改为生产锅炉(李渡锅炉厂)。生产锅炉必需中板,当时虽然重钢的轧钢能力很强,但只有轧棒、轧钢,而没有板,特别是没有重板和中板。于是为了配套,从鞍钢搬了中板厂。所以重钢中板厂是重庆为搞海军产品配套过来的。同时,在万县(现在万州区对面的山沟里,长江以南)又搞了6个配套厂,以陀螺仪(导航仪器仪表)为龙头。在北碚、华蓥山安排光学仪表。生产大炮需要炮镜,所以在华蓥山片区建了陆军指挥仪器生产厂。原料来自成都玻璃厂(从韩国引进,耐高温)。后来三线调整期间放弃了华蓥山光学厂,非常可惜。在达县、宣汉、大竹、万源安排航天工业。当时这些地区都属重庆三线建设管辖范围(绵阳分给成都成为二机部原子能基地),达县成为七机部的航天基地。这一片最早主要生产导弹,后来生产火箭,我们现在用的二级火箭、三级火箭都是那里生产的。

此外，围绕这部分常规兵器、船舶工业、仪器仪表和航天工业，在重庆周围地区还配套搬迁和新扩建了许多机械、化工、冶金项目和科研院所。如生产导弹火箭需要铝和大型铝加工厂，于是成立了西南铝加工厂。再如原子能生产虽然放在成都绵阳，但原料的生产需要大量水，所以核原料生产仍放在重庆，于是就有了涪陵816厂。当时设备投资7亿多元，工程兵一个师干了几年。为了这个厂的建立，还配套了大批化工项目，如生产高压阀门需要橡胶，就在南岸建了橡胶厂。

总的来说，三线建设时期中央在重庆及周围地区统一部署，集中兴建了兵器、船舶、电子、航天、核工业等国防企事业、科研院所及与之配套的机械、仪器仪表、冶金、化工、运输等企业，仅重庆辖区就有110多个企事业单位。这批大中型骨干企业的建成投产，使重庆建立了比较完备的工业体系，大大增加了重庆的经济实力。

重庆军工企业的调整改造

由于特定的历史背景，三线建设在国家急于备战的情况下仓促上马，并且受到“文革”动乱的冲击和“左”的指导思想影响，因此也存在一系列问题：规划投资综合平衡不够，配套建设跟不上，布局过于分散，盲目追求高速度，轻重工业比例失调等。尤其是按照“山、散、洞”的原则进行规划，造成了许多企业的先天不足，留下了比较严重的后遗症。这些企事业单位多数分布在偏远山区及河谷地带，交通不便，信息不灵，设备工艺老化，产品开发滞后，职工子女的教育、就业、婚姻等问题严重。有的企业还受到水源枯竭、地下采空、泥石流滑坡等自然险情的威胁；有的大型生产车间设在洞内，职工工作条件非常恶劣。这诸多因素又导致大量科研人员和生产骨干流失，企业生存十分困难。

为了扭转困难局面，国务院于1983年10月正式做出决定，按照“调整改造，发挥作用”的方针，全面开展三线建设的调整改造工作。重庆市在“七五”“八五”“九五”期间共安排调整项目31个，涉及调整单位43个，占全市三线建设125个企事业单位的34%，调迁职工近6万人。在具体的调迁过程中，针对不同情况又采取了不同的调整方式，主要如下：

一是将三线企业调整与资产重组、企业改造结合起来。调整过程中克服原样搬迁、重复建设和“大而全”“小而全”、一包到底的弊端，要上规模，上档次。例如兵器系统，将处于偏僻山区的9家大中型企业，集中调迁至今巴南区鱼洞镇，通过资产重组和企业组织结构调整，成立了大江车辆总厂（107厂）和9个专业分厂。“上档次”具体来说就是按照两条线搬迁：一条是军品生产特种车辆、重炮，形成军工重型机械生产基地；另一条是民品生产各种微型轿车等。改变“大而全”“小而全”就是把过去各个厂里相同配套的部分合在一起组成分厂。例如过去几个企业都有浇铸铝加工的压铸厂，现在把这几个铝加工压铸厂合在一起组建成为生产摩托车发动机外壳的一个分厂，专业性更强。同时，还通过调迁，吸引外资，兴办了7家中外合资、独资企业，使整个地区形成了企业群体和新兴工业区。通过专业化分工和协作配套，企业生产水平和技术水平都有了很大提高。

二是把调整与全市的发展布局结合起来。重庆市三线调迁项目中有20多个企事业单位迁入重庆经济技术开发区或高新技术开发区，形成经济发展新的增长点，使一批工业小区和企业群体应运而生，逐步形成一批新兴产业和企业集团。比如把万县船舶系统的六户三线企业集中迁入今渝北区冉家坝，形成了精密机械仪器仪表工业区；把永川三个电子研究所（24、26、44所）、二个电子工厂（759建安仪器厂、789厂）和一个光学厂（华蓥山的光学仪器厂）调迁至南坪地区，形成了电子仪器仪表工业区；把二个研究所（59、62所）、二个设计院（航天设计院、化工设计院）、二个企业（515、289厂）调迁至石桥铺，形成了科研区；把原来分散在綦江、万盛、南川、江津一线的9个大口径火炮厂集中迁到巴南鱼洞，形成了汽车及重型机械加工工业区。上述企业调迁后，扩散到地方企业的产品166个，兴办或联办地方企业15个，带动了地方工业的发展和开发区的形成，改善了重庆地区的工业布局。

三是老厂不动，将科研机构和民品生产调迁。例如红宇机械厂，地处西泉山沟，军品生产线不动，将民品生产调迁至璧山县城，既减少了投资，又使军品民品生产达到了较快发展。再如一坪化工厂，原是厂所合一的单位，通过调整把研究所迁入石桥铺，同时又新建了一个年产五万吨的润滑油生产企业，既稳定了科研技术队伍，又使生产获得了新的发展。

四是就地调整改造。如建峰化工总厂，原是国家重点投资的核工业企业。1966年7月开建，原定1973年投产，但因“文革”影响，军品生产未建成就下马，山洞一直闲置到1983年。由于企业规模大，又地处深山沟，搬迁很困难。最开始航天部要求按照航天方面要求进行改造，搞了16个方案都不成功。后来经鲁大东与国家有关部委和省市有关单位多次协商研究，运用三线企业调迁政策，就地新建了电厂和引进了一条大化肥生产线，并在重庆开设企业窗口，从而使企业摆脱了困境，稳定了职工队伍，并为新的发展创造了条件。现在该厂已能生产尿素、复合肥、电解锰、摩托车消声器、塑料编织袋、特种橡胶、白炭黑、发电和压力容器等几十个产品。

三线建设和调整，使重庆逐步建立起门类齐全、科技力量雄厚的工业生产体系，尤其是以常规兵器制造为主的国防工业。直到今天，重庆市作为国家兵器装备工业基地，仍有一些由三线企业发展演变而来的中央在渝军工企业。与此同时，三线建设和调整还改善了重庆的工业经济结构和布局，促进了工业集聚效应的发挥，形成了以机械制造为主的汽车和摩托车产业、以天然气为主的化工产业、以钢铁和铝材为主的冶金产业等支柱产业，大大增强了重庆的整体经济实力，在一定程度上加快了城市现代化的进程。

（田姝于2006年12月采访整理）

三线建设中的重庆船舶工业

陈福正[①]

重庆地处长江上游，具有发展船舶工业的产业基础和航道条件。重庆解放前，规模较大的船厂仅有东风船厂，其前身是民生轮船公司独资经营的民生机器厂，主要从事船舶修造业务，生产各类型铁、木轮船及锅炉蒸汽主机和辅机，解放后收归国有。

20世纪60年代中期，随着国际局势的日趋紧张，中共中央展开了以备战为目的的三线建设，重庆的三线建设是整个西南三线建设的一部分，大西南的三线建设涉及机械、冶金、航天、航空、船舶、核工业、兵器、电子等部门，其中电子部门主要布局在四川成都、绵阳，重庆只有永川的24所和26所；航天部门主要布局在四川达县、万源一带，重庆只有巴山仪器厂；航空部门主要布局在四川成都一带；核工业部门主要布局在四川，重庆只有涪陵816厂，建成后没有投入生产；兵器部门主要布局在重庆及周边地区；船舶部门布局在万县到原来的重庆主城区长江一线，现在刚好全部划归重庆直辖市管辖，当时由第六机械工业部西南三线建设指挥部指挥，由第六机械工业部副部长刘星负责。

1965年，六机部三线建设项目正式启动，由六机部勘察设计院勘查、六机部第九建筑设计院设计，由工程兵部队、当地征用的民工和支援三线建设的职工组成建设大军，开山筑路，挖洞建桥，根据毛主席关于“为了反对帝国主义侵略，我们必须建设强大的海军”的指示，重庆船舶工业由此大规模兴起。

当时按照“靠山近水扎大营”的建设思路，船舶三线建设具体布局主要分为五个部分：

一是布局在涪陵至重庆沿江地带的三家船厂，一家是现在的涪陵川东造船厂，生产水下舰艇，另一家是长寿的卫东造船厂，生产快艇，还有一家是巴县的重庆造船厂，生产水面舰艇。当时的想法是如果第三次世界大战爆发，一线二线打光了，三线还可以生产舰艇支撑战争。

二是布局在涪陵武隆地区的舰船动力及配套厂，后因地质、交通原因搬迁至江津、永川地区的柴油机及配套厂。柴油机厂建了两家，一家是在江津的重庆柴油机厂，生产中、高速

---

① 陈福正，曾任中船重工重庆船舶公司党委书记、副总经理，重庆市造船工程学会常务副理事长兼秘书长。

船用柴油机，另一家是在武隆白马镇的红卫机械厂，后搬迁到宜昌，生产低速船用柴油机。为这两家柴油机厂配套的企业有永川地区的红江机械厂，生产柴油机燃油系统和调速器；跃进机械厂，生产柴油机轴瓦、气阀、泵；液压件厂生产液压元器件。江津地区的江津增压器厂，生产增压器；重庆齿轮箱厂，生产齿轮箱；红阳机械厂，现已破产被468厂兼并收购。

三是布局在万县地区的船用仪表厂。永平机械厂生产方位水平仪，江陵仪器厂生产指挥仪，长平机械厂生产平台罗径和电罗径，江云机械厂生产深弹指挥仪和航迹仪，清平机械厂生产精密仪表小模数齿轮，衡山机械厂生产有色金属铸件和螺旋桨，武江机械厂生产深水呼吸器和输弹机、减摇鳍，长江机械厂生产包装箱等产品。当时的口号是要建成全国最大的船用仪表基地，号称要做到亚洲第一。20世纪70—80年代万县的船用仪表基地对于海军建设贡献很大，南极科学考察船上的平台罗径、海上洲际导弹发射的导航定位系统首台都是在万县企业生产出来的，受到国务院、中央军委的多次嘉奖。现在永平、江陵、长平、江云、武江五厂合并搬迁到主城区建成华渝电气仪表总厂。

四是还有一些企事业单位布局在主城区。长征机械厂，最早布局在涪陵，第二次在永川，最后鲁大东决定建在大渡口区，生产重型铸锻件；前卫仪表厂在江北区，生产水中兵器；船舶西南物资供应处、第六机械工业局、第七研究院重庆转运站都建在江北区。

五是布局了四家研究所。船舶自动化研究所建在万县，现在搬迁到了江苏连云港；船用柴油机研究所建在南川，没有建成就回到上海了；船舶导航研究所建在万县，后来回天津了；计量研究所建在万县，现在合并到四川省技术监督局。

自20世纪70年代起，重庆船舶工业三线企业陆续建成投产，形成了比较完整的船舶、船用柴油机、船用仪器仪表、水中兵器科研生产体系，铸就了“艰苦奋斗，默默奉献”的三线船舶军工精神，重庆船舶三线企业创造了许多第一：第一台平台罗径、第一台指挥仪、第一台减摇鳍、第一只精密小模数齿轮。当时国家耗费了大量人力、物力和财力搞三线建设，极大地推动了内地工业经济的发展，整个西南地区的工业基础也因此上升了一个台阶。

由于特定的历史背景，三线建设在国家急于备战的情况下仓促上马，并且受到“文革”动乱的冲击和“左”的指导思想影响，致使一大批企业先天不足，留下了比较严重的后遗症，加上20世纪70年代末80年代初，国际局势发生转折性变化，世界逐步从对抗走向对话，原来为准备应对战争突然爆发而建立起来的包括船舶工业在内的以军品为主的三线企业，面临着军品任务锐减、生产线闲置、经济效益下降、企业亏损严重等诸多困难，于是，国务院做出决定，按照“调整改造、发挥作用”的方针，全面开展三线建设的调整改造工作。

重庆船舶工业的调整是重庆三线调整的主要组成部分。1982年，六机部撤销，原六机部所属企事业单位与交通部沿海船舶企业合并，组建成中国船舶工业总公司（正部级）。1983年5月，经国家经贸委批准，六机局改为重庆船舶工业公司。此后，重庆船舶工业公司认真贯彻中央三线企业调整、改造和搬迁指示，主动开发民品，积极推行企业改革重组，走军民结合之路。改革开放初期，重庆船舶工业的发展也曾出现过困难与曲折，但其凭着顽强的意志生存了下来，在“军民结合，以民养军”的道路上，曾开发了五洲牌自行车、电冰箱，开发了航海牌洗衣机、变压器，开发了电视机，开发了铁路车辆，开发了大型齿轮箱、涂装设备、蓄电池成套设备、燃气表等一大批民品，后来又成功开发了不锈钢化学品船、风力发电成套设备、轻轨交通成套设备等一批高科技民品。新世纪，新起点，结合高新工程技改，重庆船舶工业通过“结构调整增实力，科技创新强内力”，逐渐步入良性发展的轨道，正朝着过百亿、超千亿的目标大踏步前进，为重庆市经济建设做出贡献。

（田姝于2012年2月采访整理）

我所知道的三线建设和三线调整

陈宏逵[①]

1968年12月，我从北京理工大学毕业，被分配到重庆市国营晋林机械厂工作，开始了我从1968年至1997年长达29年的三线建设生涯，见证了重庆市三线建设和调整改造的几乎全部过程。参加三线建设是我一生最重要的历史和事业，也是我引以为自豪的精神财富。我在工厂工作了14年，历任工人、组织干事、团支部书记、车间指导员、党办兼厂办主任、代理经营副厂长。1981年11月调入市级机关，先后任市国防工业办公室生产技术处副处长、市经委国防工业处副处长。1984年1月，根据三线建设需要调整、改造的要求，奉命组建重庆市三线建设调整改造规划办公室并主持工作，直到1997年调整工作结束。

艰苦卓绝，成就巨大的三线建设

20世纪60年代中期，中共中央和毛泽东主席鉴于当时险恶的国际环境和日益好转的国内形势，高瞻远瞩地做出了一项具有深远意义的战略决策——集中力量、抓紧时间建设三线。从1964年到1980年，规模巨大的三线建设在我国腹心地带的13个省和自治区全面展开，累计投资2052亿元，参加建设的职工达400多万人。三线建设大体分为两个阶段：1965年和“三五”时期为第一阶段，投入560万元，占全国同期基建总投资的48.5%；“四五”和“五五”为第二个阶段，投入资金1492亿元，占全国同期基建总投资的36.4%。三线建设规模之大，动员之广，行动之快，职工积极性之高都是空前的。在中央、地方各级党委和政府精心组织和统一指挥下，在全国人民的大力支援下，排除了“文化大革命”的一些干扰，战胜了种种困难，取得了巨大的成就。三线建设建成了10条总长8046公里的铁路干线，建设了1100多个大中型工矿企业、科研单位和大专院校，积聚了50多万科技人才。以铁路、公路、长江为网络的交通运输业，以煤炭和水、火电为主体的能源工业，以发电设备、机床和汽车为代表的

---

① 陈宏逵，曾任四川省重庆市国防工业办公室生产技术处副处长、市经委国防工业处副处长，四川省重庆市三线建设调整改造规划办公室主任。

机械制造工业，以钢铁、有色金属为重点的原材料工业，以元器件、通信和引导设备为骨干的电子工业，以战略武器和轻、重型装备为特色的国防科技工业，都形成了相当的生产能力。三线建设对于改善我国生产力布局，增强经济和国防实力，促进内地资源的开发，带动少数民族地区的进步都有着不可估量的意义。三线建设是我国社会主义经济发展史上一个重要的历史阶段。三线人体现出的聪明才智和无私奉献、艰苦奋斗、顽强拼搏的创业精神，值得我们永远铭记和尊敬。

重庆作为三线地区最大的工业重镇，国家对其重视是不言而喻的。重庆三线建设的重点是建设以重庆为中心的常规兵器工业基地，共有26个项目扩展到周围的14个区县，共46个企业和8个科研、学校等单位，累计投资15.23亿元。我所在的工厂即第一阶段率先启动的“三炮一光”计划的一个火炮厂，由山西太原老厂包建。但重庆的三线建设不仅是建设军工厂，所有的工业门类都有，主要的是基础建设，是自抗战时期沿海企业内迁以来，对重庆的工业、科研、教育、能源、动力、交通、通信系统等方面进行的规模最大、最全面的改造。三线建设修通了川黔、襄渝两条铁路干线，使重庆成为成渝、川黔、襄渝三条铁路的枢纽，重点建设了西南铝加工厂、四川汽车制造厂、四川仪表总厂、四川维尼纶厂，大力发展了川东天然气采掘工业，共34个大中型项目。从1965年到1978年，国家向重庆投入50.5亿元，是三线建设前14年国家累计投资22.73亿元的2.2倍。三线建设是重庆经济社会发展历史中极为难得和重要的机遇，也是发展速度最快的一个时期之一。

三线建设在取得巨大的成就的同时，也确实存在不少问题，主要是以下五个方面：①基本建设规模太大，战线拉得太长。②选点过于分散，布局不够合理。③时间要求过急，违反基建程序。④配套建设不够，综合能力较弱。⑤生活设施不足，建筑标准过低。随着改革开放的深入，这些问题对三线建设发挥作用的制约和限制日益显现，引起了党和国家的重视。

调整改造　二次创业

1978年12月召开的党的十一届三中全会，总结了建国以来正反两方面的经验，全面清算了“文化大革命”的错误，重新确立了党的马克思主义的思想路线、政治路线和组织路线，做出了把工作重点转移到社会主义现代化建设上来的战略决策，开创了我国国民经济发展的新阶段。1979年初，中央提出了“调整、改革、整顿、提高”的八字方针，为稳定和发展国民经济起到了重要作用，也为三线建设指明了方向。从1979年至1983年，三线建设从三个方面进行了初步调整。一是缩短基本建设战线，调整投资方向，解决规模过大，战线太长的问题；停、缓建了一批基建项目，保证重点，并加强科研生产配套，补充教育、生活设施。二是生产任务严重不足的企业开始转向民品生产。三是对极少数选址不当、难以维持生产或重复建设、重复生产的工厂和研究所实行关、停、并、转、迁。四是研究采取了一些必要的政策措施，稳定了三线职工队伍。

1983年，随着“八字方针”的贯彻，全国经济形势迅速好转。国家着手酝酿拟定“七五”计划。国民经济的发展对三线建设提出了新的要求，也为其开展调整改造创造了条件。为此，国家决定组建专门的机构负责这项工作。1983年12月3日，国务院以国发〔1983〕187号文件下达了关于成立三线建设调整改造规划办公室的通知。1984年1月22日至26日，在北京召开了国务院三线办公室第一次成员会议，研究和部署工作。国务院三线办公室由鲁大东同志担任主任，钱敏、郑汉涛为副主任，重庆市委副书记周春山同志为该办成员，我作为周书记的助手参加了第一次成员会议。国务院的通知和第一次成员会议指出，三线企业的调整改造，在指导思想上必须从国民经济发展的全局出发，同国家的长远计划相结合，合理配置生产力，促进专业化协作，促进经济联合，促进技术进步；军工企业还要根据战略布局、武器装备规划、战时需要、军民结合等特点，统筹规划，综合平衡，把三线建设成为“平战结合”的战略后方基地。三线建设的具体任务为：一是企业布局调整。把厂址存在严重问题、没有发展前途的企业，按照经济合理的原则，实行关、停、并、转、迁。二是产品结构调整。三是技术改造。四是研究和解决发挥三线企业作用的有关生产扶持和稳定职工队伍的政策。

“七五”和“八五”期间，全国共批准调整布局的单位有236个，分布的范围有云、贵、川、陕、甘、豫西、鄂西、湘西和重庆市共8个省（市）。其中，重庆有34个单位，按行业分有电子工业5个，兵器工业13个，船舶工业6个，航天工业1个，机械、仪表、医药、化工9个；按单位性质分有生产企业24个，科研、事业单位10个；按单位原属地划分有从广元、内江、达县、广安、万县、涪陵地区调整至重庆市的共14个，其中电子2个，兵器5个，船舶6个，航天1个，此外，另有3个兵器工业企业，由重庆市迁往四川成都市。

三线企业的布局调整，一个显著的特点是建设资金不是由国家全包下来，而是在国家给一定的资金补助和政策扶持下，主要依靠自己发展生产积累资金来进行，其难度是可想而知的。在这种情况下，调整任务最终得以完成，最根本的原因是反映了广大三线职工的愿望。他们把布局调整视为“精神支柱”，迸发出了惊人的积极性和创造力，“以调整促生产，以生产保调整”，创造了“二次创业”的光荣历史。

重庆市对三线建设调整改造工作从始至终都极为重视。市领导于汉卿、孙同川、刘志忠、周春山、金烈、秦昌典等都先后主管过这一工作。市级各部门，特别是巴南、渝北、江北、南岸、沙坪坝、北碚等区县在规划、环保、项目管理、建设施工、征地拆迁、安置劳动力等方面给予了大力支持和多方面的优惠，加快了项目推进的速度，节约了成本，减轻了调整单位的负担，给调整单位创造了非常有利的外部环境和有利条件。在各方面的共同努力下，重庆市的三线企业调整工作取得了显著成效，调整单位的面貌发生了很大变化，不仅稳定了职工队伍，而且促进了企业结构的调整，提高了经济效益，带动了地方经济发展。例如建设在巴南区鱼洞镇的大江工业(集团)有限责任公司，是全国最大的调整项目，由先后列入调整计划的分散布局在綦江、江津、万盛、南川等地的兵器工业9个火炮专业工厂，打散建制合并为一个总厂，职工人数超过2万人。该项目从搬迁建设到兼并重组，从债转股到资产一体化，从工厂制到公司制改造，一次又一次裂变，成为一座充满生机和活力的重庆西部新的汽车城。又如建设在渝北冉家坝的、由万县市迁入重庆的船舶工业仪表厂，亦是以如此模式建成了华渝集团。三线企业的调整给重庆市的经济发展注入了活力，一定程度上改善了重庆市的经济结构，引进了一些重庆市缺门或薄弱的行业，留住和吸引了一大批科技人才，形成了一些新的经济增长点。在巴南区鱼洞镇、渝北区冉家坝、南岸区南坪、沙坪坝区石桥铺、北碚区歇马等地形成了调整单位相对集中的机械、船用仪表、电子、科研、光学仪表等基地，其中南坪和石桥铺的开发建设为后来组建的市经济技术开发区和市高新技术开发区奠定了基础。

"忆往昔峥嵘岁月稠"，三线建设艰苦创业和调整改造的"二次创业"虽成历史，但建设者和广大三线职工为祖国安全和人民幸福所表现出的浩然正气将长存于天地之间，对祖国、人民、事业的奉献拼搏精神将永远传承于世。

（选自中共重庆市委党史研究室编：《重庆党史研究资料》2014年第1期）

回顾重庆青年工作

罗淑芳[①]

党和国家一直非常重视和关心青年。1957年,毛主席在莫斯科大学对中国留苏学生说:“你们青年人朝气蓬勃,正在兴旺时期,好像早晨八九点钟的太阳,希望寄托在你们身上。”同时,他又说:“世界是你们的,也是我们的,但是归根结底是你们的。”习近平总书记2017年在党的十九大报告中也说:“青年兴则国家兴,青年强则国家强。青年一代有理想、有本领、有担当,国家就有前途,民族就有希望。”可见,党和国家主要领导人,对青年都非常重视,认为青年人是党和国家的希望。

重庆青年工作的发展历程,可以分为以下几个阶段:

第一阶段:建立中国社会主义青年团重庆地方团。重庆青年运动具有光荣的革命传统,在俄国“十月革命”和中国五四运动影响下,共产主义思潮在巴山蜀水蓬勃兴起,重庆的革命先驱开始了共产主义运动在重庆的实践,为重庆革命青年运动奠定了思想基础和组织基础。1922年10月10日,中国社会主义青年团重庆地方团成立。1926年2月,重庆正式建立了党组织,成立了中国共产党重庆地方执行委员会,重庆青年运动进入了新的历史时期。此后,尽管重庆的党团组织在反动势力的白色恐怖下屡遭破坏,但广大团员和进步青年前仆后继,英勇奋斗,迎来了重庆的解放。

第二阶段:成立中共重庆市委青年工作委员会。重庆解放后,1950年1月25日,中共重庆市委青年工作委员会(简称青委)成立,青委书记由市委书记陈锡联兼任,李止舟任副书记。1950年3月,改由西南局青委书记康乃尔兼任重庆市青委书记,李止舟任副书记。1951年12月,李止舟任重庆市青委书记,曾德林、廖伯康、黄怀甫、于克书任副书记。1952年12月,由曾德林任重庆市青委书记,廖伯康、黄怀甫、于克书任副书记。那时,青委的主要任务是发动青年,团结青年,积极投身党的各项政治运动。

第三阶段:建立重庆市新民主主义青年团。1953年4月,重庆市第一次团代会召开,选

---

① 罗淑芳,曾任西南师范学院团委副书记,重庆市学联主席,西南师范学院中文系副主任,重庆团市委书记,四川省重庆市教育局副局长、市广播电视局副局长、市妇联主任,重庆市政协副主席。

举产生了中国新民主主义青年团重庆市委员会,曾德林当选书记,廖伯康、黄怀甫、于克书等当选副书记。后曾德林调团中央任学校部部长,余之光任书记,廖伯康、于克书、向洛新等任副书记,1955年改由廖伯康任委员会书记,于克书、向洛新、王竹、赵济、刘文权等为副书记。"文化大革命"前,中国新民主主义青年团重庆市委员会共召开了五次团代会。这一时期,党和国家的工作重心由革命转向了建设,实行了过渡时期总路线和第一、第二个五年计划。团的工作重心也随着党的工作重心转移,由过去的主要参加政治运动,转向主要加强学习和投入生产建设。团组织提出了"扫除文盲"和"向科学进军"的口号,学习内容主要是马列主义、毛泽东思想著作以及共产主义思想品德和文化科技知识。那时,团市委不少干部都制订了学习计划,工余时间就读书。在抓紧学习的同时,团组织紧紧围绕党的中心,照顾青年特点,开展丰富多彩的活动,发挥青年作为社会主义建设生力军的作用。当时,在以胡耀邦同志为首的团中央带领下,团组织在生产建设中开展得最普遍、影响最大的活动,是"争当青年社会主义建设积极分子"和"争当新长征突击手、突击队"。那时,全国有王崇伦、郝建秀、吴运铎、倪志福、李瑞环、张百发等著名青年社会主义建设积极分子,重庆市涌现出黄荣昌、廖仕刚、李秉中、陈素兰、苟文彬等著名青年社会主义建设积极分子。在开展"技术革新"活动中,工业战线上的青年工人和全体职工一起,刻苦钻研,大胆创新,使重庆市的工矿企业机械化程度由原来的32%提高到57%。苟文彬同志发明的TDP治疗器,由于医疗效果好,被群众誉为"神灯",畅销国内外,沿用至今。在这期间,青年团发生了两件重要的事情:

一是1957年5月,在第三次全国团代会上,中国新民主主义青年团改名为中国共产主义青年团,简称共青团。二是1963年4月,中共重庆市委召开第二十次全委扩大会,根据四川省委主要领导的指示,全会重点放在解决"肖李廖①问题"上。所谓"肖李廖问题",实质内容是廖伯康等同志,在1962年1月11日至2月7日党中央召开的7000人大会的发扬民主、做自我批评(毛主席在大会上带头做了自我批评)精神的鼓舞下,向党中央、毛主席反映了四川省委主要负责人在贯彻执行中央的方针政策上、在思想和工作方法上存在的突出问题,造成四川在困难时期死人特别多的结果。市委二十次全委扩大会结束时,给"肖李廖"定的罪名是"在1962年正当我国遭受三年严重自然灾害,国民经济遇到严重困难,国内外阶级敌人向党、向社会主义发起猖狂进攻的时候,肖李廖等人在市委十八次全委会前后,利用困难和党总结经验的机会,恶毒攻击党的领导,攻击三面红旗,攻击反对右倾机会主义的斗争,大刮单干风和翻案风"。省委主要领导人还要求市委对廖伯康从重处分,因而,对廖伯康还加了"反对党的方针政策,反对党的领导,破坏党的组织纪律"的罪名,给予廖伯康"留党察看两年,撤销党内外一切职务"的处分,下放到建筑工地劳动。李止舟被撤销党内外一切职务,下放到

①肖,即肖泽宽,时任市委组织部部长;李,即李止舟,时任市委副秘书长;廖,即廖伯康,时任团市委书记兼市委办公厅副主任。

井口第二机制砖瓦厂任副厂长。肖泽宽被调离工作单位，派到农村整风整社工作团，名义上任副团长，实际上是带着“问题”在工作中改造。团市委副书记王竹被撤销党内外一切职务，工资级别由16级降为18级。于克书、赵济被免除团市委副书记职务，降职另调工作。对他们三位副书记虽名义上没有定为“肖李廖”反党集团成员，却是按反党集团成员处理的，实际上对团市委领导班子进行了改组。粉碎“四人帮”以后，党中央开展了平反冤假错案工作，重庆市委于1982年对“肖李廖”冤案给予了彻底平反。

第四阶段：“文革”期间，重庆团的工作和全国一样，处于瘫痪状态。“四人帮”污蔑共青团“修到了家”，是“黑三团”，全盘否定共青团，在团员和青年中煽动派性，挑起打派仗，把团员和青年队伍搞得四分五裂。

第五阶段：1973年召开了重庆市团的第六次代表大会，选举产生了共青团重庆市委员会，标志着重庆市团的组织正式恢复了。但由于“四人帮”尚未倒台，因而那一届团市委领导班子中，就重庆市两大造反派（“八一五”和“反到底”）的市级“勤务员”对等各安排了一个任团市委书记（那一届团市委领导班子4人，都是书记，没有副书记。“八一五”的熊代富和“反到底”的汪永强被选任团市委书记），黄启璪和赵綦雅也当选为那一届的书记，由黄启璪主持工作。1977年黄启璪调市文化局任副局长，1977年8月，中共重庆市委决定调我到团市委任党组书记，后来补选为团市委书记并主持工作。当时，名义上团的组织已经恢复了，但是仍没有正常开展工作。

第六阶段：1978年12月，共青团重庆市第七次代表大会召开。这次大会批判了林彪、“四人帮”狼狈为奸，互相勾结，竭力煽动怀疑一切、打倒一切的反动思潮；批判了“四人帮”全盘否定共青团工作，肆意篡改毛主席规定的青年工作路线和方针，疯狂地同无产阶级争夺青年一代的罪行。大会确立了“勇敢地肩负起历史的重任，把青春献给新长征”的工作主题。代表们一致认识到，党的十一届三中全会决定“从明年起把全党工作的重点转移到社会主义现代化建设上来”，是一个具有历史意义的根本转变。我们坚决响应三中全会的号召，迅速把团的工作重点转移到社会主义现代化建设上来，团的一切工作都必须紧紧围绕党这个中心去开展。大会号召全市团员和青年：第一，高举毛主席的伟大旗帜，发展安定团结大好形势，为四个现代化多做贡献。第二，努力学习掌握现代科学技术，做又红又专的新一代。第三，大干社会主义，做新长征突击手，在各行各业团员、青年中继续开展“我为‘四化’献青春”活动。第四，坚持“兴无灭资”，培养一代新人，树立一代新风，要继续开展“向雷锋同志学习”的活动，要用共产主义思想和道德培育青少年。第五，青年正处在长身体、长知识的关键时期，团组织要照顾青年特点，全面关心青年的健康成长。毛主席说：“青年团要照顾青年的特点，两头都要抓紧，学习工作要抓紧，睡眠休息娱乐也要抓紧。”共青团的一切工作和活动，都要有利于促进青年“身体好、学习好、工作好”。大会选举产生了共青团重庆市委员会，委员会选举我任书记，王友伟、肖明远、周亚莉、杨崇汇任副书记，殷承信（南桐矿区团干部）、马永贵（下乡知青）为不脱产副书记。

第七阶段：改革开放40年，特别是设立直辖市20年来，重庆市青年工作有了很大的发展和提高。改革开放以来，青年们的文化水平普遍提高，视野开阔，见多识广。存在决定意识，青年们思想多元化，价值观、人生观、世界观发生了很大的变化，共青团必须适应变化了的青年的实际，根据党的要求，围绕党的中心，改革共青团工作的方式方法，才能把广大团员和青年紧紧团结在党的周围，筑牢党执政的青年群众基础，带领青年在实现"中国梦"的伟大征程中贡献青春力量。

回顾共青团几十年的发展历程，结合我先后在团市委近11年时间的经历，有以下一些感受：①保证党的绝对领导是共青团的生命线。②党的中心就是团的中心，党指向哪里，团就奔向哪里。③团中央第一书记胡耀邦同志提出团干部的作风要"朝气蓬勃、实事求是"，重庆团市委在廖伯康等同志带领下，长期坚持蹲点打圈，调查研究，回来"务虚"，写出报告，既讲经验，也讲问题，上报领导，下发基层，强调走群众路线，报喜也报忧。④重庆团市委机关是一个和谐温暖的大家庭。特别是"文革"前的团市委机关，同志间亲如兄弟姐妹，氛围和谐温暖，在机关中，机关职工之间不称官衔，互相只有"老"和"小"两个称谓，如叫书记廖伯康为"老廖"，叫炊事员刘海云为"老刘"，年轻的就叫"小×"，如大家都叫少年儿童工作部副部长黄启璪为"小黄"。这种称谓显得很亲切，很随和。另外，当时团市委机关干部经常到基层蹲点调研，如遇远方亲友来访，你不在，没关系，办公室总会有人在机关的，自会帮你接待着，然后通知你回来。又比如，你下基层去了，家里老人、小孩有人生病了，党小组或党支部就会安排同志送他们去医院看病。所以，干部下基层蹲点没有后顾之忧。尤其令人感动的是，在困难时期机关偶尔打一次牙祭，如果你下基层去了，分给你的那份肉，厨房的同志会把它蒸了又蒸，一定会好好保管等你回来吃。总之，上级爱护下级，下级尊重上级，同志之间相互关心的事例太多了。因此，团市委工作再辛苦，也感觉心情舒畅，充满温暖，在团市委工作过的同志，总有一种难舍的"共青情"。

（袁仁景于2018年10月采访整理）

争当改革开放排头兵

第二部分

对原江北县鸳鸯公社艰难推行包产到户情况的回忆

游科亨[①]

当今社会物资应有尽有，甚至供过于求，人们丰衣足食，茶余饭后的谈资总少不了那段纠正包产到户“单干风”的往事，至今说起来还心有余悸，让人谈“纠”色变。20世纪80年代初，“通不通三分钟”“思想不通，组织服从”，那场惊心动魄的“硬纠”风，让我记忆犹新，终生难忘。为了对历史负责，对人民负责，我将当时的有关情况回忆于后，以为资政育人之用。

一

回首往事，触目惊心。1977年，我初任江北县人和区鸳鸯公社党委书记。当我走进这个贫困地区，在耳闻了农民“要吃饭，要生存”的呼声，目睹了当地人民群众食不果腹，几乎要到公社掀翻饭甑子、抢干部饭碗的情势后，我作为公社党委书记，下决心担负起责任，尽全力帮助他们摆脱贫困，带领他们走出“吃粮靠返销，用钱靠贷款”的境况。

到任后，我就把“帮助农民治贫致富”工作纳入了议事日程，并立即组织干部深入基层进行调研，集思广益，希望寻找一条可行的脱贫致富的出路。据了解，鸳鸯公社果园大队的大部分生产队，为了尽早走出贫困，经社员大会讨论通过，瞒着公社将部分土地承包到组或户，但这一举措遭到了公社干部的干预，当时的公社书记甚至还带领干部扛着锄头到生产队去铲已经生长出来的农作物秧苗，在农民群众中造成了极大的影响。在调研中，我听说二队一王姓人家，利用各种闲置的“四边地”自己种植了许多南瓜和玉米，而且还养了5头猪，家里还有玉米屯集，日子过得不错。此事对我很有启发，从内心讲我也比较赞赏这种做法。为此，我专门走访了王家。当我第一次走进王家，王家老太婆提防着我，不但不让我进屋去坐，而且还说“我们穷得很，没有饭吃”之类的话。为了打消群众的顾虑，我多次到农户去访贫问苦，通过交心谈心，农民群众逐渐对我消除了戒备心理，经常与我探讨农民如何才能填饱肚子等问题，干部和群众思想上有所沟通。当我再次走进王家时，他们不仅给我让座，而且还

① 游科亨，曾任江北县人和区鸳鸯公社党委书记，渝北区两路镇党委副书记、镇长、人大主席。

给我倒上一杯糖开水。但由于当时还没有摆脱“宁左勿右”的思想束缚，我们没敢放手去干。

绝不能饿死一个人，绝不能眼睁睁地让老百姓挨饿！据深入调查了解，鸳鸯公社是一个深受极左路线危害的困难地区，粮食不够吃，债务很严重，集体经济趋于瓦解，农民主要是依靠国家“返销粮”维持生活。年关将近，人们缺钱少粮，过着“神仙难过正二月”的凄苦日子，有的家庭到了“无鼠耗之粮和逗鸡之米”的境地。鉴于这种穷苦状况，我看在眼里，急在心中，深感一个党委书记的责任重大。为缓解鸳鸯公社人民燃眉之急，我通过工作组的同志协调后，组织鸳鸯公社十多个大队到仙桃公社花石大队去借粮度荒，并暗下决心，绝不允许饿死一个人。由于我是花石大队的人，且又有我担保，因此借粮工作比较顺利，确保度过春荒。虽然解决了鸳鸯公社人民群众的暂时困难，但由于政策、体制、机制等原因，这种杯水车薪之举、治标不治本的措施始终不能解决根本问题。

二

政策好全局皆好，政策活满盘皆活。同样是这一片天，同样是这块地，同样是这些人民，为什么政策一变判若两个世界或两个天地？此事只有用生产力关系来回答最有力。农村要治穷致富，根本的办法是要最大限度地调动农民的生产积极性，大力发展生产力。1978年，党的十一届三中全会胜利召开后，中共中央、四川省委农村政策要求“各级党组织和全体干部要全力以赴，投身生产建设，进一步解放思想，立志改革，善于创新打破过去束缚生产力发展的模式和条条款款，促进生产力发展”。根据这个精神，我立即行动起来，找寻一种适合鸳鸯公社地理优势的生产责任制方式来促进农民增产增收。特别是当时的县委农林部部长符忠诚同志传来了成都金牛公社第71期简报——《金牛公社包产到户的经验》，我如获至宝，利用中午休息时间，把简报立即翻印出来，印发到各生产队，并及时召开公社党委会和公社三级干部会议，研究部署包产到组的实施工作。同时，还组织干部深入基层，尊重群众意愿，坚持实事求是，因地制宜，分类指导，建立健全生产责任制，对农村作业组实行“大包干”，并从我公社田多土少的实际出发，实行“水统旱包”，即田归集体，旱土作物包产到劳动者个人。1979年，鸳鸯公社80%都实行了包产到组的责任制，一举扭转了群众“吃粮靠返销”的被动局面，基本解决了农民“春荒”难度的问题。

挑塘养鱼，开山采石，一业为主，多种经营，增强集体经济实力，提高群众致富度是党委一班人的共识，而且取得了明显的效益。为了改变农村穷困的面貌，我们除了实行“大包干”外，公社党委结合实际，还采取了一些灵活的措施：一是调整困难队中的一些规模过大的生产队，重新划小，重新分队，改变了过去社队干部领导不力、社员扯皮事情多的历史；二是在少数队把小片土地包产到户，收到了事半功倍的效果；三是采取多种形式，搞活集体经济，允许困难队利用自然资源作股与其他队甚至外地的生产队联合开发，利润按股分成。还允许利用靠近城市、交通方便的有利条件，划出少许土地由集体或个人种植蔬菜，增加集体收入。另外，还大力发展乡镇企业，短短几年，就建了石厂、纸箱厂、翻砂厂等10多个厂矿，办起了养殖场、渔场等基地，创造了100多万元的产值。我们采取“一手抓生产，一手抓经济”，做到了“两手抓，两不误”，进一步调动了干部和社员的积极性，使各项生产得到发展，社员生活得到很大的改善。

党风正则民心顺，民心顺则事业成，这是我当党委书记的一条重要体会。由于采取发展生产、富裕人民的措施合时宜、顺民心，因此得到了广大农民群众的拥护和支持，在当时造成了较大的正面影响。特别是我每次走路回家，总有许多认识我的农村干部和农民群众拉住我，向我请教农村生产责任制的具体情况及其效果，我都不厌其烦地予以解说，直至大家满意为止。

没有上级党委撑腰壮胆，没有人民群众强有力的支持，哪怕有天大的本事，我们也将一事无成。1980年2月，中共四川省委书记来江北县视察工作。根据安排，我作为3名公社党委书记代表之一被安排参加了在县委招待所召开的座谈会。会上，省委领导首先肯定了我县近几年粮食增产所取得的成绩，并要求我们公社的同志汇报工作。我就汇报了以下六点：一是粮食增产情况；二是红苕增产情况；三是实行生产责任制情况；四是少数队把小片土地包产到户的情况；五是“落后队”土地的承包情况；六是作业组的问题。最后，省委领导充分肯定了我们取得的成绩，并针对工作实际提出了宝贵意见：一是肯定了生产责任制，并称其效果好，潜力大；二是对于土地包产到户要注意对象和方式方法；三是针对“落后队”土地的承包，要尽快提高管理水平；四是作业组不能过大，生产队要有“四专”，特别是大田作业包到组，要与“四专”结合，一定要分工分业，这样才好统一核算，统一分配，要巩固生产队，关键是分工协作，不能什么都包下去。可见，我们鸳鸯公社推行生产责任制是得到了省委领导肯定的，并要求我们继续抓好，巩固过去取得的成绩，进一步促进农业生产发展。

三

随着农村生产责任制的不断深入，鸳鸯公社农民群众的温饱问题基本得到解决。但是没过多久，1980年11月，县委召开了农村工作会议，传达了中共中央〔1980〕75号文件，即《关于进一步加强和完善农业生产责任制的几个问题》，并提出了进一步加强和完善农业生产责任制的各项政策措施，部署了传达贯彻文件精神的步骤和要求。这次会议由于对中央〔1980〕75号文件精神领会不深，理解不全面，对本县农村集体经济做了不切实际的估价，加上“左”的错误思想的影响，因而对已出现的包产到户的问题，县委提出要“采用各种过渡办法，进一步组织起来”。这次会议后，在全县范围内开展了纠正包产到户的工作。

12月，县委提出“包产到户弊多利少，不是方向，不能提倡”“田土下户，谁种谁收的必须坚决全部改过来，采取‘做好工作、群众讨论、民主决策’的方法，建立起集体生产责任制”，并要求各级党组织必须做到“四坚持”（坚定不移地坚持集体化方向；坚持生产队统一领导、统一计划、统一核算、统一分配；坚持按劳分配；坚持生产队的所有劳动力一律统一支配）和“六不准”（即不符合条件的一律不准搞包产到户；不准把土地按人头平均或按人劳比例划到户形成单干；不准违犯党的政策规定而擅自增划土地到户谁种谁收；不准破坏经济作物；不准以任何借口分掉所有积累和固定资产，谁主张分的由谁负责如数归还；不准生产队的劳动力未经批准自由外出搞“私人自得”）。“四坚持”和“六不准”在“纠包”工作中向农村基层党组织传达后，在基层干部中引起了很大反响，认为这样搞不符合中共中央文件精神，不利于生产力的发展，同时我们党委一班人也感到压力很大。

当官要为民做主，只要认准全心全意为人民办好事、办实事这个理，我便什么都不怕。为了人民群众的生活问题得到真正解决，我自始至终地坚持执行包产到户的农村生产责任制，即使是罢免我，也在所不惜。特别是当时市委分管农业的领导听说我们鸳鸯公社在搞包产到户时，下令立即纠正。因此，我也就成了这次“硬纠”的典型。1980年冬，重庆市全面开始了纠正包产到户的工作，并派遣45个工作组分赴各地。工作组到人和区调查，在区党委会上，我成了众矢之的，但我在发言中，认真分析了实行生产责任制的12条有利因素，工作组的同志没有提出任何问题。饭后，他们就针对农田水库建设、军属等问题向我发难。而我在会上提出的12条内容也成了批斗我的依据。后来，人和区领导找我谈话时列举了我“渎职、经济问题、搞单干”三大罪状，并声称我是在搞资本主义；同时，县委还派人来调查，并走访了群众。由于实行包产到户让农民得到了实惠，解决了群众的温饱问题，因此，尽管上面天天喊纠正，但就是不见实际行动。特别是“硬纠”会议，我都一一回避。因为我坚信：我为了帮助农民治穷致富，推行包产到户等生产责任制是正确的，我有人民群众的支持，我不怕！当时在老百姓中流传着这样一句顺口溜“上头放，下头望，中间有个抵门杠”。因此，我当时也横下一条心，不管后果如何，我决不放弃。虽然纠正包产到户工作遭到了部分干部和广大农民群众的抵制，但“纠包”工作在“左”的思想影响下仍坚持进行。

四

实践是检验真理的唯一标准。实践证明包产到户的农业生产责任制是正确的。我始终坚信“沉舟侧畔千帆过，病树前头万木春”的道理。面对当时的复杂情况，我个人的力量显得如此单薄。但是，危难之际，我得到了县级部门有关干部的支持，他们有的给我写信，有的直接给我打气，鼓励我。于是我鼓起勇气，给中央有关领导写了一封信，信中提及三个问题：一是为什么要实行农村生产责任制；二是实行生产责任制取得的效果；三是请总理表一个态，对这项工作是否赞同。随后，时任四川省委副书记的杨汝岱负责处理此事。1981年2月，杨汝岱来县视察工作，并专程来到人和区鸳鸯公社进行实地考察，在听取我的汇报后，他当场肯定了我们推行包产到户生产责任制所取得的成绩，并提出：你们原来怎么办的就怎么办，应该公开化、合法化。在2月27日县委召开的“区书会议”上，杨汝岱明确提出：“农业生产责任制要从实际出发，采取硬性纠包产到户的做法是错误的，是不符合中共中央〔1980〕75号文件精神的。中央75号文件一个纠字都没有，更不说硬性纠，过去纠了也是认识问题，不要去检讨，不要去纠缠。我们这次会议就是贯彻中共中央和四川省委的指示，因势利导地解决问题。”会后，县委于3月11日发出了《关于认真贯彻落实省委〔1981〕11号文件和市委〔1981〕8号文件的通知》，《通知》指出：“去冬今春一段时间，由于我们县委对中央〔1980〕75号文件的精神实质理解不够，对非边远山区和贫困落后地区实行旱季作物包产到户采取了一律纠正的办法，是不符合中央75号文件精神的，主要责任在县委，不在下面各级党组织。我们要认真总结经验教训，进一步贯彻好中央〔1980〕75号文件和省委〔1981〕11号文件、市委〔1981〕8号文件的精神，按当地群众的意见推行责任制。凡是社员基本满意的各种生产责任制形式都要承认并稳定下来，有利推动春耕生产。”

鸳鸯公社推行的生产责任制工作得到充分肯定后，其做法也得到了推广。先后有中央党校、团中央及部分省、地区的农工部长和部分全国政协委员，以及乡镇干部等上千余人前来参观学习。1981年4月，省、市政协委员一行80多人专程来视察参观。同年，我又到后勤工程学院为3000多名军队学员做报告，听了报告后，学院还派80多名官兵走访了鸳鸯公社的军属和农户。1982年2月，在重庆市第九届人民代表大会上，我作为人民代表被各代表团请去交流包产到户生产责任制的经验。随后，在全县范围内实行农业生产包产到户、包干到户的责任制。

（选自中共重庆市委党史研究室编：《重庆党史研究资料》2010年第2期）

我所经历的巴县农村改革和乡镇企业的发展

张文彬[①]

十一届三中全会后，我曾先后任巴县县委副书记和书记。实际上从贯彻十一届三中全会精神到后来改革开放，我都在巴县。在巴县主要抓了两件事，一是农村改革，二是让乡镇企业异军突起，得到大发展。

解放后，我党领导农民翻身得解放。解放后，1950—1951年，首先搞减租退押，搞土地改革，把地主的土地通过没收的办法收过来，然后分给农民，使农民家家户户都有田，即“耕者有其田”。土改后，家家户户都有地了，都有饭吃了。1953年开始，全国实行计划经济，实施了第一个五年计划。当时党中央、毛主席就提出，农民不能分了土地就行了，要在分土地的基础上搞农业合作化，走社会主义道路。所以农村就组织农业合作社，先是合作社，后是人民公社，这是两个阶段，公社合作化程度更高，农业合作社是半社会主义性质。这本来是件好事，从理论上讲，农民一家一户不能抵御自然灾害，通过搞合作社，集体经济、集体组织、集体劳动，联合起来能降低自然灾害所造成的损失，实际上实行起来有弊病：一是当时农业合作社实行的是计划经济，没有生产经营的自主权，种什么，怎么种，都由上面安排；二是实行集体劳动、集体分配，实际上分配是平均分配。实行集体经济，集体劳动，搞大锅饭，农民没有积极性。当时我们针对在农村工作中如何领导农民想了很多办法，但农民就是没有积极性。很多人看着是在劳动，实际上出工不出力，种粮食没有产量，搞来搞去最后温饱无法解决。这些弊端是体制问题、机制问题造成的，农民没有自主权，就没有积极性，所以农业生产搞不好。各级领导费了很大的力，结果粮食产量不到位，农民的温饱问题无法解决。怎么办？后来农民划了自留地，自留地种得很好，集体的地种得很差，这是怎么回事呢？大家都在议论，如果我们集体的庄稼都像自留地那样就好了，就不存在温饱问题了。

这个时候农民也在寻求出路，安徽凤阳的农民搞了个包干到户。包干到户传开后，我们这边的农民和下面的干部也想这样做。最开始的时候，大家对包干到户、包产到户有顾虑，

---

① 张文彬，曾任中共四川省重庆市巴县县委书记，中共四川省重庆市委常委、组织部部长，常务副市长，市委副书记兼政法委书记，市政协主席、党组书记，重庆市第一届政协主席。

将其视为分田单干，说这是倒退。农民已经分了田，已经搞了合作社，怎么又搞分田单干呢，上面也不允许实行包干到户。我当时任巴县县委书记，也是旗帜鲜明地反对这件事，怕犯方向错误。领导农民搞单干，怎么行呢？当时市委分管农村工作的张海亭也不赞成。所以当时对包产到户都是持反对意见的，所幸不久后，党中央、邓小平肯定了安徽的做法，并且讲了很深刻的道理：包干到户、包产到户不是分田单干，不是走资本主义道路，是集体经济生产责任制、联产承包责任制。这一下就把思想解放了，我们的思想也转过弯了。明确包产到户是联产承包责任制，不是分田单干，不是走资本主义道路后，我们领导干部也想通了，包产到户可以搞，而我们原来就希望集体土地能像自留地那样搞好。思想问题解决后，我们不仅赞成搞，而且要领导农民搞，规范化地搞。我们组织工作组、调查组亲自下去，安排田如何分，产如何包，要上缴的如何上缴。当时有三句话"缴足国家的，留够集体的，剩下都是自己的"，不像以前集体劳动，最后评工记分，分多分少都不知道。在领导干部的带领下，包产到户很快就规范地搞起来了，地怎么包，产怎么包，国家的怎么缴，集体的怎么留，在干部的领导下都规范地搞好了。随后，联产承包责任制就很快推广开了。这是中国改革在农村的一个大事。农村改革实现突破后，为后来企业改革提供了借鉴。而在推广包产到户后，粮食产量很快就上来了，农民的温饱也就解决了。农村联产承包责任制改革的成功，对我们国家整个改革起了很大的推动作用。安徽的万里首先支持并动员农民搞包产到户，搞起来后得到肯定。从农村实行联产承包责任制的背景来看，就是农民为了解决温饱，从偷偷摸摸地搞到最后中央肯定承认并由党来领导农民搞，就一下子解决了多年没有解决的温饱问题。而且农村改革的成功，为我们后来整个经济体制改革，为我们实现中国特色的社会主义起了很大作用。

农村实行承包责任制和包干到户充分调动了农民的积极性，劳动生产率提高了，温饱问题也解决了，在解决温饱问题后就要解决农民如何发展致富的问题了，也就是要考虑在实行联产承包责任制之后，农村富余劳动力的出路问题。这在沿海一带已经开始起步了，就是办企业。刚开始发展的时候叫社队企业。社队企业搞什么呢？实际上农村搞工业服务的叫社队企业，后来改为乡镇企业。农村实行联产承包责任制后，不管是农民还是各级领导，都在考虑一个问题，就是如何给富余劳动力找到正确的途径，找到一条出路。最后经过分析，得出一个结论：办企业，因为农民不能只是局限于种地、种田，要引导富余劳动力去办工业，办服务业。这就是乡镇企业发展的基础。为什么乡镇企业异军突起，为什么发展这么快，就是因为在适应了联产承包责任制之后，劳动生产率提高了，农村劳动力从土地上解放出来了，富余劳动力增加了。当时外地（沿海）有好的经验，学习外地经验后，研究我们自身的问题，引导农村，引导农民搞乡镇企业。那么如何办乡镇企业，怎么才能办起来并办得好？首先要解决的就是认识问题，要认识到发展乡镇企业是实行联产承包责任制之后必然要走的路，是解决农民出路、扩展农村经济的必然之路，并不是人们所想的那样，想发财，想走资本主义道路。要从整个农村发展、农民致富的角度来思考这个问题。另外因为农民从来没有办过工业、企业，大家在思想上也有顾虑。所以首先必须打通思想，统一认识，才能调动基层干部和的积极性，才能实现大发展。

第二个问题是项目问题。农民从未办过企业，因此办什么企业成为一大难题。为了找项目，当时是从上到下，从领导到基层干部，全面发动甚至还发动了巴县籍的外地工业战线或其他战线的工作人员，动员他们为巴县的发展提供信息，为我们找项目。我记得当时我们派了大批人到县里，今天哪个区、镇、乡联系了哪个项目，报告给县委，县委决定干不干，所以当时是县委书记亲临前线、具体指挥，像打仗一样。除了组织全县干部到处找项目，还利用当地的资源发展项目，搞砖瓦厂、采石场，等等。

第三个问题是土地问题。办企业要用地，地怎么来？农民重视土地，珍惜土地，认为土地是出产粮食的，要靠这个吃饭，占了怎么办？因此十分怕占地。我们最终决定使用集体经济时的公用土地，但确实需要占包产到户的地时还是要敢于占。比如界石区（1982年改称界石乡，1985年撤乡建镇称界石镇），当时只有一条在山岗上的很小的街，街周围都是很好的田。当时界石区的书记田茂清向我汇报工作，说要办企业，很想把街周围的地用来办企业。这在当时是很大的设想。我当即表态：我允许你搞，如果你能发展1亿乡镇企业的产值，我允许你占1000亩地。我还给他算了一笔账：如果是1亿的产值，国家按3%收税，税收至少300万，如果是5%的话，就是500万；如果1000亩地种粮食，按1000斤每亩计算，产量是100万斤，当时的粮食是几角钱一斤，也就是说只能卖几十万块钱，还不算种子、肥料、人工费。所以当时我允许他占1000亩地。后来那片发展成为城镇，搞得很好。土地问题也有障碍，农民特别是传统的农民不愿意被占地，怕被占地，特别是怕被占好地，他们提出问题：你把田都占了，用来搞商业，办企业，吃饭怎么办？我们回答：只要市场上有粮食卖，有钱就有粮。办企业有了钱，就能买到粮食，就能解决吃饭问题。这在当时也是很大的突破，很大的思想解放。

第四个问题是资金问题。钱怎么来？第一个办法就是用集体经济的积累。当时的集体经济都有积累，就把它拿出来，把集体资产、集体的钱拿出来办企业。第二个办法就是动员农民带资入股。什么叫带资入股？也就是说一个农民带钱加入企业，投入多少钱相应持有多少股份，农民既当工人，又是股东，既有工资又能按股分红，这样农民就愿意干。第三个办法就是银行贷款。当时的农村信用合作社很支持乡镇企业发展。当时一个企业要贷款，县委书记说了算，今天说了，明天就可以贷出来，所以当时的乡镇企业发展得很快。要地有地，要钱有钱，要项目也好找，自然是很快。所以当时乡镇企业如同雨后春笋，邓小平讲是异军突起。所谓异军突起，就是农业实行联产承包责任制之后，很快又实现了乡镇企业大发展。

这实际上是联产承包责任制之后的又一个大的改革，从来没有搞过工业的，从来没有搞过企业的，农民都搞起来了。现在沿海也好，重庆也好，很多大的企业就是当时建立起来的。后来改制，有的改为私营，有的改为集体所有制。大量的民营企业就是当时改制而来的。比如重庆隆鑫，当时是乡镇企业，后来改制为私营。乡镇企业的发展，为后来民营经济的发展打下了基础。所以我们可以说乡镇企业和联产承包责任制是紧密相连的，没有联产承包责任制就没有农民的生产积极性，就没有劳动生产率的提高就没有富余劳动力的增加，也就没有民营经济的发展。我们巴县在当时川东地区是发展得很好的，乡镇企业的产值是好几亿元。沙坪坝一个镇的产值都突破一亿元。重庆市称赞沙坪坝石桥乡“独占鳌头”。

农村就这两件事，一是联产承包责任制，二是乡镇企业的发展，这两件事既解决了温饱问题，又解决了增加收入和富裕问题，农民的积极性也高了。

（黄亚丽于2017年5月采访整理）

关于重庆经济体制综合改革试点的回忆

廖伯康[①]

20世纪80年代中期，在党中央、国务院直接领导下，重庆在全国首先进行城市经济体制综合改革试点。这是改革开放中国家的一项重大战略部署，其目的是为全国城市及工业改革探路。当时安徽和四川的农村改革经验已在全国推广开来，城市改革提上了党和国家议事日程。重庆由于得天独厚的基础条件，有幸成为"第一个吃螃蟹者"。

我直接参与了这项社会实践。这段人生经历给我留下的印象很深，20多年后还历历在目。现趁身体尚好，脑子清楚，做一个回顾，供关心、研究党史和城市改革的同志参考。

半月内两次任命

1983年，我在中科院成都分院当副院长。春节刚过，四川省委书记杨汝岱把我叫去，宣布一项中央任命，由我出任中共成都市委书记。

消息来得突然，我稍做思索后说："到成都任书记我没有思想准备，但组织决定我服从，希望给我一周时间，让我通过非正式渠道摸下成都市的干部情况，一旦宣布了，我就不容易听到真实情况了。"汝岱表示理解，同意了。一星期后因为中央已决定将温江并入成都，为了解温江干部情况，调研时间改为两周。

两周后我去汝岱办公室对他说："现在可以宣布了。"汝岱却说："你不去成都了，中央决定调你去重庆，担任市委副书记。"

我再次感到突然。怎么会两周内两次任命，而且还没到任就改任？何况我与重庆还有不同寻常的关系。

我在重庆工作时间比较长。1948年上半年，因重庆地下党组织遭受严重破坏，我奉中共中央上海局之命，从上海带一批党员和新青社社员回重庆，加强重庆学运，以后就一直待在

① 廖伯康，曾任青年团重庆市委书记，中共重庆市委办公厅副主任，重庆建工局革委会副主任，中科院成都分院副院长，中共重庆市委书记，四川省政协主席。

重庆,新中国成立后我负责搞共青团工作。1962年担任中共重庆市委办公厅副主任兼共青团重庆市委书记,因为直接向中央反映四川极左造成的恶果而得罪了某些领导,被打成“反党集团”成员,撤销党内外一切职务,留党察看两年,到重庆市第一建筑公司当混凝土工。“文革”后期担任重庆市建工局革委会副主任,粉碎“四人帮”后调到中科院成都分院。之所以调成都,就是因为尽管我出来工作了,但政治上还留有尾巴,一些诬陷之辞并未彻底肃清,在重庆我不便于工作。现在不但要我回重庆,还要进入核心领导层,我对到重庆是否好开展工作心里没底。

汝岱说:“对你的任命实际上就是起到了清除影响的作用嘛。”

想想他说得也有道理,况且组织已经做出决定,作为共产党员不应当讲条件,更主要的是,从两次任命看,显然重庆的工作比成都的重要。于是我问:“何时去?”汝岱要我最好第二天就走,说中央催得急,因为重庆马上要进行一项重大改革,薄一波带着20多位部长已经到了重庆,四川省委的刘西尧和何郝炬也带着20多位厅局长去了,中央、省、市三级在一同搞方案,市委书记王谦年龄较大,身体不太好,需要有位熟悉重庆的人协助他。

事后据人透露,我这次调动,是薄一波到重庆后根据重庆干部推荐,向中央反映后,中央临时做出的决定。

1983年3月我到重庆时,薄一波以及部分部长已经回京,搞方案的工作已近尾声。这项工作在党中央、国务院直接领导下进行,天天与北京保持着热线联系。

本来我同王谦说好,给我3个月时间摸情况,这3个月里我不公开讲话,结果我到重庆不足20天,市文联要开一个会,请市委领导出席,王谦约我一起去,他在会上带着一丝意味深长的笑意说:“今天我不讲话,给你们介绍一位新书记,许多同志认识他,他就是廖伯康同志,下面让伯康同志给我们讲几句!”台下哗哗鼓掌。我走投无路,仓促走到了前台。这个小插曲从一个侧面也说明试点工作的紧迫性。

既然不得不亮相,我就索性放开讲,由于刚从科分院出来,我就从科学与文学的关系讲起,这是个新视角,也符合潮流,结果赢来了热烈掌声。

为什么要搞城市改革试点

那时重庆是四川省辖市,四川的改革在全国起步较早。

十一届三中全会前夕,四川省委书记随国务院总理华国锋出访东欧,所见所闻,感触很深。

东欧各国由于处在全球经济发展的前卫地带,较早接触到第三次工业革命浪潮,在我们“文革”后期,他们就对二战后兴起的、带有很重的苏联色彩的社会主义经济运行模式进行了反思并着手改革,中国代表团访问时,南斯拉夫、罗马尼亚等国的改革已进行到一定程度,其核心是放权,让生产者同生产资料充分结合,促进生产力发展,因此经济发展较快。

省委领导感慨不已,归途中向华国锋提出,让四川先行一步(那时还没有正式提出"改革开放"这个概念),解决两个问题,一是激发农民,特别是激发盆周山区贫困农民的生产积极性,发展生产,让山区贫困农民尽快解决温饱问题;二是给国企一定自主权,调动其生产积极性,提高效率和效益。华国锋同意四川搞点探索。当时省委领导还要求将在四川的军工企业就地下放,交地方管理,华国锋没有同意。

十一届三中全会后,改革开放成为主旋律,四川因为早有考虑,所以动得快,势头猛。改革首先在农村搞起来,包括把自留地由每人3分增加到7分,这在全国是第一家。四川农业生产很快复苏,一度成了全国农村改革的样板之一。企业方面,全川先在重钢、成都无缝钢管厂等6家工业企业进行扩大经营自主权改革试点,以后又增加到100家,进而又扩大到商业企业,再后来工业、商业共有几百家企业搞扩权,效果不错,产值、利润都提高了。这个经验被逐步推广到全国。

四川自己并不太满意,因为这些改革仅限于企业,局限在"点"上,不能连成"片",无法在一定区域内形成综合经济实力。

十一届三中全会提出全党工作重心转移,为了研究、解决发展经济的诸多理论和实践问题,中央新建了一个机构,叫中央财经委员会,由陈云挂帅。陈云"不唯书,不唯上,只唯实",首先派出7个小组到各地调研,其中一个组由刘明夫带队,到了四川。刘明夫"文革"前就是国家计委副主任,是陈云的老部下,复出后改行搞经济研究,担任中国社科院财贸所所长。因为重庆搞扩权改革的企业较多,所以重庆是他们调研的重点。

刘明夫"文革"中靠边站,已经多年没出来工作了,看了重庆他吓一跳。在他记忆中,重庆区位很好,一头连大西南,一头连长江流域,历史上就是长江上游的经济中心,抗战期间是陪都,新中国成立初是西南首府,其工业基础也很强,抗战中集中了中国的主要骨干工业企业,新中国成立后中央在"大三线"投入1200多亿元,其中1/3在四川,四川的大头在重庆,全国80万台军工设备,重庆就占了30万台。经过逐年积累,重庆工业门类比较齐全,产能极强,其工业固定资产占四川的1/5,占西南的1/7,工业总产值占四川的27%,占西南的20%。但刘明夫看到的重庆,却是一副破破烂烂的样子,菜元坝火车站又脏又乱,全市还有四五百万平方米抗战房(抗战期间临时盖的非永久性建筑),还在用晚清的机器,财政收入一年不足10亿!向省里缴6亿后,每年手头剩不了多少钱,维持简单再生产都捉襟见肘,基本上不能搞技术改造,很难扩大生产规模。

当然刘明夫也清楚,10亿元的年财政收入并不真实反映重庆产能,因为还有一批大中型国企的产值和利润未计算在内。这些企业属于"条条"(中央和省),它们的固定资产占了重庆工业的“半壁河山”，他们生存于重庆社会，但游离于重庆体制之外，他们用重庆资源，但产生的价值基本与重庆无关。

刘明夫感叹不已。他说，国际上都知道重庆是大工业城市，哪知道在体制内重庆被局限于一个较小的范围，只是四川省的一个地区，本质上与万县地区、涪陵地区没有区别。

回到成都，在向四川省委汇报调研情况时，刘明夫直言不讳地谈了自己的感受，提到了“城市是经济发展中心”的概念。他认为，城市是生产力最集中的地方，一个城市必须是一定区域的经济中心。城市有几个特殊功能，即经济的集散功能、吸引功能、辐射功能和服务功能，这是经济发展的客观规律。我们实行的分省制，源于元朝，注重了政治和军事的作用，忽略或抑止了城市在经济上的功能发挥，一定程度上阻碍了社会生产力发展。他主张对现行城市体制进行改革，让城市能打破条块界限，统一管理和协调企业，并由城市发展带动一定范围的区域经济发展，充分发挥城市在经济发展中的独特作用。

省委领导非常赞同刘明夫的观点，极力支持他向中央汇报，同时萌动了先在四川按这个思路进行改革的念头。其想法是把省里有的经济权力，包括在重庆的省管企业都给重庆，让重庆成为独立的经济单元，充分利用其特殊功能，加快发展速度，促进全省经济发展。

有个重要背景不能忽略。小平同志一直高度重视重庆在全川经济上的地位和作用，1954年重庆划归四川省时，他特别叮嘱四川最高领导李井泉“必须高度重视重庆”，要李井泉“每年应有三分之一的时间到重庆工作”。1978年视察四川时，小平同志就指出重庆的计划可以单列。

在“中心城市”观点的影响下，四川省先后多次进行专题研究，打算赋予重庆更多的权力和职责，把农村改革成果引向城市和更广泛的领域。但遇到的阻力不小。当时中央和四川在渝企业共有137个，它们分属中央22个部和省里24个厅，一些省级行业管理机关“舍不得自己的孩子被别人抱走”，不赞成企业下放。有次开会研究企业下放问题，一位厅长借口上厕所，在楼道里偷偷给北京的主管机关打电话，把声音压得很低地说：“你们赶快出面干预哟，不然就要(把企业)放下去了。”

但省委领导态度很坚决，坚持要放。更重要的是，“城市是经济发展中心”这个概念被带到了中央。几年后，这个概念出现在我国“六五”计划中，国务院关于“六五”计划的报告强调：“要以经济比较发达的城市为中心，带动周围农村，统一组织生产和流通，逐步形成以城市为依托的各种规模和各种类型的经济区。”

在六届全国人大一次会议上，《政府工作报告》更明确提出：“以城市为中心，根据经济发展的内在联系组织各种经济活动。”

由于城市比农村复杂得多，何况中国改革是摸着石头过河，实践性很强，所以在酝酿“六五”计划时中央就有所考虑，要先进行城市改革试点。

为什么挑选重庆搞试点

“六五”计划公布后，为了探索城市改革路子，国家体改委安排沙市、常州进行城市改革试点。为什么选这两个城市？国家体改委认为，这两个城市以轻纺工业为主，企业规模不大，即使改革失败，对国民经济大局影响也不大。

这时，国务院收到四川大学一位教师的来信，信中说，我国国有小企业资本的有机构成低，人的作用大，可以扩大企业自主权；大企业资本的有机构成高，人的作用小，对国民经济影响大，不宜扩大自主权。这封信既呼应了国家体改委关于先在中小城市进行试点的观点，同时也对四川进行的大中型国企扩权改革的前景提出质疑。

随后，此信转到国务院经济发展研究中心，让专家论证。这个“中心”直属国务院领导，其成员都是经济学家，由德高望重的薛暮桥担任总干事。学者们对信中观点反复讨论，结果多数人持否定态度，他们认为，大企业资本的有机构成高，人的作用更大，对国民经济的影响也大，更应当扩大自主权，推动改革大局。但对于进一步怎么改，最后没有定论。

为了回答这个问题，有两位学者决定到首钢搞调研。

两位学者都是老革命，其中蒋一苇是川东地下党老同志，曾与红岩英烈陈然共同办《挺进报》，“文革”后担任中国社科院工业经济研究所所长；另一位叫林凌，也是老地下党，不过活动范围在北京，“文革”后任四川省社科院副院长，活跃在经济体制改革实践和经济理论研究第一线，薄一波同志曾打算将其调到国家体改委工作。一次偶然机会，蒋、林碰在一起，因观点相近成为学术伙伴。

他们有个共识，认为“摸着石头过河”的中国改革，实践性极强，无法从上到下先做好规划再搞，只能自下而上地冲，他们称为“撞击反射”。基于这个思路，他们很关注一线企业。

他们选择到首钢调研，缘于三个因素。第一，首钢是当时国家确定的8个试点企业之一；第二，当时首钢本身对改革有强烈要求；第三，林凌新中国成立初参加了对首钢的接管，并在那里当过工会主席，熟悉那里的情况，还有老战友在首钢。这最后一个条件很重要，因为他们到首钢的调研工作纯属学术行为，没有政府背景，需要人脉资源。

首钢欢迎他们。双方愉快合作了40天，形成了一个叫“上缴利润递增包干”的方案。这个方案的基本点是，以肯定国家对企业的所有权为前提，承认企业作为一个社会生产单位的相对独立性，在企业完成了国家下达的计划后允许其自主进行商品生产，并在完成了国家下达的上缴指标后，允许其将余下的利润自主用于技术改造和分配。现在回过头看，这个方案有很大的局限性，但在当时却相当前卫，它在生产者同生产资料的结合上较之以前跨进了一大步，对全国的国企改革具有重要的指导性意义。

方案出来后，两位学者敏锐地意识到这个方案在操作上存在一些问题，比如方案中提出的部分扩大企业经营权和分配权，肯定会引发企业主管部门不满，进而形成阻力，同时，实施这个方案离不开社会环境，因为生产资料供应及产品销售都得在社会中进行，于是他们提出了一个新的问题：深入进行大型国企改革，必须有一个相适应的外部环境，也就是说要有企业所在地的城市改革与之配套。

他们把这个观点写进了调研报告，同时在报告上加了一个附注："我们认为选择一个像重庆这样的大城市进行试点很有必要。常州、沙市情况比较简单，重庆比较复杂，但正因为复杂，才能通过试点探索一些解决复杂问题的途径，例如中央企业与地方企业如何纳入统一的经济机制，如何建立经济中心等，都只能在重庆这样的城市进行试点。"

蒋、林的调研报告于1982年4月14日脱稿，为了防止发生意外，他们越过首钢主管部门和北京市主管部门，直接交到国务院副秘书长马洪手中，请马洪呈送国务院主要领导。马洪赞成蒋、林观点，随蒋、林报告附了一张纸条："关于重庆是否也同沙市、常州一样，作为综合试点城市，也请考虑。"

4天后，国务院领导批示："在重庆搞综合试点，原则同意。请体改委议一下。"一周后，国务委员兼国家体改委常务副主任薄一波也做了重要批示。

至此，重庆正式进入国家决策层视线。但不是最后定案，因为四川的态度和重庆的想法还未同中央对接。

蒋一苇和林凌觉得这已是很好的结果了，非常高兴，两人商量后，立即南下，向重庆市委、市政府通报消息，并打算做进一步调研，搞一个符合重庆情况的可操作性方案。市委、市政府当然欢迎，马上抽调人力，配合蒋、林工作。调研人员兵分三路：蒋一苇守北京，随时了解高层信息；一拨人赶赴沙市、常州，总结经验教训；林凌则留在重庆准备材料。

林凌在重庆会仙楼宾馆待了1个多月，拿出了一个报告。他在报告中首次使用了"中心城市"这个概念，意指大城市是众多周边小城市的中心，大城市带动小城市，小城市带动周边地区，从而形成一大片经济区。重庆是整个长江上游地区的经济中心。他认为，这是在3000多年历史演进中自然形成的。

对为什么选择重庆进行改革试点，调研报告除介绍了重庆的区位优势和历史地位外，重点强调了5条理由：第一，重庆经济关系的复杂性。搞好重庆市的改革，既可为全国经济体制改革提供可操作性经验，也有利于发挥国防工业的作用；第二，重庆是改革最早、改革领域最广泛的城市之一，有很好的基础条件；第三，邓小平等老一辈革命家对重庆的关怀和希望；第四，重庆是全国唯一不是省会的特大城市，容易在经济上同省里分开；第五，正因为重庆容易在经济上同省里分开，所以可以在重庆实行"点"内"试"，就是在操作时将"点"封闭起来，在"点"内打破常规，大胆试行一些特殊的体制和政策，在试行成功之前，其他城市不得仿效。

不久，党的十二大胜利召开，这是实行改革开放后第一个全国党代会。大会彻底纠正了

“两个凡是”的错误，重新确立了实事求是的思想路线。在这次会上，邓小平高屋建瓴地提出了“建设有中国特色的社会主义”的新命题。中国改革开放，在一个新的历史高地铿锵迈步。

会后，全国掀起“解放思想，更新观念，开创新局面”热潮，重庆市委、市政府按照十二大精神，拟订了一个实施综合改革试点的意见，送四川省委、省政府并转报党中央、国务院。

四川省委、省政府也在积极学习、贯彻十二大精神，当然支持重庆搞改革。之前一个月，刘西尧已作为省委代表，与先期到达重庆的国家体改委副主任安志文一道，同重庆市委、市政府领导进行了多次沟通，达成了一些原则性意见，重庆的上报方案就是围绕这些原则性意见形成的。

但真正收到重庆上报的方案后，省委还是很慎重，1983年1月6日下午至7日上午，省委专门召开常委扩大会议进行研究。参加扩大会议的有省委新老常委，省政府新老正副省长，以及有关部、委、厅、局的负责同志。

省委第一书记谭启龙在会上回忆了一件往事。那是1966年他在山东当第一书记时，一天，毛泽东将他和江苏省委第一书记江渭清叫去漫谈，话题渐渐转到管理企业的问题上，江渭清建议省不管企业，统统由市管，毛泽东说好，然后问谭启龙的态度，谭启龙说除保留几个大企业外都可以下放，毛泽东批评道：“你思想不解放。”

谭启龙在省委扩大会议上感叹：“（新中国成立）30多年来的经验证明，用行政办法管理经济是不行的，对经济的发展有很大的制约。”

省长鲁大东也开明，肯定了重庆方案，只是强调要解决军工企业的出路问题，他说：“试点必须解决这个问题，真正贯彻了军民结合（指军工企业生产民用产品），试点会搞得更好。”

3天后，即1983年1月10日，四川省委、省政府正式向党中央、国务院呈送报告，建议党中央、国务院尽快批准在重庆进行城市综合改革试点。

20来天后，标注“秘密”的“中国共产党中央委员会〔1983〕7号”文件发到全国各省，标题是“中共中央、国务院批准四川省委、省人民政府《关于在重庆市进行经济体制综合改革试点的意见》”。这份发至省军级的文件指出：“在重庆这样的大城市进行经济体制综合改革的试点，是中共中央、国务院对当前我国正在进行的各项改革工作中的一项重要决策。认真搞好这个改革试点，对于进一步搞活和开发我国西南的经济，探索军工生产和民用生产相结合的新路子，以及如何组织好以大城市为中心的经济区，都具有重要意义。”

7号文件明确要求：“要充分发挥重庆的经济和地理优势，打破现行的行政区划，打通重庆对海外的直接联系，加强重庆作为长江上游经济中心的地位和作用，提高社会经济效益，加快经济发展速度，逐步形成以重庆为依托的，工业、农业、交通运输业、内外贸易、科学技术、金融事业等综合发展的开放型经济区。”

《重庆方案》作为附件随同7号文件下发。《方案》提出改革试点主要在6个方面进行，分别是：

①发挥重庆资源和设备优势，不但满足自身发展需要，还要打破行政区划，促进重庆的钢铁、铝加工、烧碱等企业与川西、贵州地区的有关企业协作、联合，互通有无。

②发挥重庆机械工业优势，已有的机电产品进一步发展和提高，并不断搞好升级换代，同时积极开发新的机电产品，更好地为各行各业的技术改造和提高经济效益服务。

③发挥重庆地区农业和已形成的轻纺工业优势，推进经济区内的农业现代化事业，保证农业得到更快的发展，并与周围地区广泛进行协作、联合，大力发展特色轻纺产品，供应市场。

④发挥重庆科技优势，把先进技术吸收进来，扩散出去，推进国防科技向民用转移、沿海和国外科技向内地转移，科研成果向生产领域转移。

⑤发挥重庆水陆交通枢纽作用，积极创造条件开辟重庆到沿海各城市和港澳等地的航线，进一步发挥重庆作为西南物资集散中心的作用，促进内外贸易大发展。

⑥发挥重庆常规兵器工业优势，积极为国防现代化做出贡献。

中央将《重庆方案》作为7号文件的附件，显然肯定了这个方案。中央认为："认真搞好这个改革试点，对于进一步搞活和开发我国西南的经济，探索军工生产和民用生产相结合的新路子，以及如何组织好以大城市为中心的经济区，都具有重要意义。"

此外，中央还给了一些特殊政策，其中最重要的有4条：第一，同意重庆在计划体制、企业管理体制、流通体制、财政税收金融体制、劳动工资体制以及工资奖励制度上率先进行改革；第二，赋予重庆相当于省一级的经济权力，国家对重庆实行计划单列；第三，原则上中央和省在渝企业下放市管；第四，扩大重庆面积，永川地区与重庆合并，实行市带县体制。这些带有突破性质的政策，为重庆的改革提供了广阔的创新空间，实际上是为重庆搭了一个特殊的平台。

7号文件下发不久，中共中央办公厅又专门发了一个文件，明确要求中央和国家有关部门大力支持重庆改革，主管全国体改工作的国务委员薄一波也在京召集部分中直机关负责同志开会，动员各单位拿出实际行动支持重庆。这个会是春节前开的，节后薄老就率领几十位同志到重庆，督促落实。

四川省委刘西尧带的几十号人前后脚也到了重庆，加上重庆党政主要领导以及各政府职能部门负责人，中央、省、市三级，总共一二百人，在薄老直接领导下，关起门搞了一个多月，反复酝酿，想得很细，24个政府职能部门各有一套独立的操作方案，所有文本摞起来足有半人高。

按照薄老在潘家坪招待所做动员时的说法，十二大后，中央在改革开放上重点抓了三个点："以上海为中心，搞长江三角洲的经济区规划，两省一市合起来搞，既不是以'条条'为主，也不是以‘块块’为主，而是以发展经济为主；山西搞煤炭和重工业基地；重庆搞经济体制综合改革试点。”由此可见，重庆改革试点，是全国大棋盘中的一枚重要棋子，是贯彻、落实党的十二大精神的重要战略行动。

在中央的重视与直接关怀下，重庆站在了全国城市改革的前头。

头绪纷繁的开局

重庆的改革试点从一开始就受到全国，尤其各大中城市关注，在薄老指导下搞方案的工作刚刚告一段落，全国各地就纷纷来渝参观。我1983年3月调重庆，到任后就承担了许多接待任务。当时来访的很多，有时一天就好几批，一度市里几大招待所的床位都非常紧张。

外地同志来渝，重点想了解重庆在试点中上面给了什么特殊政策？重庆打算怎样落实这些政策？我们如实地把在薄老领导下搞的方案给他们看。也只能如此，因为试点工作才刚刚启动，什么都没干成，拿不出别的给他们。他们也满意，后来李长春同志在沈阳搞《破产法》，就是参考了我们的一个方案。

那段时间市里的工作非常忙，一边要接待各地客人，一边又要面对诸多棘手的问题。其中最难办的是地、市合并。

让永川地区合并到重庆，中央的意图是探索城市带动农村的新路子，在整个改革试点中这尽管只是条副线，但也重要，我们的态度是积极、慎重的。合并后永川作为哪一级行政区划存在，中央没有明确指示，要我们拿主意。我们一度打算将永川地区改为“永川市”，仍辖原所属县，转念一想，市管市，市再管县似乎于逻辑不顺，也不见先例（那时温州模式没出来），于是才决定撤销原永川专区一级建制，其所属县由重庆直管。这样一来就有个永川地级机关干部的安排问题，而人事问题历来最复杂。

我们的基本想法是永川干部成建制与重庆市级机关干部合二为一，对口同级安排，量才录用，人尽其才，谁强谁当“一把手”，弱的当“二把手”，再弱的就进不了班子。从理论上讲这没错，但操作起来不容易。打招呼的很多，因我是当地人，打招呼的主要找我，包括一些省里的老领导，我有时一天要接好几个这类电话。王谦从外省调来没几年，且原是省委第一书记，资格老，人家一般不找他。

为了量才公道，王谦和我分工。我在一线，谁打来电话我都打哈哈，都应承，然后往他身上一推，“这个事呀，我跟王谦同志说过了，人家是书记，大主意还得他拿呀”，做出很无奈的样子。王谦则一副黑包公脸色，不哼不哈。于是乎，不了了之。4个多月下来，各部门干部基本上高高兴兴到位。

安排了工作还得安排生活，市里抓紧盖了4幢宿舍楼，重庆的同志一律不沾边（那时重庆市级机关干部住房条件也不好，有一批无房户，市委做工作要他们顾全大局），全部分给永川的同志。这还不够，就专门安排车辆，在重庆主城与永川城区之间开交通车，周一来，周六回，一开就是两年多。

在处理地、市合并事务时，改革试点的思想动员工作也在高调进行。那时社会舆论环境非常好，有关城市改革和发展的报道及理论文章频繁见诸传媒，百花齐放，对我们启发很大。林凌作为项目参与者和倡议者，也写了篇导引性文章，从理论层面深入剖析城市在经济发展中的地位和作用，同时透露了选择重庆进行试点的高层背景，经过我们协调，这篇文章由《四川日报》和《重庆日报》相约在同一天发表，并且都排在显要位置。文章发表后社会反应强烈，在重庆主要表现为全市干部、群众对自己生活、工作的城市刮目相看了，有了使命感和自豪感。那时，各个单位都在谈解放思想、更新观念，摩拳擦掌，准备大干一场。

但从各种渠道反馈的情况看，也有一些不好的思想认识在悄然滋长，其中最主要的是一种扬眉吐气的情绪，似乎孩子长大了终于挣脱了爹娘的约束。在那些日子里，重庆人谈得最多的是“副省级”。其次就是对省里的怨尤。在实行改革试点中，重庆与四川的行政隶属关系不变，并且重庆还在四川电网用电。而四川那时面临的困难很多，在所有地、市、州中，重庆最富，改革试点前四川每年上缴中央财政10亿元，其中重庆就负担了6亿元，尽管重庆单列后中央削减了四川的上缴任务，但失去了重庆的分担，相对而言四川的负担是加重了，何况“甘、阿、凉”和“涪、万、达”都需要省里拿钱扶持，所以省里遇到困难总是先顾他的“穷孩子”，比如一旦电力吃紧，省里就拉重庆的闸，一度重庆只能“停三保四”。现代工业一旦无电那是啥滋味？重庆骂娘的都有。

无论“扬眉吐气”还是“怨天尤人”，都不是对待改革的正确态度，总共就那点资源，生产力水平也还不高，家家有本难念的经，这能怪谁？出路只能是改革，只有把劲使在改革开放上，通过改革求发展才是最终出路。

为了让市里干部理清改革思路，薄一波以及各部委领导走后，市里专门召开市委扩大会议，传达、学习、领会中央的战略意图，同时布置各单位遵照中央文件精神搞调研，提方案。到了1983年5月下旬，针对越来越重的傲气和独立意识，市里又召开干部大会，王谦在讲话中直截了当地打招呼：“一般谈到经济体制改革，最感兴趣的就是两条，一是计划单列，二是给重庆相当于省一级的经济管理权力。这两条只是条件，而不是目的。”我讲得委婉点：“春秋战国时五霸七雄，都想成为中心。能成为中心的人都是目光远大、心胸开阔的。因此要想成为中心者，必须要使自己具有向心力。要‘四海归心’，就必须照顾到各方面的利益，必须联合各方面的力量。”这话我是听省委刘西尧讲的，觉得有道理，就转述给大家。末了我告诫大家：“重庆必须克服‘老大’思想，‘老大’的结果，叫老大徒伤悲。”

我还说：“把重庆建成开放性城市就必须外联内靠，‘内靠’靠什么？就靠四川，靠大西南。没有这个大市场，重庆发展不起来。”我希望重庆的干部要顺应时势，调整立足点，构建新的价值体系。

6月下旬我们再加一把火，召开了“全市体制改革理论研讨会”。市委、市政府领导和各部门主要负责人都到了，还到了两位特殊人物：蒋一苇、林凌，他们与会身份是“重庆市政府顾问”。

为了开阔视野，也为了能随时聆教，改革试点中市委、市政府在全国聘请了10多位顾问，全是国内经济理论界知名学者、专家，除蒋一苇、林凌外，也包括薛暮桥、袁宝华等重量级人物。市领导不光随时请教，每年还在北京开一次会，当面向顾问们汇报试点进度以及面临的困惑，顾问们则有针对性地出些主意，引导试点工作不断有所突破，效果相当不错。

6月下旬的理论研讨会开了3天，蒋一苇、林凌以顾问身份分别用半天时间做了专题报告。蒋一苇讲的是“建设中心城市的战略思想”，他从5个方面阐述了进行城市经济体制改革的理论原则、战略思想，以及改革的方针和重点。林凌则从操作层面切入，就重庆试点改革的目的和意义、需要处理好的关系，以及要达到的目标，做了全面、深入的阐述。

无论蒋一苇还是林凌，都再三强调要解放思想，发展生产力。蒋一苇提醒大家：“中心不能自封，也不能他封。”林凌说得更明白：“经济实力，是打破现行体制所造成封锁的最有力武器。有了实力，就有了向周边地区渗透的力量。”言下之意，重庆要当好长江上游的经济中心，得靠实力说话。

理论研讨会开得十分热闹。那时候刚刚完成拨乱反正，确立了以经济建设为中心的思路，开始对价值规律和经济规律有了认识，全社会思维都特别活跃，加上又是关起门来说重庆，说改革，没有框框，所以大家什么都敢讲，话题放得很开，真正是畅所欲言。

3天下来，方方面面的事情和问题都说到了，大家冷静了许多，开始真正意识到改革试点不是一个简单的利益格局调整，而是一个大的并且很具体的系统工程，其中大大小小的分支系统之间以各种关系纵横联系，随时发生着复杂的交叉效应和撞击效应，每方面改革都不孤立，牵动着另一些问题和矛盾，环环相扣，盘根错节。改革试点一方面使重庆获得巨大的发展空间，另一方面也让各种新的挑战朝着重庆扑面而来。有人感叹：“这真是一盘错综复杂的棋，是一盘很不好下、很难下好，而又必须把它下下去、必须把它下好的棋。”

我赞成这种归纳，后来我多次在不同场合引用这句话，甚至多少年后还在说。但在理论研讨会结束时，市委安排我做总结，我还是以鼓劲为主，我说：“路是人走出来的，不举足的人永远没有路走。”

大胆的城市改革

对改革试点工作，我认为归纳起来主要就是“做好两件事、达到一个目的”。一是把城市搞好，二是把企业搞活，从而达到发展生产力，恢复并增强城市实力，带动区域经济发展的目的。整个改革试点工作我们就是围绕这几个方面在进行。

为了搞好城市改革，我们主要做了两方面工作，一方面大规模进行基础设施建设，完善和提档城市功能，夯实“硬件”；另一方面，冲破体制藩篱，转变政府职能，实行政、企分开，升级“软件”。

关于基础设施建设，改革试点中重庆有两个好条件，一是计划单列，可以直接向中央申请立项，二是手里有了钱，有能力搞建设了。

在潘家坪招待所酝酿试点方案时，计委这个组讨论很热烈，四川省计委副主任辛文和重庆市计委的同志可谓唇枪舌剑。但论及能源交通基金时，听说重庆每年才收几百万，见惯了大项目的辛文一摆手，说：“算了，都留给重庆。”

辛文副主任也许没想到，就他这句话，带给重庆一片光明。因为以后随中央和省的在渝企业下放，重庆能交基金大幅度增加，第二年就冲上几千万元高位，第三年就过亿元，以后每年都是好几亿元。有了这些钱，加上改革激发的干劲，当然还有中央的大力支持，重庆在改革试点中陆续上了好些大项目，许多谈了多年甚至以前想都不敢想的项目相继落实，比如珞璜电厂项目、江北国际机场项目、程控电话项目、成渝高速公路项目等，都是那时定下来的。

这些项目落户重庆，李鹏、朱镕基、宋平（当时任国家计委主任）等起了很大推动作用。市政府的同志也做了许多努力，几乎每个项目都是市领导亲自跑下来的，比如江北国际机场，市长于汉卿就前后跑了好多趟北京，颇费周折。

改革试点前一年，于汉卿作为市长出访法国，同图卢兹市达成友好城市协议，改革试点第一年图卢兹市长回访，因为没有直线航班，就先飞上海，准备转道重庆。偏巧重庆白市驿机场因大雾关闭，图卢兹市长就待在上海等，一等3天，白市驿机场天天大雾，而他行期已满，只好遗憾地打道回府。

图卢兹是重庆的第一个缔约城市，同发达国家城市结为友好对子也是重庆对外开放的一项意义重大的举措，以后重庆也确实在同图卢兹的友好交往中获益多多，比如现在的和尚山水厂和梁沱水厂，都是通过图卢兹从法国引进的设备，所以那次重庆是打算隆重接待图卢兹市长的，什么都安排好了，却不想因为交通问题客人来不了。这件事促成了于汉卿同志下决心建机场。

于汉卿市长亲自交代市计委做前期工作，市计委很快拿出了方案，地点选在江北县两路镇，一流机场标准，全天候，规模为当时西南地区之最，一期工程预算2.6亿元。这个项目很有气魄，但报到北京遇到了麻烦。

当时各地在国家计委排队的机场项目一共3个，按先后和急缓排序是武汉、西安、重庆，后来因为一些缘故调整为西安、武汉、重庆。如果按此排队，短期内重庆机场肯定没戏。

于汉卿带了一帮人就上了北京。在北京，他们跑民航总局，跑国家经贸委，跑国家计委，甚至直接到国务院，到处赔笑脸，到处诉苦。各级领导听了图卢兹市长那件事都为重庆惋惜，又考虑到重庆正在搞试点，于是都支持先上江北机场。最后项目报告到了国家计委主管机场建设的副主任黄毅诚手里。

市计委副主任陈之惠去找黄毅诚，黄毅诚为难地说："老陈呀，2亿元以上的项目要拿到国务院办公会上批哟。"言下之意这套程序下来，又得花不少时间。

陈之惠灵机一动："那你就1.98亿元给我们批了嘛。"

"不够的钱怎么办？"

"其余的市里出。"

黄毅诚面露笑意："好，那就1.9亿元。"

原本排在最后的重庆机场，就这样跳过西安、武汉，夺了头彩，1984年12月24日经国务院、中央军委批准立项，1985年11月30日破土动工。

只用了短短几年时间，重庆城市基础设施建设就实现了历史性转折。改革前，全市基础设施建设总量年均3亿元，而改革试点中达到年均20亿~30亿元，于是城市基础条件显著改善，房子高了，公路宽了，起落的飞机大了，凌空飞渡的桥多了，居民用上了天然气，许多人不出门就能打长途电话，民用水电也很少停供……

在城市面貌迅速发生变化的同时，重庆的"软件"建设也走在全国前头。原来的经济体制过多强调行政手段，其最大弊端一是统得过死，二是吃大锅饭，归根结底是违背市场规律。为此，城市改革这一工作千头万绪，但归根到底是引入市场机制，我们按照经济规律调整了政府职能，实行政企分开。调整后最大的变化是，市政府下属的69个行政性公司被撤并，新形成的41个公司和15家总厂从行政管理体系中剥离出来，不再行使行政职权，公司从事服务，总厂从事生产，一律推入市场；而原是市政府组成部门的煤管局和机械局则试行行业管理，探索"小政府、大社会"体制。为了加强体制改革工作，市里专门设立了体改委，由市委、市政府双重领导，配备了最强的干部，由市顾委副主任马力执掌帅印，常务副主任王竹也是一员猛将，早些年就以敢说敢为著称。

市委政策研究室的工作重心也转到城市改革，与市体改委协同作战。这两支队伍分头下去搞调研，回来一起分析研究，先后收集了很多资料，国内外的都有，拿出了15套方案，很有成效。这些方案使市委的改革理念和思路更加具体化，也更有操作性，其中效果特别显著的是口岸建设和流通体制改革。

重庆原本是西南地区最早拥有海关机构的城市，就是在长江流域也是最早开埠的5个城市之一。但这种自然选择一度被人为破坏，海关的工作与当地经济社会发展难相呼应。那时重庆只有国内支线机场，天空对国际社会基本上是封闭的。重庆进出口贸易量很小，全国对外贸易的主要窗口是广州交易会，而在年年热闹非凡的广交会上，重庆没有展台，因为那也是按行政级别分配的，省辖市重庆没这个资格。凡此种种，让重庆很难发挥其自然的地理优势，以及中心城市的吸纳和辐射功能。

改革试点中，调整了海关体制和外贸体制，商检和疫检机构也配套到位；重庆有了独立的进出口权，广交会上也有了单独的重庆展区。这些措施，加上机场建设，以及公路、铁路运输条件改善，重庆的口岸功能逐渐增强。但水上运输不尽如人意，而这一点恰恰又很重要，因为那时我国进出口物资90%以上走水运，重庆又是因水而兴的城市，一定程度上讲，没有水运，重庆的区域经济中心地位就缺乏支撑点。于是在考虑改革试点方案时市里就想改动港口体制和水运体制。

水运本是重庆最大的自然优势，两江环护，一线通海，资源难求，然而在旧体制下，这个天然优势也被“条块分割、部门所有”弄得支离破碎，重庆上游的船队不能直航到宜昌，出川船队不能到武汉，在关卡林立的封闭环境中，川江没有多少船可跑。胡耀邦同志1982年溯江而上到重庆，还在途中，他就尖锐地问：“滔滔长江，何时能百舸争流？”

1984年初他到贵州，在那里更加意识到问题的严重程度。贵州有煤卖不出，江苏缺煤买不到，他让贵州挖煤卖给江苏，变资源优势为经济优势，贵州说只有走水运才划算，但贵州只有小河船，到长江得换驳，换驳就得有码头，而重庆码头不让贵州船靠泊。言下之意，不是贵州煤不愿借道长江顺流而下，而是前行路上障碍重重。

重庆码头源自春秋战国时期，南来北往的船只自由进出，这才为重庆聚合起人流、物流和信息流，重庆因此逐渐兴盛，才有了在长江上游特殊的地位和作用。改革试点前，重庆港已经很具规模，其九龙坡作业区不但拥有当时全国最大的内河浮吊，还同铁路联了网，这在全国山区河流码头中很少见。遗憾的是重庆港内众多码头分属中央、省和市，各主管单位画地为牢。一方面，谁家的码头只为谁家的船舶服务，外来船舶望港兴叹，徒唤奈何，港区内压港压船成为一种顽症；而另一面，每个码头又因为任务不饱和而效益低下，长航重庆港务局那时年年亏损，动辄一年就亏几百万元。

码头为不同部门所有，乌云般屏蔽了码头的社会属性，这就是问题之所在。在薄老指导下研究试点方案时，重庆向中央要来了港口管理权，然后就对重庆港进行政企分开的改革。将所有码头统统从原航运公司及相关机构剥离出来，组建具有独立法人资格的港务公司，直接面对社会和市场，港口管理局则不再参与具体经营事务，只代表市政府行使行业管理职权。

就这一步棋，牵动重庆港乃至川江航运重新洗牌。码头同众多航运企业之间形成了新的供需关系，在市场机制推动下，生产潜力充分发挥，于是重庆港和川江航运出现了新的繁荣，市里得到的好处是水上大门更加敞开，口岸功能迅速回归。

对这项改革及其成效，市里比较满意，但有一点我们事前没有想到，它竟然引发了全国交通运输业的大震荡。

那时全国所有运输枢纽站，包括航空的、铁路的和公路的，都是站、运合一，重庆港率先实施港航分开、政企分开，立即在全国产生了多米诺骨牌效应，所有运输场站马上就有了立脚不稳的感觉。重庆港改革甫一启动，各地观摩者就纷至沓来，在好几年里，重庆港都是全国交通运输体制改革的一个样板。

1984年4月，国务院领导到重庆调研，高度评价了重庆港的体改。交通部部长也宣布全国港口不论大小都按重庆港模式改革，实行港航分开、政企分开，就连当时规模居世界第四的上海港也不例外。再过几年，这股飓风相继登陆公路、民航和铁路，大小运输场站纷纷脱离运输企业，独立运行。此是后话。

1984年那次向国务院领导汇报改革工作，照说该"一把手"王谦讲，但王谦有意把我推到第一线，他让我主讲，我不敢越级，王谦就说："老廖哇，你可怜可怜我这个老头吧，我都67岁了，一开夜车脑子就不行了。"话说到这份上，我只好上了。在轻松的氛围中，我先归纳，后举例，讲了8个关于改革出效益的观点，其中谈到有些改革是可以不花钱就能出效益的，比如重庆港。重庆港实行港航分开、政企分开后，码头对所有船舶开放，效率一下就上去了。人还是那些人，设施还是那些设施，改革前，重庆港务局已连续亏损19年，累积亏损额高达4470万元，改革那年，原计划再亏280万元，结果却是盈利102万元。

我所说的那些改革出效益的观点，其中有3个都属于城市改革。这3个，除了港口管理体制改革外，还有市带县体制改革出效益、流通体制改革出效益。

流通体制改革当时在全国也很有影响。重庆在西南地区最早开埠，数千年历史兴衰中有一条清晰的轨迹，那就是由交通带动流通，再由流通带动城市工商业。流通是重庆城市经济链条中一个承上启下的重要环节。市委、市政府自然看重流通体制改革，为此提出了扩大流通，搞活流通，建设大西南物流中心的口号。这项改革的核心是打破长期形成的计划经济格局，把市场机制引入流通领域，搅活"一池春水"。这项改革涉及面大，同时在5个方面进行。

其一是改革商业体制。传统计划经济的商业批发是按行政层级进行，省为一级批发，部分地、市设二级批发，区县是三级批发，然后才是零售。每件商品从工厂出来，必须一个台阶一个台阶地过，走走停停，然后才抵达消费终端。这样做，人为地拉长了商品在市场的旅程，降低了资本循环效率，增大了消费成本，同时还造成经营机构重叠。改革试点前，有14家省属商业二级批发站设在重庆，而重庆本身也有10多家业务范围相同的商业公司，省、市国字商业企业虽同处一城，同咏一曲，但旋律却各不相同，甚至不时互为干扰，结果反而众人拾柴火不旺。

改革试点中我们抓住省属企业下放的机会，对骨干商业企业进行资源重组。重组办法是打破条块分割，实行站（原省属二级批发站）司（原本地批发公司）合二为一，然后按经营类别设置专业批发经营部，我们称之为“划细拉通”。市政府专门拿出朝天门码头附近的一幢仓库大楼，改造成有形市场，让各专业批发经营部进场公平竞争，这个有形市场对外挂牌叫“重庆工业品贸易中心”。各专业批发经营站在贸易中心直接面对零售商甚至终端客户，相互可以根据市场行情讨价还价。市属各区县照此办理，也相继建了70多个各种规模的工业品贸易中心和农副产品贸易中心。于是，以朝天门这个大“中心”为龙头，以区县的70多个小“中心”为支点，形成了新的重庆商业批发主渠道架构。重庆商业至此华丽转身，走上一条全新的发展之路。可以说现在天天人头攒动的朝天门商品市场就萌芽于此。当时朝天门的“工贸中心”全国闻名，不但是全市的批发市场，也对周边地区具有很强的吸引力，云、贵、川、鄂、湘的都来了，“工贸中心”开业第一年，重庆工业销售额就上升13.11%。

其二是调整生产与流通关系。过去生产和流通分别听命于各自的主管部门，生产的只管“产”，产品国家包销；商店只管“销”，给你什么就卖什么，卖不掉的商品就堆在仓库，没人责怪你。针对这种产销脱节问题，改革试点中我们打破行业壁垒，让“产”“销”联手，共同应对市场。联手的方式也灵活，只要双方谈得拢就干，市里不定框框。比如纺织工厂同商业针纺公司（站）联营，搞了“全年商业定购承包，工定定额补贴经理基金”；工业五金公司同商业五金公司（站）联营，搞了“产销联合安排，依靠商业主渠道销售，遇事共同协商”；电扇生产企业同商业交电公司（站）联营，搞了“按成本收购，联合销售，利润分成，淡季贴息”；重庆铝制品厂同商业百货公司（站）联营，搞了“利益均沾，风险共担”；等等。各种各样的联营，全市先后组建了几十个，大体上类似于那时香港盛行的前店后厂，包括工商联营、商商联营以及农工商联营。通过联营，把商业的市场触角嫁接到生产单位，生产第一线根据市场反馈调整、组织生产，其生产的目的性和针对性显著增强，效益自然就好。改革第一年，重庆电扇厂就增加30%的销量。商业企业也大大减低了库存积压，仅1984年，全市商业库存量就减少20%。消费者也在新机制中得到实惠，因为少了中间环节，商品成本降低，价格也下来了。

其三是改革流通环节的所有制构成。重庆商业一直有个口号，叫“人民商业为人民”。为了这个“为人民”，有关方面多年来绞尽脑汁，想方设法提高服务质量，增加服务网点，效果却总不如意，不断有群众抱怨商业网点少或者网点布局不合理，买东西不方便。商业部门应对的办法就是经常组织送货下乡活动，有时规模也不可谓不大，动不动就几十辆大卡车，载着各种日用百货，一路敲锣打鼓，浩浩荡荡，乡镇居民和农民扎起彩楼夹道欢迎，赞美之辞不绝于耳，但活动一过，一切如旧，边远地区和山区群众买东西还是难。

改革试点中我们打破传统格局，鼓励国营、集体、个体一起上，国营为主干，集体和个体拾遗补阙，实施“人民商业人民办，办好商业为人民”。社会资源被极大程度地调动起来，当年就有了10多万城乡个体商贩，全市商业生产力布局因此发生了历史性变化，集体和个体商业异军突起，其网点在全市商业门面总数中占到70%，其从业人员在全市商业领域中占到42.8%，其营业额占全市商业零售额的28%，到第二年，集体和个体商业从业人员数和营业额几乎再翻一番。财政未花一分钱，多年的顽症就迎刃而解。

其四是推行灵活的价格政策。价格是个敏感问题，改革试点中我们没有绕道走，而是大胆突破统购统销的“围城”，将市场机制引入价格体系，推行灵活的价格政策。由于社会大环境限制，当时还不能做到价格全部放开，主要做的就是允许1000多种小商品随行就市，计划外超产的生产资料议价销售，农副产品除粮、油外则逐步放开价格。尽管如此，价格在市场的杠杆作用，已经显露出来。

其五是大力发展进出口贸易。有了独立的进出口权，口岸设施更加完善，市属外贸企业就有了大展宏图的条件，第一年就同36个国家和地区建立了直接的外贸关系，第二年更多，出口商品收购总值达到5.75亿元，引进技术、设备和利用外资签约1.8亿美元，全市进出口贸易以及对外开放出现了前所未有的好局面。

不可否认上述举措带有阶段性和局限性，放在今天算不得什么，但在那时却真的是在全国独领风骚，其中有好几个“全国之最”。比如“工业品贸易中心”，当时全国唯此一家。再比如各种形式的产销联营也是在全国首开先河，那时“重庆长江农工商联合公司”在全国牌子很响，经常有外地的上门参观。而鼓励多种经济成分一起上，实行多渠道流通，更是触及所有制形式，站到了姓“资”姓“社”的边缘了，在刚刚完成拨乱反正、纠正了“两个凡是”的时候，这样干是需要胆识的。

热闹的企业改革

企业改革是试点半年后开始的。相对于城市改革，企业改革难度更大，风险更大，头绪更多。但我们没有因为困难而退缩。企业改革一启动就大胆通天。事情发生在1983年国庆第二天，王谦和我联名写信，直呈总理。

那半年来，驻渝中央和省属企业陆续下放，重庆经济部门笑声不断。原市属工业企业600余家，固定资产原值总共才31亿元冒点头，而接收的130多家下放企业，其固定资产原值就将近26亿元，几乎一半对一半，重庆对这些高科技集聚和人才集聚的骨干企业眼馋了几十年，如今梦想成真，能不高兴？

当然重庆不会只是偷着乐，随着这批企业下放，市委、市政府关于打破常规，搞活企业，增强城市实力的工作迈出了实质性步子，但一旦零距离接触，我们才发现情况非常严峻。

无论原市属企业还是下放企业都有些年头，这些企业有个共同特点：欠账多。原市属工业企业情况尤甚，设备陈旧、工艺落后、厂房破烂成了它们一道独特“风景线”。在全市轻纺业中举足轻重的重棉一厂，乍看，1000多台织布机、64000多纱锭、5000多职工，不可谓不辉煌，但仔细了解后有些情况让人匪夷所思，他们许多厂房竟还是抗战时期的简易结构！为了工人安全，有的车间专门派人瞭望，发现险情就吹哨子，工人听到哨音赶快跑。而全国赫赫有名的老企业重庆钢铁公司，正在用的轧钢机中，竟然还有文物级的张之洞时代产品，放在发达地区，这些“老牙货”早进了博物馆。

问题还是出在体制，企业在老体制中无力自我改造。从解放到十一届三中全会，30年间全市轻纺行业共上缴税利21.35亿元，而同期得到的投资只有1.35亿元。那时实行收支两条线，企业一只手上缴利润，另一只手又伸着要钱，所有开销都得上级拨付。有这样一个让人哭笑不得的事情：有家大型工厂，其生产的精密机床曾多次在国际博览会展出，有一定国际知名度，有次外宾来厂里参观，有位客人想上厕所，他非马桶不用，可厂里却只有蹲坑，场面一度尴尬，亏得厂办主任灵活，让小车司机飞车送客人去了小泉宾馆，那时小泉宾馆是定点涉外宾馆，有的房间安了抽水马桶。这一趟，汽车来回跑了十几公里。厂长一脸难堪地向外事部门陪同人员解释：“原来计划修个有抽水马桶的厕所，报告打了几次，始终没有批文。”

还说那个重棉一厂，1983年计划利润近500万元，除去上缴，尚余60多万元，这笔钱得支付政策规定的国库券、国家能源集资、省统筹建厂集资，等等，最后厂里不但落不下一分钱，反而负债21万元！哪还谈得上技术改造？

企业即使有心背债搞改造，银行也不会轻易接招，因为那时原市属国营工业企业贷款欠账已达2.8亿元，按约定当年应还贷1.3亿元，而实际还款能力却不超过0.6亿元。你没有还款能力银行当然不愿贷款给你。

旧体制使重庆企业和在渝的中央及省属企业陷于不能自拔的境地。

面对企业困难，市委、市政府几乎无计可施，因为我们只得到改革授权并没得到资金支持，况且全市企业大规模技术改造的巨额资金也不是短时间就能筹集到的，而改革是需要成本的。权衡再三，于是有了前述那封信。我们在信中请求国家给政策，以便对企业进行技术改造，使其恢复活力，在信的末尾，王谦书记和我分别签上自己名字。当然，是经过市委集体讨论的。

我们在信中要两个政策。一是从当年起3年内，用减税的办法，每年从全市工业企业销售额中提取1%，专项用于技改。粗算下来，每年约可得4400万元。要的第二项政策与贷款有关，涉及两方面：一方面，对市属轻纺行业在1981年特大洪灾中所发生的恢复生产性贷款，允许首先用实现利润还贷，不足部分再申请减免税金，并给予无息或低息照顾；另一方面，对企业结合危房改造及迁建的技改贷款，允许用改造后增长的利润、折旧、税金来还贷，利息从低，并延长还贷期3至5年。初步匡算，这两项政策基本上能满足124项技改项目的资金需求，这些项目每年可增加39亿元的产能，国家的让利仅用3年即可全部收回。我们在信中用了句老话："舍得金弹子，打得凤凰来。"

国务院领导很重视我们的意见，3天后，批示就到了国务委员张劲夫手中，并强调"重庆应适当予以支持"，并要张劲夫"约经委、财政、体改委一议"，提出解决方案。两周后，张劲夫请来田纪云以及相关部门负责同志，就我们信中的建议进行专题研究。田纪云曾任四川省财政厅厅长，1981年调到北京，那时任国务院副总理兼国务院秘书长，还是中央财经领导小组负责人，对重庆，对财经，他既熟悉，又有发言权，所以张劲夫特别邀请他参加。

与会者都表示支持重庆的改革试点，但毕竟站的角度不同，他们在关照重庆的同时，还得统揽全国大局，所以他们用另一种方法拼"七巧板"。他们拟定了几项特殊政策，包括部分贷款适当延长还款时间，适当增加重庆军工企业的自筹基建指标，等等。其中关键的有两条：其一，允许重庆企业当年提高固定资产折旧率0.5%，1984年再提高1%，增提部分，全部留给重庆用于设备更新和技术改造。算下来，从1984年起，重庆每年将因此增加不少于5000万元的技改专项资金。再一项政策是上缴的折旧提留全部返还。原来规定，企业折旧30%上缴中央财政集中使用，张劲夫他们提出，以后重庆该缴的照缴，但由国家经委按项目戴帽下达，全部返还给重庆。

这些政策后来都一一兑现，有力地推动了全市企业技术改造。在这件事中，我们深刻体会到党中央、国务院对重庆改革的关怀和重视，而全市各级组织以及企业界则因此对搞好改革试点更加有信心。随着政策逐步到位，重庆的企业改革在更深入的领域、更广阔的范围拉开场面。

这一轮改革侧重于生产组织形式和产品结构调整，说到底，就是"由城市按照客观经济规律组织生产"，让市场导引企业进行生产。这是蒋一苇和林凌的研究论文中特别强调的城市功能。

过去企业归部门所有，各在各的"条条"中运行，与其所处的地区和社会联系不多，并且产品统购统销，基本上不用考虑市场。随着商品经济的发展，这种机制的弊端日渐明显，一方面市场上消费品尤其高科技民用商品紧缺，群众拿钱买不到东西；另一方面大量骨干企业尤其军工企业生产不饱和，经济效益低下，甚至亏损连连。国家在"大三线"投入1000多亿元，其中1/3在四川，又主要在重庆，有35万台好机床好设备，却没有很好发挥作用。国家让重庆搞改革试点，一个重要考虑就是为这批重要生产资料及其所在企业另辟蹊径，把闲置的产能充分调动起来，服务经济，服务社会。重庆对此非常欢迎。企业也想摆脱困境，转产愿望很强烈，各家都以热情的态度对待改革。有个现成模式，也让他们对改革前景充满信心，那就是重庆钟表工业。

新中国成立初期，重庆南纪门河边有个乐器厂，手巧的工人在泥巴和篾片糊成的吊脚楼里做出了手风琴，其质量敢与世界名牌叫板。1969年，厂子搬到石桥铺，工人的巧手又造出了手表。那时实行低工资，国产表价格便宜，因此销路很好，重庆的“山城”牌手表在市场上十分抢手，连省、市领导都来走“后门”，重庆钟表厂费尽九牛二虎之力，把年产量从几万只提到20万只，还供不应求。改革开放中，厂子换个思路，找了14家单位，其中有国营的、集体的甚至农村社队企业，把一些技术含量不高的配件交给他们做，自己专心生产核心部件，结果没增加一分钱投入，就达到50万只的年产量，重庆钟表厂也成了重庆钟表工业公司。后来成都、贵州、昆明也想在手表市场分一杯羹，昆明甚至花几百万元进口了一批瑞士设备，不过效果不尽如人意。他们慕名来重庆求助，重庆钟表就又同这些城市的同行搞合作，其他城市各自生产有个性的机壳，然后装上重庆机芯，牌子也同重庆的“山城”牌沾边，分别叫“蓉城”“筑城”“春城”，四城手表总产量140万只，西南钟表业于是异军突起。这个一“城”带三“城”的故事，一度在国内传得很远，中央给予充分肯定。

重庆钟表这个实例，带给重庆企业界两点启迪：其一，要选择市场看好的产品；其二，要打开山门面向社会。对前一条，大家似乎不太在意，因为早有共识，只不过从此印象更深刻而已；而后一条，则让企业界人士尤其军工企业的老总们恍然大悟。此前他们无一例外都强调保密纪律而将大门紧闭，高墙内医院、学校、商场以至公安应有尽有，俨然大社会之外的一个小社会，专业化程度倒是高，但企业发展空间小，同时包袱背得重，产品成本高。他们早就想“军转民”却迟迟没“转”成。为什么？就是没把山门打开，而有些产品他们还没有足够的技术力量和设备能力对其“包圆”。比如嘉陵机器厂，它能生产世界第一流的子弹，却从未造过发动机，它想生产摩托车，明显“缺一条腿”；还有，他主要是冲压设备，如果生产摩托车弹簧就必须增加投入进行技术改造，而把技改投入摊进产品，一个摩托车弹簧成本价就得20多元钱，而重庆的专业厂家只要2元多。如果没有外力相助，嘉陵摩托这个项目很难做成、做好。

思路打开，又拆除了“条、块”樊篱，局面就活了，军工企业和重庆老企业，不论其规模大小，争着组织人力搞市场调查，哇哇叫着要同这个合作同那个合作，要搞这要搞那。市委、市政府比较冷静，让计委牵头，先搞出规划，以便上下互动，稳中求准。这里所说的“互动”，有其特别含义，一则因为所有项目都必须通过市里向国家申请立项，二则因为好多项目需要市里统筹规划。比如嘉陵厂和建设厂都打算上摩托车项目，市里为避免重复，就得协调，曾建议建设厂上空调项目，不要大家争走独木桥。再比如长安厂领导层看好微型车，并同日本铃木谈了意向，但厂里中层有阻力，厂长打电话向市计委副主任陈之惠求助：“老陈，你来给我们中层干部动员一下嘛。”陈之惠就去了长安厂，因为身份不同，有些话从他嘴里说出来效果就不一样。那天，面对全厂500多位处长和车间主任，陈之惠说：“长安厂造汽车是有历史的哟，‘大跃进’中，重庆产的第一台吉普车就是长安厂生产的，那时设备还没现在好，工人用榔头一锤锤敲出来的车壳，不简单噢。”说得大家心头热乎乎的。

经过酝酿、磨合，好项目渐渐成熟，有摩托车项目，有汽车项目，有电视机项目，有冰箱项目，有空调项目，有洗衣机项目，等等，几乎涵盖当时国内最前卫、市场潜力最大的民用家电和机电产品，甚至还有多见于国外少见于国内的家庭用品，比如望江机器厂打算上项目是的那种在家里可以洗澡的热水器，当时重庆普通市民不仅没见过，想也想不到。

各家企业积极性高涨，面对市场跃跃欲试，但是，真落脚到实际干，却并不那么容易，嘉陵摩托就是一例。

于汉卿市长是在计委那里听说嘉陵厂想上摩托车项目的。那时已有一部分人成了“万元户”，他们对生活质量有了更高要求，开始有了拥有代步工具的念头，他们的多数还不敢奢望汽车，只盯着便宜得多的摩托，国内市场上摩托车需求量很大。于汉卿同志认为这个项目很好。市计委的同志说，嘉陵厂已同日商谈好，上本田摩托，但因工艺复杂，嘉陵厂一家做有困难。于汉卿当即表态：“我们组织地方厂给他们配合。”

于是，不久一批企业成了嘉陵厂的协作伙伴，浦陵机器厂生产发动机，綦江农机厂生产辐条，重庆灯具厂生产车灯，重庆弹簧厂生产车用弹簧，重庆轮胎厂生产轮胎，等等，高峰时有110余家大小工厂与嘉陵厂配套，嘉陵机器厂作为项目“龙头”，集中搞一些科技含量更高的事，如总体设计、车架生产以及总装等。几个月后，首批车就出来了。

这还不能就算成功，因为产品还没有“准入证”，不能上市。那时出于安全考虑，国家对摩托车实行准入制度，控制很严。一次，陈之惠在北京参加国家机械委的会议，会场上中国机械行业的各方面专家、官员济济一堂，陈之惠灵机一动，打电话回重庆：“赶快送四五辆摩托来，表演一下。”

真应了那句老话“眼见为实”，一看嘉陵摩托演示，专家和官员脸上肌肉就松了。之前国内市场主要是南昌摩托，用的苏联技术，刹车拖带长，安全性能差，久而久之人们对摩托就有了成见，民间流传“要想死得快，买个一脚踹”，把骑摩托车等同于事故。嘉陵摩托用的日本技术，轻轻一点就稳稳刹住，当场赢来一片赞许声。

以后就算是柳暗花明了，重庆摩托不但获准批量生产，而且一上市就博得一片喝彩，很快风靡全国，一度占据全国市场80%份额，甚至远销到东南亚。在市场刺激下，3年内重庆摩托年产量就达到20万台。

如果新建一个同等生产能力的厂，当时需要1亿元，而重庆实际只花了1000万元。改革使这1000万元产生奇效，一个支柱产业冰山浮出，还带活了重庆机械行业，把一盘棋走活了。

嘉陵摩托艰难创业期间，其他项目也在国家支持下相继立项并批量生产，上市后也很抢手，“五洲阿里斯顿”冰箱、“将军”冰箱、“金雀”电视机、“红岩”电视机，以及“峡江”洗衣机和“峡江”热水器等，甚至凭票供应，而且一票难求。一度，拿着市长批条买“五洲阿里斯顿”冰箱，也不能立马提货，要先缴钱开好票，然后回家等卖方的提货通知。

重庆企业渐渐有些扬眉吐气。改革试点头3年全市盖的职工宿舍，相当于过去30年的总量。那时节，嘉陵厂的工人进出厂门都是昂着头的，游走于厂门前的众多倒车族卑微地追逐，让他们特别自豪。

回过头来，有件事必须提到，因为它对促成这次大规模调整，起的作用很大。

市委、市政府认为应当通过技术引进，让重庆工业的技术装备和整体实力上升一个台阶，为此积极向国家经委求援，争取到5000万美元技改资金。

市计委副主任李毅和经委副主任金烈负责落实这件事。他们带一批技术人员到日本订购设备，谈得非常艰难，对方要7600万美元。回来汇报，这超了2600万美元怎么办？最后是朱镕基同志帮忙解决的。

企业技改资金归国家经委管，具体负责是当时的国家经委副主任朱镕基。市政府一位领导给朱镕基秘书打电话，问他朱副主任何时在京？秘书回说朱镕基时在天津，当晚回京，第二天上班就能见。这位市领导当晚就飞到北京，翌早8点半，他就坐到了朱镕基面前。朱镕基曾到重庆视察过改革工作，知道重庆的情况及其难处，他笑嘻嘻地听完重庆汇报，没说一句废话，直接问“报告带来没有？”赓即就在重庆的报告上批示同意。于是，重庆的产品结构调整，得以步入快车道。

最后还得说明一句，此次重庆企业的产品结构调整走在了全国前头，彩电比“长虹”上得早，洗衣机比“荣事达”上得早，冰箱比“海尔”上得早，重庆的“将军”冰箱还是全国首批从国外引进的同类产品。无论怎样看，当时决策都是对的，改革方向也对，问题出在企业的后期经营管理上，比如“五洲阿里斯顿”冰箱，由于企业领导层对市场风云把握不准，盲目扩张，造成资金链断裂，引发崩盘，被后来者无情超越而淘汰，等等。那是一些深刻的教训。

冲关突围

改革试点前，重庆公交问题较突出，人们谈起就摇头。市委、市政府梳理改革试点中亟待解决的关乎民生的问题，公交被列在前面。

但解决起来有点棘手。从“文革”后期起，市里多次想解决群众乘车难问题，好几任主管副市长甚至跟车当临时售票员，想通过实际体验找到“解扣”的方法，结果都无功而返，因为他们得出的结论无一不是增加运力，而那时公交公司跟其他企业一样，根本拿不出钱买新车，市里也没有富裕财力支持它。

在改革的背景下，我们变换思路，市政府出台了一份文件，号召所有有车单位，无论国营、集体、个体，无论机关、工厂还是事业单位，都来参与公共交通建设，还取了个好听的名字，叫“社会办公交”。

一盘棋于是活了。那时大单位都有交通车，平时除了上下班用用，其他时段基本闲置。市政府文件发出后，单位车都开出来了，大型客车、中型面包车等什么都有，面包车有二十几座的，有十几座的，还有几座的，颜色也是五花八门，司售人员也是老少不一，甚至车的产权单位办公室主任亲自当售票员——那可不是为挣钱，实实在在是出于安全考虑。看上去确实有些乱，但群众的乘车难问题的确极大程度得到缓解，市民评价非常好。

通过这件事，市委、市政府看到了社会的潜力。

这事过后不久，市领导分头到各区县走了一遭，在主城区，市领导直接下到了街道，目的就一个：动员大家把乡镇企业和街道企业搞起来，把经济发展的路子弄得更宽些。

领导下去不光靠嘴说，当场就解决问题。我们让各行业局对区县进行技术支援、设备转让，或者直接下订单，反正有钱出钱，有力出力，一起来扶持，“千军万马上市场”。

铜梁县氮肥厂搞技术改造，却没有资金，市化工局拨去50万元，就彻底解决问题，铜梁欢天喜地。荣昌县肥皂厂产品质量不过关，长期积压，产量徘徊不前，厂子年年亏损，市里面给它拨去50万元搞技改，还让市日用化学工业公司派人指导，一年后，情况大变，产品销得很好，生产也被带动起来，年产量陡然增加19倍。

也有不拿钱的扶持，那全在一个“巧”字上。

主城与周边区县历来有公交客运，上午从公司发出，下午由区县返回，晚上汽车统统进车库(场)，以便管理。然而公交公司方便了，乘车的人却难了，尤其那些挑着鸡呀、鸭呀、鱼呀等鲜活农副产品的农民，下午乘车进了城，东西却不好脱手，只得在旅馆住一宿，这就增加了销售成本，这是一难；东西放一夜，少了鲜活，体质弱的鸡、鸭、鱼有的就蔫了，拿到市场上就不那么硬气了，这就削弱了产品竞争力，这是又一难。

市委、市政府敦促公交公司按照市场需求调整班车档期，上午出城的班车改为下午发，当晚就停农村，第二天一早返回主城，让农民进城就能卖，下午就能回家。高峰时重庆一共有351辆这种班车，涵盖主城周边所有卫星城市和大的乡镇。

这是一种打破传统思维的助农方式，没花一分钱，就把局面扭转过来，卖农副产品的满意，城市居民也高兴，因为这让他们菜篮子更丰富也更有质量。结果，在市场带动下，周边农民进城经商的积极性陡增，城乡物资交流日益繁荣。

这种模式后来被交通部总结规范，定名为“农村夜宿班车”，向全国推广，它一度成了全国交通系统完善市场机制的一个名牌产品。

这里不能不单独提到重建民生公司的事情，因为那是那个时间段我们手里的一张大牌。民生重建，其意义在两方面：对全国，它是在中央直接指导下扶持民营企业、改变市场所有制结构的示范；对重庆，则是动员更多社会力量参与市场竞争、壮大城市经济实力、推动经济快速发展的探索。那时候中国还是“有计划的商品生产”，人们对私营经济的认识极其有限，仅限于那种赚取地区差价或批零差价的个体商贩，顶多也就是科技含量不高的生产作坊，很少将它同有规模的现代实业联系起来。民生公司重出江湖，不光在重庆，在全国甚至海外，也极具爆炸性。有外国记者惊呼：“这是1984年中国经济改革的一件大事。”纽约《北美日报》的一篇文章写道：“最能说明当前中共允许甚或鼓励发展企业的例子，莫过于四川省重庆民营的轮船公司‘民生公司’的复业。”

“新民生”是在中央领导的直接关怀下搞起来的。耀邦同志在视察湖北、四川途中谈到完善市场、搞活企业的问题；陪同的王谦同志感叹一些百年老店如今辉煌不在；耀邦同志说可以采取一些特殊政策帮助他们重振雄风，为国内企业树立榜样，话语中流露出打破常规，鼓励民营经济发展的战略考虑。那时尽管已允许“个体户”合法存在，但社会对公有制仍然一往情深，民营经济凤毛麟角。

王谦提到了民生公司，说那是重庆最大的“百年老店”。耀邦就问：“卢作孚还有后人在重庆吗？问问他们愿意不愿意再把民生公司搞起来？”还说如果卢家后代愿意重建“民生”，国务院可以给予支持。1984年元旦后，市委把卢作孚儿子卢国纪请来，问他：“愿不愿意重新把民生公司搞起来？”3月8日，王谦、我、于汉卿又专门将卢家三兄弟——老大卢国维、老二卢国纪、老三卢国纶请到市委一号楼，再次商量重建“民生”的事。

为了扶持“民生”重建，市委、市政府费了不少心血。最初的造船贷款和造船钢材是市里为其解决的，开办经费也是市政府主动借的，组建方案、公司宗旨、经营方向等大政方针，也是市顾委副主任马力和市经委主任刘志忠帮助搞起来的。马力和市委副书记崔连胜甚至陪同卢国纪挨家借船——为了能尽快开业，“民生”先搞合营船队，后办自营船队。合营则需要向有船单位借运力，运输利润两家对分。当时部分沿江企业有自己的船队，但一般不外借，由市领导亲自出面，情况就不同了。才筹备几个月，第一支船队就发出了。

到这年春夏之交，民生公司的发展达到高潮。

1984年5月初，市财政局局长亲到公司筹备处，安排市政府的一笔440万元无息贷款的拨款进度和还款时间，那可是从市政府有限的能源交通基金中挤出来的，本来要到第四季度才能收齐的钱，为了支持办“民生”，市政府提前支取了。

但民生公司计划建2支船队，这笔贷款仅够让船厂开工，远不足付清全部造船费用。一个月前卢国纪把困难向市经委交通处处长说了，这位处长鼓励他大胆向耀邦同志求助。因为没有直通渠道，这封信是直接从邮局发出的，贴的平信邮票。有没有结果，卢国纪不抱指望。哪知5月14日那天，卢国纪突然接到市委通知，称中央决定给民生公司1100万元贷款和1500吨钢材指标！初听到消息，卢国纪几乎不敢相信这是真的。

再过1个月，又从北京传来一条好消息：商业部决定，给民生公司1000吨平价柴油。市里也决定，在商业部这批油用完后，民生公司用油由市计委在计划内继续按平价供应。交通部也通知长江沿线各港口码头，免费对民生轮船开放。

到了7月时，另一件事不但让卢国纪感动，更引起了社会震惊。

那时民生公司的2艘拖轮正在船厂加班加点地赶工建造，预计9月就将出厂，卢国纪正为组建船员队伍，尤其招募高级船员四处奔波。7月30日，市人事局局长打电话给卢国纪，说中央书记处的工作组到了重庆，住在潘家坪招待所，让他第二天上午去汇报调人的问题。

这次卢国纪真的惊呆了！

川江航道非常复杂，古诗云："三峡滩如竹节稠，滩滩都是鬼见愁。"川江航运对驾引人员要求很高，不仅要会看水操舵，还必须背熟600多公里内的水下礁石分布，一般说来，培养一名成熟的水手需要3~5年，培养一名成熟的舵工需要5~8年，而要想成为合格的引水、船长则往往得花上大半辈子时间，还得是悟性很好的。刚刚创办的民生公司显然没条件完成任何一个周期，于是只能捡现成，可是拥有人才的单位就是不放人。

当时打破人才壁垒非常不容易。市长于汉卿前后两次亲自主持会议，同国营航运企业协商调人问题，最终也没能把人调来，只借到不足10位高级船员。一转眼，借期临近，新船又将下水，卢国纪心急火燎。

这事被一位新华社记者知道了，写了文章发表在《国内动态清样》上，胡耀邦在上面做了重要批示："民生公司是在我国经济体制改革中重建的。民生公司的困难，各个部门必须主动帮助解决。"书记处就派出了这个特殊的工作组。组长是刚成立不久的劳动人事部的一位局长，副组长分别是交通部的组织部长及中组部经济干部局的一位处长。

工作组要走了民生公司拟调人员名单，然后分别找相关单位负责人谈话。一个大难题，就这样冰消雪融。

这件事引发了社会许多议论，通过这件事，人们更加深切认识到中央的改革意图。紧跟着，川江沿线相继冒出许多船公司，集体的、个体的，大者上10条船，小的不过几条船，也有1条船的，长江上下大大小小，五花八门，一共有了800多家航运企业，一条江终于变得热闹起来，"一江春水白白向东流"的局面被彻底扭转。

民生公司的故事至此还没完。

多年来，我国一直不准地方航运企业经营海运业务。海运比内河运输复杂，一则海洋的变数更多，对船舶和船员的技术要求更高，再说还有疫检、换汇以及国家安全等一大堆事。

所以尽管经常有沿海省份申请开展海运业务，国家有关部门就是不批。

“民生”大旗重举，港澳台一带，多有“民生”遗老和故旧，他们旧情难忘，纷纷伸出了橄榄枝，愿同“新民生”携手，抢抓商机。“新民生”本就计划开展海运业务，有他们介入，“新民生”多了推手。“新民生”于是顺理成章地成为改革开放中大陆（内地）首家具有海运资格的地方企业，而且是民营企业。一扇紧闭多年的大门就这样“咣”地一下打开了。

打开了就再没有关上。道理再简单不过：“民生”能走，为何大家不能走？于是，各省纷纷开航海运，后来还开航远洋，中国海洋运输业于是万马奔腾，一片繁荣，为改革开放注入一股蓬勃的活力。

在重庆，一批航运企业紧随民生公司足迹，先走江海联运，后直接走海运，大家效益上去了，亏损帽子丢掉了，高高兴兴提回来一桶桶金，其中一部分后来又成了别的项目的资本，比如三峡客运、移民新城房地产等，给重庆经济带来了新气象。

民生公司的故事还没有完。

民生公司雄心勃勃，打算向海外更大领域发展，但总经理卢国纪年届花甲，公司待处理的事情也多，为了帮民生公司培养接班人，我们采取了一些特殊措施。

卢国纪儿子卢晓钟那时20多岁，在重庆师院当老师，教数学，我将他调出来，交给市外贸局局长况浩文，让况浩文带徒弟。我给况浩文交代：“局里处长参加的会都让卢晓钟参加，处长看的文件都让卢晓钟看，局党组会议只要不涉及人事问题也让卢晓钟列席。”

必须说明，卢晓钟在外贸局不拿工资，他的工资关系在民生公司。他在市外贸局所经历的一切，是特殊环境下的特殊处置，那也是一项改革措施。

我交代给况浩文的事，况浩文不折不扣地执行，卢晓钟学习得也勤奋，不到一年就熟悉了外贸业务。他临走前，况浩文问他：“还有什么要求？”他提出来要几个干部，况浩文就让他选，最后他带走了两位处长。

后来卢晓钟被派到了香港，主持香港分公司工作。再后来，他独闯台湾，又打出一片天地。现在卢晓钟已经是民生实业集团总裁和民生轮船公司总经理，成了“民生”第三代掌门人。

“西南一片”和“长江一线”

1983年12月26日，中共中央总书记胡耀邦同中央政治局的倪志福、胡启立到重庆，我随省委书记杨汝岱到机场迎接。胡启立一下飞机，就交给杨汝岱和我各一份材料，那是未定稿的《中央关于计划经济改革的意见》，他要我们看看。当时胡启立在政治局分管体改。几天后胡耀邦等离渝，临上车时胡启立向我要回那份材料，并问：“有没有意见？”我说有。他说：

“那你上我车，我们边走边谈。”

车开动后我讲了一些想法，胡启立说，“嘿，这些意见很重要嘛”，边说边拿出了笔记本，放在腿上打算做笔记。但车子在颠簸，不方便写字，我才谈了3条意见就被他打断，他问：“一共有多少意见？”听说一共20多条，他问我：“到永川后能不能多送我们一段，把话说完？”于是我一直跟他们出了重庆界，到了四川泸州。

当晚，胡启立约上倪志福一道听我谈意见，这一谈就是4个小时。其中我特别谈了一个观点。我说，现在国家重点开放东部，是考虑东部处在开放前沿，但国家同时应当考虑到自然资源大部分在西部，西部开发了国家才能均衡发展。而西部分西南、西北，也要区别对待。

为了说明这个道理，我特别提到著名的“胡焕庸对角线”。早在20世纪30年代，地理学家胡焕庸就通过分析对比，找到一条可以显示我国两侧人口稀密悬殊的明确界线，那就是自黑龙江瑷珲（即今黑河）向西南直到云南腾冲的直线。根据他当时的分析，在此线东南，全国36%的土地，养活全国96%的人口。反之，在此线西北，在全国64%的土地上，只有全国4%的人口。这就是说，同全国平均密度相比，东南部高出26.7倍，而西北部仅及其1/16。在二者之间，平均人口密度比为42.6∶1。

我认为，从这条对角线看，可能西南的开发略早于西北为好。现在东部上去了，西南怎么办？在中央没有新的政策出台之前，能不能让西南先搞点地区联合，自己组织起来求发展？

显然这些观点引起了听者的重视，因为第二天早餐时，团中央书记刘延东和全国妇联书记处第一书记张帼英有些揶揄地对我说：“老廖，听说你们昨晚谈得很热闹，怎么不通知我们一声，让我们也听听？”结果那天我还是没走成，当晚继续谈。这一谈，又是3个小时。

我同胡耀邦一行在泸州分手，他们去了贵州，我回到重庆依旧忙于改革。1984年1月初的一天，我吃过午饭正准备小憩，中共中央办公厅副主任杨德中从贵阳打来一个电话，要我和王谦当天下午3点到贵阳花溪开会，并说接我们的昆明军区专机正飞往重庆。我们赶紧往机场赶，接近机场时，看见专机正在机场上空盘旋，起落架已经打开。我们到会场时，云、贵、川主要领导已经在座。

当时云南省委书记安平生正在说着什么，我们落座，他的话说完后，贵州省省长王朝文要求发言，胡耀邦没让他说，要我先讲。

我把之前向胡启立和倪志福讲的观点重复了一遍，我强调国家先开发沿海，再开发西部，但西部不能坐等，能否在中央支持下自己组织起来，相互协作，共同发展？

胡耀邦当场表示了赞同。他接下来的一番话让我感到他对这个问题早就有了成熟考虑。他说：“按自愿互利原则，你们三个省再加上重庆市，能不能搞一个协作小组，轮流当主席，都有否决权。……三省四方，重庆算一方嘛。第一届就是贵州。都有否决权，愿意就干，全体通过就干，通不过就算，‘联合国’嘛。”安平生和池必卿同志提出还要国务院有关部委的同志参加。耀邦说：“我的意见，他们可以当观察员，不要投票，(他们)一投票就把你们吃掉了。”他要我们“先把三省四方联合搞起来，办不成事起码也可以通通信息”。

吃饭时胡耀邦又主动提到成立经济协作小组的事，他建议：“小组会议每年召开一次，第一年在贵阳，第二年在重庆，第三年在昆明，第四年在成都。”

胡耀邦的提议在三省四方领导中引起共鸣，汇报会一结束，三省四方自己开了一个会，研究组建经济技术协作小组具体事宜。会上商定，当年4月就在贵阳召开第一次小组会议，各方派3人参加，由分管经济的省(市)长或副省(市)长带队。广西听到消息，主动要求加入，说“西南都是穷哥们，我们同西南好说话”，于是“三省四方”又成了“四省五方”，后来继续扩大，现在已成了“六省七方”。

这个经协组织成效显著。仅仅在第一年，各方就互派考察团(组)94个，800多人次，签订各类合作项目1500余个，打破了长期以来实际存在的某种隔绝状态，一些多年想办却单独难办的事办成了。比如云南和四川联合开发金沙江下游，贵州和广西合作修盘县至百色公路，贵州和四川合作修大方至泸州公路，以及联合组建西南航空公司，等等。南(宁)昆(明)铁路项目就是在第二次协作会上形成决议的。在协作中，重庆的交通枢纽作用和口岸作用更充分地得以发挥，事实上深化了改革试点效果。

在“西南一片”的联合中尝到了甜头，市委、市政府又想到了与“长江一线”的联合。1985年夏，在我们的倡导下，重庆、武汉、南京3市主要负责人都来到了上海。

行前南京市委办公厅给上海市委打了个电话，说3市领导造访，但没讲因何造访。上海市委秘书长接到我们一行后，直接把我们带到上海市委正召开的常委会上。江泽民同志刚刚就任上海市市长，那天正同前任市长办理移交，听了我们关于开展长江流域城市区域协作的建议，他当场表态同意，并且不带任何附加条件，说：“就按你们商量的意见办，我们完全同意。”

第二年，长江一线大协作首次会议在重庆召开，重庆乃至长江流域主要城市有了共同的增长极。借助这个高地，重庆在新时期的长江上游的地位和作用更为彰显。改革试点进行到1987年，全市国民生产总值达到131亿元，是改革开放前的近3倍。从1978年到1987年，重庆市工农业总产值年均增长11%，而且上下偏离不大，是一种稳定、持续的增长。

1994年，江泽民总书记到重庆，挥笔题词：“努力把重庆建设成为长江上游的经济中心。”锁定了重庆在全国大盘子中的功能和地位。

重庆面前的发展之路越走越宽，前景灿烂。

(选自徐塞声、艾新全主编：《重庆改革开放口述史》，中共党史出版社2018年版，略有删改)

重庆计划单列与综合改革的由来

辛　文[1]

重庆市是一个地位非常特殊的城市，实行计划单列经历了一个历史过程。抗战时期，重庆就是国民政府的陪都，成为中国当时的政治、经济、文化中心。新中国成立之后，重庆曾经是中央直辖市之一，干部都是按省一级干部配备的。在经济方面，重庆的计划也曾直接纳入国家计划平衡，业务上由国家计委直接领导。20世纪80年代初，借经济体制改革的东风，中央重新批准了重庆市实行计划单列。

关于重庆市计划单列的起源和过程，由于每一个人了解的情况不一样，站的角度不同，所以现在有很多说法。重庆有重庆的说法，四川省也有各种说法。因为很多人虽然介入了，但不是一个全过程。我觉得事实和历史的过程是实实在在的，我们在世的人，应该把这些事情记录下来，为后来的人查资料、查文献、查历史提供帮助。

重庆是一个非常不一般的城市

重庆市作为当时四川省的一个省辖市，其计划为什么能够在国家计划中单列，这个问题涉及对重庆的认识问题。重庆市是一座具有非常特殊、非常特别的历史背景的城市。

第一，重庆是抗日战争时期国民政府的陪都。国民政府从1937年11月17日由南京迁到重庆起，到1946年5月5日搬回南京止，长达近9年时间。在此期间重庆成为国民政府的政治、军事、经济的指挥中心，在国际上具有很高的知名度。不仅在过去，就是在改革开放之初，在国外也是了解重庆的人多，知道四川的人少。即使有人知道四川，也只知道四川是一个农业省。最近，四川省统计局的统计表明，重庆市计划单列之后发展的速度比四川快得多，质量也高。四川省统计局有这个认识是一个很大的进步，他们知道自己的差距，而不仅仅是政绩。

① 辛文（1931—2011），四川省邓小平理论研究中心、四川省社会科学院原特约研究员，曾任四川省政协第六届、第七届委员会副主席，四川省委、省政府决策咨询委员会原副主任。

第二，从新中国成立，到1954年7月1日，重庆是全国为数不多的几个中央直辖市之一，大区一级机构——中共中央西南局、西南军政委员会（1952年后改为西南行政委员会）就设在重庆。1954年7月，撤销大区一级机构，重庆市合并到四川省，改为四川省的一个省辖市，但重庆同成都、自贡两个省辖市是不完全一样的，因为重庆市在此之前的干部，都是按照省一级机关配备的。

第三，重庆当时是全国超百万人口以上的特大城市，而且是中国唯一一个非省会所在地的特大城市。因此，我认为这也是为什么重庆能第一个在国家计划中单列的重要原因之一。武汉、沈阳的计划单列都在其后。随着改革开放的发展，后来又陆续增加了许多城市的计划单列，包括最后三个省会城市成都、南京、长春。现在还保留着计划单列的市都不是省会城市，包括厦门、宁波等。当然现在又给了成都一个副省级待遇，但计划不是单列，它不能参加中央召开的一些会议。

第四，重庆市是中国共产党在全国掌握政权之前，毛泽东主席到过的第一个特大城市，也就是1945年毛泽东到重庆谈判，所以中央很关注重庆。

第五，重庆还是20世纪60年代中期开始的全国大三线建设时期，在全国各大城市中仅有的一个重点建设城市。主要生产常规武器及其配套产品，项目超过200个，这是重庆产业奠基的一个重要时期。

第六，重庆市是原四川省最大最强的一个城市，四川省内没有哪一个城市能够与重庆相比。不仅是指城市的规模、人口，更重要的是指城市的地位、功能、作用、实力、贡献。重庆是上缴财政的，我们都是反过来吃重庆的，所以重庆有意见就是这个原因。

第七，抗战时期，中共中央、中央军委在重庆设立八路军驻渝办事处，中共中央南方局和《新华日报》也在重庆市。

第八，重庆成为四川省的一个省辖市之后，一直到1966年“文化大革命”开始，四川省的许多全省性的重要会议和部门专业会议，都在重庆市召开。过去四川省委在成都开会很少，全省性的会议都在重庆召开，重庆市的宾馆、招待所都是省级机关“包圆”了的。“大跃进”时期，四川省的钢铁工业办公室、交通运输指挥部等都设在重庆；四川省委、省政府领导经常去重庆，有时就住在重庆；省级厅局领导及各级干部、工作人员不仅经常去重庆，而且长住在重庆；四川省召开的计划会议很多都在重庆召开。可见重庆地位的重要和四川省对重庆的重视。

重庆计划单列的过程

关于重庆计划单列，从1954年中央决定撤销大区一级机构时就有一些说法。

1954年6月，在西南局召开的一次西南一级机关党员、负责干部和重庆市委主要领导干部参加的会议上，西南局的主要领导同志就讲过：重庆市同四川省合并（讲的是合并），并未降低重庆原来的地位，由四川省委书记或副书记兼任重庆市委书记（阎红彦一直兼书记，直到“文革”前调走为止）。重庆市也可以参加中央会议，这是宋任穷讲过的。

1963年，根据中共中央和国务院召开的第一、第二次城市工作会议精神，国家对重庆实行计划单列体制，重庆市的计划直接纳入国家计划平衡，可参加全国计划会议和全国性的各种专业会议，业务上由国家计委直接领导。

1965年，重庆市计委提出《计划经济工作中的管理体制问题的报告》，认为计划经济体制中存在“计划多头、难以执行；领导多头，厂长难当；计划互相矛盾，难以综合平衡”的问题，表现出“现行经济体制集中过多、层次过多、部门过多、各自为政”的弊端，束缚了生产力的发展。因此他们提出实行“统一领导，分级管理”和“大权独揽，小权分散”的体制建议。这在当时来说，既反映了重庆市对体制障碍影响国民经济发展的深切体会，又反映了在当时历史条件下提出者的胆量、胆识和知识、水平的超前。那时能指出体制弊端的见解是不容易的。

1971年5月21日，四川省财政局做出规定，从1971年到1973年，在财政体制上对重庆实行“定收定支，收支包干，保证上缴，超收分成，结余留用，一年一定”的新办法。那时，省财政局有这样的思想也还是很不简单的，这是为了照顾重庆这个有贡献的城市。

1971年8月，四川省革委会批准省计委《关于工业企业下放问题的请示报告》，其中将原由四川省直接管理的包括重庆钢铁公司、重庆特殊钢厂在内的冶金、机械、煤炭、化工和轻工等44个企业，下放给重庆市管理，扩大了重庆市直接管理经济的部分权限。当时的背景是，全国在企业管理上有两种体制：一种是山东的办法，由省集中统一管理；一种是江苏的办法，把管理权下放给地区。毛主席当时支持江苏的办法，不赞成山东的办法。

1974年5月，四川省革委会批准省财政局《关于改进财政管理体制的报告》，从1974年起，对重庆市实行收入按固定比例留成、超收另定比例分成、支出按指标包干的办法，这也是针对重庆的实际情况提出来的。

1975年5月，四川省委又做出决定，将在重庆、成都、自贡三个省辖市中由省直接管理的一批企业下放，其中重庆有49个，进一步扩大了重庆管理企业的权限。

1976年，四川省财政局对重庆又实行“收支挂钩，差额分成”，1978年改为增长分成。1980年，四川省政府决定，对重庆实行“收支挂钩，增收分成”的财政管理体制，规定重庆市以上一年的收入决算为基数，本年实际收入比上年增加的部分，重庆留45%，上缴四川省55%，分成比例一定就三年不变。

“文化大革命”结束后，第一次正式提出了计划单列问题。重庆市实行全面计划单列是在1978年初。当年3月份，四川省委在重庆召开了一次农业机械化会议。会议期间，由重庆市计委提出来，要求省计委研究。当时省计委就在重庆做了研究，由省、市计委共同起草了一个报告，并请示了省委第一书记，经分管计划工作的省委书记处书记徐驰签发，正式向国务院呈报了重庆市实行全面计划单列的报告。该报告提出，计划单列采取“先二后一”，即在国家计划中，将各项经济社会的发展计划，在年度计划制订开始就按四川、重庆两个户头分列；正式下达计划时，在四川省的计划中列出其中重庆的数字。国务院收到了这个报告，据说当时小平同志表了个态，由国务院打电话给四川省，说重庆计划单列现在的条件尚不成熟，以后再议。这样，重庆市计划单列问题就被搁下来了。

1980年上半年，四川省委设立了体制改革研究小组，由我来做组长。省委书记处书记刘西尧要我们组织力量选择一个城市进行体制改革试点。我们当时也提出过在重庆试点，请示刘西尧时，他说我们“吃不下来”。我觉得他的这个意见是对的。改革的一个重要前提就是要给优惠条件，四川当时也曾提出过财政改革试点，但是中央没有同意。据闻财政部部长王丙乾曾说，要想进行改革试点，就必须给一些优惠条件，但他没有这个条件，只能采取“分灶吃饭”的办法。在这之前，广东、江苏、福建等已经实行了包干制。同样道理，四川省要给重庆优惠条件也不行。因此，我们经过研究，选择了泸州市作为改革的试点市。那时泸州市还是宜宾地区的一个县级市，四川省派出以财政厅常务副厅长为组长的研究小组到泸州开展改革的试点工作。

工作进行了一段时间后，1980年8月30日至9月10日，五届全国人大第三次会议期间，中央主要负责同志见到鲁大东省长时，询问了四川的城市改革情况，鲁大东说，我们正选择在泸州进行试点。中央主要负责同志认为泸州太小，搞试点的指导意义不大，提出在重庆搞试点。会议结束后，鲁大东从北京直飞重庆，布置试点工作。后因经济形势发生变化，改革试点又被放了下来。

1982年底，蒋一苇、林凌重新提出重庆改革试点问题，推动了重庆市经济体制综合改革试点的实施。1983年1月10日，重庆市委、市政府向四川省委、省政府提出并转报中共中央、国务院《关于在重庆进行经济体制综合改革试点的意见》。1983年2月8日，中共中央、国务院批准了试点意见，批文指出：“在重庆这样的大城市进行经济体制综合改革的试点，是中共中央、国务院对当前我国正在进行的各项改革工作中的一项重要决策。认真搞好这个改革试点，对于进一步搞活和开发我国西南的经济，探索军工和民用生产相结合的新路子，以及如何组织好以大城市为中心的经济区，都具有重要的意义。”

具体落实综合改革方案

1983年3月2日至21日，国家体改委、四川省委在重庆召开了经济体制综合改革试点工作会议，中心议题就是具体落实改革方案。中央顾问委员会副主任薄一波、国家体改委常务副主任安志文、财政部部长王丙乾、四川省委副书记刘西尧等参加了会议，研究制订了20多项改革的具体方案。

在当时的历史环境和经济条件下，重庆市提出的许多具体意见和要求，除请求国家支持解决的问题以外，应该说四川省尽了最大的努力给予支持，包括养路费给重庆留70%，压缩成都、泸州平价用天然气指标数给重庆，全省仅有的1000万美元的外汇指标给了重庆数百万美元。重庆提出的供电量、煤炭分配量指标和几个基本建设项目投资缺口也基本给予满足。

在综合改革试点工作中，没有解决，也是重庆最不满意的有三件事：一是电力体制，二是煤炭体制，三是石油体制。以前规定，达县的煤调给重庆，重庆的煤调给成都。主要有两点考虑，一是重庆的煤质好一点，二是运输距离近和价格低。这三个问题的核心是，重庆要单独成立电力局、煤炭管理局和石油管理局，但这并不属四川省的权限，是属于国家管理的权限。1984年3月2日至5日，中央主要负责同志到重庆视察，在一次小型会议上，市委书记王谦又提出这三个问题，我将情况做了汇报，中央主要负责同志表示由四川省统一平衡，重庆不能设立专业管理局。

1984年，重庆正式实行计划单列，在执行过程中又反映出来一些问题。应重庆市的要求，7月份由刘西尧书记率领省级有关部门赴重庆协助解决问题，理顺一些关系。在一次会议上，王谦书记又重提电力、煤炭、天然气这三个问题，并要我马上表态，当时我表示，3月份中央主要负责同志已说过了，仍由四川省平衡，我没有资格设管理局。

不论是重庆市经济体制综合改革试点，还是1988年后的成都市计划单列，在具体处理和帮助的过程中，我是背了"黑锅"的，倒不是得罪了两市，而是得罪了省级部门。一是说我在具体指标分割上偏向重庆，给重庆的照顾太多了；二是说我支持成都实行计划单列。我在重庆和成都两市的计划单列问题上，都没有当"好人"。

（选自徐塞声、艾新全主编：《重庆改革开放口述史》，中共党史出版社2018年版）

重庆计划单列往事

陈之惠

我1950年4月随军南下到重庆市，此后有40年是在重庆市计划委员会度过的。我经历了重庆市由中央直辖市下放为四川省的省辖市，由四川省的省辖市到1997年全国人大八届五次会议时又设立重庆直辖市。现在重庆直辖市比50年代的直辖市来说，管辖的区域扩大了，人口增多了，直辖市的权限也扩大了。重庆市市域和事权的变化，得益于党和国家对重庆市的重视。重庆市在国家的改革发展大局中，在关键时期，都得到了党和国家领导人的高度重视。

在我国实行计划经济时期，国家对重庆市的计划单列有三次。第一次是1954年，重庆市由中央直辖市下放为四川省辖市，国家对重庆实行计划单列；第二次是1963年，为适应国民经济调整的需要，中央和国务院召开城市工作会议，对重庆再次实行了计划单列；第三次是1983年，中央和国务院在重庆市进行经济体制综合改革试点，又对重庆市实行计划单列。

在这三次计划单列中，第一次计划单列时，我任市计委综合科科员；第二次计划单列时，我任市计委综合科副科长；第三次计划单列时，我任市计委副主任。三次计划单列中，许多事我亲自参加，亲自操办，现将我所经历的三次计划单列的往事记述如下。

重庆第一次计划单列

1949年，中国人民解放军二野部队解放重庆市，一野部队解放成都市，一、二野和四野的一部分部队共同解放西南地区。重庆市解放后成为西南行政委员会的所在地和中央直辖市。

1953年8月，我从重庆市税务局调到重庆市财政经济委员会工作。市财政经济委员会主任由市长曹荻秋兼任，副主任为霍衣茹、郝振乙和余跃泽。

市财政经济委员会下设计划处，由工业科、农业科、劳动工资科、基建科、物资科、财贸科、办公室等组成。我调到市财委后，被分配到综合科工作，科长是吴子节。

当时重钢、二钢、长寿化工、重庆机床厂、军工企业等大型企业和大专院校等归中央直管，重庆市的人、财、物管理权限仅限市属单位。

西南行政委员会下设西南财政经济委员会，代表中央对西南地区四省区（云南、贵州、四川、西藏）一市（重庆市）的经济计划进行管理和指导。当时我经常和云、贵、川三省财委的同志在西南财委开会。我到财委前，在重庆市南岸区的西南税务学校学习时，同学多数来自云、贵、川三省。

1954年上半年西南大区撤销，重庆市划归四川省领导。鉴于重庆在经济和政治上的重要地位，国家对重庆实行计划单列体制。

重庆市成为四川省辖市以后，市政府的机构也进行了调整。撤销重庆市财政经济委员会，成立重庆市计划委员会，市计委由市委分管工业的书记鲁大东兼任主任，余跃泽任副主任，辛易之、陈筹、马力、张尚德、何正清、邓垦、刘兆丰、郝振乙、李思源为委员。计委内设10科1室，编制106人，负责统管全市的计划、经济工作，并领导市政府的统计局和物资处。鲁大东主任召开第一次市计划委员会的委员会议时，由我担任会议记录。

撤销市财委、成立市计委后，财委计划处的同志全部转到市计委工作。我仍在综合计划科工作，科长仍由吴子节担任。

由于重庆市划归四川省领导，四川省计委通知重庆市计委限期将重庆市国民经济各个方面的基础统计资料完整报送给省计委。我们综合科组织市属各有关单位和市计委内部各科室，按照四川省计委的要求，按时将资料整理齐备，打印成册，每套资料都有十几斤重。为了安全保密地将几套资料送达省计委，市计委决定派我乘火车到成都将资料交省计委综合计划科。当时省计委综合计划科科长是辛文，副科长是方愉钟，他们二人接收了我送的全套资料。

1954年末，我随郝振乙主任到北京参加全国计划会议，住在西苑饭店。这次计划会议是编制和确定我国的第一个国民经济五年计划（1953—1957）。四川省计委综合科辛文、方愉钟也随同省计委主任参加会议。这次会议开了一个多月。主要原因之一是大区撤销后，除北京、上海外的直辖市划归所在省管辖。会议要求将原直辖市的基数都包括在各所在省的数字中，并在年度计划中单列出来。重庆是计划单列市，因此我从1954年到1956年都随市计委主任参加了全国计划会议。

省辖市在国家计划中的单列计划很不完整，有许多计划指标，由于种种原因，不能在全国计划会议上单列出来，只能在省的计划会议上才能确定。比如：木材指标，四川省是调出省，国家只给四川下达调出量，重庆市的木材分配指标要在省计划会议上定；还有些指标是差额补助，全国计划会议定了国家给四川省的补差数，重庆市的分配量也要到省计划会议上定；非工业部门的投资，中央按人头、按基数切一块给四川省，重庆的分配金额也要在省计划会议上定。于是，每年全国计划会议后，我们都要参加省计划会议，因为只有在省计划会议后，重庆市所有的生产建设和人、财、物分配指标才能全部落实。

但是，许多涉及全局的大事，国家仍然直接通知重庆参加会议。比如1957年10月，国务院长江流域规划办公室在武汉市开会讨论长江三峡工程问题，会议由长办主任林一山主持，有关省市派代表参加。四川省派出省计委副主任等四人出席会议，重庆市派出市计委副主任、建设局局长、规划局局长和我四人出席会议。会前我们对三峡工程大坝蓄水进行了认真对比研究，从水位160米、165米、170米、175米、180米、185米、190米等多个方案对比中，选定了水位180米方案。这个水位大体上是重庆市常年洪水季节的最高水位，淹没对重庆市影响不大，而且有利于发挥长江黄金水运对重庆经济建设的促进作用。会议结束时并未最后明确大坝水位，但市政府从此明文规定，不在180米水位以下建永久性建筑，在重庆市区建长江大桥也按180米水位设计。长江三峡工程经过34年论证，在送全国人大讨论前，时任市委书记的肖秧仍坚持180米水位。最终，1992年全国人大七届五次代表大会通过了三峡工程建设方案，三峡大坝蓄水位定在175米，但三峡大坝仍是按180米水位设计建筑的。

1958年全国搞“大跃进”，年初，市计委党组要我（我1956年晋升为综合计划科副科长）带领市计委和统计局的40多名干部，下放到广阳坝农场劳动锻炼。我任农场党委委员、第七队队长，在农场劳动锻炼一年。

从1958年起，由于全国搞“大跃进”，强调按地区组织“大跃进”，国家计委在安排计划时，取消了对原来下放的七个直辖市计划单列的做法。从此以后，全国计划会议不再通知重庆市参加，重庆市和四川省的各地市一样，只参加省计划会议，按省的计划安排进行各项经济和计划工作。

重庆市的经济与全国有密切联系，而这段时期经济管理权限仅有省辖市的权限，给重庆市经济的发展带来许多困难。

重庆市第二次计划单列

1963年，为适应国民经济调整的需要，国家又对重要大城市实行直接管理。根据中央和国务院召开的第一次和第二次城市工作会议精神，1964年，国家对重庆市再次实行了计划单列体制。

1958年至1960年“大跃进”带来农业歉收，工业方面也出现了不少困难。对此，国家计委主任李富春总结性指出：三年“大跃进”成绩伟大，问题不少，前途光明，解决问题的办法是实行调整的方针。具体来讲，就是贯彻执行中央的“调整、巩固、充实、提高”的八字方针。

贯彻八字方针的核心是战胜灾荒，加强农业战线，压缩城市人口。时任省委书记兼计委主任杨超在省计划会议上讲:“支援农业的主要措施是劳动力的支援,要压缩40万至50万城市人口到农村支援农业生产。”如何压缩城市人口,中央有具体规定。像重庆这样的大城市是压缩的重点。国家直接下达压缩任务,而且要限期完成,当时重庆承担了压缩十多万人口到农村的任务。四川省的领导认为重庆市的企业过多,还指令重庆一些企业迁至四川省的专县,还动员重庆向新疆移民。省里的指示,市里都照办了,企业和人去了不少,但不久又都回来了。在市计委,此事由副主任辛元甫负责完成。

贯彻八字调整方针,另一个重要任务是缩短基本建设战线,集中力量,保证重点,把人权、财权、物资调配权集中于中央、中央局和省(市)三级。为此,四川省收走了所有基建项目(包括自筹资金项目)的审批权,一万元以上的技术改造项目也要上报省审批。当时,四川省的技改项目的计划资料足有一寸多厚。

经过1961年至1963年的调整,国民经济情况有了好转。1964年,毛主席发布了“备战、备荒、为人民”的指示,我国开展了三线建设这一宏伟工程。根据中央对重庆的要求,市里成立了三线建设规划小组,组织编制《重庆地区三线建设规划》,中心任务是将重庆建设成为常规兵器配套生产基地。此事由中央直管。从1964年至1965年,中央有关各部如第一至第八机械工业部、冶金部、化工部、建材部等许多部长、司长云集重庆,与重庆一起制订本行业的“三线建设规划”。三线建设的主要实施办法有三条:第一条是将沿海的企业迁到重庆,第二条是在重庆新建一批国防企业,第三条是扩建改建重庆的现有企业。

在中央各部领导来重庆编制“三线建设规划”时,我多次陪同国家计委有关司局领导和中央各部的部司局领导到企业调研和视察。1964年7月,重庆连晴高温,大旱20多天之后,突然狂风暴雨降临,致使无数房屋倒塌。我陪国家计委傅毅纲局长乘车从李子坝仪表厂一直视察到沙坪坝的重庆水泵厂、重庆锅炉厂,到处是厂房垮塌、水漫车间的惨状。傅局长目睹了重庆工业生产难以为继的状况。在重庆市计委的请求下,国家计委单独拨给了重庆市一批企业危房改造资金,并每年在国家计划中给重庆市单列技术更新改造资金1398万元。

1965年,为了实施三线建设计划中的企业内迁计划,我们选择了内迁企业最多的上海市,由四川省计委、机械厅负责同志和重庆市计委副主任尹楠如,机械局、化工局的中干和我组成内迁工作组,到上海市落实内迁企业名单及有关事项。我们到上海后,受到上海市市长曹荻秋的热烈欢迎。经与上海市主管部门领导同志热烈讨论,为了在企业内迁时促进沪渝两市的发展,我们将原计划全迁重庆的数十个企业一分为二,部分内迁。这样,通过三线建设,使上海的优势企业一个变两个,既不伤上海的“元气”,又发展了重庆。我们从党和人民的长远利益出发,实事求是地完成了内迁计划,也得到了中央有关部委的认可。

第一个从上海迁重庆的是一家生产小汽油机的工厂。我们到该厂调查时发现,该厂成功试制小汽油机不久,技术较先进,但厂房较简陋。该厂一分为二迁到重庆北碚嘉陵江边的新厂，被命名为浦陵机器厂，意为从黄浦江边迁到嘉陵江边的工厂。该厂迁渝后，为重庆嘉陵机器厂生产摩托车发动机，做出了重要贡献。同时，上海厂也补充了人员，扩大了生产规模，解决了国家对小汽油机的需要。

从东北101厂迁来重庆的西南铝加工厂，也是采取一分为二的办法。我们在西彭为他们选了新厂址，并留有发展余地，如今已发展成我国的大型铝加工企业。

在企业布局方面，上级有两个指示：一是散、山、洞的方针，二是靠山、临水的方针。而且两个方针各有理由：散、山、洞方针符合战备，靠山、临水有利于企业发展。我们在执行上级指示时，将相近行业的企业建设分片进行了规划，如仪表行业布局在北碚、华蓥山一线；化工企业布局在长寿地区；军工企业主要进行老厂改造，新厂布局在万盛、綦江等地区。现在来看，重庆在执行散、山、洞方针方面有些失误，好在造成的困难较小。

重庆第二次计划单列，由于狠抓了三线建设工程，经济得到了较快的发展。但和第一次计划单列一样，由于许多计划指标仍需在省计划会上落实，加之重庆市在解决经济发展中的权限较小，所以处理许多经济问题，都是事倍功半，甚至劳而无功。

第二次计划单列时，我每年随市计委主任参加全国计划会议，直到1966年。1966年计划会议期间，我们还列队参加了毛主席第三次检阅红卫兵的活动。1967年"文化大革命"时期，国家计委和重庆市计委都被"造反派"夺权，重庆市的计划单列也就不了了之。

重庆市第三次计划单列

1978年，党的十一届三中全会以后，改革开放的春风吹遍中华大地。重庆市各部门、各企业普遍要求对现有经济和计划管理体制进行改革。每一次省计划会议都变成重庆代表的"诉苦会"，最突出的一次是20世纪80年代初，市委副书记张海亭带队参加的那一次会议，重庆代表有四五十人，大家在总府街招待所驻地集中地对省领导和省计委提出了不少改革意见。省里有的同志把这次提意见会称之为"张海亭大闹总府街"。其实这次会议提的意见，主要是想如何通过改革发展重庆经济，为国家和四川省多做贡献，并无对省领导进行恶意攻击的意思。所提意见主要有：

一是反映省级各部门对重庆管得太死，使重庆连维持简单再生产都困难。比如将重庆的投资和技改项目审批权限限制得太死，许多技改项目审批时间过长，等批下来，市场已发生变化，甚至时过境迁。基建项目小到一个厕所大小的土建项目都要报到省主管部门审批，实在是劳民伤财，得不偿失。

二是反映省里用管地区的办法管大城市，把重庆市财政的机动财力全部收走。省里哪个部门没有钱，就向重庆打主意。如省交通厅就把重庆公路的养路费绝大部分拿走，在川西修新公路，而重庆的公路无钱维修，坑坑洼洼，难以行走。

三是反映省里在人、财、物的分配上不公，把缺口留在重庆。全省缺电先拉重庆，理由是“重庆缺电，国务院着急”，潜台词是国家会帮助想办法，省里不用管。在计划指标分配上，全省人、财、物的缺口，大都体现在重庆。在计划经济体制下，重庆企业普遍缺乏技改资金，缺乏维修材料，连简单再生产都难以为继。

四是反映重庆企业的权限太小。重庆生产的工业产品由省二级站收购调拨，限制了企业面向全国市场，企业无法拓展市场。

重庆市在给省里提改革意见的同时，也通过各种渠道向中央、国务院及有关部门的领导反映重庆市的困难，请求支援。通过努力，确有成效。比如，1980年，重庆自主开展与云、贵、川三省的经济协作，以求改变计划经济时代经济活动只有纵向联系的状况。市政府确定由我（我时任市计委副主任）带队，率领重庆经济协作代表团一行20余人（主要是工商企业代表），与贵州、云南的省、市、区有关部门洽谈经济协作事项。我们经过贵州省遵义市、贵阳市、安顺市，云南省的曲靖市、昆明市、宣威市，贵州省的毕节地区，四川省的永川地区时，在每个地区都进行了2~5天的经济协作洽谈。到昆明时，副市长马力乘飞机赶来，与云南省领导就加强重庆和云南省、昆明市的经济技术合作达成了协议。这次经济协作洽谈交流活动历时45天，达到了预定目的，为1984年4月15日至19日在贵阳市召开四省区五方（四川、云南、贵州、广西和重庆）经济协调会鸣锣开道。在该会召开期间，市委书记王谦、市长于汉卿和我三人作为重庆市的代表，本着自愿互利、平等协商、形式多样、共同发展的原则，与四省区达成了经济、物资、技术协作和人才培训等多项协议。

1982年，党的第十二次全国代表大会召开，重庆市制定了《重庆市经济社会发展“六五”规划纲要和“七五”设想》，提出从1981年到1990年，集中主要力量，调整经济结构，提高经济效益，实现工农业总产值10年翻一番。而要实现这个目标，改革约束企业发展的现行体制、约束大城市发展的体制就成为首要任务。市领导的做法是频繁邀请国内知名专家来渝调研，如请中国工业经济研究所所长蒋一苇担任重庆市社科院院长，建议中央在重庆进行经济体制综合改革试点。

功夫不负有心人。1983年，中共中央和国务院终于发了中发〔1983〕7号文件，原则批准中共四川省委、省政府《关于在重庆进行经济体制综合改革试点意见的报告》。在城市管理体制改革中，当时首要问题是对重庆实行全面的计划单列，并赋予重庆市政府省级管理的权限。经过努力，这个愿望也实现了。同年，国家计委《关于计划体制改革的初步设想》中，提出“除京、津、沪外，中央还要直接管理少数大城市，对这些城市实行计划单列，赋予它们以中央直辖市一样的管理权限”。这些大城市的计划管理权限要比一般省、自治区更大一些。事实上，早在中央7号文件发布一个多月前的1983年1月2日，国家计委就向国务院上报了计综〔1983〕4号文件，同意从1984年起将重庆市的计划单列户头。经国务院批准，国家计委于1月12日以计综〔1983〕32号文件下达了《关于重庆市计划单列户头问题的通知》。这确实是一个雷厉风行的改革行动。

重庆市接到通知后，立即成立了由市长于汉卿、副市长兼计委主任刘隆华、市计委副主任陈之惠牵头的，以划分重庆市1981—1983年部门计划基数为主要任务的精干队伍。1983年春节以后，重庆市邀请国家计委、四川省计委的主要业务领导同志，先行商讨《关于在全国计划中对重庆市单列户头的实施意见》。当时，国家计委派出副秘书长裴英武，四川省派出计委副主任辛文，重庆市则由副市长兼计委主任刘隆华牵头，市计委副主任陈之惠参加。经过一个多月的讨论、修改、定稿，最后于1983年3月11日将实施意见稿定了下来，共约5600字，分为五个部分：

一是在全国计划中，对重庆市实行全面的单列。①各项经济、科技和社会发展计划都单列；②重庆市的各项计划都由市计委和各主管部门直接上报国家计委和国务院各部门；③国家和各部委全国性的计划会议，重庆市视同省级单位参加；④不属国家计委和各部委管的计划，由重庆市计委和市级各部门自主安排；⑤计划单列后，计划执行情况仍应向省计经委及有关部门报告备案。

二是计划单列指标的依据。这一段是争论最激烈的内容，主要包括：①煤、电、天然气、石油成品的具体基数；②预算内地方统筹基本建设的基数，商定对重庆市（包括省下放单位）的投资基数为1500万元；③鉴于重庆市是一个老工业城市，建议国家在设备更新、危房改造和重点节能措施、技术改造项目的资金安排上给予适当的支持；④生产、基建、维修物资的分配基数和办法；⑤财政、信贷按照财政、信贷体制改革试点方案划定。

三是扩大市的计划决策权和管理权，由市统筹安排生产、建设、流通、分配和社会事业。这一段讨论也激烈，在13个方面都有省市利益的调整。

四是要求重庆市积极承担省安排的各项任务，继续发展与省内的经济联系。这一部分有六个方面的内容，概括地讲，就是重庆市对省的上缴任务和承担的任务要完成，省的计划会议和全省各项专业会议，重庆市仍应继续作为省的一个地区参加。

五是加强市的计划部门，改进计划工作。提出组建市计委计划经济研究所、经济情报所和计算站这三个事业机构。

这个综合性文件形成后，四川省和重庆市各部门开始进行对口的计划单列商谈，形成了双方签字的文件上报国家计委，国家计委于1983年8月12日以计综〔1983〕1149号文件转发四川省计委、重庆市计委《关于在全国计划中对重庆市计划单列户头划转主要指标基数的报告的通知》，通知国务院各部委、各直属机构从编制1984年计划时起执行，还要求下达计划时将重庆市单列，然后加到四川省的计划数中，在四川省下列“其中重庆市”。当时称之为

"先二后一"。

8月12日国家计委批准重庆市计划单列的文件要点如下：

一是计划单列的范围和内容。根据中央〔1983〕7号文件批准四川省委、省政府《关于在重庆市进行经济体制综合改革试点意见的报告》，原永川地区的8个县从4月1日起正式合并入重庆市，67个省属企事业单位下放给重庆市管理。从1984年起，重庆市范围由原辖9区4县变为9区12县，土地面积扩大为22141平方公里，人口1379.9万人。

二是计划单列的方法和程序。将重庆市计划单列的程序定为"先二后一"，并扩大重庆自主安排计划的权限。

三是计划单列指标的依据和划转基数的原则。对各项计划的单列依据和划转原则都有明确的规定。

四是省、市商定划转计划基数的主要指标。对能源分配、预算内地方统筹基本建设投资数定为2224万元（包括省下放单位），地方外汇划给重庆300万美元，主要商品购销调拨、主要物资分配、劳动工资等也划定了基数，重庆市财政上缴中央和省的数字在财政部和省、市主要领导及省、市财政厅领导参加的会上敲定。讨论重庆市的财政上缴数字，可以说各持己见，争论激烈，但最后还是达成了一致意见。因财政是专项直管，没有在省市计委主任会上讨论。

五是中长期计划的单列和考核。

六是在对重庆市实行计划单列的同时，相应赋予市以相当于省一级计划单位的计划管理和经济管理权限，以利于由市统筹安排全市的生产、建设、流通、分配和社会事业。

批件把重庆市计划单列划转的八个方面的主要指标基数表作为附录。

至此，重庆市第三次计划单列的任务全面完成。在贯彻这个文件时，四川省领导曾说："这样一来，重庆市实际上成了中央经济直辖市。"

重庆计划单列的显著成效

重庆市实行全面的计划单列和拥有省级管理权限后，改革开放工作蓬勃地开展起来了。从1983年到1997年直辖前，重庆在经济体制改革和计划管理、经济管理等7个方面取得了显著成绩。

一是加快了城市基础设施建设。在和四川省计委商谈计划单列的基数时，我向辛文提出，由于能源交通建设基金才开始征，数额也不大，建议不列入划拨基数范围，他同意了。重庆市计划单列后，由于经济快速发展，这部分基金每年快速增加，为加快城市基础设施建设提供了一部分资金，大大改善了重庆的投资环境，主要的建设项目有：

①重庆江北机场。由于白市驿机场地处山峦环绕之中，每年冬春季不能正常通航，影响重庆对外交通。于汉卿市长亲自带领我们向国家计委、民航局汇报，着手建设江北机场。1984年初向国家立项，经过国务院和中央军委批准，国家计委拨款1.9亿元，在1990年1月建成通航，大大改善了重庆对外交通条件。

②程控电话。重庆在计划单列前用的是纵横制式电话，只有一个通话功能，市内远郊区都要通过长途台接线。副市长刘隆华和市计委从1983年末开始引进1万门程控电话，紧接着引进瑞典爱立信5万门程控电话，同时进行通信卫星地面站和电话网的建设，使重庆通信现代化水平上了一个大台阶。

③新扩建电厂。电厂建设滞后是当时重庆经济发展的瓶颈。为此，肖秧副市长和我从1985年起主抓与华能国际电力公司合作，兴建珞璜电厂一期工程（2×36万千瓦）工作，1991年一期工程陆续建成运行。在此期间，还利用一部分英国政府赠款建成了装机10.8万千瓦的江北燃机电厂，并在重庆电厂扩建了一台20万千瓦的发电机组，使重庆的电力供应大大缓解。

④成渝高速公路。1985年，重庆市副市长刘志忠与四川省副省长马麟共同签署利用世界银行贷款的协议，建成了340公里的成渝高速公路，同时为加快高速公路建设提供了技术和管理经验。

⑤民用天然气工程。计划单列前，天然气主要是保工业生产。计划单列后，我们本着将优质燃料用于民用的思路，于汉卿市长亲自抓民用天然气工程建设，方便了居民生活，改善了重庆空气质量。

二是加快了现有企业技术改造的步伐。重庆市地处内地，长期对外封闭，当时许多企业的产品制造技术和装备停留在20世纪30至40年代，重庆钢铁公司还在使用清朝末年张之洞引进的轧钢设备，急需引进国外现代先进技术，改造现有企业。

1984年，北京市经委副主任肖秧调来重庆市任副市长。他来渝后第一项工作就是抓引进日本先进技术装备，改造重庆现有工业技术装备工作。当时国家也重视技术改造，通过市领导争取，国家给的第一笔技改贷款为5000万美元。为了用好这笔资金，市里决定由李义、金烈、杨绍戬率团前往日本洽谈引进事项，加上从其他国家和地区引进的项目，共需使用外汇7600万美元。肖秧带领我们向时任国家经委副主任的朱镕基汇报，解决了2600万美元的缺口，使重庆市第一批技术引进项目很快启动生效。这一次引进的设备主要有制造彩电、冰箱、洗衣机等现代技术设备。由于投资省、见效快，重庆市的财力大幅增加，市政府给每一个机关工作人员每月增发60元的地方津贴。

三是组建投融资金融机构，为重庆经济和社会发展组织国内外资金。1984年，肖秧副市长和我商量组建重庆市国际信托投资公司。我们一起去中国人民银行办理审批手续，并向市财政借了2000万元启动资金，还抽调市计委毛钟鸣组建领导班子。我曾任该公司党组书记，推动该公司的改革和发展工作。国际信托公司成立后，促进了对外融资，先后投资建设了重庆饭店、人民宾馆、扬子江饭店，大大改善了外商来渝的居住、工作条件，改善了投资环境。

加快能源交通建设，需要多方筹集资金。借鉴当时有的省市成立建设投资公司的经验，1989年，我向肖秧市长提出组建重庆市建设投资公司，很快得到市政府的批准。公司的注册资本为5000万人民币、500万美元。市政府任命我为管委会主任兼党组书记，朱惠熙、万大晖为管委会副主任，万大晖兼任总经理。建设投资公司成立后，立即为江北机场、珞璜电厂、成渝高速公路、程控电话和通信网建设、铁路站场建设等项目筹措了资金，加快了能源、交通项目的建设进度。现在这个公司更名为重庆市能源投资集团公司。

现在这两个公司都已发展成为重庆市有较大投融资实力的公司。

我们还率先争取交通银行在重庆成立分行。为了绕过省的关系，我请示肖秧市长，由当时中国工商银行重庆分行吴大成行长在贵州遵义市与交通银行总行及云、贵两省有关单位商讨筹办事项，并由副市长刘志忠兼任董事长。

四是抓紧制订和实施军工企业转民品的生产计划。重庆在三线建设时期，建成了常规兵器的配套生产基地，按照苏联模式只生产单一军品，按成本加少量利润定价。一旦军品任务减少，国家负担就沉重。为强调保密性，地方对他们只负担供养。重庆市地方财力单薄，也无法给军工企业职工提供更多的福利。计划单列后，按照军工企业党的关系归地方党委领导的权限，市委指示市计委会同国防工办、西南兵工局开展军民结合，组织市内数十家军工企业编制和实施军工企业生产民品的规划。由于当时市场需要的民用机电产品供不应求，我们根据各厂的装备和生产能力，规划了汽车、摩托车、彩色电视机、电冰箱、洗衣机、照相机、望远镜等数十种民品。在计划实施中，积极协助他们打通物资供应渠道和解决地方协作配套等问题；在进口配套件外汇不足时，还帮助调剂解决外汇。重庆军工企业转民品的工作在全国领先，军工企业创造的效益，弥补了全国其他地方军工企业的巨大亏损，还有节余。

五是抓企业的股份制改造，推进企业改革。计划单列后，重庆市委、市政府在工业企业中推行“五自主”（经营、价格、用工、分配、技术改造）改革，商业企业中推行“四放开”（经营、价格、用工、分配）改革，建筑企业中推行万元投资工资含量包干等改革，大大激发了职工和企业管理者的积极性。在常务副市长刘志忠任组长、陈之惠等五人任副组长的重庆市证券管理指导小组指导下，按照市委、市政府指示的“坚决试，不求多，务求好，不能乱”的要求，市计委选择3家企业（西南药业、重庆房地产、渝港钛白粉）进行企业股份制改革试点。由于这三家企业的股份制改革比较规范，成为重庆市后来上市企业的典范。

六是抓重庆经济对外开放的理论研究和有关工作。1990年，中国计划出版社出版了我和罗洵、伍源德等人编著的《重庆经济对外开放研究》。这本书的主要内容是谋划在重庆建立经济技术开发区。我们设想在南坪建立经济技术开发区，占地15平方公里，申请国务院批准在该区设1.5平方公里的外商投资区。

从1991年开始，我和刘志忠副市长多次专门到国务院有关部门，请求批准设立重庆经济技术开发区。1993年4月，开发区终获国务院批准，面积为9.6平方公里，由刘志忠副市长兼任管委会主任。此后，重庆利用外资的步伐大大加快。

七是积极贯彻执行国家长江流域发展规划，实施将重庆建设成长江上游经济中心的举措。1992年6月，国务院在北京召开长江三角洲及沿江地区经济发展规划座谈会议。会议的主题是“以浦东开发开放，三峡工程建设为契机，推动将长江沿岸地区建成我国继沿海开放带后的第二个开放带”。中共中央总书记江泽民、国务院总理李鹏做了重要讲话。重庆市委书记肖秧和我参加了会议。中央领导同志讲话中，把上海比作龙头，把重庆比作龙尾，并强调20世纪90年代中国经济的腾飞，要使龙头舞起来，龙尾动起来，重庆要建成长江上游的经济中心。

那次会议后，重庆市就按照建设长江上游经济中心的思路，谋划各项改革开放工作和经济发展规划。1992年12月，由肖秧书记作序，我任主编，马述林、伍源德任副主编的《重庆十年发展蓝图（1991—2000）》由重庆出版社出版。1993年8月，国家计委学术委员会授予该书国家计委科技进步奖三等奖。

第三次计划单列，给重庆市的改革开放带来巨大的动力，推动了重庆市经济、科技和社会事业的快速发展。但是没过多久，计划单列中省市关系的矛盾又明显显露出来。由于国家在西南的电力、天然气、航空、铁路和金融等管理机构设在成都，一旦这些方面出现缺口，省市就会为各自的利益发生矛盾，重庆的发展也会受到影响。从1984年第三次计划单列到1997年设立重庆直辖市这14年，重庆的发展受到许多掣肘。但是，由于第三次计划单列在划分经济和社会事业基数时工作比较细，在重庆市直辖、与四川省正式分开时，减少了许多不必要的烦琐工作。

（选自徐塞声、艾新全主编：《重庆改革开放口述史》，中共党史出版社2018年版）

对重庆计划单列及其体制创新的再认识

白和金[①]

1983年,中共中央、国务院决定在重庆市进行经济体制综合改革试点。计划单列是综合改革试点的一项重要内容,也是综合改革试点顺利推进的重要体制条件。省辖大城市在国家计划中单列户头这一特殊的计划管理方式,在我国改革开放之前就曾经两次实行过。重庆进行经济体制综合改革试点时的第三次计划单列,并非简单重复前两次的做法,而是在总结历史经验的基础上,根据改革开放新时期的要求,丰富和深化了内涵,创新了单列的体制模式,从而有力地促进了重庆的改革发展,为重庆后来成为中央直辖市和在新世纪被批准为"统筹城乡综合配套改革试验区"奠定了基础,并为全国计划管理体制改革探索了经验。

我从1972年秋至1990年秋在重庆市计划委员会工作了18年,其间最有意义、最值得回忆的一段工作经历,就是直接参与了重庆市第三次计划单列从呼吁、酝酿到研拟方案、具体实施全过程的实际工作,并逐步形成了自己的一些理论认识。

改革开放之前的两次计划单列

重庆在1954—1958年和1964—1967年两次作为四川省的省辖市在国家计划中单列户头。这两次计划单列,虽属于传统计划经济体制的局部调整改良,但也有其积极效果,并为改革开放后的城市计划单列体制模式创新积累了经验。

一、"过渡时期"实行的第一次计划单列

我国在由新民主主义社会向社会主义社会转变的过渡时期,为贯彻执行"一化三改造"的总路线和实施"一五"计划,集中力量迅速奠定社会主义工业化的初步基础,党中央、国务院采取了一系列加强全国政治、经济统一领导、集中管理的重大决策,并参照苏联模式构建了我国高度集中的计划经济体制。这是重庆第一次作为省辖市实行计划单列的大背景。

①白和金,曾任四川省重庆市计委副主任,国家计委国民经济综合司司长、国家计委秘书长、国家计委宏观经济研究院院长,国家发展和改革委员会宏观经济研究院研究员。

新中国成立之初，省级行政建制较多。至1953年底，全国设有47个省级行政区，在中央和省、区、市之间，还按东北、华北、华东、中南、西北、西南设立中共中央大区局和大区级政权机构。东北区因在新中国成立之前就已全境解放，先行成立了东北人民政府，其他5大行政区的政权机构开始是大区军政委员会，1952年改为大区行政委员会。重庆在解放后最初属于中央直辖市之一，由西南大区代管，并且是中共中央西南局和西南军政、行政委员会驻地。当时全国经济实行中央和大区为主的管理体制，实际上大区管得更实在、更具体。大区不但设有负责综合经济计划管理的"财经委员会"（简称"财委"，那时还没有计委，而是在财委内设计划科或计划处），还设有多个行业主管部（局），国有大中型企业基本上都由大区主管。1952年在撤销各大区军政委员会、成立大区行政委员会时，将大区管理的一些部门性工作划归中央政府各部门直接管理，原属大区的国有企业上收为中央各部的部属企业，同时，将5位大区局主要领导人调到中央任职，史称"五马进京"。1953年是新中国成立之后的一个新起点年，党在过渡时期的总路线正式形成，国民经济发展的第一个五年计划边制订边开始实施。为了有计划地组织实施大规模经济建设，1952年11月成立了国家计划委员会，1954年又成立了国家基本建设委员会，地方也相应成立计委、建委，各级财委撤销，实行"统一计划，分级管理"。1954年2月召开的中央七届四中全会，揭露和批判了高、饶阴谋分裂党、篡夺党和国家最高权力的活动，发出了《关于增强党的团结的决议》，强调要维护党中央的统一领导，坚决反对分散主义，反对"把自己领导的地区当作独立王国"。这次全会后，随即撤销了中央各大区局。同年6月，中央人民政府又发出《关于撤销大区一级行政机构和合并若干省、市建制的决定》，只保留北京、上海、天津3个直辖市，其他直辖市均并入相邻省，改为省辖市（天津在1958年2月也并入河北省成为省会所在的省辖市）。而对其中几个原是中央大区局和大区行政委员会驻地的老工业城市，中央决定改为省辖市后"政治、经济待遇不变"，实行国家计划单列。重庆就属于这类城市。1954年2月，中共中央西南局撤销；6月，西南行政委员会撤销，重庆并入四川省，由中央直辖市变为四川省辖市，在国家计划中单列。

重庆第一次计划单列期间，行政辖区不大，整个计划管理体制是以中央计划为主，国有大中型企业基本上都是中央部属企业，市只能管理一些小企业，主要是私营和个体经济。据统计，1954年大区撤销后，重庆全市工业总产值中，中央企业占60.7%，省属企业占2.7%，市属及市以下企业占36.6%。第一次计划单列时，市的自主权很小，更未触及企业自主权问题。这次计划单列的积极效果，主要体现在加强中央集中统一的计划管理，使一些大城市由中央直辖市改为省辖市后仍能较好地发挥其作为老工业基地的作用，以便于集中力量支持156项国家重点项目建设，保证"一五"计划胜利实现。重视发挥重庆等大城市作为老工业基地的作用，有利于这些城市经济尤其是工业的发展，同时也反映出忽视、轻视经济中心城市应有的多种综合服务功能的偏向。好在重庆第一次成为计划单列省辖市时，商业、物资等西南一级站仍留在重庆。这些大区级的流通机构虽然只有计划调拨职能,并非真正意义上的市场主体,却变相地体现了重庆作为历史形成的、大区域性经济中心城市的地位及其长江上游交通枢纽和流通中心的功能。

二、"经济调整"带来的第二次计划单列

省辖市的第一次计划单列,在配合1958年发动的"大跃进"而实行的中央经济权力下放中被取消了;又在纠正"左倾"错误,为扭转国民经济严重困难局面而实行经济调整"八字方针",相应重新加强集中统一时,中央决定再次对一批省辖大城市实行计划单列。这是重庆成为四川省辖市后第二次计划单列的大背景。

1958年发动的"大跃进",是"左"的错误在经济建设上的典型表现。为配合"大跃进"运动,中央采取了下放经济权力的两大举措。一是将中央部属企业大量下放到地方管理,主要是下放到省,成为省属企业。1957年中央直属企事业单位约9300个,1958年减少为约1200个,下放了87%。二是下放计划管理权。1958年9月,中共中央发布改进计划管理体制的规定,扩大地方的计划管理权,实行"专业部门和地区相结合,以地区为主"的计划管理体制。中央向地方放权是为了更好地发挥中央和地方两方面的积极性,本应是对高度集中的计划经济体制的一种改进改良,但为配合"大跃进"的放权,却使高指标、瞎指挥、浮夸风、"共产风"等"左"的行为更容易严重泛滥和造成宏观失控。以省为主要对象的单纯行政性分权,还会割裂历史形成的区域经济联系,助长各省区经济自成封闭体系的倾向。正是根据实行"专业部门和地区相结合,以地区为主"的计划管理体制的规定,从1959年起取消了对省辖市的计划单列,重庆也因此终止了第一次计划单列,被全面纳入四川省对省辖市地州的计划管理。由于省和市都要"大跃进",都在追求高速度,搞高指标,造成生产建设物资供应极其紧张,各方都要极力去争夺短缺资源。取消对省辖大城市的计划单列,统统纳入所在省的计划管理,省里自然会要求这些省辖大城市为支持全省"大跃进"多做贡献,省辖市计划管理体制也便于省里名正言顺地调取短缺资源。"大跃进"期间,重庆曾出现过这样的事情:即使在省里的计划已经下达之后,省政府有的主管部门还派员来重庆坐镇一些重点企业,采取"先下手为强"的做法,对企业刚生产出来的机电设备或原材料产品,当即"圈定"为上调省里的物资,市里则想方设法要留下。省、市都向企业伸手加压,企业不堪重负。

"大跃进"和人民公社化运动的"左倾"错误,加之受中苏关系破裂的影响,使国民经济在1959年到1961年陷入困境,出现了新中国成立后第一次最严重的经济危机,史称"三年困难时期"。为扭转困难局面,1961年1月召开的中共八届九中全会正式批准了"调整、巩固、充实、提高"的八字方针,决定从1961年起用两三年时间调整国民经济;1963年2月召开的中央工作会议又决定,再用两三年时间调整经济,继续实行八字方针。在经济调整中,为恢复和保持宏观经济平衡,中央再次强调要坚持"全国一盘棋",各部门、各地区必须在国家统一计划下发挥积极性，防止和克服各自为政的分散主义。针对“大跃进”中“一放就乱”的问题，中央重新加强集中统一，采取了上收企业、各级计划“一本账”、上收基本建设项目审批权、扩大统配物资品种等措施。计划管理不再“以地区为主”，重新实行“以中央为主”。为加强对城市工作的集中统一领导和解决当时城市经济生活的突出问题，中央在1962年和1963年接连召开了全国第一、第二次城市工作会议，决定从1964年起对天津、沈阳、哈尔滨、广州、武汉、重庆、西安这7个省辖大城市实行计划单列。天津市计划单列后仍难以根本解决其并入河北省成为省会所带来的诸多矛盾，于1967年1月重新恢复为中央直辖市，河北省省会则回迁到保定。因此，全国第二次省辖市计划单列最终是6个城市。鉴于这些省辖市都是老工业城市和百万人口以上的大城市，在“大跃进”中因企业超负荷拼设备和利润，折旧费都被抽走用于“铺新摊子”的基建项目，设备得不到正常维修和更新改造，从而造成城市基础设施残缺老化，人民生活困难，中央还决定对6个实行计划单列的省辖市给予两项重要政策。一是将市属国有企业的折旧费全部留给企业，并从新建中央企业提取的折旧费中拿出一部分来补助老工业城市原有企业的设备更新改造，对每个单列市核定一笔“固定资产更新改造补助”专项资金，由中央财政直接下拨单列市，由市统筹安排用于企业设备更新和技术改造。二是国家对“18个非工业部门的基本建设投资”，给每个单列市核定一个年度计划投资总额，具体项目由市自主安排。

重庆第二次计划单列的具体内容，包括工业生产、基本建设和更新改造投资、主要商品分配、统配物资调拨、外贸收购、财政收支、职工人数和工资总额、大专毕业生分配这8项计划，给重庆市核定的“固定资产更新改造补助”资金是每年1398万元，由市自主安排项目的“18个非工业部门基本建设投资”是每年1840万元。这次计划单列，把那时关系“人、财、物”资源分配最为重要的8项计划直接纳入了国家计划统筹安排，加之有两项稳定并可自主使用的补助资金，这对重庆经济的调整和发展起到了重要的积极作用。第二次计划单列的局限性在于：一是单列不全面、不彻底。经济、科技和社会事业领域仍有一些专业计划由四川省纳入省辖地市州级计划管理做具体安排，而重庆是四川省经济实力最强但并非省会所在地的大城市，往往要为“保全省、保省会”做出额外的贡献。即使是纳入了单列的8项主要计划，在计划指标和资源分配上也是采取“先一后二”的做法，即国家先把四川省作为统一的省级计划户头做出安排，然后再考虑从中分出多少给重庆市，这样势必带来省、市间的“讨价还价”和中央计划部门统筹协调难的问题。二是市的自主权偏小，除8种单列的计划和两项定额补助可在国家下达的总盘子内由市具体安排外，总体上重庆市只具有省辖市地州级的经济管理权限。扩大企业自主权、培育市场主体的问题当时也还未提上议程。此外，1960年中央决定再次设立大区局，中共中央西南局设在成都，李井泉以中央政治局委员身份同时担任西南局第一书记和四川省委第一书记，成都市成为西南地区新的政治中心。当时虽然未设立大区级行政机关,但在西南局内设有计委等职能部门;国务院系统的一些行业主管部门,例如铁道、民航、石油、电力、建工等,也将其西南地区管理局设在了成都,只有五机部的西南兵工局还留在重庆;商业、物资的西南一级供应站也转移到了成都,重庆只有四川省的二级站。在这种政治、行政管理格局下,重庆只靠不全面、不彻底的计划单列和两项资金补助政策,显然难以根本扭转其大区域性经济中心地位削弱、功能退化的趋势。

重庆第三次计划单列的由来

重庆第二次计划单列,因"文革"的"夺权"而终止于1968年。从"文革"后期重庆开始呼吁、反映,要求恢复计划单列,到改革开放后的1983年中央批准重庆第三次实行计划单列,经历了长达10年的艰难历程。

一、重庆第二次计划单列的终止和争取恢复计划单列的努力

"文化大革命"十年浩劫,使党、国家和人民遭到新中国成立以来最严重的挫折和损失。1966年下半年,党和政府的各级组织受到"造反派"的冲击而普遍陷于瘫痪、半瘫痪状态。1967年从上海的"一月风暴"开始,全国各地掀起了所谓"全面夺权"运动,这场"夺权"的结果则是以"三结合"的"革命委员会"作为临时权力机构取代原来的地方党委和政府,对各地区实行"一元化领导"。于是,在没有党中央、国务院正式行文的情况下,以省革委会要对全省实行一元化领导为由,取消了对6个省辖市的计划单列,重庆被再次纳入四川省对省辖地市州的计划管理体制,两项资金补助政策也被取消。1971年"9·13"事件后,林彪反革命集团彻底覆灭。1972年,在毛泽东主席的支持下,周恩来总理主持了党中央的日常工作;1973年3月,中共中央发出《关于恢复邓小平同志的党的组织生活和国务院副总理的职务的决定》。周恩来总理和复出后全力协助他的邓小平,抓住时机,力争在可能的范围内纠正"文革"的错误,一方面加快"解放干部",使一大批被错误地打成"走资派"的党政干部尽快"站出来"重回领导工作岗位,另一方面整顿和恢复经济,使遭受严重破坏的国民经济摆脱困境,有所发展。在这个大背景下,重庆市有些被"解放"出来重新工作的老干部,首先想到了要争取恢复重庆的计划单列问题,并为此采取多种方式,通过各个渠道不断向中央呼吁和反映重庆的要求。

据我所知,"文革"后期重庆最先关注并采取实际行动去呼吁、争取恢复计划单列的老干部,当属尹楠如。"文革"前,尹楠如已是重庆市计委的主要领导人,1958年6月至1965年6月任市计委副主任,1965年7月至1968年4月任市计委主任,对重庆第一次计划单列被取消后纳入省辖市计划管理体制和第二次实行计划单列的历史十分清楚,深知计划单列对重庆这个非省会的省辖大城市经济发展的重要性。"文革"初期,尹楠如和许多老革命一样受到冲

击，被戴上“走资派”的帽子加以“打倒”。“文革”中期，尹楠如被“解放”出来，先是被安排到沙坪坝区工作，1972年10月复任重庆市计委主任，直至1977年4月。尹楠如重回市计委领导岗位后抓的第一件大事，就是在1973年春夏组织并亲自带领调查组到企业和区县做系统调研，搜集整理有关情况，为呼吁、争取恢复重庆计划单列准备汇报材料。参加调查组的成员，我记得主要有王复初（时任市计划综合处处长）、陈之惠（时任市计委综合处副处长）、傅少成（时任市计委物资处处长）、张仲学（时任市计委工业处科长）等，我当时是市计委综合处的一般干部，也有幸参加了这项调研工作。基于重庆第二次计划单列的实践，这次调研仍以“发挥老工业城市作用”为主题，以全面清理全市企业固定资产更新改造和城市建设、人民生活的“两个欠账”为主要内容，为呼吁、争取再次实行计划单列和恢复两项资金补助政策提供事实依据。调研结束后，由我起草初稿，经王复初、陈之惠审改定稿，形成了一万多字的调研报告。其后不久，大概是1973年下半年或1974年上半年（具体时间记不准确了），原国家计委的裴英武司长一行数人来重庆做调研，市计委抓住这个机会向国家计委调查组做了系统汇报，明确提出了恢复计划单列和两项资金补助政策的要求。裴英武回京后，将重庆的困难和要求如实报告给了国家计委领导。此外，重庆还通过人民日报高级记者秦风，以内参的方式向中央反映重庆的情况，呼吁恢复计划单列。“文革”后期重庆呼吁、要求恢复的计划单列，并没有突破第二次计划单列时的思维方式和体制模式。尽管如此，由于“文革”尚未结束，仍在实行“以阶级斗争为纲”的方针，邓小平又再次被“打倒”，在这种政治形势下，重庆呼吁、争取恢复计划单列的努力自然不可能成功。

1976年10月，“四人帮”覆灭，宣告“文革”结束。1977年7月召开的中共十届三中全会做出决定，全面恢复邓小平在党中央、国务院、中央军委的领导职务。1978年春，邓小平一次出访归国时途经成都稍事休息，四川省委和重庆市委领导同志都抓住机会去向小平同志汇报工作。重庆市委领导在汇报中当面向邓小平同志表达了恢复计划单列的愿望，据说小平同志明确表态：“这个不难，你们写个报告来。”但当时才刚刚开始“拨乱反正”，尚处于粉碎“四人帮”后的“两年徘徊期”，重庆再次实行计划单列的愿望还不能立即变为现实。直到1978年底中共十一届三中全会召开，从此进入改革开放新时期后，重庆的第三次计划单列才得以实现。

二、重庆第三次计划单列的历史背景和酝酿、准备过程

中共十一届三中全会是新中国成立以来我党历史上具有深远意义的伟大转折。全会结束了1976年10月以来全党、全国工作在徘徊中前进的局面，重新确立了“解放思想、实事求是”的马克思主义思想和政治路线，果断地停止实行“以阶级斗争为纲”这个不适用于社会主义社会的方针，做出了把工作重点转移到社会主义现代化建设上来的战略决策，开启了改革开放的伟大历史进程。新时期的新形势，不仅为重庆再次实行计划单列提供了新契机，而且

为赋予计划单列新的改革内涵和创新计划单列体制模式提出了要求和创造了条件。

我国的经济体制改革,首先在农村取得重大突破和巨大成功,到1983年底,“包产到户”的农户已达1.75亿户,占全国农户总数的94.5%。以“扩权让利”为主要内容的国有企业改革试点,在党的十一届三中全会前夕就开始了。1978年10月,四川省率先在宁江机床厂、重庆钢铁公司等6个企业进行扩大企业自主权的试点。1979年5月,国家经委、财政部等6部委在北京、天津、上海选择首都钢铁公司、天津自行车厂、上海柴油机厂等8个企业进行扩权试点。许多地方和部门纷纷仿照8个试点企业自行制订办法进行企业扩权的试点。1979年7月,国务院发布了扩大国营工业企业经营管理自主权、实行利润留成、开征固定资产税、提高折旧率和改进折旧费使用办法、实行流动资金全额信贷这5个文件,要求各地方各部门按照统一规定的办法开展企业扩权改革试点。1981年12月和1982年11月,国务院批转了国家经委等部委拟订的《关于实行工业生产经济责任制若干问题的意见》和《关于当前完善工业经济责任制几个问题的报告》。“企业经济责任制”是扩权让利的继续和发展。到1981年底,全国实行经济责任制的工业企业已达4.2万多户。企业改革明显不同于农村改革之处在于,企业尤其是大中型企业是社会化大生产方式,主要集聚于城市,并高度依托于城市在基础设施、流通体系、生产生活服务、制度文化等多方面的综合环境及功能。于是,随着企业扩权试点面的扩大和内涵的深化,城市综合改革试点顺理成章地被提上日程。1982年4月,国务院确定在江苏的常州、湖北的沙市等一批中小城市进行综合改革试点。然而,中小城市的代表性和影响力毕竟有限,为适应在农村改革取得巨大成功后必须及时将改革重点转向城市的要求,中央考虑在1983年开展大城市的经济体制综合改革试点。1983年1月10日,中共四川省委、四川省人民政府向党中央、国务院上报了《关于在重庆市进行经济体制综合改革试点意见的报告》。2月8日,中共中央、国务院发出〔1983〕7号文件,原则批准四川省委、省政府的报告,要求国务院各有关部门组织和派出得力干部协同四川省委、四川省人民政府参加和领导改革试点工作。

重庆之所以被选定为第一个进行经济体制综合改革试点的大城市,主要原因是:第一,重庆是我国重要的老工业城市和历史形成的大区域性经济中心城市之一,在全国的大城市中具有较强的代表性,对探索如何组织好以大城市为中心的经济区具有重要意义;第二,重庆是“三线”建设的重点地区之一,建成了我国重要的常规兵器配套基地,大型军工企业甚多,对探索军工生产和民用生产相结合的新路子具有重要意义;第三,四川省和重庆市党政领导人的改革意识强,社会的改革气氛浓烈,企业扩权改革试点走在全国前列,四川省委、省政府明确支持在重庆进行综合改革试点;第四,重庆虽然在四川省的经济分量较重,但不是省会城市,也不是中央直辖市,在重庆这样非省会的省辖大城市进行经济体制综合改革试点,困难和阻力相对少一些,即使出现某些问题也易于解决,对全国和所在省的负面影响也较小。

20世纪70年代末80年代初，我国经济体制改革的目标模式尚在探索中，指导改革的官方理论观点还是“计划经济为主、市场调节为辅”或“计划经济与市场调节相结合”。然而，以“扩权让利”为主线的初期改革已隐含着市场化的取向，通过理论的研讨和“摸着石头过河”的实践探索，在学界和政界，对社会主义经济仍然属于商品经济（当时还没有明确提出“社会主义市场经济”的概念）范畴的认识，日渐成为主流。1980年9月，以著名经济学家薛暮桥为主要起草人，由国务院经济体制改革办公室提出的《关于经济体制改革的初步意见》，就明确表述：“我国现阶段的社会主义经济是生产资料公有制占优势、多种经济成分并存的商品经济。”充分发挥经济中心城市的作用，是发展现代商品经济即市场经济的客观要求。当时，于光远、刘明夫、林子力、廖季立等著名经济学家在撰文论述社会主义经济仍是商品经济时，都强调要重视发挥历史形成的几大区域性经济中心城市的作用。在这种学术氛围中，1982年春，四川省社科联在成都召开了一次改革理论研讨会，重庆市计委领导指派我准备论文去参会。此时，王复初、陈之惠已是重庆市计委副主任，我已担任计委综合处处长。在王复初、陈之惠的指导下，我撰写了题为《经济中心城市在调整和改革中的地位及作用》的论文，在会上做了交流和大会发言。这篇论文首次不再是单纯从发挥老工业基地作用的视角，而是着重从发展社会主义商品经济要充分发挥经济中心城市作用的新视角，阐述了对重庆这种历史形成的大区域性经济中心城市恢复国家计划单列的必要性。此文受到与会同志的好评，被选编入会议文集，并在1984年获得四川省人民政府授予的哲学社会科学科研成果三等奖。可以说，正是有了改革开放初期由解放思想带来的理论突破，重庆在经济体制综合改革试点时的再次计划单列才能实现体制模式的创新。

促成重庆成为第一个进行经济体制综合改革试点和实现计划单列的省辖大城市，有两位与重庆有着深厚历史渊源的著名经济学家做出了重大的贡献。一位是蒋一苇，解放前他在重庆做党的地下工作，是中共重庆市委机关报《挺进报》的首任主编；改革开放初期他担任中国社科院工业经济研究所所长，以其“企业本位论”为推进改革做出了重要理论贡献，并受重庆市委之聘兼任新组建的重庆市社科院院长。另一位是林凌，改革开放之前他曾在重庆工作，担任过重钢工会主席，后来调到四川省工作；改革开放初期，他担任四川省社科院副院长，是四川省委、省政府在改革决策上的主要参谋者之一，并积极为重庆的改革出谋献策。1982年底，蒋一苇和林凌联名向中央呈报了《关于在重庆市进行综合试点的几点建议》，其中就包括对重庆实行计划单列的内容。国务院将蒋、林的建议批转国家计委研究提出意见。早在中央〔1983〕7号文件发布之前一个多月，国家计委就于1983年1月2日以计综〔1983〕4号文报告国务院，同意从1984年起将重庆市的计划单列户头；经国务院批准，国家计委于1月12日以计综〔1983〕32号文下达了《关于重庆市计划单列户头问题的通知》。

根据中央的决策，1983年3月，在重庆渝州宾馆召开了“贯彻落实中央指示，搞好重庆市综合改革试点”工作会，中央和四川省各有关部门众多部省级和司局(厅局)级领导同志参会，与重庆市委、市政府及有关部门共同研究拟订重庆综合改革试点方案。各个专项改革方案由中央、省、市对口部门研究拟订，经国家体改委和四川省委负责同志审定。重庆计划单列的方案是由重庆市计委拟出初稿，在时任国家计委国民经济综合司司长何廷式和副司长郑力的主持下，由国家计委、四川省计委和重庆市计委共同研究拟订的。时任四川省计经委常务副主任辛文积极支持重庆计划单列，他认为这样既能为重庆进行综合改革试点提供重要体制条件，又对四川省很有利，因为四川是一个上亿人口的大省，而国家计划分配的资源往往是每个省级户头一份，四川对中央有两个计划户头比只有一个计划户头能够得到更多的支持。重庆市计委参加共同研拟计划单列方案的主要是市计委两位副主任王复初和陈之惠，我作为市计委综合处处长具体承担了文字起草工作。经中央、省、市计委的与会同志讨论协商，并征求、吸纳了有关方面的意见，于1983年3月11日正式形成了经国家体改委和四川省委负责同志审定的《关于在全国计划中对重庆市单列户头的实施意见》。根据这个《实施意见》，重庆市由市计委牵头，抓紧做了三项准备工作。一是全面清理划转各项计划基数。《实施意见》商定，原则上以重庆单列前三年(1981—1983)由四川省计划安排(包括年初下达的正式计划和计划内的追补、调整)的平均数作为重庆计划单列的基数，有的基数可根据实际情况做必要调整。重庆原有行政辖区口径内的计划基数由重庆市计委负责清理，新并入重庆的原四川省永川地区计划基数由原永川地区计委负责清理。属于各行业主管部门管理的计划，则由重庆市和原永川地区的相应主管局负责清理基数。各项计划基数清理出来后，分别由四川省和重庆市的计划部门或行业主管部门协商一致，共同认定重庆从四川省计划中划转到国家计划中单列的指标基数，由省、市共同上报国家计委和国家的行业主管部门。这项业务虽然准备工作量大，也很烦琐，但由于省、市双方都能着眼于改革大局和长远发展，所以总体上进行得很顺利；个别对省、市双方来说都确有实际困难的问题，中央部门“让一点”也就解决了。1983年7月21日，四川省计委和重庆市计委共同向国家计委报送了《关于在全国计划中对重庆市单列户头划转主要指标基数的报告》，国家计委于8月12日转发了这个报告，通知国务院各部委、各直属机构从编制1984年计划控制数字开始参照执行。二是全面清理各项“省级经济管理权限”。因为重庆市第三次计划单列不仅是计划指标的单列，还同时对重庆市赋予省级经济管理权限，需要做好“放权”的各项交接工作。三是组织重庆市的各部门上京向国务院对口部门汇报重庆各方面的情况和工作，正式建立部(委)市直接对话关系和工作联系。完成三项准备工作后，1983年底召开的全国计划会议和各部委工作会议，重庆正式以“计划单列市”的身份参加。从1984年起，新中国成立以来重庆的第三次计划单列正式实行，直至1997年3月全国人大批准重庆设为中央直辖市，1998年后国家对重庆相应转变为直辖市计划管理体制。继重庆第三次计划单列之后，中央又陆续批准了13个省辖市实行计划单列。1985年9月，国家体改委和国家计委在沈阳召开计划单列工作会议。根据各单列市汇报的情况和会议讨论的意见，形成了《关于继续落实和完善大城市计划单列工作的报告》，报经国务院同意后以国办发〔1985〕89号文转发各部门、各地区，促进了全国第三次省辖大城市计划单列这项重要改革举措的落实和完善。

重庆第三次计划单列体制模式的改革创新意义及实际成效

重庆在改革开放初期再次计划单列的体制模式，具有本质上不同于计划经济时期的两次城市计划单列的改革创新意义，因而取得了远非前两次计划单列可比的积极效果。同时，在我国经济体制转轨过程中，计划单列也像其他方面很多改革举措一样，具有明显的“双轨”过渡性特征，应当历史地、辩证地予以客观评价。

一、重庆第三次计划单列的体制模式创新及其实质性改革的意义

计划单列这种特殊的计划管理形式，追根溯源，可以说是萌生于计划经济体制下的计划“戴帽”下达，即上级计划部门在向下一级计划单位下达计划时，直接对更下一级单位乃至企业的某些计划指标做出安排。然而，当计划单列的对象是具有大区域性经济中心地位和功能的大城市时，已开始隐含着某些不同于一般计划“戴帽”下达的意义。重庆在改革开放初期再次实行计划单列时，虽然整个经济体制改革尚未明确提出“建立社会主义市场经济体制”的目标模式，但在理论基础和指导思想上，已经明确了要大力发展“社会主义商品经济”，充分发挥大城市作为区域经济中心的作用。因此，重庆的第三次计划单列得以突破改革之前两次省辖市计划单列的体制模式，创造出一种更完整和较能体现市场化改革取向的计划单列体制新模式，后续的计划单列市原则上都是按照这个模式实行单列。

重庆计划单列体制模式创新的基本内涵，就是重庆市计委在研拟方案时明确提出的，得到国家和省的认可和支持，贯彻于重庆计划单列《实施意见》和国家计委转发重庆计划单列基数的通知中的“计划单列三原则”。

其一是“全面单列”的原则。即经济、科技、社会发展的各项计划均实行单列，而非改革之前两次省辖市计划单列那样只对部分主要计划单列；国务院各部门对市的对口部门都单列计划户头，而非只由国家计委在全国计划中对重庆单列户头。

其二是“先二后一”的原则。即把重庆市和四川省不含重庆的辖区视为两个相对独立的省级计划户头，直接纳入全国计划综合平衡，统筹安排，由国家计委和国务院各行业主管部门将重庆市和四川省不含重庆部分的计划指标分别直接下达给市和省，只是在计划表式上仍采取“四川省下列其中重庆市”的表达形式。不再使用改革之前两次省辖市计划单列那种“先一后二”的做法，就与传统的计划“戴帽”下达有了实质的区别。

其三是“三位一体”的原则。即全面计划单列、全面赋予单列市以省级经济管理权限、所有原省属企业和可下放的中央部属企业均下放由市统一管理，这三个方面相互结合，组成“三位一体”的配套改革，从而使单列市具有了与其作为大区域性经济中心城市的地位和功能相适应的，比较完整、充分的自主权。这是改革之前的两次省辖市计划单列不可比拟的。至于20世纪60年代中期第二次省辖市计划单列时实行的两项资金补助政策，由于扩大了企业自主权和实行财政分成包干制，因而不再恢复。改革开放以来陆续批准实行计划单列的14个省辖市，各自的具体情况有所不同，单列的某些具体内容、具体做法也不尽相同，但重庆首创的“计划单列三原则”却是所有省辖市计划单列共同的核心内涵。

为互通信息，交流经验，计划单列市每年召开一次市计委、体改委主任联席会。我从1984年7月到1990年9月担任重庆市计委副主任，分管综合计划和计划改革等方面的工作，因此多次参加单列市计委、体改委主任联席会。在1987年的联席会上，我代表重庆市计委做了一个题为“坚持、完善、深化中心城市计划单列”的发言。发言中，我把重庆计划单列体制模式创新的内涵概括表述为“计划单列三原则”，之后，又阐述了我们当时对这项改革的实质意义的认识，“中心城市计划单列并不是简单地增加几个省级计划户头，也不是单纯地放权分利，它的实质意义在于：第一，按照生产关系必须适应生产力性质的客观规律的要求，提高了大区域经济中心城市在全国宏观经济管理组织体系中的层位，使之与这些城市的经济地位、经济功能大体上相适应，加强它们参与宏观经济管理的职能；第二，按照经济分工的原则，使大区域经济中心城市的经济管理层位与行政管理层位开始分离，从而在原有的按照行政条块、行政层位来划分经济管理层位的传统体制上打开一个缺口，为进一步实现按照商品经济和社会化大生产的内在联系来组织、管理经济创造了条件。可见，中心城市的计划单列，既带有简政放权的性质，又具有理顺经济关系的性质”。我在这个发言中还讲到，中心城市本质上是一种凝聚性和开放性结合的经济集聚体，中心城市计划单列形式上是“行政性分权”，实质上是经济性分权，因此有利于对内对外开放。依托大中心城市逐步形成全国和区域经济网络，将使我们有可能由按照行政隶属关系来组织、管理经济逐步过渡到按照经济内在联系来组织、管理经济。

随着改革的不断深化，特别是在中共十四大明确提出了建立社会主义市场经济体制的改革目标模式之后，我对计划单列体制新模式的改革创新意义有了进一步的认识和理解。1993年，我在担任国家计委国民经济综合司司长时主持完成了一项“我国社会主义市场经济的计划管理研究”课题，获得国家计委机关优秀研究成果一等奖和全国计划系统优秀研究成果二等奖。在这项由我主笔的主报告研究成果和我的其他几篇论文中，我把我国传统计划经济体制的计划管理方式的基本特征归纳为四点：一是“利益一元”。片面强调全社会利益的一致性和国家利益至高无上的地位，政府尤其是中央政府作为全社会和国家利益的代表是近乎唯一的和无条件压倒一切的利益主体，不尊重或忽视各级各类经济主体相对独立的经济利益。二是“行政本位”。在政资不分、政企不分的经济组织管理体系中，所有经济组织、经济主体都是一定行政机构的附属物，一律按照行政部门、行政地区、行政层级，并主要依靠行政指令、行政审批、行政协调手段来组织调控经济和实施计划管理，总体上排斥了市场配置资源方式和运用经济杠杆调节经济运行。三是“实物管理”。与市场经济中价值运动主导实物运动、通行“物随钱走”的原则相反，计划经济是实物运动主导价值运动、通行“钱随物走”的原则，与此相应的计划管理的基本内容和指标体系，主要是反映和调控各类物质产品生产、流通、分配、消费的实物运动及其平衡关系，少数反映价值运动及其平衡关系的财政、金融计划指标处于次要的、从属的地位，调控经济的三大主要综合经济管理部门的关系是“计划点菜、财政买单、银行结账”。四是“纵集横散”。从纵向关系上看，经济、计划决策权高度集中于政府主要是中央政府和省级政府，地方政府尤其是省以下政府基本上只能被动地按照上级政府层层分解下达的计划行事，自主权很小，企业更是被剥夺了生产经营自主权。同时，随着“实物管理”的产业、产品门类越来越多，越来越复杂，各种行业主管部门也越设越多，越来越细分，经济、计划管理的纵向高度集中必然要求以横向分权为补充和必要条件，以致在反复批判地方的“分散主义”或批判“条条专政”之间找不到一条克服“一放就乱、一收又死”的出路。上述四个特征，最根本的特征是“行政本位”，这是计划经济以行政方式配置资源为基础的本质体现。因此，我认为，在以市场化为基本取向的经济体制改革过程中，大区域性经济中心城市实行计划单列的体制模式创新，其实质性的改革意义在于一定程度上突破了传统计划经济体制“行政本位”的束缚，使得原本是商品经济发展的产物和市场经济枢纽的经济中心城市激发了内在活力，重新恢复和增强其辐射、带动、服务全国和区域经济发展的功能，这与建立社会主义市场经济体制对发挥市场配置资源的基础性作用的要求在大方向上是一致的。同时，大区域性经济中心城市实行计划单列，也为建立和完善适应社会主义市场经济体制要求的宏观调控体系提供了一种新的组织依托，这比单纯依托原有的行政“条块”组织更有利于把国家宏观调控与发挥市场配置资源的基础性作用有效结合起来。当然，我们不应夸大计划单列的改革意义，必须认识和正视其“双轨制”特征的过渡性和局限性。随着计划单列市队伍的扩大，获批单列的标准显得模糊起来，许多省会城市都要求计划单列，由此出现一些新的矛盾和摩擦，引起对计划单列的一些异议。1993年中共中央《关于党政机构改革的方案》确定，只保留重庆、深圳、大连、青岛、厦门、宁波6个城市的计划单列，对沈阳、哈尔滨、广州、武汉、西安、南京、成都、长春8个省会城市不再实行计划单列，但将这8个城市再加上济南、杭州共10个省会大城市确定为“副省级城市”，仍参加全国计划会等全国性经济工作会议。

随着改革不断深化，社会主义市场经济体制基本建立并日趋完善，产业主管部门大幅度撤并精简，综合经济管理部门的职能转向宏观调控，国家计划的基本性质已由指令性转变为指导性，计划门类和实物管理型指标大大减少简化，计划内容突出宏观性、战略性、政策性，保留的计划指标大都是不予层层分解下达的预期性指标，只对应由政府提供的基本公共服务和涉及公众利益的经济外部性领域设置少量约束性指标，投资体制也进行了较大改革。在这种新的体制条件下，改革初期，中心城市计划单列时还难免靠单列户头去“分钱分物分指标批项目”，但这种作用已经越来越淡化弱化，日渐趋于消失，不过这种计划单列的实质性改革内涵仍然存在，其合理内核还以不同形式继续保留下来，即不应以“行政本位”原则而应以“市场本位”原则来确定经济中心城市在全国经济组织管理体系中的层位，赋予经济中心城市必要的自主权使之更好地发挥市场经济枢纽作用和带动、服务区域经济发展的功能。

二、第三次计划单列有力地促进了重庆的改革开放和经济、社会发展

重庆第三次实行计划单列的14年，是改革开放后重庆经济、社会发展的第一个黄金时期。这一时期重庆在各方面取得的发展成就，固然是全国改革开放大环境下多种因素作用的结果，而具有实质性改革创新意义的计划单列无疑是一个十分重要的体制因素。重庆第三次计划单列的体制效应，概括地讲，我认为集中体现在以下三个方面。

第一，为重庆几项特别重要的改革提供了不可或缺的体制条件。重庆进行的经济体制综合改革试点，涉及诸多领域，而对重庆确立和增强其“长江上游经济中心”地位和作用具有特别重要意义的改革，主要是三项。

其一是国有企业改革。改革开放初期，整个经济体制改革的中心环节是国企改革。重庆这个历史形成的大区域性经济中心城市，也是我国重要的老工业基地，国有企业尤其是大中型国有企业数量多、集中集聚度高，是中心城市主要的经济支柱和经济实力的集中体现。但在计划经济的“条块分割”“行政本位”管理体制下，这些国企普遍缺乏活力。当时的国企改革探索，还是以“简政放权让利”为主要内容，促进其经营机制转变，尚未认识和明确提出产权制度改革和建立现代企业制度的目标。重庆是率先进行企业扩权试点的城市之一，1978年末到1983年初，从个别企业试点、扩大试点到全行业改革试点，国有企业扩权让利的改革已在市属企业普遍推开。中央批准重庆进行经济体制综合改革试点之后，“三位一体”的计划单列体制模式创新使重庆能够在更大范围更直接有力地推进国企改革。1984年5月，国务院下达扩大国营工业企业自主权的10条规定后，重庆市委、市政府迅速做出决定，不通过中间环节而将生产经营权“一竿子”放到企业，并对扩大企业自主权做了10条补充规定。为解决行政性公司与企业争权争利问题，重庆把原有的54个行政性公司全部转制为企业性公司，这些公司与原下属企业的关系由行政隶属关系转变为企业联合经营关系。公司无权再对企业任免厂长、经理，下达计划和集中资金，只能靠为企业提供技术、信息等服务来生存和发展。1984年到1985年，还先后在全市工、商、交、建系统的417户国有企业推行了厂

长(经理)负责制,1985年底,开始试行“资产经营目标责任制”。同时,还完成了“利改税”两步走,普遍实行“工资总额与经济效益挂钩”,并开始试行劳动合同制。这些虽然还属于初步的、浅层次的改革,但对国有企业转换经营机制,增强内在活力起到了积极作用,为后来的深层次改革做了准备。

其二是“军转民”改革。探索军工生产和民用生产相结合的新路子,是重庆进行综合改革试点的一项重要内容和任务,也是当时重庆调整产业结构、构建新的支柱产业的重点和关键。重庆利用计划单列的体制条件,加强部、市合作,大力推进“军转民”改革。原兵器工业部(五机部)与重庆市政府商定,从1985年起,每年召开两次部、市联席会,商讨军工企业改造为军民结合型企业和加快“军转民”问题。在中央主管部门大力支持下,重庆统筹组织、协调全市“军转民”工作,促进军工企业与民品生产企业联合协作,迅速形成了以摩托车、汽车为主的军工企业规模化民品生产能力和军民企业、国企民企联合协作的产业配套体系。到1985年,重庆军工企业的民品产值占其总产值比重已达到65%,摩托车产量占全国总产量50%以上,军工企业与市内外500多家企业建立了多种形式的经济技术协作关系。到20世纪90年代,汽车、摩托车制造业已成长为重庆工业最大的支柱产业。

其三是流通体制改革。经济中心城市具有多种综合服务功能,最核心的功能是市场流通中心,因而流通体制改革对重庆增强其经济中心城市地位和作用至关重要。1983年,为配合重庆进行综合改革试点和计划单列,四川省将在重庆的14个原省属商业二级站全部下放到市,先与市属商业批发公司(即“三级站”)合并,然后改组为新的专业公司,减少了批发环节。1984年,重庆进一步突破计划经济时期形成的“三级批发”体制,在全国首先实行批发和零售结合、商品由计划调拨转为自由购销的改革,采取“地不分南北、人不分公私,谁都可以来买,谁都可以来卖”的直线式市场化流通方式。到1985年,全市已建立各类贸易中心110多个,基本形成了沟通城乡、地区的贸易网络,其中工业品贸易中心就吸引、聚合了全国20多个省市、50多个县以上的上千家工商企业。

第二,为重庆扩大对内对外开放,在推进西南地区和长江流域区域经济合作中发挥重要作用提供了有利条件。过去在省辖市计划管理体制下,重庆历史上形成的区域经济联系被切断,导致经济中心城市的功能衰退。对此,贵州省的同志对贵州与重庆的经济联系有一个十分简明生动的说法:西南大区时“关系好”,大区撤销后“关系少”,“文革”开始后“关系了”。1983年,重庆成为头一个进行经济体制综合改革试点的大城市后,以赋予了省级经济管理权限的计划单列市身份去推进和参与区域经济合作,经济中心城市功能得到明显的恢复和增强。1984年,在中央领导同志的倡导和推动下,建立了由四川、贵州、云南、广西、重庆组成的西南“四省区五方”经济协调会,后来发展为包括西藏自治区和成都市的“五省区七方”经济协调会。1985年,又建立了重庆、武汉、南京、上海长江上中下游四大经济中心城市的经济协作组织，后来发展为有二十几个城市参加的长江沿岸城市经济合作联席会。重庆还与北京及天津、广州、深圳、福州、厦门等东部沿海城市发展了多种形式的经济合作。1984年到1985年短短两年内，重庆就与全国各省、市、区和省辖地市共计近百个地区建立了合作关系，共签订经济技术合作项目协议2000多项，执行率在80%以上。在正式实行全面计划单列之前，1983年，重庆就先期实行外经贸计划单列，重庆亦被批准为沿江对外开放城市和外贸口岸。到1985年，重庆与世界上80多个国家和地区建立了贸易关系，有14类200多种产品进入国际市场。1983—1985年，重庆地方自营出口总额由2840万美元上升为10500万美元，引进外资7800万美元。现在看来这些数据已不觉显眼，而在改革开放初期和对比重庆的过去而言，却是相当可观的成绩。

第三，为重庆后来成为我国改革开放后的第四个中央直辖市和建设城乡统筹的大城市奠定了基础，做了多方面的准备。1997年3月后重庆在行政建制上升格为中央直辖市，直接动因是为保证三峡工程建设顺利进行，需要重庆这样的大中心城市承担百万大移民任务和组织带动三峡库区经济社会发展。而重庆在历时14年的第三次计划单列期间，不仅由于经济快速发展显著增强了经济实力和中心城市功能，为重庆直辖奠定了必要的经济基础，还由于计划单列体制模式创新，使重庆实际上成为比较完整意义上的“经济直辖市”，在思想观念、行政管理、干部人才等多方面为行政直辖做了铺垫和准备。与重庆第三次计划单列相辅相成的一项重要举措是将四川省原永川地区并入重庆市，重庆辖区由9区4县扩展为9区12县，总人口达1380万人，辖区面积22141平方公里，实行市直管县，由此基本形成了“大城市带大农村”的经济格局和行政构架。重庆成为中央直辖市时，将四川省原涪陵、黔江、万州3地市并入重庆，形成有40个区县、总人口3000多万、面积达82400平方公里、号称“中国最大”和世界独见的大直辖市，可以说是重庆第三次计划单列时期“大城市带大农村”经济格局和行政构架的进一步拓展。重庆直辖时有这样一个说法：“直辖市的牌子，单列市的底子，中等省的架子。”这个说法一方面表明，与北京、上海、天津三大直辖市相比，重庆这个新直辖市经济实力还比较弱，“够大不够强”；另一方面也表明，重庆成为改革开放后的新直辖市，与计划单列时期造就的经济基础和多方面准备有着内在的联系。进入新世纪后，根据贯彻落实科学发展观的要求，重庆在直辖10年后又成为中央批准的“统筹城乡综合配套改革试验区”，应当说计划单列时基本形成的、直辖后进一步拓展的“大城市带大农村”格局，以及亦市亦省、市(省)直管县的新型行政管理架构，是一个重要原因和条件。

计划单列对重庆来说已成为历史，却是很值得我们回忆和深入思考、研究的一段历史。

（选自中共重庆市委党史研究室编：《重庆党史研究资料》2011年第1期）

只待新雷第一声

——回忆重庆经济体制改革试点

周少华[1]

参与重庆综合改革的感言

重庆市进行经济体制综合改革试点和计划单列，是几十年前的事了。我作为一个见证者，全程参与了这项改革。回忆那段工作，感触很深。很多经济学家都自称是首先提倡搞市场经济的，但在我的工作笔记中，我们的企业在没有或少有国家计划的困境中，在扩大了企业自主权后，为了要给职工发工资、发奖金，为了给职工修建宿舍，为了企业的生存，被迫走向了市场。他们才是市场经济的真正推手，是市场经济的实践者，是改革的先行者。1980年9月1日到9月8日，我随国家经济管理委员会企业局的副局长郑肇桥等同志，到重庆考察并推动扩大企业自主权的改革工作，深有感触。

1981年，我到国务院体制改革办公室工作。1982年，成立国家经济体制改革委员会，我从体制改革办公室直接到国家经济体制改革委员会工作，参加了中国的企业改革。从参与企业扩大自主权，到实行财政包干、推行经济责任制的一系列改革工作中，我学习到了很多知识，了解了许多情况和问题。经过参观、考察、听取汇报，接触了全国多个省市的将近200个企业及其相关主管部门，和一些领导同志一起听取了财政、经委、商业、外贸、银行以及相关省市领导和各工业管理部门的汇报。参加这些工作，使我深深地体会到，中国经济体制改革的必要性、紧迫性，也看到仅仅进行企业的体制改革，是远远不够的。我国的企业，被国家各个部门、各个省市，即所谓的“条条”“块块”紧紧束缚住了，动一动都十分困难。国家的整个管理体制不进行改革，靠企业自身是冲不开束缚的。就像蒋一苇同志说的，我们建设了大量的企业，却没有给他们相应的权利和责任，有了出生证，却没有公民权。当时，反映最突出

① 周少华，女，曾任国家经济体制改革委员会试点司司长，山东潍坊市副市长。

的问题是计划体制问题。特别是在国家计划上，对除了直辖市之外的大城市没有体现，这些大城市的计划是国家计委通过省级计委下达的，他们在国家计划的本子上，没有户头。他们甚至无权进入国家计委的大门，不知道计委各个司局的大门朝哪方开。对这个问题，各大城市反映极其强烈。当时，国家计委曾经请他们座谈，出了一本纪要。他们一致要求国家对这些大城市实行计划单列。我看过这本纪要，深深感受到他们的这种迫切心情。

国家计委实际上是个管分钱、分物的大管家。每个省、每个部门都要向国家计委要项目、要资金。有户头，就有资格要钱要物；没有户头，就没有资格要。大城市要求实行计划单列，就是要在国家计委和相关的部委有户头，这样计委和所有有钱、有物的部门可以给他们直接拔款、拨物资，而不再通过省级政府和省级厅局。在中国官场有句大家都知道的俗话，叫作“跑部钱进”。可想而知，这些没有资格“跑部”的大城市，是什么感觉和心情了！

当时，我们仍然是以农业为主的国家，我们的省级党委和政府都把农业工作放在最重要的地位，对工业不甚了解，对城市发展的重要性也不甚了解，甚至不够关心。所以当时有“农业省委”之说。因为我国经历了“文革”，生产遭到很大的破坏，人民的温饱问题尚未解决，农村实行包产到户、联产承包责任制也遇到阻力。各地省委和省政府的精力，还在为农业问题所牵绊和困扰。在那种形势下，省委也只能是“农业省委”。那时，城市对各省的作用，就是给省里交钱。城市破破烂烂，基础设施陈旧，也不被我们各级领导重视。在这种窘迫的情势下，以大工业为主的城市，发出了强烈的呼吁。他们是工业中心、经济中心，是工人阶级的聚居地，是经济发展的巨大推手，是财政收入的重要贡献者。他们强烈地要求改革，要求提高城市在国民经济中的地位和作用。搞工业化，就要有适应大工业发展的条件。通过学习和比较广泛的调查研究，我当时完全赞同蒋一苇同志和林凌同志的意见：离开上层建筑的改革，工业企业的改革实际上没有出路！

我向国家体改委副主任、党组副书记安志文请求调到体改委的“试点组”（相当于司）工作。安主任同意我的请求，交给我的第一项工作就是按照中央的精神参加重庆市综合改革试点工作，要我给国务院各个部门打电话，通知他们的相关负责同志，于1982年12月20日到四川省成都市开会。我按照国务院各部委的名单，逐一电话通知了近40个部委的同志，按时聚集成都开会。随后，我们又到重庆进行调查研究，了解重庆市工业和各个系统、部门的改革情况。我们组织国务院各部委、四川省各委办厅局和重庆市相对应的委办局的同志，进行了初步的对口接触和商谈，并共同酝酿重庆改革试点方案。到1982年年底，经过大家群策群力，完成了《关于在重庆进行综合体制改革试点的意见》的起草工作，并由国家体改委廖季立、杨启先同志修改，安志文副主任和四川省委等领导同志共同审定，以中共重庆市委、重庆市人民政府文件上报，中共四川省委、四川省人民政府转报中央批准，即1983年2月8日发布的中共中央〔1983〕7号文件《中共中央、国务院批准四川省委、省人民政府〈关于在重庆市进行经济体制综合改革试点意见的报告〉》。

1983年3月2日，国家体改委又组织国务院各有关部门和四川省有关领导同志以及委办厅局负责同志到重庆，按照中央7号文件的要求，进行具体的协商和起草具体的改革方案。这一次中央部委、四川省、重庆市三方对口衔接。按照安志文同志的要求，国家体改委的同志参加会议，但基本上不表态，由省市双方和中央部门根据中央文件的精神和要求自己协商。我后来想，安志文同志的做法很有道理。如果是我们要求各部门应该怎么做，形成的文件今后出现了问题，他们可以有百条、千条理由去拒绝执行。而他们自己协商一致做出的决定，今后就不好随便更改。安志文同志的工作举重若轻。会议期间的大多数时间，他或者是带着我们去军工企业考察，或者是听取基层同志的汇报。只有在三方争执不下的情况下，他才会说话，协调平衡各方意见。当时，我刚刚接触这些事情，很多事情搞不清楚，就请教安主任。记得为煤炭企业和林业企业是否下放给重庆市的问题，就争得很厉害。我就问安主任，他告诉我说，既然重庆市实行计划单列，享有省级经济管理权限，这些企业就应该下放给重庆市。为了重庆市能够形成一个大的经济中心，应该使重庆有一个相对大的辖区面积，所以，安志文同志和四川省委书记刘西尧同志（当时没有第一书记）共同商定，把重庆市的行政区划扩大，管理的县由4个增加到12个。这个意见得到了四川省委的同意，并报经中央批准。

在重庆工作期间，各部委的同志都非常认真负责。住在我们隔壁的王丙乾部长，每天白天开会，晚上还带着财政部的同志在算账。他们算账时考虑得很长远，今天给了重庆市3000万元的好处，如果其他城市再搞改革，他们又应该怎么对待？给得太多了，中央财政有没有能力承受？他们的工作态度令人感动。

会议中期，国务委员兼国家体改委党组书记、第一副主任薄一波同志来到重庆，他听取了四川省委和国家体改委领导同志的汇报，做了多次重要讲话。

在和重庆市广大干部座谈时，他们对中央决定在重庆市进行经济改革试点，实行计划单列，享有省一级经济管理权限，表示衷心的拥护和赞成。从中央撤销西南局，小平、贺龙等领导同志离开重庆以后，重庆从一个西南的政治、经济中心变成一个省辖市，经济发展受到很大的制约。我曾说过，我们的大多数省委，过去多年来是“农业省委”，他们关心农业胜过关心工业和城市，这也不怪他们，是当时的形势使然。在这种形势下，我们的城市发展受到了很大的限制。特别是现在重庆市的干部群众，他们怀念小平和贺龙同志的心情溢于言表。他们经常会指着重庆人民大礼堂等当时的建筑，既自豪又留恋地告诉我们，这就是西南局时期建设的！那些年里，重庆市的发展非常困难，几百万人口的财政支出只有两亿多元，大部分东西都年久失修，医院、学校、厂房、道路、港口、码头，等等，都破旧不堪。重庆市每年要上缴四川省10亿多元，而四川省上缴中央财政只有6亿元。重庆市在发展过程中遇到的困难，可谓层出不穷、五花八门。中央部门对重庆的拨款，省里厅局会雁过拔毛，甚至拦腰一刀；企业需要加班，必须要坐火车到成都去报批；等等。听他们诉说这些问题和困难，真是令人叹息！我听重庆的同志说起过一个小故事。一次，老将军王震同志坐汽车从成都到重庆，一路上都在睡觉、休息，忽然，他被颠醒了，说：是到了重庆吗？连他都知道重庆的公路年久失修，路面破损严重。重庆市干部群众的改革热情非常高，期盼改变现状的心情，如久旱盼甘霖。这次中央下决心给重庆省一级的经济管理权限，实行计划单列，要使重庆重新成为西南的经济中心，干部群众非常激动。在我们召开的座谈会上，他们说：这是重庆市的第二次解放，应该在市中心广场上立一个第二次解放的纪念碑！第一次是政治解放，现在是经济解放！

会议结束时，中央各部委和省市相关委办厅局的协商，也基本达成协议。回京后，中央各部委根据这些协议，相继发布了相关的文件。这些文件基本上落实了中央7号文件的要求，为重庆的改革和发展创造了条件。

根据薄一波同志的要求，安志文同志带领我们体改委的同志，于1983年5月16日到6月17日，第三次来到重庆，了解综合改革试点的落实情况。虽然还有些问题，但基本上工作进展是正常的。

1983年7月20日到7月31日，安志文同志带我们第四次到重庆，召开了重庆市体制改革讨论会，对重庆市当时干部的思想倾向有所了解，并提出了关于加强改革和经济研究的干部队伍等建议。特别是对什么叫作经济中心，重庆市如何成为我国西南地区的经济中心，进行了深入的讨论。蒋一苇同志的论述极为精彩，他说：中心城市是实体，要发挥枢纽的作用，就像太阳是实体，太阳发出光芒一样；中心城市与周边地区的关系，不是上下级的关系，不是领导与被领导的关系，而是平等交换的关系。安志文同志说：我们的体制改革，就是要使商品交换发展起来，改革要为此创造条件，这是不可阻挡的历史潮流。

从1982年年底到1983年夏，我作为国家体改委工作人员随安志文同志“四进山城”，参与了重庆经济体制综合改革试点的方案酝酿、文件制作、组织实施工作。这一阶段的工作，可以说为以后重庆的改革发展创造了前提，奠定了基础。我为之尽了绵薄之力，深以为幸。

现在，重庆市成了直辖市，有了更广阔的发展前景、更加有利的条件，我深深地祝福重庆市，在今后的发展道路上，在改革开放中，取得更大的成就！

参与制定重庆经济体制综合改革意见

1982年12月21日，四川省委金牛坝招待所会议室。国家体改委副主任安志文，体改委员廖季立，规划组组长杨启先，中央、国务院各部门的相关负责同志，四川省委第一书记杨汝岱，副书记、省长杨析综，副省长、常委何郝炬，省委书记刘西尧，原副省长孟东波，以及四川省各委办厅局的负责同志，研究讨论重庆如何改革。参加会议的还有中国社会科学院工业经济研究所所长蒋一苇、四川省社科院副院长林凌。

四川省社会科学院副院长林凌首先介绍他和蒋一苇同志于1982年11月给国务院总理所写报告的主要内容以及中央的批示。鉴于重庆市的特殊地位，中央决定对重庆市经济管理体制进行改革，总的精神是对重庆市实行计划单列，赋予重庆省一级经济管理权力。工交企业以重庆市管理为主，使重庆市成为生产、生活资料的流通中心；发挥重庆市对外港口、口岸的作用，由重庆市直接进行对外贸易和经营港澳航线；提高重庆银行的作用，使重庆市的银行升级成为省级分行，使重庆成为金融中心；财政体制逐步实行利改税，不分缴税单位的隶属关系，统一在重庆市缴税，省厅局和中央部门不直接在重庆收钱。国务院总理对他们报告的批示是：请四川省落实，酝酿形成意见。

在会上，安志文同志讲：重庆市的行政区划要比原来只管四个县的范围再大一点，以发挥重庆的优势和潜力。重庆经济联系不限于行政区划以内，流通好办，按合理原则。比较麻烦的是企业，很多企业分布在三线城市。发挥重庆的服务作用，要靠自己的特长，要靠物美价廉、竞争力强等优势，如此经济中心的作用就强。重庆联系越广，作用就越大。要靠自己努力工作，去发挥作用。联合改组不要采取一种形式，不一定把小企业都并到公司中去，不要过分强调紧密结合，要有利于企业搞活和竞争，不要搞垄断。可以搞联营，要发展多种形式的联合，目的是要把重庆的产品搞上去。

安志文同志在会上要求重庆市要注意处理好几个关系：一是城市领导要让企业有更大的活力；二是要促进农村商品经济的发展；三是不能按行政区划搞地区封锁和条块分割，要主动和周边的小经济中心建立联系，这样以重庆为中心的经济区的道路才能走得通。重庆要建立情报中心、金融中心、科技中心、信息中心，不要关注这些中心归谁管，要把包括科研和技术在内的力量组织起来，推动产品的更新换代，提高质量，为技术改造指引方向。要实现政企分开，实行联合，企业包干，落实企业的责权利，即做到三个字，政企分开的“分”字，联合的“联”字，包干的“包”字。

为了更好地起草给中央的报告，中央和国务院各部委的负责同志和四川省参加会议的大多数同志，都于12月22日晚坐火车到重庆。我们体改委的同志也于当晚坐火车到重庆，联系重庆的实际继续开会研究。

12月23日下午在重庆继续开会。重庆市委书记王谦首先发言。他讲：要发挥重庆的中心城市作用。重庆过去不只是四川的经济中心，而且在历史上就是西南的经济中心。这些年，经济中心的作用发挥不够，需要把省里有的职权放给重庆。现在，重庆只相当于一个专区的职权，重庆落后了。重庆要起经济中心的作用，就要开放。重庆不只是与上海、广州等地，甚至与全国都有经济往来关系。今后对外的经济关系也要建立起来。外贸方面，重庆应该起独立的作用。重庆口岸现在是无口无岸，这样不行。重庆地区要扩大一些，不只是现在的范围，永川、大足、江津、铜梁、合川等县，应该划给重庆。今后省里的工业厅局不管企业，中央、省属企业都归市里组织生产。长江的运输很重要，应该直接把船从重庆开到香港去。体制改革要和市机构改革结合起来，是否准备把所有的工业企业、经济工作都划归重庆管？体制改革中，财政体制是个有争执的问题，我们赞成按首钢的办法办。

重庆市副市长马力同志在会上讲：重庆市的经济管理状况是“条条”“块块”分割，把产业部门的联系、城乡的联系割断了，重庆经济活动被肢解了。主要表现在，重庆市的经济活动，实际上被局限在相当于一个专区的范围内。重庆市有二级站，周围各专区也有二级站，中间有许多矛盾不好解决。省政府权力高度集中，市里缺乏必要的自主权。固定资产投资、金融、税收、信贷、物价等管理权限都集中在省里，统收统支大锅饭。所谓包干，一年包一次，年年变基数，重庆近两三年都没有完成省里下达的任务，实质上仍然是统收统支。重庆市的机动财力很少，市里缺乏经济手段。重庆市的行政地位仍是省辖市，改革的目的，只是在经济上给以必要的权限，给市一些单位，如银行、交通等单位，扩大相应的权力，以适应城市发展的需要。让重庆市充分挖掘潜力，为四川省、西南地区，乃至全国做贡献。我们不搞封闭式的、大而全的城市，而是按照长江上游中心城市的地位，按照经济合理的渠道，形成多方联系的、开放的经济中心。经济区划和行政区划是两个概念。怎么解决重庆作为省辖市在经济活动上又要超出省辖市的范围这个问题？在城市的范围内应该考虑党政分开、政企分开。

安志文同志在会上针对这个问题指出，经济区划要超出行政区划，这个矛盾怎么解决？要解决以下几个问题：

一是计划体制，实行重庆市计划单列。省里有的权力市里也要有。重庆市可以与国家计委直接衔接计划，国家计划确定以后，在省不含重庆的计划中纳入重庆市的计划，并列为省的计划表。固定资产投资、技术改造项目、信贷规模、劳动工资等计划要单列，解决计划多头的问题。省里给重庆市下达计划，目前省计委下达的计划只占30%，其他都是省各厅局和中央部门分口下达的，这样重庆市不好办，要一个漏斗下计划。今后，不要分部门下达，而是由省计委平衡后，省计委直接下达给重庆市计委。

二是企业管理体制，要解决条块分割问题，统一由重庆市管起来，包括省下放的企业和生产民品的军工企业。全市组织多个经济实体或联合体，把重庆地区的工业合理地组织起来。重庆市的企业要与外地企业联合和组织起来，组织形式包括公司制和松散联合体。如重庆钟表公司与昆明、贵阳等地组织起来，主要是资金上的联合、生产技术上的协作，各自实行独立经济核算。嘉陵机器厂摩托车生产一条龙，参加协作的有27家企业，不是经济实体，是松散的联合，企业隶属关系不变，实行公司内部价格，联合体内部免税，但这与现行税制有矛盾。重庆如何发挥优势？要通过联合，按经济合理的原则，不能用行政办法。

三是流通体制。内贸、省里的商业二级站下放给重庆。进销差，市里可以按有利于商品流通的原则进行调剂，要做到多渠道、少环节。附近专区的小二级站，建议按照减少环节的原则取消它。外贸，1980年重庆对外贸易开港后进出口额反而下降，原来重庆市通过广州、上海、天津等口岸直接出去，设重庆港口岸后重庆进出口权被省里拿走了，省自办外贸，把原来重庆市通过广州等口岸的直接进出口权全部拿走了。重庆市没有出口产品的报价权、签约权。名为重庆开港口，实为成都开港口。凡是归外贸管的行业没有一个是发展的。不应把商检局搬到成都去，应该把外贸公司都搬到重庆，使重庆成为名副其实的口岸。

四是物资供应。省切块下达到市，由重庆市就地平衡，实行差额调拨，组织平衡。重庆自用钢材27万吨，其他大部分外调，应该先由自己平衡后再外调。现在是先调出去，再调回来，这样加重运输负担。现在物资收购多环节，是为了多完成财政计划，为了收3%的手续费，省各厅局都成立供销公司，收手续费。特别是运量大的钢材、水泥等大类物资，问题更突出。应该实行就地平衡，差额调拨。重庆生产的水泥，就地销售每吨60元，但到建设单位后要每吨120元。把重庆水泥厂的水泥往全省各地调拨，再把峨眉水泥厂同等标号的水泥调来重庆。层层物资部门加收费用，即使开个分配指标的单子，也要加钱。层层开票、层层加价。应该恢复三线建设时期的做法，使重庆市成为物资供应中心，由这儿统一分配，就近组织工业生产。

五是交通体制，包括铁路、长江航运、民航体制。建议实行部和市双重领导体制。①使重庆分局的权力大一些。不要重庆的同志专门跑到成都去，请求省里批车皮，造成迂回运输、物资积压。现在，上海运输到遵义的货物用一个星期，而运到重庆的货物却要两星期。轮船公司要求下放到重庆，不要把运程割断。②以重庆为中心规划交通车站、码头的建设。四川省五机局，从天津、无锡、上海托运物资到重庆，那些地方不给托运，因为从重庆返回车皮有困难。重庆港口的吞吐能力低，积压太多运不出去。如何发挥长江的作用？30年来，即从1957年后一直没有发展，而且是下降的。川江运输成本高，长航是亏损单位，运价不合理，没有投资。解放前，重庆货物可以运到四条江。

六是财政体制。①基数递增包干，搞分档分成或全额分成。我们赞成递增包干，责任和权利要相适应。②上缴省的30%企业折旧费、公路养路费要拿回来给重庆。这两费共有5000万元。重庆的公路、码头问题很多，急需解决，应该由市里来办。可是，重庆每年还要拿钱给省里。危房和设备问题也比较严重。纺织行业的锭子还有20世纪20年代的设备。利改税后没法包干，就需要采取划分税种的办法。

七是几个具体问题。一是银行，重庆市的银行升格，把省银行的权力交给市银行。原来重庆市需要贷款，要到四川省批准，在重庆这儿不能决定银行的贷款。人民银行在重庆市的银行，要起中心银行的作用。二是税收，把省的减免税权力下放给重庆市。保证重庆市的新产品试制费用,促进重庆产品的更新换代。三是物价,归省里管的物价权给重庆市。小商品价格浮动权、商品进销差调剂权、季节性地区性产品定价权、质量品级差价的定价权等,下放给重庆市。四是电力分配调度权。过去西南电力管理局设在重庆,后来搬到成都。现在云南、贵州两省愿意恢复原来的体制,赞成把西南电管局设在重庆。目前重庆连对自己辖区内的电力调度权都没有,例如在某一时段有的用户需要减荷,有的用户需要增荷,自己调剂都不行。五是奖金控制总额、劳动工资基金指标确定权放给重庆市。

12月24日上午,中央和国务院机关各部委的同志、四川省各厅局主管部门的同志继续开会,讨论重庆市如何改革。

安志文副主任首先传达国务院的两句话。一句话是对四川省和中央各部门说的:“对重庆市实行计划单列,重庆市的经济权力不受行政区划限制,把中央和省属企业下放给重庆。”另一句话是对重庆市说的:“发挥重庆中心城市的作用,形成开放的经济网络,对全国形成经验。”重庆市要把优质产品、优势产业打出去。在科学技术上,重庆市要做到又能吸收又能扩散,把国内外先进的技术吸收进来,帮助西南等地发展。产品上的优势,其质量、价格要能竞争,又能扶助别人发展。上海实行内联外挤,重庆也要执行这个方针,要吸收上海的经验。

重庆本身的机构改革是为经济体制改革创造条件,经济体制改革也为机构改革巩固成果。一是政企如何分开?要像上海那样,设立局、公司、厂,三级行不行?公司基本上是行政性公司,局要减少,减少具体的行政干预。二是怎样联合?使企业经济组织更有活力。组织多少公司?小企业不一定进公司。小企业实行经济责任制,包干的办法更有活力。三是流通体制。地区一级的商业批发机构变成虚的,减少一级批发环节。四是财政上既要能够保证长期计划的平衡,又要给重庆以机动的财力,用什么形式解决?用税收的形式是否可行?过去的体制对大城市是吃老本的办法,是“鞭打快牛”的办法。现在解决问题有难度,要在提高效益的基础上解决问题。改革的担子不轻,要冲破阻力,立志于“改”,决心要大,步子要稳。这次要怎么改?形成什么样的经济区?会议先分成几个组,大家议一下,再写出报告来。

廖季立同志在会上讲:重庆不同于常州、沙市。那两个市的范围小,经济结构简单,以集体企业为主,产品结构简单,轻纺工业多。重庆是长江上游的大城市,与常州、沙市改革试点的内容不同。重庆闯出路子来,将会适合于武汉等其他大城市。要研究以下问题:一是重庆中心城市处于什么地位,应发挥什么作用?二是经济区和经济网络不同,区域划多大,是否能够辐射到别的方面去?我认为,重庆市的行政区划还是先小后大,不宜过大,也不宜过小,这其中有个管理问题。划得太小了,不易于长远发展。所以,行政区划要既有利于现在,又有利于将来的发展,可以分步走。国家今后对经济的管理,不依靠“条条”“块块”和行政管理,而是依靠经济区进行管理。三是重庆形成什么样的经济发展综合体?产品结构、技术、产业、组织结构是什么？从哪里起飞？从哪个产业突破？如果只进行单一的改革，生产还是上不去，效益提不高。所以改组联合的方向，综合发展的方向，不是在某一点，而是在于进行综合改革。

廖季立说，综合改革到底应该抓哪几项？抓住了就能把经济发展起来。首要的是解决"条块"问题。具体来说，要抓以下几方面：一是计划体制对重庆市实行计划单列。第一步，重庆市在国家计划本子上要有户头，重庆要能够参加国家的计划会议和订货会议。第二步，重庆市要有综合经济计划，不能一块一块地下计划，不能按省厅局下达计划。现在计划决定于条块管理体制，计划服从于条块体制。第三步，今后实物指标要大大减少，要搞价值管理。重庆市要有计划调整权。二是财政、信贷、资金管理体制。银行要发挥作用，不能只是一个省级、地方、地区的银行，而是经济区的银行，税利上缴也需要改变渠道。三是物资商业流通体制，现在从哪里突破？要设想三年内改成什么样子。四是机构改革与体制改革，不要互相设置障碍，机构改革的步子要大一点，太小了不行。省里也要改。要进行利改税，改革流通体制，形成中心城市。这不是小改，而是大改，要改行政管理为主为经济办法管理为主。中央和省，需要向重庆要多少钱，要多少东西，应该先说清楚。下面的经营管理，由他们自己管。五是军工企业的民品生产由重庆市组织，运用和发挥军工企业的科技力量，地方可以给他们提出任务。军工企业赚取的外汇、利润，地方应分一部分。

12月24日下午，由国务院各部委、四川省与重庆市对口厅局组成多个小组，进行讨论。讨论的题目是：①建成什么样的经济区，形成什么经济中心；②改革的原则和主要内容；③机构怎么改革；④国家各部委和省厅局怎样创造重庆改革的条件；⑤改革的步骤。

12月25日上午，在全体会议上拟定了重庆市综合改革报告的提纲。主要内容有：①扩大行政区，提高重庆经济管理的权力；②改革重点：一是搞活经济，二是促进联合改组，三是发挥经济杠杆的作用；③行政机构适应经济体制改革的方案；④外部要为重庆的改革创造条件；⑤改革的步骤和方法。会议决定搞三个小组进行深入讨论。

会议期间，我们组织了多个座谈会，进行了大量调查，全面了解重庆市的情况，一直工作到12月31日。经过国家各部委、四川省各厅局、重庆市各部门负责同志的共同努力，完成了《关于在重庆市进行经济体制综合改革试点的意见》初稿，以中共重庆市委、重庆市人民政府文件形式于1983年1月10日上报中共四川省委、四川省人民政府，由中共四川省委、四川省人民政府转报中共中央和国务院。中共中央和国务院于1983年2月8日批准，即中共中央7号文件。重庆市的经济体制综合改革、计划单列正式开始。

参与制定贯彻中央7号文件的具体方案

中央7号文件下发后，国家体改委再次召集国务院有关部委、四川省有关厅局、重庆市相关部门的负责同志于1983年3月2日在重庆开会，研究落实文件精神，具体制定重庆市计划单列、综合试点改革的方案，并召开重庆市经济体制改革工作会议。

在3月2日的会上，重庆市副市长马力介绍了重庆市体制改革准备工作情况。一是组织了全市干部群众学习中共中央7号文件精神；二是成立重庆市体制改革办公室；三是根据中央7号文件精神，开始着手制订重庆市综合体制改革试点方案。商业、零售业等改革意见已下发执行。实行比例税制，饮食行业二八分成，百货、五金交电行业实行六级累进税，并在企业内部实行承包。但在落实中央文件的改革中也遇到几个重要问题。

副市长马力着重汇报了以下10个问题：

第一，财政问题。首先，要把重庆市对国家和四川省上缴及自己留成的基数确定合适，一定要使重庆市真正成为一级财政。

①财政预算基数。四川省下达重庆市1983年收入预算的指标偏大，完成任务有一定的困难。全省37亿元，增长5.1%；重庆市要完成10.53亿元，增长7.4%，比全省的增长指标高出2.3个百分点。其中工业企业收入，省分配给重庆市的预算指标比去年增长17%。可是工业总产值增长计划只有3.9%。财政预算收入指标和工业产值指标相差幅度太大。商业预算要增加15.3%。如果四川省仍然要求重庆上缴给省政府10.53亿元，希望能包括国家能源、交通的集资部分，约3000万元。超过部分，我们要求按四五、五五分成（当时的分成办法是超额上缴部分中给重庆留35%）。生产企业的留成只能按5.5%来安排。企业留成利润减少，会损害企业的积极性，影响经济效益，不利于企业发展和开辟财源。

②按税种划分，要确定支出基数。重庆要求以1980年至1982年3年平均数为基数。如果以1983年为基数，现在安排全省支出30.55亿元，比去年增长12.93%，而重庆市支出仅增长1.48%，为2.1754亿元。再加上超额部分分成的400万元，又说不能列为基数。即使列为基数，也只增加3.53%，仍然远低于全省增长速度。1983年重庆市支出只占市财政收入的21%，过去这个比例一般都在30%以上。这样安排将会给重庆市财政带来困难。

③利改税分两步实施。实行经济责任制，主要搞利改税，不搞包干。利改税一步走，工作量太大，好多事情不好解决。还是分两步走稳妥一点，可以先做到税利并存。50万元利润以下的可以作为小企业，不以固定资产和人数为界限，否则，重庆符合小企业标准的只有16个企业，不到企业和人数的1%。对72户50万元利润以上的企业，采取两步走，按照55%比例征税；税后利润上缴，在保证企业留成利润的前提下，可以采取多种办法。重庆特钢逐年递增10%，两个行业的以税代利，保持不变。老五户改革试点企业，如钟表公司、印制三厂等

原来的改革办法不变。区县工业仍按分成比例，改为比例税，实行倒四六分成，上缴40%。年利润不满50万元的，一律实行八级累进税，税后利润全部留给企业。累进率提高了一点，从3万元起征，征收20%，最高一级达80%，平均税率56.72%。这样，重庆市50万元以上的有96户企业，1982年大中型企业中利润50万元以上的企业，年留成利润4800万元，占利润总额的22%；上缴利润1.617亿元，占实现利润的78%。1982年，全市全部企业留成利润4358万元，占实现利润的20%；上缴利润1.7432亿元，占实现利润的80%。如果用省里规定的办法，实行税前还款，50万元以下的企业，国家少收30万元。按我们上述的办法，让利后不会少收。

④商业系统，实行利改税，二八分成，实行比例税。百货、五金、交电、医药行业，10万元以下的企业，实行八级累进税；10万元以上的企业，实行六级累进税；批发行业的企业，实行定额上缴，超收分成。

第二，关于计划单列问题。①计划单列的内容应包括工交、能源、物资、邮电、外贸进出口、劳动工资、科技文教、新闻、人口等各个方面。凡是国家管理的各项计划都要单列，都由国家计委和各部门列出，下达到市，并同时下达到四川省备案。重庆市今后可以参加各种计划专业会议，市里的计划执行情况，直接报给国家部门，抄报省及省有关部门。②重庆市享有省级政府的计划决策权和管理权。由重庆市统筹安排全市的生活、生产及基建等事业的分配和管理。

第三，和四川省的关系问题。①计划单列后，继续承担省安排的各项任务，发展和省内各地区的经济联系。②市的工业在省内现有的协作配套关系继续发展，不能中断。③省管的副食、农副产品原料、工业原料，可以按照1980年到1982年3年实际平均数，确定由省调入重庆市的基数，纳入省的调拨基数下达。调拨数目超过的部分，省市签订合同，按经济办法办理。④重庆市调出的工业品，首先满足省内的需要。⑤省在重庆市安排的在建项目，要善始善终，不要中断。⑥能源分配以1982年为基数。市里能源企业生产的煤、电、气，超产的部分，市里留用70%，上缴省里30%。⑦物资分配。重钢计划自产钢的部分，建议市里留用15%（40万吨），特钢留10%，两个钢厂的超产部分，省市各用50%。⑧重庆水泥厂，按前三年上缴省的平均数上缴，超过的部分，市里留用70%。

第四，商业流通体制问题。改革批发机构，二级站下放给市，实行站司合并，专业划细，一个机构一级核算，两个牌子，要和商业部直接挂钩或联合。要在省内发展商商、工商、商农联合。同时要在省外发展联合，要建立贸易中心和货栈，恢复重庆市作为商品集散中心的作用。实行市管批发，区管零售，打破按区划设批发机构，改为按商品合理流向设置机构，直接向工厂进货，解决自销和批发的矛盾。加快供销社的体制改革，按经济区设立供销社，使它变成综合服务中心。目前，站司合并手续在办，问题是二级站多年来积压了相当多的、难以处理的产品，突出的是针纺站，有自产产品也有外面购进的，带着这个包袱走不了路，需要削价、要报废。要实行推销奖励办法。损失的物资和资金，在省市交接时要解决，否则是个障碍。

第五，对外经济贸易问题。对外贸易要计划单列。赞成不设总公司，和外贸部的公司直接挂钩，五个公司盈亏统一核算。应允许重庆直接对外谈判、报价。希望从1983年开始交接，具备这个条件。我们因为无权直接对外贸易，失掉了很多机会。从1983年广交会开始，重庆市要直接进行对外贸易。允许超计划出口和开展计划外出口业务，和福建、广东深圳挂钩，和武汉联合组织船队。重庆口岸及配套机构，要从成都搬回重庆。

第六，物资管理问题。在统一计划下，首先保证上交。在重庆市生产的产品，在国家分配的指标中，可以优先订货，减少相向运输。汽油现在有3种价格，国家调拨价230元，存放在省仓库的280元，重庆再提货，就是330元，中间环节多了，费用增加了。希望打破行政区划，分片建立3个物资供应中心，减少中间环节，组织直达供应，取消区县级的物资局。

第七，联合协作问题。进一步搞好联合协作，发展多种形式和内容的联合公司，加以调整使之符合专业化协作和联合。中央部门在重庆的企事业单位有47个，建议下放30个，其余的17个中，有7个科研单位，希望以部为主，实行双重领导；7个大专院校，建议由省代管改为市代管；驻在重庆市里原来归四川省代管的煤炭管理局、电力局、石油局，直接归中央部门管，不必再经过省管理局，那样浪费时间。省属企事业单位，要成建制下放，人财物不要变动，要避免损失。

第八，工资奖励制度问题。重庆市要求企业奖金不要封顶，实行按比例包干，组织力量进行具体测算。

第九，交通问题。重庆市对铁路车皮要有一定数量的调度权；要改变长江航运按区段分割调度的状况。

第十，军工问题（略）。

重庆市副市长马力同志对落实中央7号文件提出了上述想法。四川省第一委书记刘西尧认为，下放交接要根据中央7号文件，文件中没有涉及的，下一步再研究。

国家体改委副主任安志文讲：现在的任务，是制订具体方案，是目前条件下可行的方案。方案从何入手？应从工商企业的改革入手。企业改革，涉及各个方面，所以，这既是面上的事，也是工作的重点。国务院主要领导认为，解决国家和企业的关系，方向是税收制度，有利于解脱条条框框的束缚，解放生产力，把企业搞活。企业内部实行承包经营责任制，调动企业、职工的积极性。企业之间主要是合同制，发展相互关系。上层建筑的改革，主要是为企业基层改革服务。要把农村的成功经验运用到城市来，但城市问题复杂，有自己的特点。管理部门的改革目标是为企业服务，把企业搞活。涉及权、责、利的划分，这个问题矛盾很多,意见不一致,是改革的难点。管理部门权责的划分也难。属于生产流通领域的管理部门的改革,要注意两点:一是有利于发挥经济潜力、经济优势;二是有利于扩大重庆市与重庆市以外的经济联系,不要再搞新的框框,要形成开放式的经济网络,为四川、西南的发展服务,加强同各地的经济联系,包括与国外的联系。经济联系第一步不一定搞公司。要掌握互利原则,荣誉共享,利益均沾,要符合报告文件的精神,重庆市要成为开放的城市。分配领域,要兼顾三者利益,中央、省、市的利益要兼顾,不能只顾一头。过去只在中等城市搞过试点,是间接、探索性的改革试点。当前的改革要为下一步改革创造条件,不要设置障碍。改革不是最终目的。

从3月2日下午到3月4日,进行了分组讨论。在3月2日下午和3月3日上午的讨论中,财政部部长王丙乾同志都做了讲话。在3月2日下午的财政组会上,王丙乾部长说,财政问题主要研究解决利改税问题和财政体制问题。今天下午主要谈利改税问题。改革要着眼于现状并考虑发展潜力。首先,在重庆改革,要按国家的标准办法来搞,不能企业富、国家穷。新老办法要衔接一下,要顺利自然地转到国家规定的统一办法上来。财政体制要在现在包干的基础和范围内改革,而不是减少国家收入。给企业留成利润的宽严度,要根据国家和四川省财政的实际情况改,不能叫中央财政增加补贴。其次,企业的好处,要从扩大自主权和企业的回旋余地的政策中挖掘潜力。企业的好处不能是国家让的,而是要在自己多做贡献的前提下获得的好处。搞改革的结果是,一碗水变成两碗水,而不是一碗水大家分。①重庆市的计划单列,由于包括很多项目,应通盘考虑。要先研究财政单列问题。在不改变重庆市省辖市地位的条件下,由重庆市自己直接承担并完成国家计划和上缴财政计划,这是文件的原则。②我赞成在1983年把四川省和重庆市的财政划开,这是实行计划单列的基础。在此基础上开步走,省市收支基数划开。基数按哪一年确定,可以研究。双方协商后找出合理的、大家可以接受的基数。可以以1983年为基数加以调整,从实际情况出发,前后兼顾。对此应该注意的问题是,现在是比较困难的时期,国家在进行经济调整,不可避免地受客观条件的影响。日子好过的时候,分家好分。日子不好过,分家就不好分。收支分开,债务也要各方分担。省市分家,要上下互相照顾,体谅协商。③重庆应该是完整的一级政府的财政,支出结构应该和省一样。如果等到年终再确定基数,市里就没有决策权。年初确定,把合理的支出,执行中的支出要定下来。今后,中央确定支出,由中央往下分配时,就把四川和重庆市的数目分开。④中央、省属企业下放给重庆市,基数要进行相应的调整,就按重庆市的办法执行。地区合并,也从省预算中划过来,构成重庆的收支,1983年要把这事办清楚。定额上缴增长分成,今年分成45%,明年35%。⑤将来重庆市计划单列后,执行支出任务时,中央一级政府出的题目,中央出钱出办法。四川省出的题目,四川省出钱出办法。中央和省共同负责研究重庆市的问题。

划分税种问题。基数不变,实际利益随着增长会有变化。这些事今年做不到,划不清,就明年做。从全国角度来设想,把税收分成三大类:中央税、地方税、共享税。具体有两种办法:一是固定税收比例,全国都一样;二是各省的比例不一样。从全国来讲,工商税收不能变成中央税,如果500亿元工商税收全部收归中央,地方不干。把增值税和商业的营业税,作为中央收入,也做不到。中央能够收的税有关税、盐税、烟酒税(工商税中的少数几个),含石油、糖等六个项目。铁路、交通、邮电、民航、银行等税,缴中央。中央对外贸进行补贴。第一种方案:工商所得税(集体和国营企业的利转税),地方和集体企业所得税缴地方,国营的中央企业和省属国营企业的所得税,是否作为地方税?这在理论上说不清。如果作为中央和地方的共享税,增长部分对半分成,似乎地方得到的比例大了一点。第二种方案:准备开征的税,能定下来的可以开征,但中央、省和市要共享,可确立个比例,三家都挂着一点,不要完全脱钩。在中央税收中,地方挂20%,即地方得到20%;地方税收中,中央挂20%,即中央得20%。1983年要基本维持现状,今年主要是探讨、研究、制订改革方案。

地方建设税。取消企业的社会负担,由市里集中征税、管理,能否做得到?医院、学校不要厂矿去办,而由市里办。交通问题,社会用车效用高,单位用车效用低。职工退休,要民政局管,但退休人员不干,他们要房子住,民政局不好解决。重庆市设想,把资金来源集中起来,由企业把钱缴给民政局,由他们集中办理。否则地方企业承担不起,市里的劳动局正办这件事。合同工上缴一点,企业提一点,成立保险机构,给工人退休保障。搞社会保险,要真正、彻底地取消摊派,如果能做到这样,太好了!但实际上摊派减不掉,一定要市里真正全部承担。否则企业要拿出两份钱,又要缴给市民政局,又要自己负担职工退休,那样不行。要做好准备,因为那样矛盾都会转到市里。城市维护费,占财政收入的0.4%;企业办社会,占企业收入的3%。

从3月4日晚上到3月10日,大会听取了计划、交通、外贸、冶金、机械、纺织、轻工、煤炭、物资流通等各组和重庆市各局的汇报,进一步研究具体改革方案的制订。

3月10日,国务委员兼国家体改委第一副主任、党组书记薄一波同志在中央各部委、四川省和重庆市各委办厅局大会上发表了重要讲话。他说:商业部、外贸部,要把权力放下来,给重庆以相当的自主权。交通部投资建立商船队,把四川交通问题解决一下。四川、湖北不合作,30年没有把长江流域城市搞起来。铁路的运价便宜,航运贵,而且没有回头货。请交通部统一计算,各地航运比铁路运输便宜,就把四川积压的货物运出去,对四川和全国都是有帮助的。20世纪末,卡脖子的主要是铁路运输。搞重庆的经济开发,不能不把交通放在重要的地位。

薄一波同志说,企业实行利改税。经过讨论,已经确定的方案有军工、船舶、经贸、计划、煤炭、商业、物资;城建、冶金、交通的文件,正在修改中。财政已有大的原则,主要是以税代利,主要是三个不同点:一是还贷款;二是环比和定比;三是职工的工资问题。军工系统的改革，有三个进展：一是机构重叠的问题改了；二是军工企业生产民品，接受地方的任务，由军工投资和提供物资；三是把多余的技术力量拿到重庆。重庆要把统一规划抓住，不要搞大而全或小而全，重复建设。今后工厂发展方向，就是实行专业化协作。机械厂方向是发展专业小厂，几千人的大厂应该淘汰，只有如此才能把技术提高。不把军工系统的企业搞进来，重庆就不算是经济联合体。军工企业如果不和重庆市的企业联合起来，结果是统统吃不饱，没任务，吃财政部，摆的架子大，对国家没有贡献。军工企业的技术、人才、设备都是最好的。没有任务，他们本身也着急，需要参加经济联合体。1979年邓小平同志就提出，军工要和军队脱钩，办联合公司与军队实行订货制度。军队有权提出要求，但生产应由联合公司来组织，不是像现在，有多少财政拨款，就订多少货。军工厂要搞活，有全国最好的设备——80万台机床，这是国家最大的生产力。这个力量不发挥，是国家的损失，是军工的损失。现在不发挥作用，再过几年，这些机器就会废掉的！不挣钱，就不能更新改造，不是以谁领导为主的问题。重庆试点改革，要改革出点名堂，在这个问题上要进一步，事实上也可以进一步。从重庆的两个摩托车厂摸索一下，看是否可以找出一条路？第一要解决军工问题；第二，要研究三线建设问题，在四川投资380亿元，却没有发挥经济效益！不把这两个问题解决了，四川没有希望。既有生产关系的抵触，也有实际问题，非常困难。出路就是搞联合，团结起来力量大。把好的经验总结起来，这是双赢，不要仅仅限于在部内搞联合，要按经济效益搞联合，哪个经济效益大，就向哪个方面联合。

3月12日下午，国务委员兼国家体改委第一副主任、党组书记薄一波同志听取重庆市市长于汉卿汇报。薄一波同志讲：最近，小平同志赞成上海、山西的办法，对重庆这个改革，也是赞成的。就改革问题，最近胡耀邦做了报告，要把步子迈得快一点。我支持重庆经济区，这合乎中央要求。四川省委派了这么多人，中央和地方意见一致。大家参与了开创经济区的工作，是有功劳的，要继续搞。我们要负责把这件事搞好！各部门的同志回去以后，要把这件事办好，只准办好，不准办坏。重庆的眼光出三峡是不容易的，要看到全国、全党的支持。把三线军民结合搞起来。全党支持把重庆经济区搞起来。主要是靠本身改革挖出点钱来，闯出一条新路子来。按照胡耀邦讲的，一切地区，都要积极地改革，都有改革的任务。改革出效益，关系要摆好。我们的任务，是把改革放在前面，积极地为改革打好基础。现在既开了会，定了方案，说了就要干。国家经济体制改革委员会，准备把这个点抓一抓，安志文同志今年一个季度来一趟重庆，我们来促进促进。方案问题提出了，要知后事如何，且听下回分解。重庆市委、市政府，要主动地把担子担起来。

直到3月20日左右，重庆综合改革、计划单列的各项具体方案基本完成后，我们才回到北京。

（选自中共重庆市委党史研究室编：《重庆党史研究资料》2010年第4期）

我所了解的重庆经济体制改革

金 烈[①]

我原籍浙江绍兴，在上海出生长大。1967年我从北京大学分析化学专业研究生毕业，由于“文革”动荡，留校待分配。1968年我被分配到重庆东方红化学试剂厂做技术员，厂址就在南岸区纳溪沟。我在这个厂工作了10年，1978年3月调到重庆市化工局工作，不久后被任命为技术科副科长。

“文革”期间没有经委，只有工交政治部，恢复成立了市经委后，工交政治部机械处改为经委科技处，科技处缺人，需要调人进来。我是市化工局技术科副科长，经常到经委科技处汇报工作，和经委科技处的刘处长很熟悉。刚好化工局的胡志远局长调到经委当副主任，经委科技处的刘处长就去跟胡局长要求把我调过去。就这样，我调到了经委。在行政级别上，局比委低一级，我以前在化工局是副科长，调到经委就当干事。

我1980年到经委，当了一年干事，主要是抓质量。1981年我被任命为经委科技处副处长，当时主要抓了两件事情：一件是评选全国的质量奖。比如，峨眉牌棉球、丝纺厂生产的丝、印染厂的印花布、綦江齿轮厂的齿轮等评上了全国质量奖，在市人民大礼堂召开了质量奖授奖大会。这对当时的产品质量有很大的促进作用。另一件是全面质量管理。我们从日本引进了从原料开始到出厂全过程的质量管理体系。我到市一商局、二商局去介绍全面质量管理知识，到各个厂去调查，还开了全面质量管理成果发表会，当时重钢五厂、重棉一厂、綦江齿轮厂等厂矿企业的相关负责人都来发表了全面质量管理的成果。这对全市的产品质量也是一个很大的促进。

1983年，小平同志的关于干部“四化”的方针出来了，一批老干部让位，把一批年轻人推出来。当时经委召开全体干部大会，直接把我和另一位同志任命为经委副主任。我们当时都是副处长，就这样一下破格提拔了，完全出乎我们自己的意料。

我担任副主任后，主要抓技术进步，正好与当时担任国家经委副主任、管技术进步的朱

---

① 金烈，曾任四川省重庆市经委副主任、市计委主任、市人民政府副市长，中共四川省重庆市委组织部部长、市委副书记、常务副书记，重庆市人大常委会副主任、党组书记。

镕基同志对口。抓技术进步从两方面工作入手，一个是引进技术，其实严格讲不叫引进技术，实际上是引进整个生产线。当时重庆被列入了计划单列和城市经济体制综合改革试点，国家对重庆很重视，给了我们1.5亿美元外汇额度和相配套的人民币贷款额度，当时的汇率大概是1∶3左右，银行贷款给我们，引进设备和生产线。重庆市成立了引进工作领导小组，我任组长，市外经贸委一位副主任任副组长，成员包括人民银行、中国银行、工商银行、建设银行等银行的行长。那时我们每个星期开一次会，厂矿企业报项目，我们这个领导小组定项目，然后，定这个银行贷款给哪个厂，那个银行贷款给哪个厂，他们都非常配合。就这样，第一年就把一半额度的钱用完了，红岩牌电视机、阿里斯顿牌电冰箱、三峡牌洗衣机、纺织局的很多服装生产线和印染生产线、重钢的制氧机等，都是我们当时定的项目。这些产品在20世纪80年代风靡一时，是与格力、美的等现在的名牌产品同时起步的，但后来由于种种原因，重庆的这些产品很多垮掉了，非常可惜。另一个是搞技术革新，就是把工厂和研究所拉到一起，借助研究所的技术研究能力改进工厂的生产技术。但是这在当时非常困难，因为那时没有风险投资的概念，科研项目没人接，怕冒风险。我们组织研究所和工厂双方开会，想把大家捏在一起，很多研究所很积极，但工厂都不来。主要是因为那时还没有市场经济观念，跟自己的利益没有挂钩，工厂没有积极性。在我们的多方努力下，也形成了一些科技成果转移，但是效果比较差。我在经委当副主任期间，主要是干了这两件事情。

我从1983年到1986年在经委当副主任，这三年都在轰轰烈烈地干技术引进，当时对重庆的技术进步是一个很大的推动。尽管主要是引进仿制，但是大家原来连那些机器见都没到过，以前都是用手工敲敲打打，这种技术引进填补了原来的空缺。一下子很多产品出来了，市场也繁荣了。

那时工作非常忙，天天要到晚上十点多才能回家。我们夫妻俩都是外地人，在重庆无亲无故，家里有两个小孩要照顾，有时候小孩生病住院晚上通宵照顾，第二天白天照样上班。那时候没有专车，我住在观音桥，上下班都要赶公共汽车。那时生活也比较艰苦，一个星期只休息一天，休息那一天还得干挑煤球、买米等家务活。

1986年，原市计委主任快到龄退休了，而且身体也不好，市委、市政府决定把我调到市计委当副主任，准备接任主任。10月份左右，原市计委主任退休后，我就接任了计委主任。当时计划单列这些都已经搞完了。我在市计委主要干了这么几件大事：第一件事情，是我1986年去的时候，“七五”计划已经编制出来了，我经常到相关单位和场合对“七五”计划进行宣传、解释。我记得在市委办公厅大会议室讲过“七五”计划。第二件事情，是搞抓大放小改革。那时还是计划经济为主，市场经济为辅。抓大放小，就是大项目还是市计委审批，小项目和一些区县的项目就不需要审批了。这也是一个促进经济发展的改革。第三件事情我感到有很深远的影响，实际上是国家在为进一步改革做准备。就是1987年，国家计委组织了一批省一级的计委负责人到西德[1]的第三世界培训中心去学习“社会市场经济”。我们在那里看到他们的“社会市场经济”,实际上是以社会主义成分为主的,我感到这是我们中国以后要学习的地方,我回来后还在市委小礼堂做过报告。这次学习有两点给我留下了比较深刻的印象:一是当时西德把各州人均国民生产总值做了一个平均线,高于这个平均线5%以上的,都要缴给联邦政府,补贴给低于平均线5%以下的那些州,这个就相当于我们现在的转移支付,并且做得更加法规化、标准化。这个实际上就是一种共产主义思想,就是第二次分配,消除贫富差距。在社会主义市场经济中,市场起决定作用,不是计划经济,但是政府要进行干预,是政府强力干预下的市场经济。二是农业搞土地轮休。我们去慕尼黑访问了一家农户,这户人家有夫妻两个加一个儿子,一家三口人种了150公顷地,其中100公顷是祖传的,50公顷是邻居进城后租给他们的。他们对土地进行轮休耕种,每年只种100公顷,余下50公顷休息。他们的政策规定不轮休是要罚款的,轮休的损失由国家进行补贴。这样,地力得到了保证。我们看到很大一个仓库里面全是各种农业机械。他们不是大学生,是农业技术学校毕业的,因此,推广农业技术非常简单,开一个会,多媒体一放,资料一发,开半天会就解决问题。农闲时就是一家三口自己管理农场,农忙时再雇几个人。这个农场还自己办了一个小肉联加工厂,做香肠、火腿。这样的农民比城里人还要富裕。我们到这家参观时吃的糕点、咖啡都是这家主妇自己做的,比我们在宾馆吃到的还要好。我感觉,这个实际上也是我们的发展方向。

(袁仁景于2017年6月采访整理)

---

① 指联邦德国。

重庆改革二三事

刘黎平[①]

“双减半”改革试点

何谓“双减半”？就是对二轻所属集体所有制企业合作工厂、市二轻局实行让利措施，市税务局实行减税措施的统称。

一个减半，即二轻工业合作工厂原来是比照全民所有制企业办法，企业利润全额上缴，现在让利，改为企业利润超过上年增长部分减半上缴市二轻局（简称市局，下同）。另一个减半，即对合作工厂，企业利润超过上年增长部分，税务局减半征收所得税。

“双减半”让利减税步子并不大，但试点进行起来也存在困难。

重庆制刀厂是集体所有制合作工厂，是生产指甲刀、民用小刀的企业。因为种种原因连年亏损，粉碎“四人帮”后，公司和企业都急切地想扭转亏损局面。在市局让利和给予政策及经费支持的情况下，公司和企业准备转产，由生产指甲刀转向生产台式电风扇，转产的跨度很大，希望有关方面都能给予支持。当时税务部门对集体所有制企业实现利润，实行八级累进制征收所得税，但这个税则还是“文化大革命”前制定的，起征点很低，大概七八百元利润就起征，八级税率高达55%。经和沙坪坝区税务所、税务局商量，得到很大支持，同意企业实现利润超过上年增长部分，减半增收所得税。于是重庆制刀厂正式改名为三峡电器厂。

因为得到沙坪坝区税务部门支持，市局考虑扩大试点。在得到南岸区税务所同志支持后，市局便在三峡电器厂、家具一厂、塑料五厂布置试点，这是1978年的事。到了1979年下半年，南岸区税务局便提出塑料五厂试点不合税则（该厂地址在南岸，而另两个厂在沙坪坝区），不能同意“包税”，并坚持己见上报到国家税务总局，并将国家税务总局函件转送市局，其中称，对个体工商户，不允许实行包税。我们反复解释，塑料五厂是集体所有制合作工厂，不是个体工商户，“减税”不是“包税”，市税务局将他们的意见报告了市委，市局也向市委做

① 刘黎平，曾任四川省重庆市二轻局局长，四川省重庆市计委主任、党组书记，四川省重庆市政协副主席。

了报告。市委很关心改革开放的进展和动向，当市委书记鲁大东知道这个情况后，没有通知市二轻局、市税务局，在市塑料分公司领导和办公厅同志陪同下，于9月6日亲自去塑料五厂调研，肯定了改革试点，并当场决定："双减半"继续试点，政策三年不变。就这样，问题得到了解决，按市委决定执行。

实践证明，试点成效很好。三峡电器厂不仅当年扭亏，其生产的台式电风扇产量大增，质量好，成为市的名牌产品，不仅占据了重庆市场，还远销周边各省市。塑料五厂由生产塑料杂件，如碗、盆等，转产生产塑料鞋，后来成为全省最大的生产塑料凉鞋的企业，受到消费者的好评。

"双减半"的试验，后来得到省二轻局的肯定，并向全省二轻企业做了推介。

在纪念改革开放30周年期间，时任国务院副总理田纪云在《炎黄春秋》上发表了一篇回忆四川省财税体制改革的文章，其中谈道，对集体所有制企业利润超上年增长部分实行减半征收所得税，是当时省财税部门采取减税让利的重要措施。

《西南信息报》的由来

为了深化改革，1983年，国务院决定在重庆实行计划单列试点。考虑到重庆市在西南地区的地位和作用，在国家计委的帮助支持下，重庆建立了"经济信息中心"，同时，市计委把归口管理的物资局办的物资交流小报《物资报》接管更名为《重庆经济信息》。

1984年，时任中共中央总书记胡耀邦同志视察重庆和贵州后，帮助西南地区建立了"四省五方"经济协调会，打破了地区封锁，加强了彼此之间的经济技术交流与合作。

在市委领导廖伯康、于汉卿同志关怀下，市计委把《重庆经济信息》改组为《西南信息报》，扩大信息交流，强化为西南经济服务。

胡耀邦同志重视、关怀"四省五方"经济协调会的作用和地区之间、城乡之间的经济交流，对于有利于经济交流的，哪怕是细枝末节的事情，他都给予积极的支持和鼓励，如报社同志呈请耀邦同志为《西南信息报》题写刊名时，他欣然同意命笔，并于1981年11月14日书写了《西南信息报》刊头。

《西南信息报》的成立，征得"四省五方"政府同意，改一方办报为"四省五方"联合办报，并由各方指派一位秘书长组成《西南信息报》指导委员会，实行指导委员会指导下的总编负责制。指导委员会由各方参与的指导委员轮流主持工作，一年一轮换，民主决策，协商办事。

对于《西南信息报》的改组，中宣部、全国新闻工作者协会都很关注。1985年秋，中宣部新闻司司长钟沛璋等同志来渝调研后，认为打破行政区划办报是一种积极的探索，并寄予希望。

报社体制，实行自主管理，自主发行，自负盈亏。除了总编、报社党组书记和少数几个骨干属政府机关编制外，其他人员由报社面向社会自行招聘，采取合同制，能进能出，能上能下，工资、福利概由报社负责。

在各方政府帮助下，改组后的《西南信息报》发展势头良好，欣欣向荣，报纸年发行量最高达10万份。报社还运用摄影力量的优势，出版画册，比如《锦绣西南》等，受到各方读者欢迎。

筹措嘉陵江石门大桥建设资金

长江和嘉陵江在重庆交汇。重庆主城区从南向北被长江和嘉陵江分成三块，桥梁是最便捷的跨江通道。20世纪80年代初，重庆城区还只有两座跨江大桥，一座是1966年竣工的连接渝中区和江北区的牛角沱嘉陵江大桥，另一座是1980年建成通车的连接渝中区与南岸区的石板坡长江大桥。为改善重庆城区交通状况，经四川省批准，1984年连接沙坪坝区与江北区的石门大桥正式立项启动。

根据预算，石门大桥建设需要费用8000多万元。全市每年的基本建设资金包括统筹和自筹两个部分。统筹基本建设资金是由省统一下达的，纳入市财政预算，每年只有几千万元；自筹基本建设资金也很少。统筹资金需要安排的还有不少项目，不可能全部用来建桥。

银行贷款也不能完全解决建桥资金问题，当时银行放贷也受到指标的限制，省行根据存贷差情况，下达贷款控制指标。由于贷款的盘子小，基建项日多，满足不了石门大桥基建经费的需要。

因此，建桥经费统筹资金安排了1/3，银行贷款解决了1/3，还缺额1/3。

当时市计委从川大新调进的干部李重生同志（现北大教授），提出借鉴成都修建三环路某段自行车收费的办法，建议采取预收车辆通行费来筹集部分资金。就是在已有的嘉陵江牛角沱大桥和石板坡长江大桥上预收车辆通行费，作为石门大桥的建设费用，石门大桥建成后，三座大桥都免费通行。这种做法之前从未有过，是打破常规的办法。

计委认为这个办法可行，做了测算方案，并把这个建议和测算方案一并报送市政府领导，时任市长的肖秧同志同意这个建议。但有关部门感觉困难大，认为桥都没建好就开始收费，以前不收费的大桥现在要收费，而且在用这座桥收那座桥的钱，不合现行规定。

为此，市政府专门设立了收费机构，并下发关于在两座大桥收费的办法及其优惠条件的文件。到1986年，在统筹基本建设资金和银行贷款的基础上，加上通过收取过桥费筹集的经费，解决了修建石门大桥的资金问题。

当时建筑材料还比较短缺，国家统配部管物资也未完全放开，如钢材、水泥、生铁等物资,国家允许企业在完成计划后的超产部分可在市场销售,因此便存在两种物资两种价格:计划内物资,计划价格;计划外物资,市场价格。只有统筹资金基建项目才可以按规定配套供应计划内物资。所以,建桥资金筹集来源不同,便会在建材上产生较大的价格差异。为了协调各方面工作和控制建桥费用,市府决定成立石门大桥建设领导小组进行统筹。经过三年多努力,1988年12月,石门大桥建成通车。它是重庆主城区第三座跨江大桥,也是我国第一座采用美国拉索技术建成的跨江大桥。

(袁仁景于2018年10月采访整理)

回忆重庆江北机场的修建历程

陈之惠

重庆江北国际机场简称江北机场，位于重庆市郊东北方向21公里处的渝北区两路镇。江北机场是西南地区三大航空枢纽之一，也是国家大型枢纽机场，是中国十大机场之一，也是世界百强机场之一。

历史沿革

重庆民航起始于1928年。作为本埠历史上最重要的机场——当广阳坝、珊瑚坝、九龙坡等机场陆续停飞后，1938年11月6日建成的重庆白市驿机场一直担当着重庆对外的空中桥梁，也是国内当时仅有的四个国际民航机场。但是白市驿机场是泥结石跑道，长度只有1150米，宽100米，1966年7月，进行了一次扩建，扩建成混凝土跑道，2200米长，45米宽。白市驿机场的缺点是净空条件太差，每到冬春两季大雾弥漫，机场经常关闭，严重影响重庆对外交通。当时有这样一个故事：20世纪60年代，化工局杨宗祥副局长带领考察团到法国去考察，结果他们团员坐火车到了北京坐飞机走了，团长想从重庆坐飞机到北京，由于延误，团员们都到了法国了，团长还在重庆。

兴建江北机场的起因

1982年12月1日到15日，我陪同于汉卿市长赴法国图卢兹签订重庆—图卢兹友好城市协议，这是重庆市和国外达成的第一个友好城市协议。图卢兹市长博迪先生很热情，第二年冬天就到中国来，到了上海后，就跟于汉卿市长通电话，想到重庆来看看。由于白市驿机场浓雾弥漫，机场关闭，他在上海等了三天，最后只好非常遗憾地回法国去了。这事引起了市领导的重视，觉得应该修一个全天候的机场。

1983年，刘隆华副市长兼市计委主任，也觉得白市驿机场制约了重庆的对外开放，应该搞一个全天候的机场。但是，那个时候重庆没有钱。因为1954年重庆划归四川省管理以后，重庆财政结余都上缴给四川省了。没有钱怎么办？我就跟刘隆华（她是副市长兼计委主任，我是计委分管交通能源的副主任）商量："我们没钱怎么办呢？能不能想法到国外借款呢？"她说："我这次参加全国计划会议，他们给我通报了个消息，厦门机场就是用的科威特贷款。我们通过外经贸部一起争取国外政府的贷款来修新机场。"我说这是个好事情。我到计委工作这么多年，我也晓得，新修机场必须要开展认真扎实的前期工作。所以我就马上把重庆国际机场前期工作的筹备小组成立起来，调我们办公室主任毛钟鸣任筹备组组长，从事调查、研究、论证、收集有关资料等工作。

新机场为什么要选址江北县呢？当时我们找到市建委搞规划的同志，询问他们对兴建新机场选址的看法。他们就说，过去曾有过一个设想，在江北县一块台地上修建一个机场。据此信息，刘隆华副市长亲自带领市计委、市规划局、市经贸局、四川民航局和江北县的领导同志，冒着飘飞的雨雪，查看了江北县两路镇机场建设场地。

报批过程

由于前期工作做得比较好，1984年1月16日至19日，于汉卿市长带领市计委、市规划局、市经贸局、四川民航局的负责同志到北京向国家计委、国家经贸部、国家民航总局等有关部门的领导同志汇报新建重庆江北机场的有关问题，这次赴京汇报得到国家有关部门的积极支持。

按照市领导的指示，1984年3月初，我亲手起草了《关于新建重庆江北民航飞机场的项目建议书》，组织有关人员进行可行性方案论证，邀请国家民航局领导和专家来渝考察，派人到国务院和中央军委办理审批手续。我和四川民航局周顺福副局长等同志，多次到国家计委和国家民航总局汇报情况，办理审批文件等事项。

1984年4月，国务院主要领导和国务委员兼国家计委主任、党组书记宋平等到重庆来视察工作，于汉卿市长在汇报工作时又提出要兴建新机场，得到了国务院领导同志的支持。

经过上下各方面的努力，1984年12月24日，国务院、中央军委正式批准重庆江北机场建设立项。1985年1月23日，国家计委下达了重庆机场设计任务书。

我们上报的项目建议书中，江北机场的投资预算是2.6亿元，跑道长度是2600米。在报批的过程中，国家计委分管副主任黄毅诚曾跟我说，2.6亿元不能全由国家出，我们重庆得出点。我说可以。他说，凡是上了两亿元的建设项目要拿到国务院常务会议上讨论，我们就只能慢慢等。我当时很着急，想很快批下来。我说，"不超过两亿元，你就批个1.98亿元"。他说，"1.98亿元太扎眼了"。我说，"那你就给批个1.95亿元嘛"。他说，"1.9亿元，我给你批了"。我说，"可以，批嘛"。当时我为什么有底气呢？1983年，国家在重庆搞经济体制综合改革试点，我们跟四川省划分计划基数，当时开征了能源交通建设基金，一年有三四千万元。我就跟四川省计委常务副主任辛文同志说，让他就把能源交通基金全留给我们算了，他也同意了。计划单列后，认真征收能源交通基金，一年在三四千万元的基础上增加个一两千万元完全没有问题。江北机场2.6亿元，国家批1.9亿元，剩下7000万元由重庆自筹完全没有问题。所以国家计委很痛快地给我批了。批了后回来我们就好办事了，包括设计、施工都可以开展起来了。

当时国家计委在安排中西部新扩建机场时，安排了三大机场，顺序是西安、武汉和重庆。西安、武汉是扩建，重庆是新建。但是由于重庆前期工作进展快，先拿到了设计任务书。西安听说后，奋起直追。最后三大机场建成的顺序是重庆、西安和武汉。

建设准备过程

拿到设计任务书后，我们迅速成立了机场建设领导小组和办公室。于汉卿市长亲自挂帅担任机场建设领导小组组长，任命我担任机场建设领导小组副组长兼办公室主任，市建委詹述权主任和四川民航局周顺福副局长任副主任。当时我们采取两个手段来运作。一个是行政手段，一个是市场手段。把詹述权的建委主任免了，专职来搞机场。当时他的职务有两个：机场建设总指挥兼机场建设总公司总经理。机场建设领导小组办公室里，我们三人的分工是：我负责总协调，负责资金筹措，负责国家统配材料的筹措，詹述权负责施工的总指挥，周顺福负责和民航局及新老机场衔接协调。我们三人的配合协作一直非常好。当时机场建设领导小组办公室有一位成员是江北县的县长张永华，负责机场用地的拆迁工作。

当时把机场放在江北县，最困难的是基础设施。江北县当时是重庆第一穷县，不要说机场所需要的水电，他们自己的用水问题都解决不了。天气热了，市里还要开消防车去给他们送水。所以，我们当时第一个任务是把江北县的水厂扩建好，另外先把施工用的电站赶快建起来，还要把通向施工现场的道路修好。

修建机场最困难的事情是征地。当时征了4450亩地。在征地时，我就在想，我们要搞国际化大机场，应该把第一跑道、第二跑道的地都征了。虽然当时国家计委给重庆批的不是国际机场，而是一级机场。当时征地拆迁一亩地只有一万多元钱，要做好1000多户人家的拆迁安置谈何容易。当时采取了建设工厂来安置大部分有劳动力的农民，在安置中发生了若干问题若干矛盾。于汉卿市长亲临现场解决了一些事情，其他市县领导也夜以继日地做拆迁安置工作。尽管阻力很大，但经过深入细致的工作，终于还是把4450亩地征齐了。

当时机场选在江北县台地上时，有许多沟壑，最深的地方有30多米，所以挖填土石方工程量很大，有1420万立方米。此外，各类建筑物8.8万平方米，各类构筑物31.4万立方米，各类管线350公里，主要设备安装多达5320台。工程量大，时间要求又急。市里面施工部门当时的土石方报价为每立方米20多元钱，仅土石方就要2亿多元。机场建设领导小组认为，市里面的施工部门搞起来困难，于是进行国内公开招标。最后由铁道部11局、20局两家中标。2600米跑道他们一家负责1300米，也好有个竞争。这两个局当时是铁道部新成立的两个局，设备都是最新型的，最后每立方米的土石方价格为7元多。

正式建设过程

各项准备工作完成后，1985年11月30日凌晨，国家民航总局曹汝价司长从北京赶到重庆江北机场施工现场，宣布重庆江北机场开工建设的批文，在轰隆隆的爆破声中，机场正式动工建设了。

我们要建现代化的国际机场，需要借鉴外国经验，解决跑道基础建设中密实度的难题。跑道既不能打得很硬，否则容易发生断裂和脆裂，也不能打得很松，否则将来容易下陷，所以要不松不紧。道面拉毛需要进口设备，结果用土办法解决了。发现有不合格的道面，坚决打掉重新做。另外机场建设还要解决现代化的通信设备、导航设备、气象设备、消防器材和跑道边灯等，而国内生产厂家不能保证质量，所以我们下决心从国外引进，以保证机场安全运行。当时，我们决定到世界上民航最发达的美国去看看。

重庆江北机场的建设项目经国家批准后，有不少国外工程公司愿意承建。美国最大的建筑公司柏克特公司曾来重庆找过我，要求承建江北机场，报价是5亿美元，时间5年。当时人民币跟美元的汇率是10∶1，5亿美元就是50亿人民币。经国家计委和民航总局研究决定由我国自行建设，但我们缺乏建设现代化机场的技术和经验。

经市领导和民航总局同意，1986年3月，由我带队，四川民航局副局长周顺福、国家民航设计院江北机场总设计师布正伟、重庆机场建设总公司总工程师刘晖明和市外事办公室翻译苏小愿一行5人，应美国柏克特公司邀请赴美国考察。

我们克服了中美时差大的身体反应，仔细倾听柏克特公司专家介绍建设机场的经验。为了节约经费，我们住汽车旅馆或小旅馆，到纽约时住中国领事馆，吃最便宜的中国饭菜，需要乘汽车时，租车由苏小愿驾驶。

在柏克特公司高级工程师郑文平的陪同下，我们查看了旧金山、洛杉矶、拉斯维加斯、休斯敦、纽约、华盛顿等8个机场的建设和管理情况，还利用和重庆的友好关系，顺道参观了西雅图市的机场。人常说："内行看门道。"通过参观和考察学习，我们对怎样建设和管理未来现代化的江北机场，心中有数了。

回来后，我就正式跟柏克特公司表态，我们自己干了，谢谢你们的好意。最后机场用了四年零两个月建成，花了3.79亿元，仅相当于柏克特公司报价的7%。而且我们自己干，还培养了一批人才。

当时我主张买美国的导航设备，但民航总局不同意，非要我们买天津的。我提出，同意我们买美国的一套，我们就买天津的一套。最后天津的设备基本上没有用。因为导航设备对飞机起降安全有着重大关系，为对旅客生命安全负责，我们的导航设备包括消防设备都是用的美国设备。

重庆江北机场建设过程中，机场建设领导小组组长于汉卿市长始终和我及领导小组办公室其他同志，精心致力解决好机场建设中遇到的所有重大问题。国家民航总局郭浩副局长等人，多次到重庆机场建设现场帮助工作。江北县张永华等领导同志，全力支持机场建设工作。刘志忠、金烈两位副市长和肖秧书记，也多次到国家计委申请机场建设资金的拨款工作。

我和于汉卿市长到法国图卢兹的时候，发现他们的高速公路确实好。当时重庆到成都，400公里，要走一天。我就想，我们修机场，还需要修建一条高速公路相配套。市里到江北机场26公里，詹述权是建委主任，想拿给建委搞，但建委搞1公里要500万元，我就跟交通局谈判，8600万元包干。交通局奋战3年，在机场建成的前一个月，机场高速公路正式通车，这是重庆第一段高速公路。修完后，机场高速建设负责人跟我说，决算后还结余50万元，我就签字给员工发了奖金，因为我到计委工作后还没有一个地方的建设项目有结余资金。

1989年初，我向肖秧书记报告，请他请邓小平同志为江北机场题字。4月12日，小平同志就书写了“重庆机场”四个大字，用保密信函寄到市委办公厅。我们把它放大，制作成金光闪闪的大字，悬挂在重庆江北机场的大门口上面。我们尊重小平同志的意愿，题字下面没有落款他的名字。当时我们缺少一个常识，机场一定要加地名，重庆有5个机场，当时少跟邓小平讲了句“要加上‘江北’两个字”。

经过50个月的建设，1990年1月22日，重庆江北机场正式开航，全国人大常委会廖汉生副委员长和民航总局局长亲临江北机场，参加开航的剪彩仪式。

重庆机场建设完后，深圳机场也请我们做技术指导，海南三亚机场也请我们给他们搞规划，做技术指导，我们都尽了帮助的义务，因为我们还培养了很多人才。当时我们在机场设计任务书中规划，在未来10年，进出港人数达到100万人次，结果3年就达到了。现在的情况是：2012年是2203万人次，成为全国第九大机场，也成为国际上前80名最繁忙的国际机场之一。由于征地时把第二跑道和第二候机楼的地都征了，所以后来修第二跑道和第二候机楼时，是全国最便宜的，既节省时间，又节省资金。另外，我们还重视环境保护，专门建了污水处理场，重庆江北机场多次被评为全国文明机场。可以说，修建江北机场对江北县各方面的带动都是明显的。

（俞荣新于2013年2月采访整理）

改革开放初期重庆市纪委实事求是办案实录

赵海渔[①]

改革开放初期，各种思想观念的碰撞很激烈，对纪检工作提出了很大的挑战。面对许多突破旧的、还在生效的法律法规和政策纪律的变革行为，各方面对一些行为是开拓创新还是违法犯罪，该支持还是该惩处的认识极不一致，纪委工作"到底该怎么办"却是每天都不能回避的现实。重庆市纪委在市委和四川省纪委的领导和支持下，不怕风险，不计得失，实事求是，大胆创新探索，艰难实践，取得了突出的成绩，被中央纪委两次授予"先进集体"称号。

一

1982年，打击经济犯罪的斗争在全国轰轰烈烈地展开，沿海各省查办了许多走私贩私大案，内地各省也查办了许多投机倒把大案。这两类犯罪都是中央强调的打击重点，而且国家对"什么是投机倒把行为"规定得特别严格和具体。比如，明确规定"只允许社员持生产队证明，在手提、肩挑、人拉、自行车驮等个人劳动力所及的范围内，从事允许上市的农副产品的贩运活动，但不准利用车船大量托运、大量买进卖出……"比如，甘陕川鄂等多省盛产的普通中药材当归，在许多地方供不应求，许多人看病后却配不到这一味中药。

重庆长寿县一农民在甘肃按定价收购当归，用汽车托运到重庆，又按重庆的定价卖给药房，解决了许多药房缺当归的困难，他也赚了一点零花钱。这个现在司空见惯的事在当时可不得了。他很快就被作为打击对象立案了，要按"投机倒把罪"判刑。有关部门认定该农民的行为完全符合"投机倒把"的犯罪要件，完全违反了当时的法律政策。负责打击经济犯罪办公室日常工作的市纪委对此案非常重视，但内部认识极不统一，有同志提出这样定罪打击有些不合情理。于是多次与公检法和工商、物价等部门开会研究、协调，在纪委内部展开了十分激烈的讨论。

纪委内部的讨论，开始主导的认识是绝对该判刑，后来产生了分歧：一方认为对明确的

① 赵海渔，曾任中共四川省重庆市委常委、市纪委书记，中共重庆市委常委、市纪委书记，重庆市人大常委会副主任。

犯罪行为不判罪就是不依法办事,不符合中央和全国人大打击经济犯罪的要求;另一方认为这个农民行为的违法之处仅仅在于动用了机动运输工具和大量买进卖出,但它没有危害社会,相反还对社会、对甘肃农民和四川病人都有益,判了罪与中央提出的"改革开放,发展经济和满足群众需要"的总要求不符,也与打击经济犯罪的目的不符。经过多次激烈争辩,最后统一了认识:虽然这个农民的行为是现行法律和政策明确禁止的,但对地区物资流通和满足人民群众医病的需求起到了有益的作用,符合"改革开放、发展经济和满足人民物质文化需要"的精神,是一种探索,不应该作为犯罪处理。最终这个农民被释放了。

市纪委将此案作为典型案例,理直气壮地宣讲,使后来遇到的类似案件也得到了妥善处理。几年后国家对"投机倒把"的定义从根本上做了修改。

二

迎着改革开放的朝阳,重庆市在1979年成立了第一个试点单位——重庆市长江农工商联合公司,批准其具有茶叶生产、加工、销售权,与专县的计划外茶叶实行联营。按规定在完成本市供应任务以后,经主管部门批准,可以出省销售茶叶。1980年10月,在北京全国农垦系统展销会上,该公司工作人员发现全国各地的茶叶并没有统一级价标准,与北京市场"以价代级"的习惯相比,我们的茶质优价低。于是他未经请示就分别把原来标为特级、一级、二级……的茶叶改为特号、一号、二号……包装的样品,采取了北京等地"按样编号、按质论价、看样成交、对样验收"的做法,以不高于北京地区最高限价的价格向外省销售,并将各编号的价格表抄送大会。会上无人提出异议,供销双方按编号谈判,自愿成交,相当顺利。工作人员以为这一做法已得到官方举办的展会认可,回渝后继续用这个办法,先后与外省市签订了70个合同,比国家规定的重庆市场零售价多获利58万多元,其中的63.1%返还给生产单位,促进了全市茶叶生产。

但没想到不久就出了问题。1981年,全国茶叶供应都很紧张,重庆也一样。内蒙古自治区农牧场联合企业总公司派员到重庆长江农工商公司求援。双方谈判后自愿按在北京展销会上的办法签订了1000担茶叶的合同,并很快兑现。但对方进货后没有及时售完。随着农村经济政策的放开,1982年全国茶叶大幅增产,供需形势大变,当地消费者去购买更适合自己消费习惯的茶叶了,造成原来订购的茶叶大量积压损失。这时打击经济犯罪斗争开始了。内蒙古自治区成立了专案组立案查处他们的人员,也多次发电报,打电话,派人来渝,认为重庆长江农工商公司"严重违法",要求查办当事人,并赔偿其各类损失43.9万余元。当地政法机关甚至几次提出抓人的要求。而同时,重庆也有人举报说这是一起经济犯罪大案。中纪委开始过问此案。

市委于1982年8月立案,成立了由公检法、纪委、工商、物价、法律顾问、茶土公司等单位参加的茶叶案件专案组。经过全面调查核实和多次讨论,也认为长江农工商公司"在对外省销售茶叶中严重违反国家政策规定,弄虚作假,编号混级,提级提价,牟取非法利润,要追究当事人的责任"。而内蒙古方面认为这样定性太轻。但市纪委和市打击经济犯罪办公室有关同志认真听取长江农工商的申辩后提出:长江农工商公司成立以来连年超额完成国家下达的产、销计划,扶持产茶单位发展,满足市场需要,增加公司积累,成绩突出。举报有关人员行贿受贿、贪污浪费、请客送礼的事实都不存在。他们的错误只是未请示领导就对国家不允许议购议销的二类农副产品茶叶采取了看样订货的办法。但当时全国确实没有统一的茶叶级价标准,国家规定"价格不得高于当地最高限价",却对"当地"和"最高限价"没有解释。在北京展销会上按照北京当地惯例和最高限价,看样订货,自愿成交,是不少地方都采用的方式,也符合国家合同法的规定,虽有错误但不严重。

由于各方面意见分歧大,相持不下,且涉及金额巨大,关系着长江农工商公司的存亡,市纪委采取了"不急处理,看一看再说"的办法,把这个火急大案的处理放缓了。

果然,到了1983年,国家放宽了政策,规定对于派购任务以外的茶叶,可以参与市场调节,实行议购议销。国家工商行政管理局也正式下发文件说,原来的案件"现在尚未结案处理的,按现在的政策处理"。

1984年初,市纪委常委会研究认定:长江农工商公司在销售茶叶中发生的问题是改革中、前进中和工作中的问题,在组织上不追究个人责任,在经济上不进行处理。

市委很快批复同意市纪委的处理意见。新生的长江农工商公司及其领导和业务骨干的一场危机平安渡过了。

三

类似当归案、茶叶案的事还很多。但争议最激烈、国内影响最大、处理最困难、持续时间最长的还是一件烟草案,前后办了8年,全国许多主要媒体、省市级人大代表和常委、政协委员和常委、教授、律师和中央、省市机关都介入了此案的争论。

事情是这样的:经市一轻局同意,1984年8月至12月,重庆市烟草公司按重庆地区批发价(在重庆交货)向有烟草经营权的广东省三水县青岐公司销售了570箱甲级香烟和30箱乙级香烟。青岐公司把这批烟运回后按不超过当地政府规定的浮动价格销售,获净利11万多元。同时在青岐公司运作下,重庆烟草公司接受了某港商捐赠的两辆日产面包车作为公用。市一轻局领导同意烟草公司这样做,除为了少浪费国家下达给重庆的计划指标,并能获得赠车以改善工作条件外,也为加强与沿海开放地区的联系与合作,广开渠道,从广东引进轻工原料、生产设备和技术，开拓重庆轻工产品（包括重庆地产烟）和土特产在沿海的市场等。谁知这竟惹来了大祸。不久，他们都被举报了。市纪委和各级党组织十分重视。首先是1985年7月市委工交部和一轻局党组进行了调查，接着一轻局纪检组开展了调查；1986年8月市委组织部和工交部又联合调查；接着市纪委组织力量在本地全面深入调查的基础上又两次派员到广东省，在广东省纪委的协助配合下认真调查取证，核对事实。回渝后，市纪委召开常委会，和市委工交部领导认真分析研究，提出处理意见并逐级上报重庆市委、四川省纪委和中纪委。1987年6月，市委同意了市纪委的结论和处理意见。市纪委认为：由于当时重庆居民的收入较低（1984年城市居民人均年收入622元），而且以前香烟不带过滤嘴，刚上市的带过滤嘴高级香烟许多人不习惯也抽不起，所以高档烟在我市市内销路不好（直到1986年下半年才好一点）。此前几年国家分配我市的甲、乙级卷烟指标我们从未用完，许多都被白白作废了，我市地产烟也卖不到外地去。比如1984年国家分配重庆云南甲级烟2202箱，重庆只要了1576.4箱，卖给三水570箱后，当年年末还库存各地的甲级烟1089箱，仅售给三水的6种云南烟还库存18.63箱，给三水卖烟完全未影响本地市场供应。而地处改革开放前沿的广东，特别像三水县这样的侨乡，人们的收入和消费习惯则大不同，高档烟供不应求，政府规定高档烟价格在一定范围浮动。当时广东省县级烟草公司尚未成立，青岐公司是合法经营卷烟的单位，我市烟草公司根据自己的货源和市场供求情况，完全按照国家规定的价格向其供应卷烟，在《烟草专卖条例实施细则》公布之前，不属于违章行为，有关同志也没有谋私行为。一轻局想借此笔生意扩大与广东商界和华侨的联系，发展合作，扩大重庆产品销路并争取打开出口渠道，引进新观念和提高本地卷烟生产技术，是有益的探索，至于探索中的不足之处，批评检讨即可。

市委批准后，市纪委和工交部专门向举报人和关注此案的市级有关组织、部门及领导介绍了全部案情、处理意见和理由。大家对事实证据基本提不出异议，但许多人对定性和处理不满，认为这是一起犯罪案件，所以有人不断上告。一些很有影响的人物联名提案，要求追究有关人员的刑事责任。新华社、人民日报、中央人民广播电台记者写了动态清样，认为重庆市纪委对此案的处理是“拖了三年草草了结”。广州市越秀区公安局也说港商捐赠的两部车重庆方涉嫌参与了走私。市纪委立即派人去广东省请公安局提供所做结论的证据。经过核实证据，广东公安机关更正了原来结论，认定重庆方面与走私行为毫无关系。市纪委和市委复议后再次向中纪委和四川省纪委做了汇报，同时市委领导亲自安排向持有不同意见的组织和同志多次通报情况，做解释工作，市纪委书记也多次带领办案人员和他们交换意见，均无结果。1988年市政协九届一次大会上这个案件又成了热点，有人说达到了“群情激愤”的程度，有联名议案，也有批评建议，有的小组全体举手提出紧急议案，要求市委撤销对某些候选人的提名，等等，使大会选举遇到了困难。经过研究和准备，在市委礼堂主持大会的市政协主席宣布要我以市政协委员和市纪委副书记的身份对此案做简要说明。我拿着精心准备的稿子上台,刚开口就遭到一些人的反对,有人站起来举手高呼“不要他讲,他们官官相护,我有新华社的机密文件,谁要看找我……”极个别人的吆喝声、议论声、哄闹声越来越大,会场秩序很快出现了混乱,我只好大声读稿子。读到四五分钟时,会场上个别人激动地站起来轰我了,我也激动地再提高嗓门加快语速想尽快读完,但直觉告诉我形势不妙了。突然,我的话筒不响了,整个礼堂的灯也熄了。我吃惊而又气愤地站在那里听着少数人在黑暗中继续哄闹。回过神来的主席无奈地低声告诉我“算了,不再讲了,回座位去吧”。我清楚地知道这些哄闹、这种无礼绝对不是针对我个人的。为了顾全大局,我愤愤不平地回到座位。电,很快就来了,话筒响了,尴尬的主席艰难地招呼大家……

为了更好地回答是否违法问题,市纪委派人到对烟草专卖进行全面管理并负责制定《烟草专卖条例实施细则》的国家烟草专卖局,听取他们的意见。国家烟草专卖局非常重视,局长亲自主持有关部门负责人和专家开会,认真审查证据,研究材料后正式书面答复说:重庆烟草公司没有违章,完全同意重庆市纪委的处理意见。我们刚得到这个权威答复,却不料《人民日报》刊登文章说“重庆发生倒卖卷烟大案,市纪委长拖四年不处理”。一些地方和党派的报刊紧跟而上,有的报纸两次在头版显著位置“揭露”这件事,有的用漫画丑化重庆市纪委。中央纪委当即函告人民日报社说,中纪委同意四川省纪委意见,重庆对此案的定性是正确的,处理是恰当的,不再重新处理。同时中纪委派办公厅领导当面与人民日报社交换了意见。但不久本市9所大学的100多名教授和副教授(包括省市人大代表、政协委员,省人大常委,律师等)联名写了一封《致党中央的公开信》,广泛抄送了许多领导和部门,强烈要求:一要“公开追究倒卖香烟当事人的刑事责任”,二要“追究国家烟草专卖局给重庆市纪委写文件者的责任”,三要追究重庆市“从上到下”“官护”的责任。这就把由于观念和认识不同而对案件定性处理上的分歧又大大升了一级。面对“官护”的指控,市纪委公开了几年来查办案件的情况,用事实证明了纪委确实查办了大量严重违法违纪案件,特别是涉及领导干部和有影响人物的大案要案,严厉打击了各类经济犯罪,查处了各种违反改革开放政策和违反道德法规的行为,查处了一批利用职权侵犯个体户、承包户和企业特别是乡镇企业利益的案件。比如某县一位领导因强行钓了三条鱼,侵犯个体户利益受到处分,还被免掉职务并在全市通报;对诬陷改革者的人查实后移交司法机关对其判了刑;对改革中有失误的同志热心帮助,群众给市纪委送来了写有“改革保护神”的锦旗。市纪委又把改革开放卓有成效的党员组织成报告团,到处宣讲他们的革新精神和创新事迹,对广大党员进行教育。这些事实有力地证明了解放思想绝不能搞纪律松绑,纪委是坚定不移地查处官倒和各种违法违纪案件的,又是坚定不移地保护改革开放者的合法利益的。不久,中纪委派了某一个室的副主任带队住在重庆调研一个月,写了5篇介绍重庆市纪委的经验材料,分别在各报刊上发表,在《人民日报》上刊登的《出头的椽子不烂》一文，通过重庆36位改革者的经历，介绍了重庆市纪委支持保护改革的事迹，后来又给市纪委办案工作记了大功。

此后，市纪委领导采取多种方式耐心与群众对话，进行解释。同时，市委又重新成立了联合调查组，请公、检、法、工商等机关参加，依法查处烟案。联合调查组做了许多工作，但是由于没有新的事实和证据，也没有新的法律依据，尽管每年都有许多有影响力的人物通过各种有影响的途径，大声疾呼并通过法定方式施加压力督办此案，政法机关始终没有拿出新的意见。1992年，学习邓小平同志南方谈话后，中共重庆市委再次复议此案，决定维持市纪委原处理意见。争论8年的大案，终于画上了句号。

（选自中共重庆市委党史研究室编：《重庆党史研究资料》2019年第2期）

我所经历的重庆农村改革和教育改革

肖祖修[①]

邓小平同志复出以后，提出了干部“四化”方针。重庆市委书记王谦坚决贯彻“四化”方针，积极在重庆选用“四化”干部。在这个潮流下，我被纳入选拔范围，作为市委常委的人选。我们一行16人到市委接受谈话考察，由于我对问题回答得比较中肯到位，也很实事求是，普通话也很流畅，市委比较满意，初步定下了我和孙同川、刘鹏3人进常委。

当时我的志向是教书，并且刚入党不久，我自认为不适合担任市委常委，王谦为此专门找我谈过一次话。王谦个头高大，人很威严，他看出了我的紧张，谈话前先给了我个苹果，让我边吃边谈。王谦从我的家庭情况问起，慢慢进入正题。他告诉我：西农是农业部直属院校，但干部是地域化管理，重庆市委有权调动西农的人。在谈到农业问题时，我指出中国是90%的农民，养活10%的城里人，而美国是5%的农民，养活95%的城里人。王谦感觉我讲得有条理，谈话进行得很顺利。

后来市委副书记李成文到西南农学院开座谈会，很多教授反对把我调走，说我是农经系骨干教师，我的调离将给农经系造成重大损失。李成文向王谦报告，说在知识分子成堆的地方，肖祖修能得到这么多人拥护，很不容易。之后市委常务副书记廖伯康找我谈话，1985年3月我进入了市委常委。

进入常委之后，市委安排我担任农委主任，分管农业。我做农委主任，重点抓农村改革。农村改革第一件事是实施联产承包责任制，也就是包产到户。当时领导干部中对包产到户有争议，有支持也有反对，对“三级所有、队为基础”讨论也很激烈。在农村大好形势鼓舞下，我浑身有使不完的劲，满腔热忱投入农村改革，大力落实联产承包责任制，重庆的联产承包责任制搞得比较好。第二件事是发展农村乡镇企业。重庆有个姓杜的企业局长，搞乡镇企业积极性很高，八方点火、四面冒烟，重庆乡镇企业发展也很快。当时有篇报道称《乡镇企业异军突起》，乡镇企业生产的产值，占了农村经济的半壁河山。

---

① 肖祖修，曾任中共重庆市委常委、市农村工作委员会主任，四川省重庆市副市长兼市教育委员会主任，中共四川省重庆市委常委、市政府副市长，重庆市人大常委会副主任。

这个时期，我有幸参加了讨论1984—1986年中央一号文件的三次会议。第一次参加讨论时，我针对文件内容，发表了自己的意见，结果会议简报几次提到了我，说重庆市委常委肖祖修如何如何说。第二、三次讨论文件，是王谦点名要我参加的。第一次讨论中央一号文件强调农业的重要性，指出农业是基础，粮食是基础的基础。第二、三次讨论一号文件，除了重视农业以外，还涉及了农村、农民，提到了"三农"问题。一号文件下发之后，引起强烈反响，全党开始重视农业。以后重庆的农委书记，都由市委常委兼任。因为重庆是农业大市，全市1500万人，农业人口占了上千万。

关于粮食统购统销和进入市场问题。我的观点是粮食必须进入市场，不进入市场就没有价值，就会打击农民的积极性。原来江北县(现渝北区)常年缺粮食。严林松任县委书记时，安排粮食局局长去区外买粮食来缴纳国家的统购粮。四川省纪委认为这违反粮食统购统销政策，要处理严林松。我了解情况以后提出：粮食早晚要进入市场的，江北县缺少粮食，农民愿意交钱购买，他们也调剂得来粮食，这为什么不允许呢？四川省纪委听从了我的意见，最终没有处分严林松。

关于城市化问题。我的观点是不要把城市扩大得过于臃肿，要多建设小城镇。把工业、文化、交通适当集中在镇上，小城镇建设好了，城市化水平就提高了。对于我这个观点，大家都比较接受，黄奇帆同志任市长时也是赞同的。现在重庆的城市化率超过了60%，实际上包括大量小城镇在内。

关于对口支援"永八县"[①]。"永八县"划归重庆之初，那里的干部和重庆干部矛盾很大，外面的人说"永八县"门难进、人难见、事难办。"永八县"能够和重庆磨合好，我起过关键作用。1986年5月，"永八县"遭受严重暴风雨灾害，荣昌、大足死伤很多人。我和肖秧去看望受灾农民，在邮亭召开救灾现场会，把全市党政军部门主要领导都召集来，听大足县委书记邓中文讲灾情，商量救灾的事情。在研究救灾方式问题时，我提出了对口支援。救援区县的物资源源不断地送到受灾区县，相互之间的关系拉近了，也节约了时间。经过这次救灾事件，永川几个县对重庆亲热起来了，门好进了，脸也不难看了，办事情也容易了。肖秧后来把对口支援思路用到了三峡移民上，他在国务院会议上讲，三峡移民有100多万人，单靠重庆是背负不起的，中央应该请各省市对三峡库区对口支援。

1988年，我担任副市长兼市教委主任，分管教科文卫领域工作。为了推进教育体制改革，我担任了市教委筹备组组长，教委成员单位有计委、财政局、人事局等。我带着一帮人，到全国各地学习考察。肖秧写了个条子，介绍我向兼任国家教委主任的政治局委员李铁映汇报工作。李铁映在中南海听我汇报了1个多小时，重庆教育改革方案获得他肯定后，我们

---

① 指1983年4月永川地区与重庆市合并前，原永川地区管辖的永川、江津、合川、潼南、铜梁、大足、荣昌、璧山8个县。

立即着手工作起来。

教育体制改革的第一个大动作，是把教育局、高教办、职教办、成教办4个不同类别的教育管理部门合并到教委，由教委统一管理。第二个大动作，是出台了稳定教师队伍、加强教育设施建设等6个文件。这6个文件，作用最大的是稳定教师队伍。最初教师工资由乡镇筹钱，经常被克扣挪用，教师队伍极不稳定。经过研究，我们把学校管理权收归县里，教师工资由县财政负担，教师的工资得到了保障。解决了教师工资问题后，我又想办法稳步提高教师待遇，后来出台了一份在全国影响很大的文件，规定全市中小学教师教龄满30年，退休工资发100%，享受离休工资待遇，这个政策当时在全国领先。

教委工作最难的是“排危”。一些小学教室用竹子和草泥盖成，桌子用石头搭建。为了改建危房，我们出台了很多文件，做了很多工作，严厉督促整改，用了3年时间，最终在全市消灭了危房教室。

普及九年义务教育，我又抓了3年。中央要求必须普及九年义务教育，我们下大气力，对重庆所有区县逐一检查，确保了九年义务教育的落实。

关于学校结构改革。当时普通高中很吃香，学生初中毕业后都愿意上普高，职业教育很少人问津。针对这种现象，我提出了教育分流，允许初中毕业直接上职高。分流政策实施以后，情况有了很大改变，读普高的学生减少了，报考职业教育和中专的学生增加了。

关于分配制度改革。大学生包分配是件很被动的事情，大学生分配定终身，没有差异，学校也缺少改革的动力。只有实行招聘，接受市场选择，学校才会改进教育质量，学生才能德智体全面发展，大学里开设的系、专业才会对口市场。刚开始搞分配改革有困难，学生考上大学本就很难，考上了还要自己找工作，学生和家长都表示不满，阻力很大。随着改革的效果逐渐显现，阻力也就慢慢消失了。

（刘承海于2017年9月采访整理）

重庆20世纪80年代的整党整风和干部工作

秦玉琴[①]

我到重庆市委后，一开始分管群团工作，联系组织工作，然后担任市委组织部部长。按照中央和省委部署，重庆市的整党工作从1984年1月开始。市委成立了整党工作领导小组，领导小组下设办公室，当时我是市委常委、组织部部长，担任办公室主任。

这次整党的主要任务：一是统一思想，二是整顿作风，三是加强纪律，四是纯洁组织。主要步骤是从上到下，分批分期进行，重庆市的整党工作一共分成三批进行。整党的基本方法有：先学文件，统一思想；个人对照检查，开展批评与自我批评；走群众路线，听取意见；边整边改，整改贯彻始终。重庆市整党工作开始前，1983年底至1984年初，胡耀邦同志到四川、重庆和贵州视察工作并发表讲话，提出领导干部要"议大事、懂全局、管本行"。重庆市委召开了一次市委常委扩大会议，把胡耀邦同志的这个指示精神贯彻到我们的整党工作中来，调动广大干部群众的积极性，提高领导干部的工作能力，以整党为动力，促进各项工作。

通过整党，从三个方面统一了思想。一是统一了对重庆市一些重大历史问题的认识，主要是对"文化大革命"的认识。在"文革"中群众有两派，领导班子里也有两派。通过整党，最后得出结论，过去"左"的那一套，必须全面摒弃它。其目的是消除派性，增强党性，加强团结。这一点在当时很重要。重庆市在这一点上把握得很好，受到四川省委表扬。二是统一了对十一届三中全会以后重庆市主要工作的基本认识和评价。由于仍然受到过去"左"的思想束缚，一些干部思想不够解放，没有及时把思想统一到党的十一届三中全会精神上来，十一届三中全会后的几年中，重庆市总体工作发展不理想。在整党中，我们提出要敢于承认这个差距，敢于正视之前工作中的不足，深入剖析问题的根源，从实际出发，实事求是，把大家的思想统一起来。三是边整边改，把整党跟经济建设、经济体制改革及各项具体工作紧密结合起来。市领导做了分工，安排专人负责整党，其他人分别抓好其他各项工作。在工作中抓

① 秦玉琴，曾任重庆钢铁公司第四钢铁厂党委副书记，中共四川省重庆市委常委、组织部部长，中共四川省纪律检查委员会常委、重庆市委副书记，中共四川省委常委、组织部部长、副书记，四川省政协主席，第十一届全国政协社会和法制委员会副主任。

整党,以整党促进工作,做到整党和工作两不误。整党的时间和步骤必须保证,集中学习,对照检查,所有人必须参加,其他工作自己再安排时间处理。

重庆整党不走过场,把整党与改革发展实践结合起来,整党的成果在经济建设、体制改革和其他各项工作中体现出来。在经济建设上,重庆各项经济指标大幅上升。同时,进一步解放思想,放宽政策,在全民所有制和集体所有制企业之外,一批有活力的私营企业逐步发展起来。比如:1984年卢作孚先生的儿子卢国纪重建民生公司,开始经营长江航运;另一家老字号“宝元通”也恢复名号,开展贸易业务。这两家都是老的工商业者,但是一直跟党走。改革开放后,在经济体制改革过程中,允许它们作为私营企业恢复业务,这在当时是很不容易的。如果没有解放思想,实事求是,就不能促进多种经济成分发展。

在国有企业改革中,主要是放宽政策,扩大企业自主权,增强企业活力。比如:1984年重钢公司等30多个大中型企业试行了企业工资总额同上缴税利挂钩浮动的办法;重庆建筑一公司推行“栋号承包责任制”,按工作量、工程质量、消耗定额、百元产值工资含量确定考核指标。这些改革措施极大地调动了企业的经济活力。在经济体制改革中,确实下放了权力,搞活了经济,促进了经济的快速发展。这既是整党促进思想解放的成果,也是重庆经济体制改革试点探索的成果。

总之,重庆整党取得了很好的效果。通过整党,统一了思想,促进了其他各项工作。经济搞上去了,改革放活了,还改善了机关工作作风。另外,还打破人才部门所有制,搞了一次全市人才交流大会,成立了市人才交流中心,促进了人才流动。

20世纪80年代初,党中央在干部体制改革中提出了逐步实现干部革命化、年轻化、知识化、专业化的干部“四化”方针。重庆市各级党委十分重视人才队伍建设,加强对年轻干部的培养,选拔了一批德才兼备的年轻干部进入各级领导班子,还加强“三梯队”的建设,后来叫后备干部。在这个过程中,重庆采取了两项重要措施,起到了很好的效果。

一是“开科取士”。“开科取士”也叫“集体伯乐识骏马”。当时,通过平反冤假错案、落实知识分子政策,打破了过去“左”的错误路线下对人才的束缚;在整党过程中,又打破了人才部门所有制,为人才流动创造了条件。在这个背景下,按照中央提出的干部“四化”方针和德才兼备的原则,重庆市创造性地采取“开科取士”的办法,加大对年轻干部的提拔力度。

与过去组织部门对单个干部进行考察不同,在“开科取士”中,由市委常委、市顾问委员会、市政府、市人大以及市委组织部门、纪检部门的相关负责人共同组成干部面试考察组。具体做法是:第一,群众推荐。这是干部被广泛发现、选择录用的基础。干部生活在群众中,干部的优缺长短、功过是非,群众从不同角度看得比较清楚;群众荐贤,可以开阔选人用人上的眼界,改变选拔干部中的个人主观随意性,可以加强群众监督,防止用人上的不正之风。第二,逐级考察。在逐级考察中反复比较、筛选,好中选优,利于选准、选好。第三,在动态中考察。在档案中是发现不了人才的，在实践中才能发现千里马。要在实践中开创了新局面的地方去发现人才。第四，要为干部的成长开辟多种形式的渠道和台阶，鼓励毛遂自荐，为那些不为领导熟悉的人能脱颖而出创造条件。到1984年底，市各大口、各区县考察提出了300名候选干部，市委组织部从中筛选出100名，又由市委领导（当时廖伯康同志任分管副书记）和组织部精选出15名报市委常委同意作为考核对象。考察组对这15名干部进行面试，其目的主要是为市级部门、区县选拔主要领导，作为市级领导的后备。面试考察的内容，先是让他们述职，讲讲他们在原来岗位上开展工作的情况；然后是对全市工作有什么意见和建议，考察他们宏观上考虑问题的能力；最后发一个干部测评表，考官们对参加面试的干部进行评价，并提出使用意见。在面试中，考官对某个人印象不错，还可以进一步询问有关情况，就像在一个座谈会上一样，通过深入交谈进一步了解面试对象。这种形式在重庆是前所未有的，是对选人用人的一个创造性探索，开创了一种新的选人用人方式，在当时产生了很大的影响。通过"开科取士"，这些人从大学、企业、区县和部门被选拔出来，后来表现也很优秀，基本都走上了领导岗位。这也证明"开科取士"这种方式是对的，通过领导"集体伯乐识骏马"，在选人用人上更能把好关。

二是百名考官下基层。整党结束后，为加强干部选拔力度，根据各级各部门和企事业单位推荐的优秀年轻干部情况，市委从市级机关和区一级机关抽调100名资格比较老、工作经验丰富的党务干部，到基层去考察选拔干部。通过这种方式，一大批优秀人才从大学、研究所、企业、区县被选拔出来。通过百名考官下基层，把干部"四化"方针推向深入，为各级领导班子逐步实现"四化"准备了重要条件。这些选拔出来的干部，分别充实到有关部门，并在后来逐步走上了更重要的领导岗位。

"开科取士"和百名考官下基层发生在整党的背景下，也是整党对干部工作带来的积极影响。这两件事在四川省和全国都有很大影响。我们的相关工作简报受到了中组部表扬。后来中组部专门搞了一次干部制度研讨班，我参加了这个研讨班，并交流了重庆选拔干部的创新和经验。

作为组织部部长，就是要按照"德才兼备，五湖四海"的原则，选贤任能，当好伯乐。要坚持以下几点：第一，德是首位；第二，要有才干，这点主要看政绩；第三，是有群众基础；第四，是正派廉洁，谦虚谨慎。工作中，除了把握好干部条件和任用程序，还有很重要的一点是把握好平衡原则。

市委书记王谦对我说："你这个组织部部长不好当，重庆市这么多干部，从干部来源看，有山东的、有山西的、有地下党的、有重庆的、有永川的，并且还受到'文革'中派性斗争的影响，要重视干部的平衡，维护好干部团结。"我在工作中特别注意这一点。这个平衡的标准不是别的，就是党性标准，就是要坚持四化方针和德才兼备、五湖四海原则。提拔干部主要是看他的德才、政绩和群众反映，不去管他属于哪个所谓的“派系”。当时有个记者采访我，问我怎样当好组织部部长，我说最重要的是虚心听取各方面的意见，但对这些意见要经过自己分析，不能完全按照别人讲的去办，否则没办法开展工作。所以，对工作中面临的一些矛盾，既要讲平衡又要讲条件，平衡得有条件，条件也不能丢了平衡。

1983年2月，党中央、国务院批准了在重庆进行经济体制综合改革试点，同时决定永川地区与重庆市合并，扩大重庆市的行政范围，实行市领导县的管理体制，这是对城市经济体制综合改革试点的一项支持措施。

合并后新的市委领导班子，是在1983年3月召开的党代会中选举产生的。4月份两地开始合署办公，但是还有很多后续工作有待完成。原永川地区和原重庆市的两套班子合并为一套新班子，但干部职数是有限的，当时，怎样安排好干部很重要，也很困难。因为位子只有这么多，不够大家坐，有的人挤着坐，有的人站着，还有的人蹲着。

为解决这个问题，我当时忙得不分白天黑夜，周末都没休息过。一个接一个地和干部谈话，对他们的工作岗位进行安排。这确实是非常艰苦的一项工作。后来，主要采取了这样几条措施：一是个别单位超职数配备干部。就是先进后出，先超出单位的核定职数把干部安排进去，等到年龄大的逐渐退休后，这个职数慢慢就消化了；二是设置非领导职务；三是加强思想政治教育，强调作为党员领导干部，要支持重庆市经济体制综合改革试点和地市合并，以党性、纪律保证服从安排。四是与整党结合起来，整顿地市合并中的不正之风，不允许送礼、走后门、拉关系等不良现象存在。此外，还大力发扬人文关怀，把干部的家属、子女安排好，住的房子安排好。虽然一下子这么多人，住处紧张，能挤着住就不错了，但还是要适当安排。总的来说，通过多方努力和干部们的理解和支持，到1984年底，基本上比较妥善地解决了地市合并中的干部人事问题。

（袁仁景于2017年11月采访整理）

回忆重庆20世纪八九十年代的改革

孙同川[①]

我祖籍河南，出生在重庆市南岸区铜元局兵工厂。我在老重庆的很多区县都待过，包括市中区（今渝中区）、长寿等地。抗战时期住在当时的大渡口地区，后来相继住过巴县白沙沱、江津油溪、九龙坡九渡口。读书是在沙坪坝，1951年，就读于敬善中学，就在现在的外科医院，当时叫私立敬善中学。1952年，敬善中学合并到二中。1954年，因为要修体育馆，二中搬迁到化龙桥。所以我从出生到高中毕业前都是在重庆度过的。1958年我考大学到西安，学习飞机设计，毕业后，1963年至1970年在西安飞行研究院工作。1970年到1985年，我回到重庆，在四川仪表总厂的几个分厂和总厂都工作过。川仪总厂的管理体制时收时放，放下来就归四川省机械厅管，收上去就归机械部管。我在川仪总厂当厂长时归属机械部管理，当时部里准备调我去任职，但后来却仍留在了重庆工作，这其中的缘由就是：1984年，蒋民宽同志由四川省副省长兼计经委主任升任省长后，省里就考虑过我接替他原来的位子。我当时明确表态：部里、省里都是我的领导，我坚决服从组织安排。但由于部里不同意我到省里工作，就一直拖着。直到1985年初，重庆市确定由我担任市委常委。为此部里还给川仪总厂来电要求：不允许孙同川在重庆担任行政职务。后来因为王谦同志要调走，就把肖秧同志从北京调到重庆，市委副书记兼市长的于汉卿同志主动把市长的位置让了出来，由肖秧同志担任了市长。因此又要在常委中找一个50岁以下的接王谦同志中央候补委员的职务，而我既是四川仪表总厂的厂长，又是重庆市委常委，符合当时干部知识化、年轻化的条件，重庆市几个老领导就推选了我，中央审查后也同意了。而我担任此职务后就不能离开重庆了。最后中央政治局委员、中央组织部部长宋任穷同志决定，部里、省里都不要争了，孙同川就留在重庆工作。1982年十二大的时候，我就被列入中央候补委员候选人名单。其实这个名额在早先省里已经推选了一个年轻人，并且也上去了，重庆就没有名额了，但中央要求重庆必须有一个人，就又追加了一个名额。所以我能上去，也离不开老同志的培养、帮助、支持。中央

① 孙同川，曾任四川仪表总厂厂长，中共四川省重庆市委常委、市委副书记、市长，中共四川省委常委、重庆市委书记，四川省政协副主席、党组副书记。

正式决定后,就征询我的意见,是想在市委还是市政府工作。我想自己一辈子都从事经济工作,在工厂、研究所、研究院工作了20多年,就决定还是在市政府从事经济工作。我回来后在当年的市人大常委会上增补为副市长。黄冶同志是市委常委、副市长,我也是副市长,我们两人都是党组副书记。1985年,我担任常务副市长。1988年,肖秧同志任市委书记后,推荐我担任市长。直到1993年,肖秧同志担任省长后,推荐我担任市委书记。1995年,我离开重庆,当时是省委常委、重庆市委书记,后来是省委常委,协助省委书记分管四川工业。1998年,我到四川省政协担任常务副主席,干了七八年。

从出生到高中毕业,支援三线建设回到重庆,在川仪厂工作十几年,担任重庆主要领导十几年,可以说我对重庆有着很深的感情。在重庆很多地方都待过,对重庆的情况很熟悉,对重庆的发展也很关心。这里简要回忆几件事。

计划单列和改革

中央最终决定在重庆实行计划单列,是因为重庆是老工业城市,几个老的厂都是北洋军阀时期建立的,都有100多年的历史,是抗战时期从南京、武汉迁过来的。到了改革开放时期,重庆这些老厂已经很落后了。在省辖市时期,重庆发展很困难,作为一个老工业城市未得到改造。而中央决定实行计划单列,是城市经济体制综合改革的一方面。因此重庆作为计划单列的试点城市,希望能起一个示范、表率的作用。后来计划单列的范围扩大,包括成都也成为计划单列市。重庆实行计划单列时,只有经济权限,行政上是省辖市,于是行政权和经济权有很多矛盾。像成都,在成为计划单列市后,也存在省里和成都之间的矛盾,省里的项目都不放到成都,而是放到自贡、绵阳等城市。后来国家取消省会城市的计划单列,让其成为副省级城市,只保留了青岛、宁波、大连、深圳、重庆这5个不是省会城市的计划单列市。内陆市就只有重庆。

重庆实行计划单列,是中央希望通过城市经济体制综合改革走出一条路子,带动整个经济的发展,给城市注入活力。因为我们过去是农村、城市二元经济,城市经济起着很重要的作用。城市好了,就能带动国家的整个经济发展。而农村却需要稳定,没有粮食社会就会乱,人心就会慌。所以农村是基础,城市则是带动整个国家经济的命脉。在这方面,我们在计划单列中确实起到了试点作用。

我担任常务副市长期间,负责改革和计划,后来任市长,这期间有很多经验和教训。我可以举几个例子来说明省市因为经济权和行政权不一致,产生的很多矛盾和碰撞。有一年要进行粮食改革,放开粮食价格,实行省际和省内调拨。我们是省辖市,照理应按省内调拨,可省里却让重庆按省际调拨吃议价粮(即高价粮),我们不同意。我们还是四川省领导下的重庆,为何要让我们吃高价粮?省市争论很厉害。当时由皓若省长带队,和副省长、粮食局局长、财政厅厅长一起来重庆就此事进行商谈,相互间没有谈拢。当然由于我们的坚持,最后省里还是让了步,同意我们按省内调拨吃平价粮。又比如钢材,当时是实行计划和市场经济相结合,只有缴了废钢材的指标,才能给你下钢材的计划指标,缴多少要抵扣。国家计委给重庆下了废钢材指标,要求缴多少万吨,但同时省计经委又给重庆下了一个废钢材指标,这就相当于重庆要缴两份,一份缴国家,一份缴四川。但重庆的废钢材就只有那么多,如果双方都下指标,重庆就完不成计划指标。因此我们决定缴中央不缴省里,因为重庆已经实行计划单列。于是省里就扣了重庆的钢材指标。实际上重庆才是真正生产钢铁的地方,重庆有重钢、特钢,还有一些小钢厂。重庆生产的钢铁按照钢材指标计划主要是调拨给国家,其中就包括分给四川的钢铁。而调进重庆的钢铁,主要是四川的五个小钢厂包括达钢、大渡河钢厂、威钢等生产的钢铁。事实上重庆并不愿意调,因为大钢厂生产的钢材质量肯定比小钢厂好,小钢厂生产的钢材只能作为建材。当时我就任重庆市常务副市长也没多久,从政经验比较少,脾气比较烈。当时,钢材调拨的总量是重庆调给省里的多,从省里调到重庆的钢材少。四川扣了重庆的指标后,我就决定,既然省里扣了我们的指标,那我们也扣你的指标,便以市政府名义发文:重钢、特钢一律不准把钢材调往四川省。最后省计经委和我们协调,达成协议:省里不调钢材给重庆,就按计划指标进行抵扣。实际上重庆在这方面是得利的。因为钢材从重庆调往省里后,省里又把钢材调回重庆,增加了运输成本。现在抵扣后该调给省里多少就调多少,减少了运输环节,降低了成本。这也体现出计划单列和省级经济管理权限之间的矛盾是很多的。

还有一次,杨汝岱同志打电话给我说:“同川,听说你们不愿意缴纳成(都)达(县)铁路的集资?”我说:“成达铁路不属于重庆的范围,集资只能在四川省,并且重庆在经济上已经单列,让重庆集资,重庆方面肯定不乐意。”集资实际上就是让企业付钱,采取运一吨货缴多少钱的方式,最终用于修建成达铁路。同时修建的二滩水电站,因为没有钱,实行的也是一度电缴多少钱,也是让企业缴钱。四川要求管辖范围内的企业都要缴钱,因为四川省具有行政权,就有权力发文要求哪些企业缴钱。这就存在一个问题,经济权,行政权,两者分不开。于是我就给杨汝岱同志回话,说:“汝岱同志,你清不清楚最近省政府发文要求我们缴多少钱呢?”他说不清楚,同时强调成达铁路的集资款重庆必须缴,说支持修成达铁路,是为了支持老区建设,解决老区困难,如果你们重庆不缴,就要犯政治错误。我思维转了一下弯,问:“汝岱同志,是不是只缴这个?”他说:“我的意见是这个必须缴。”相互交流了一阵,汝岱同志也没答复是不是只缴成达铁路集资款。我就说:“等我向肖秧同志汇报一下,再给你汇报。”毕竟缴的话就要好几亿元,我作为重庆市的市长,总是想多为重庆考虑,减轻企业的一些负担。我就对肖秧同志说:“我们还是尊重省里领导的意见,这个就缴了,其他的能交基金、二滩集资一概不缴,也就是缴少数,不缴多数。”最后大家谁也没说什么别的。对于二滩水电站的电价,如果我们用也只能是该什么价就是什么价,给我们议价就议价。当时重庆的财政,1元的税金重庆只能花0.314元,分省里两毛多,缴国家4毛多。实际重庆计划单列时缴的钱大概在8亿元左右,相当于当时广东省缴的钱。这就体现了老城市负担很重。老税制实行中央和省分成,没有实行承包制。在这种情况下,我们非常困难。这体现改革不配套、税制不健全带来很多问题,经常要为这些问题进行争论。

当然计划单列也给了重庆很大活力,没有计划单列,重庆经济发展没有这么快,很多项目就不可能上。只有列入国家计划,得到国家支持,大的项目才能搞上去。重庆最先修建的是牛角沱的嘉陵江大桥,然后再修建珊瑚坝的长江大桥,这是重庆第一座长江大桥。因为当时过江全靠车渡,一发大水,交通就瘫痪。修桥的钱也都由省计经委出。重庆很困难,但同时该上缴的又必须要缴,因此重庆当时的留存十分少。不管是在我担任常委、副市长时还是市长时,重庆市的基本建设基金,也就是自己能花的钱,在我手中能调用的只有6000多万元。资金确实很紧张,缺口很大,欠账也很多。因此不进行改革,重庆就没有活力,城市就发展不起来。第一座长江大桥在20世纪70年代末80年代初才得以修建。虽然从全国经济来看,大家都很落后,但像重庆这样的老城市,困难更多、更大。

记得1988年出现了抢购现象,老百姓见什么买什么,认为只要买到东西就比拿着钱好。当时的天气也不好,菜价涨幅很大。为了保证粮油、蔬菜的供应,我们从市外调运到重庆。我刚担任市长没多久就去市场看菜价,听到老百姓意见很大。十三大以后改革计划经济体制,所有的价格都要逐步放开。为了粮食的问题,我们讨论了很久。由于价格逐步放开,稍有不慎物价就要上涨,物价上涨就会导致社会不稳定,带来很多问题。而十三大以后基建规模过大,投入超过GDP的25%以上,导致物资紧缺,不管哪个方面的物资都紧缺,比如钢材、水泥等。而老百姓则是生活必需品紧缺。老百姓担心存银行货币贬值,所以什么都想买,见什么买什么。为此我们做了很多工作。同时国家也下决心控制基建规模,控制兴建楼堂馆所,停建了一部分基建项目。保障人民生活重要必需品的价格稳定,关键还是刺激生产,并且要在这方面下很大功夫。农村只要蔬菜供应搞好了,粮食有保障了,就稳定了。我记得朱镕基同志曾问过:“同川,你们重庆的鸡蛋多大?”实际上他想说的是你们重庆的鸡蛋价格太高,当时是1元钱一个。我装作不明白,回答:大概一斤10个。紧接着我们汇报了为了保证人民生活是如何组织供应的。因为大城市主要靠周边的兄弟市县来供应。从周边区县调运蔬菜,财贸系统要给蔬菜公司很大一部分补贴。最紧张的时候还从东北调大白菜。由于当时运输条件太差,运到重庆后坏了很多。但为了平衡物价,政府该掏钱还是要掏。在这种情况下,只有追加补贴来平抑物价。

加强经济协作

重庆计划单列后有机会参加经济协作、经济交流的会议。在计划经济向市场经济转变的时候,增进交流很重要。1979年、1980年,我还在工厂的时候,国家就已经放开了一些东西,大大减少计划。过去的工厂是国家下达什么任务,你就生产什么,生产的东西国家统一调走再统一销售,实行统购统销。逐步放开以后,价格要自己定,计划要自己做,还要自己找市场,找不到市场就没有订货。当时各个厂都是自己找市场。在这种情况下,非国家命脉的产业就十分困难,因此组织一些省市、城市间的交流就非常重要。这既体现了计划经济向市场经济转变的必要性,也是计划经济向市场经济转变的产物。因此此时搞经济协作非常重要。后来十四大很审慎地提出"社会主义市场经济"的概念。

在当时情况下,要改革就要加强经济协作,要适应市场经济体制。当初成立的五省七方经济协作会和长江沿岸的一些经济协作会,在那个阶段都十分重要。当时的财政因为实行分灶吃饭,税收上不去,非常困难,因此在各地都实行改革开放的情况下,杨汝岱同志提出"借船出海、借鸡生蛋",希望能扩大开放,进行经济协作和交流,因此产业、产品的协作和交流就显得非常必要。

中央在改革计划经济的时候,朱镕基同志和鲁大东同志(国务院三线办主任)提出为了发展西部经济,成立一个经济联合体,协作搞轻型汽车。这件事当时是国家计委定的,由三线办牵头。西部省市的汽车工业都不发达,但必须要搞项目,因为只有列了项目才能纳入国家计划,因此三线办提出搞一个轻型车合作项目,由此列入国家计划,取得国家支持,并希望通过此项目促进西部地区的经济发展。由于受计划经济的影响,事先就确定了成都生产发动机,重庆生产底盘,云南、贵州等有的生产车体,有的生产车厢,有的生产变速箱。开会时,各省市都想搞总装,因为总装是最有"搞头"的,但国家计委定的只能有两个地方搞总装,不管是省还是市。当时我是常务副市长,国务院三线办召集五省七方开会,管计划的人也在一起。计划只有两个能搞总装,其他五方就只搞零部件。每次开计划会,大家都要坐半天,动员大家退出总装竞争,但都不表态,一言不发。最后三线办把大家的意见向国家计委报告,是不是大家都组装点汽车,零部件就按分工来搞。重庆庆铃早已造出轻型车,由进口的五十铃散件,采用SKD方式组装的,以后慢慢国产化。我们想的是,计划规定的,我们要干,计划没规定的,我们能干的也要干,干上去了再取得它的承认。记得有一次不知是哪个省说我们擅自在搞发动机,朱镕基同志就问我:同川呀,你们怎么又在搞发动机?实际上我们都很清楚。我只是回答:国家交给我们的任务我们能完成,但我们担心其他的厂、其他的省拿不出合格的产品。我每次给朱镕基同志汇报的时候都说:我们保证能按计划准时提供合格的零部件,但其他厂能不能提供合格的零部件,我不敢保证。慢慢地,我们凭借自己的力量,搞轻型车，支持庆铃上市。轻型车只有重庆真正搞出来了。后来又搞了些农用车，像四川就有些品牌。但在五省区七方中，只有重庆坚持了，贵州、云南放弃了，成都的发动机也放弃了。重庆在支持庆铃上市以前，原本想国产化，自己搞低标准的。重庆交通机械厂搞发动机，重庆机床厂生产变速箱，但自己生产，都达不到要求，只能做备品备件。真正搞出高质量的车还是庆铃厂，这当然离不开国家的支持。所以五省区七方的合作，是计划经济的产物，受计划经济影响，分配谁生产什么，但实际上又受到市场的调节和选择，不是叫你干什么你就能干得好、干得出来的，市场才是选择的主要取向。

在过渡时期产品的协作、交流十分重要。重庆也借此机会发展了汽车工业。当时我们的工业实行“五自主”、商业实行“四放开”。当初改革，因为重庆是第一个计划单列城市，中央还是很重视。国务委员张劲夫带领中国社科院经济体制改革研究所的所长蒋一苇、四川社科院院长林凌等人到重庆，由我陪同到纺织系统、机械系统、兵工系统进行调研。一苇同志提出的方案打破了军工分割的体制，改变军工的“条条”“块块”。军工系统支持军转民，但对改革还是有不同的意见，最终搞部市合作。后来又有所调整，按照“五自主”的模式，使重庆的军工、军转民有了很大发展。举例来说，长安厂想搞微型轿车，进口了几百台散件，但进不了关，因为需要国家的许可证。当时国家对轿车管得很严，只批准“三大”“三小”搞轿车，未经批准一律不允许生产。为此长安厂很着急，向兵总汇报，兵总又向国务院报告。最后，兵总让长安厂自己想办法解决，长安厂就找到市里。这是计划经济的产物，必须是国家允许生产才能生产，未经国家允许就进口，属于走私行为，是犯罪的。长安厂找到我，我就召集海关、商检、外经贸委研究，让他们出主意。海关说：我可以给你批一个来料加工，但组装后必须出口，不能在国内卖。我脑筋一转，就说你可以批来料加工，但不要批出口的期限，看能不能拿到许可证，如果拿不到许可证，再来商量出口的时间。我又给长安厂出主意，说你赶快装几台，拿几台到北京去。当时国家提出了个人、家庭拥有汽车，要大力开拓这个市场，我们就说奥拓车是个人、家庭拥有的最理想的汽车。按照这个思路，长安厂向国家计委和邹家华副总理汇报。邹家华同志说此车不错，尹家绪厂长就说现在还没有许可证。邹家华同志就问要多少台车的许可证。尹厂长回答是500台，并且问明年是否还给许可证，邹家华同志表示给。有了许可证，就可以在国内销售了。这就是奥拓车的由来。1989年到日本访问，我带着他们到铃木，发现羚羊车比奥拓还要好些，然而又不能对国家说换车，因为换另一种车还要重新批。所以就对日方提出将羚羊车称为奥拓二型，搞中外合资，我的权限是3000万美金，第一期就3000万美金。回来后在大江厂搞，并按此批了下来。国家计委负责人后来追问：你怎么能擅自批准呢？我回答是在我的权限内批的，3000万美金以内。他又问：3000万美金能搞汽车？我回答第一期3000万美金就够了，以后再合法增资。我这样做是合法的，国家计委也挑不出错。第一期还没有完工，我们又搞了一次扩股增资，又批了一个3000万美金。就这样，慢慢地就整出来了。国家后来慢慢改革，也放开了，长安厂也逐渐搞其他的品牌，比如福特等。总的来说，没有前面奥拓车的铺垫，后面是发展不起来的。从当时的情况来看，奥拓的生产还救活了几个厂。因为兵总是独立的体系，它让长安厂把图纸拿出来交给湖南、西安的厂，让其他厂也生产。我当时还去兵总做了工作，说："这涉及工厂的知识产权，你们怎么能够调图纸让其他厂生产呢？"兵总的就回答："你们有饭吃了，但那几个厂没有饭吃。"因为军工是一个体系，所以那两个厂也生产了一部分。但企业在事关自己利益时，是有保留的。长安提供了初始图纸，后来进行修改的图纸就没有提供，所以那几个厂的发展总要慢一拍。后来慢慢地要尊重独立法人，尊重知识产权，当时没有这个概念，计划经济下要调图纸就调图纸。重庆财政没钱，只能政策支持，该享受的政策一样不落，减免关税、进口设备，在我们权限内的都给企业减免，包括嘉陵摩托、建设摩托、望江厂摩托、长安汽车。所以经济体制改革对军工的发展有很大的好处。重庆的军转民搞得比较好，是因为中央的政策，而重庆市委和市政府也是坚决执行，给他们的发展提供各种支持，所以我们和军工的关系比较好，部市合作也比较好。重庆的军工在全国来讲，都是比较好的。廖伯康同志、肖秧同志和我都对部市关系处理得比较好。为了支持企业的技术改造，我们也出台了很多政策，因为要财政拿钱是不行的，搞得比较好的那段时间，劲夫同志、一苇同志在纺织系统考察。纺织系统是最老的行业，比如裕丰纱厂等都是抗战时由民生公司从沿海搬来的。纺织系统的机械设备很老化，大多都是20世纪30年代的，生产力落后低下，所以需要技术改造，不改造就过不下去了。改造需要资金，市委、市政府研究当时采取承包制（但不这样提，因为只有首钢给了这样的政策），宣布纺织行业全部关闭，即"假死"，三年不缴税，生产赚的钱全部用于技术改造。实际上市财政也受到一些影响，整个行业的税收下降，但对企业来说就有了生机。在这种情况下，我们逐步把重棉一厂、二厂、三厂、纺织印染厂进行了第一轮的改造，虽然后来有些企业还是过不下去了，那是因为市场发生了很大的变化，但在那个阶段确实支持了他们的发展。对这部分利润到底算谁的，还不能完全说是国有的，因为还有职工的一部分，因此一苇同志提出一种观念叫"共有制"，即大家所有，回避了当时所有制的一些敏感问题。我们按照工业"五自主"商业"四放开"来适应社会主义市场经济，搞活企业，当时就做了这些工作，回避了一些所有制私有化问题，不去讨论，模糊一点，反正归大家所有。至于商业"四放开"，搞得比较活，使企业逐步在新一轮的技术改造中走出困境。当初我们的商业比较好，记得有一次国务院领导还来参加过南坪的一次现场会。20世纪90年代在市场疲软、国合商业萎缩的情况下，重庆市实行经营、价格、分配、用工放开，1991年市政府提出国有大中型企业和八户比照三资企业的办法，由此实行转换经营机制试点的企业开展了经营、价格、用工、分配、技术改造"五自主"的改革试点，当时通过放开出了一些新产品，比如冷酸灵牙膏、奥妮洗发品、北盛玻璃器皿厂、兆峰陶瓷、重庆啤酒等被称为重庆轻工"五朵金花"。

清理“三角债”

关于清理“三角债”，在朱镕基同志任副总理时就开始了。由于社会主义市场经济秩序不完善、法制不健全，加上为了稳定信贷，企业有了盈利要进行技术改造，资金缺口大，生产、流动资金严重不足。当时非常困难，电厂欠煤矿的钱，其他厂又欠电厂的钱，什么拖欠原材料、拖欠配套企业的资金的情况比比皆是。主要原因还是市场经济的秩序没形成，人家拖欠也是没办法的事。当初已经把经委撤销，朱镕基同志就搞了一个生产办，想逐步恢复经委的职能。他到各处统计各行业互相拖欠情况，算这个账那真是越算越糊涂，用计划经济的东西来管理市场经济确实很难。如果能多要到一些流动资金对企业总是有好处的，所以算账的目的就是多要钱，增加信贷的规模。在那种情况下我们企业技改的困难很大，包括重钢、特钢、汽车工业、兵器工业等，还是朱镕基同志出了一个主意叫“封闭运行”，就是把钱拿去给龙头企业要求还什么账就还什么账，一块钱注入这个企业，这个企业必须还另一个企业，另一个企业又必须还其他的企业，这样一笔钱要转好几圈，每转一次就要消耗一部分，消耗到最后就所剩无几了。所以朱镕基同志在我们市委、市政府的汇报会上，给了一笔钱，抹掉十几亿元的相互拖欠。总的来说我们就是希望把整体盘子搞大点，大点对搞活企业好，对企业技术改造有利。只是刚刚搞市场经济的时候还谈不上企业的诚信。

沿江开放

重庆是长江上游的经济中心城市，但作为内陆城市要走出去确实不容易，所以我们提出与上海、南京、武汉联合沿江开发。当初采取了一些措施，交通银行的成立就是为适应沿江开发，总部设在上海，由四家政府出钱联合组织搞的。其实解放前也有交通银行，但解放后就只有四大国有银行。成立了交通银行，中央就同意沿江开发。为适应市场经济建设而成立的交通银行，后来越搞越大，吸引了很多股东。我们市政府很穷，投了资要分利润，重庆驻深圳办事处就是由交通银行分的利润建起来的。对于沿江开发，交通银行的成立是大家的一个共识。在那种情况下，我们非常注意抓住机遇，提高重庆的地位。1994年，江泽民总书记到重庆，还曾题词“努力把重庆建设成为长江上游的经济中心”。

乡镇企业和个体私营经济

我们感觉在那个时候，成都的乡镇企业发展很快，但重庆比较困难。因为是老工业城市，欠账多，占用资金规模大，重庆的实际贷款规模大部分被军工大企业占用了，能用于乡镇企业的很少。而成都大工业和军工相对少，贷款主要用于乡镇企业，所以我还专门到成都取经。因为两个城市的经济结构不一样，所以我们考虑给点政策放手看一看。当时宗申、隆鑫等民营企业依靠大企业也有所发展，重庆汽车、摩托车零部件有了很大的发展。另外通过开放，引进汽车、摩托车，办了一些企业，包括珞璜电厂一、二期。当初李鹏同志要到法国访问，需要带一些中法大项目，计委看珞璜正好是现成的，按照一期规模加一倍，弄个二期，很快就批下来了。这就是利用政府间贷款搞起来的，对重庆的能源设施建设很有利，既有利于解决重庆的电力问题，又利用了外资。当时建珞璜很困难，因为是计划体制，要想从电力系统调有经验的人来管理很困难。我们就按照中外合资待遇公开招聘解决了人的问题，从达州电厂和重庆电厂找了部分骨干。钛白粉厂也准备搞中外合资，开始由肖秧同志联系了新加坡方面。但由于种种原因未能如愿，最终还是香港方面来投的资。后来他们还想搞点房地产，准备在松树桥一带要一平方公里，我问了规划局有这个规划，又征求了人大、政协的意见，于是中渝公司跟国土局谈了139元钱一平方米，现在看来很便宜，但在当时是比较高的。这也算是当时在西南地区比较大的一个开放项目了。所以通过改革开放，使得重庆的民营企业有了很大发展，吸引了一些外资。重庆在吸引外资方面还是走在前面的。

关于三峡工程

1984年考虑让我到四川任职就是因为准备成立三峡省。筹备组有了，但第一次是湖北反对没搞成。第二次重庆搞了一个直辖的方案，湖北不愿把宜昌划给重庆，南充又反对把广安划给重庆，所以又搁下了。但是三峡工程一直在论证，主要目的是防洪、发电、改善交通。重庆坚持两条：一是三峡坝高一定要185米，蓄水175米，改善重庆的航运交通问题；二是环保，库区流速减缓，会造成污水稀释能力下降，水位抬高至洪水位时下水道出水口被淹，污水排不出，这些都对环境造成影响。所以重庆坚持这两点，我们还组织专家进行论证。从1988年到1990年，全国人大讨论通过建设三峡工程。李鹏同志为了支持三峡工程，坚持重庆要直辖，当时让肖秧同志手写一份报告给李鹏同志和江泽民同志，总书记批示后才出的国务院文件，将涪陵、万州、黔江委托重庆代管。李鹏同志提出按照移民比例分税，把大部分税收留给了重庆。四川省的经济发展就是一根扁担两个箩筐，一根扁担就是成渝一线，两个箩筐就是成都和重庆，把周围都装进去了，成渝经济区就是这样的格局。直辖后重庆的城市建设发展非常快。

国际化大都市发展战略

重庆在历史上、世界上是很有名气和地位的一座城市，加上是座工业大城市，1988年我刚就任市长就提出要建国际化的大都市。考虑到重庆的交通比较困难，首先成立轨道交通建设领导小组，还准备搞轻轨，现在的轻轨就是那时候规划的，只是因为那时候没有钱，只有一点一点地搞中外合资想各种办法。后来国家拿了4万亿人民币搞基建，加上重庆直辖，交通部部长黄镇东到重庆当书记，国家计委副主任包叙定任市长，规划的道路交通思路很清晰。搞国际化大都市首先要有规模，城市化在经济、政治、科技、贸易、金融等各方面要达到国际化的水平和要求，这需要一个长期努力的过程。城市化是一个比较复杂的问题，矛盾也很多，总体来讲必须解决交通、居住等问题。为此，我离开重庆前下决心要调整区划，这是一个大动作，也是城市化发展到一定程度必须解决的问题。当初的方案是把区的范围扩大，撤销江北县和巴县，扩大中心区，每个区都给点土地让其发展。把九龙坡区的李家沱划给巴南区；南岸区向四公里发展，把巴县靠唐家沱一片划给南岸区；渝北、北碚、沙坪坝、九龙坡、大渡口、渝中区都得到了几个地方。当时还想把大足和双桥合并成为大足区，但大足汽车厂反对，阻力比较大，当然后来重庆也办了。江北县、巴县虽然管辖的范围小了，但升格为区，地位上升了，所以也没什么意见，渝北区（原江北县）依靠机场也得到了很好的发展。总之让各个区都有了发展的余地和活力。

（田姝、黄亚丽于2013年12月采访整理）

宣传思想工作很重要

刘文权①

“文化大革命”后期，我在重庆市毛泽东思想学习班任党委书记。毛泽东思想学习班结束之后，我被下放到九龙坡，当区委副书记，1978年10月任区委书记，区委在马王坪。为了落实政策和平反冤假错案，我经常到农村访贫问苦，和那里的群众结下了深厚的感情。1979年3月，我调市文教办任主持工作的副主任，主任由副市长兼任。1983年我任市委常委、宣传部部长，一直干到1989年。

宣传工作是教育工作，教育者要先受教育。毛主席讲过：“以其昏昏使人昭昭，难矣哉。”自己糊里糊涂的，去给别人讲，肯定讲不明白。因此，我在工作中特别注意加强学习，尤其是认真学习历次党代会的报告，并且自己学习后还向群众做宣传。任宣传部部长的几年时间，我做了200场次以上报告，先后撰写了20多篇宣讲稿子，有8篇讲稿受到上级单位的鼓励和表彰。比如《为实现党建新的伟大工程而奋斗》被中共中央党校出版社选编到《党政军领导干部理论宣传工作者文选》，作为“三讲”教育的参考读物；《守业加创业尤其艰难》入选中央文献出版社《中国精神文明大典》；《“三个代表”重要思想学习理论指南》编入中国社科院《新世纪党政干部理论学习文献·从严治党卷》；《大力弘扬毛泽东同志以民为本的光辉思想》获“全国理论创新学术”征文一等奖。1987年4月，李鹏同志来渝视察，我代表市委汇报了重庆市高校思想政治工作情况，得到他的肯定，认为我讲的自我教育是个好办法。新华社记者根据我的汇报内容，专发了内参，题目是《把思想政治工作做到大学生的心坎上》，这篇文章对我鼓励很大。

1984年10月，党的十二届三中全会通过了《关于经济体制改革的决定》，这是由计划经济体制迈向市场经济体制的重大突破。市委在狠抓学习的基础上，组织各部委负责同志深入调查研究，在综合分析的基础上，对全市干部群众中存在的对改革的态度和认识问题有了全面把握：一是不思改革，受小农思想和小生产观念影响严重；二是不懂改革，干部群众普遍不懂商品经济的含义，不少同志对什么是“商品”，什么是“价值规律”不甚了解，甚至连“党的

① 刘文权，曾任中共四川省重庆市委文教办公室副主任，中共四川省重庆市委常委、宣传部部长、市社科联主席。

基本路线”也答不完全；三是怀疑改革，甚至认为实行社会主义商品经济是“离经叛道”“走资本主义道路”等。根据中央全会《决定》精神要求和干部群众的主要思想实际，我们组织了市里的理论界干部，有针对性地草拟了“商品经济的充分发展是社会经济发展不可逾越的阶段”“社会主义商品经济与资本主义商品经济的共同点和本质区别”等12个专题，组织宣讲骨干到各区县和单位宣讲，印发了60多万字的参阅材料，报刊组织了大量理论学习文章，电台也广为宣传。在全市掀起了领导带头、县以上领导干部为重点、全党全民学习《决定》的热潮。通过学习，干部群众普遍反映“进一步解放了思想，增强了改革意识”。中央书记处书记胡启立来渝视察，听了我们的汇报后十分重视，要我们把印发的学习资料送中央书记处。不久，中宣部召开会议，责成重庆市委宣传部在会上发言，《光明日报》等报刊做了宣传报道。

随着商品经济的迅猛发展，社会上也出现了“一切向钱看”的歪风，党风民风出现许多新问题。我们深入贯彻党的十二大和十二届三中全会精神，在“五讲、四美、三热爱”活动的基础上，着重在端正党风和民风问题上广泛进行宣传教育。市委决定在全市商业、服务、交通等窗口行业开展“尽职业责任、讲职业道德、守职业纪律、懂职业技能”的“四职教育”，并逐步扩大到全市各行业。这实际上是把社会主义精神文明建设与各行各业、各单位的业务工作结合起来，既提高了思想道德水平，改善了党风民风，又推动了工作，大大促进了爱岗敬业、守法诚信的社会新风尚。这项工作由市委、市政府统一领导，市委宣传部牵头，各行各业齐抓共管，每月一次汇报检查，交流经验，宣传典型，许多行业都制订了职业道德规范和守则，有效地推动了社会道德新风尚的形成和发展。四川省委宣传部等单位联合在重庆召开现场会，中央宣传部召开会议介绍重庆的经验，印发我们的发言稿，《半月谈》做了摘要刊登。

1994年我离休后，仍任市关工委副主任兼老干部报告团团长。1996年根据老同志的意见，市委安排我担任市关工委主任。在市委领导下，市关工委广泛进行了弘扬红岩精神的宣传教育。

红岩精神是抗日战争、解放战争时期，以周恩来同志为首的中共中央南方局的老一辈革命家和无数革命先烈培育形成的，是山城人民极其宝贵的精神财富。邓颖超大姐1985年重返红岩村时题词：“红岩精神永放光芒！”江泽民同志1991年4月视察重庆时题词：“发扬红岩精神，沿着老一辈革命家开创的道路奋勇前进！”1996年，江泽民同志在全国宣传思想工作会上提出四项“育人工程”，即“以科学的理论武装人，以正确的舆论引导人，以高尚的精神塑造人，以优秀的作品鼓舞人”。为贯彻“以高尚的精神塑造人”的要求，市委做出了《弘扬红岩精神，塑造当代重庆人》的决定。

市关工委和老干部报告团积极贯彻市委这一决定，我建议市委充分发挥领导干部弘扬红岩精神的带头作用，召开一次领导干部动员大会，市委十分重视。1996年3月，市委召开了全市几大领导班子、各部门、各区县、大专院校和大型厂矿主要领导干部500余人参加的大会，由市关工委老干部报告团张文澄、胡康民、魏仲云三位同志讲红岩精神的感人事迹，市委书记张德邻讲弘扬红岩精神的重大意义、深刻内涵，要求领导干部做带头模范，广大干部纷纷称赞大会开得好。

会后，市老干部报告团中从事党史研究的老同志，深入到各大中小学、机关、企业和区县乡镇，宣讲红岩精神，深受广大青少年欢迎，红岩精神被推向了全国。许多青少年听后申请入团、入党，许多学校和单位在纪念节日时组织青少年到红岩村、烈士陵园举行新兵入伍、学生入团以及入党宣誓等活动。党中央领导宋平同志说："红岩精神对全国都有意义。"新华社、人民日报、中央电视台都进行了重点报道。当时，全市讲"红岩"故事、出"红岩"书刊、唱"红岩"歌曲、学"红岩"精神的活动蔚然成风。市委负责同志在市关工委和市老干部报告团的会议上说："你们把红岩精神讲进了千家万户，讲进了广大干部和青少年的心中，是弘扬红岩精神的光荣使者，是塑造当代重庆人的辛勤园丁和灵魂工程师。"

1999年，我参加了"三讲"教育宣讲活动。活动结束时，时任市委书记的贺国强同志在我的总结讲话稿上批示："文权同志的这个讲话很好。"他代表市委感谢我在"三讲"教育中付出的辛勤劳动。

（刘承海于2017年11月采访整理）

关于做好干部工作的一些体会

黄立沛[1]

1989年2月，我从永川调到市委组织部担任副部长，后担任市委常委、组织部部长。这一时期，我的主要精力放在干部工作上：

第一，搞好干部提拔与平衡工作。选拔干部是一项非常重要的工作，这项工作占用了我大量时间和精力。由于历史原因，重庆市的干部由四大部分组成：西南服务团、南下干部、川东地下党、永川地区。这么多干部，提拔哪一个，不提拔哪一个，有时难免存在一些矛盾。比如，永川合并到重庆后，原来永川过来的干部没有一个担任正厅级职务，都是副职；有的干部认为自己受了委屈，经常找我要求解决待遇问题；有时候，有的老同志也要对提拔干部提出一些自己的意见和建议。这些问题处理起来都不容易。我的做法，首先是尊重干部，尤其是尊重老同志，让干部说话，表达意见，不论他说得有没有道理，按照政策能不能解决，先耐心听他们把话说完。

廖伯康书记对我说，"你当组织部部长，其他工作都不算你成绩，你搞好干部工作，维护好干部之间的团结，就是一个最大的成绩"。我在组织部工作期间，曾向市委建议：第一是提拔一批年轻干部担任正厅级职务；第二是解决几个解放前党的外围组织的干部身份认定和待遇问题；第三是永川过来的干部有几个提拔起来担任部门正职。随着时间的推移，一批年轻干部成长起来，并逐步进入各级领导班子。这样就死水变活水，很多矛盾逐步得到了解决。这需要一个过程，经过了一段较长的时间，这个问题就不那么突出了。

重庆直辖时，中央组织部找我谈话，我说直辖的核心问题就是干部问题。干部工作的一个重要原则是要讲平衡，条件之下讲平衡，平衡之中讲条件。在基本条件都具备的情况下，有时提拔上去的不一定就是水平最高的，没有提拔的不一定水平就低。所以，从干部工作的全局来说，提拔干部既要讲平衡，又要讲条件，不能降低条件。没有获得提拔的人，要想通这个道理，觉得委屈也要能够接受；而那些获得提拔的人，必须更加努力工作，做出更大的成绩。既选拔出优秀人才，又做好干部团结工作，这是我做组织工作很重要的一条体会。

① 黄立沛，曾任中共四川省重庆市委组织部副部长，市委常委、组织部部长，市委副书记，重庆市政协副主席。

我记得那时中央领导同志曾找我谈话，他知道我当了两届组织部部长，长期搞组织工作，就问我一个问题：“有些地方的干部之间搞不好团结，你认为是什么原因？”这个问题不好回答。一方面必须对党组织和中央领导同志说实话，另一方面，作为组织部部长，在长期工作中难免会遇到一些干部不团结的问题，但回答这个问题，不宜涉及具体的人和事。我想了一下，回答说，不团结的原因是聪明的人多了，糊涂的人少了。他说：“你这两条说的还是有一定道理，大家都聪明，个性太强，不相互配合工作，就很难搞好团结。”然后，他又问：“你属于哪种人，是聪明人还是糊涂人？”我说我时而聪明，时而糊涂。他接着问：“你在哪种情况下聪明，哪种情况下糊涂？”我回答：当矛盾针对我时，我是糊涂的，自己不去参与；其他干部之间有矛盾时，我还是聪明，分得清楚是非对错。总之，对这个问题我主要从理论上分析，没有涉及具体的人和事。他想了一下说，“你说这几句话也有道理”。所以，搞好干部工作，维护好干部之间的团结，需要组织部门在干部工作中坚持原则，既讲条件，又讲平衡，也需要干部之间互相包容，互相爱护。

第二，培养妇女干部和年轻干部。我担任组织部部长期间以及后来任市委副书记分管组织工作期间，市委要求每个区县的领导班子必须配备一位女同志，加强培养妇女干部。区县自己不培养怎么办？那市委就直接派干部过去。当时妇女干部提拔很难，我们这项工作不仅仅是制定了政策，而且要推动落到实处。后来因为这项工作做得好，中央还专门表扬了重庆。

在培养年轻干部方面，重庆市委组织部和四川省委组织部青干处联合搞了一个课题，四川省委组织部青干处专门派人到重庆来一起研究，出了一本专著——《青年干部成长的规律》。我们提出了干部成长的几条基本原则：第一是对党的理论和指导思想坚定不移；第二是坚持党的领导坚定不移；第三是坚持全心全意为人民服务的宗旨。还有几条具体要求：第一要到基层锻炼两年以上；第二要在下一级工作岗位上工作两年以上；第三要经过党校培训。必须符合这三条才能提拔。这样，一批年轻干部通过这种方式逐渐成长起来。

1989年至1990年，按照中央的要求，重庆市集中开展了一次民主评议党员和处置不合格党员活动。评议标准是“德能勤绩”四个方面，评议范围是全市3万个党支部的63万名党员，在程序上是自我总结、民主评议、民主生活、实施整改，最后重新登记。

根据市委安排，市委组织部负责具体实施这项工作。在工作中，我们事前对干部普遍进行了解，然后分析因果关系，找准干部犯错误的原因。第一是世界观造成的；第二是工作能力弱、能力差造成的；第三是对党的政策不理解，在实践当中失误造成的。犯错误的原因很多，我们了解基本情况以后，一定要认真分析一个人犯错误的根源在什么地方。我经常举一个例子来讲这个道理：比如开车把人撞死了，原因很多，有的是成心报复，故意开车把人撞死；有的是醉酒驾车造成的；有的是驾驶技术不行。我们在整个民主评议过程中，既有疾风暴雨，又有和风细雨。在批评和自我批评中，大家不留情面地指出问题，提出意见，这是疾风暴雨；然后在个别谈话时，就和风细雨讲道理，让人真正从内心能够接受。比如，我们在一个区县搞试点时，一位领导干部因为坐专车上下班，在评议中被提了很多比较尖锐的意见，他觉得很委屈，接受不了，就来找我谈话。我给他做思想工作：你家到单位之间走路也就10分钟，坐车也快不了多少，而且，如果你联系群众，有群众观点，走路不是更好吗？党员领导干部要正确理解群众提出的意见。

通过民主评议，全市党员干部的思想认识得到一定提高，党组织进一步纯洁和巩固。民主评议后，根据情况对党员重新进行登记，没有登记的是极少数。这也体现了我们的党组织和党员干部绝大多数是好的。

1993年4月，我担任重庆市委副书记，分管过组织工作和纪委工作。组织工作，我前面已经谈了一些，现在主要说说纪委工作。对于纪委工作，我们当时提了四点要求："严格要求，严格监督，严肃处理，精心爱护。"第一，对党员干部必须按照党纪国法和其他相关规定进行严格要求，这是最基本的。第二，严格监督包括各个方面，纪委是党内监督，此外还有人大的权力监督、政协的民主监督，党员干部不仅要接受党纪监督，还要接受其他各种监督，要养成自觉接受监督的习惯。严格要求之后，必须有严格监督，很长一段时间，我们对干部的监督放松了。第三，犯了错误要严肃处理，但必须十分慎重，要认真调查清楚事实，再决定怎么处理，避免冤枉好人。第四，对干部一定要精心爱护。培养一名干部很不容易，但如果对干部不够爱护，处理干部不慎重，有时一句流言、一件莫须有的事情就能毁掉一个干部。干部工作、纪检工作，涉及每一个干部的政治生命，一定要精心爱护干部，对于所反映的干部问题，必须在充分调查核实之后，再以事实为依据进行严肃处理。这一条很重要。

（袁仁景于2017年11月采访整理）

重庆商业“四放开”改革

张文彬

1991年初，重庆市提出在国营和合作商业中开展“四放开”改革，同年11月，国家体改委、商业部在重庆市召开搞好国合商业座谈会，肯定、介绍和推广重庆市开展商业“四放开”改革的做法和经验。中央政治局委员、国务院副总理田纪云在会上对重庆实行的“四放开”改革做了充分肯定和高度评价。他说，重庆在国际风云变幻、国内市场不景气的情况下，搞“四放开”真了不起，是深化商业改革的一个突破，对全国都是一个贡献，立了一大功。田纪云副总理号召各级人民政府要像重庆重视生产一样重视商业，要学习重庆市锐意改革的精神，积极探索，把商业改革推向一个新的阶段。这次会议后，在田纪云副总理号召下，在全国商业战线很快掀起商业“四放开”改革热潮。我是重庆商业“四放开”改革的积极倡议者和实际参与者。

为什么要搞“四放开”

1988年8月，国家提出价格改革闯关，引起市场抢购。9月，中央提出治理整顿，抑制了通货膨胀，又造成连续几年的市场疲软，全国经济由1988年11.3%的增长，降到1990年的3.8%。由于改革徘徊、经济停滞、市场滑坡、商业萎缩，很多企业走入困境，相当部分国合商业购销下降，亏损增加，步履维艰。到1990年，全市国营商业、供销社系统实际利润仅5500万元，比1989年的2.2亿元下降了75%，上缴税利下降了21%。而在当时，国合商业是商品流通的主导力量，是市场商品的主要供应者，也是国家财政收入的重要来源。面对企业的困难状况，人们都很焦虑，也都在思考，出路在哪里？当时我们做了一些思考：一是借鉴农村改革成功的经验。农村实行了联产承包，解决了农民经营自主权和生产积极性的问题，这一点商业改革是可能借鉴的。二是吸取东欧、苏联的教训，他们长期实行僵化的社会主义制度，吃大锅饭，人吃懒了，国吃穷了，党也吃垮了。中国坚持改革开放，走中国特色社会主义道路，顶住了压力，历史证明只有改革才有出路，商业要走出困境，必须走改革之路。三是学习沿海特区的经验，1990年12月，我们去沿海特区考察，他们成功的经验是放得开，搞得活，因而发展快，变化大。考察后我们向市里提出要依靠改革、促进发展、勇于创新、敢于突破，选一批商业企业进行“四放开”试点的意见建议。四是受到我们一些敢于放开搞活并取得成效的单位的启发，1990年初，巴县青木关供销社搞经营、价格、分配“三放开”取得好的效果。从这些分析中，我们得出一个结论，国合商业要走出困境，发展振兴，绝不能回到独家经营的官商老路，必须走深化改革之路，联系国合商业实际，最有效的办法和途径是推行“四放开”，因此全市才下定决心搞“四放开”。

“四放开”的主要内容

一是经营放开。改革购销渠道，扩大经营范围，改进经营方式，目的是搞活经营，扩大销售。

二是价格放开。明码标价，灵活作价，目的是适应市场变化，活价促销。

三是用工放开。实行全员合同制、内部下岗待业制，目的是打破铁饭碗，奖勤罚懒。

四是分配放开。实行劳酬挂钩、联销计酬，目的是打破大锅饭，克服平均主义。

“四放开”的实质是深化改革，放开搞活，目的是增强企业自主权，调动职工积极性，探索从根本上解决体制机制问题。

如何推行“四放开”

找到了改革的出路，看到了希望，如何推进落实，还是一个很难的问题，因为“四放开”的内容很多方面是同当时的政策规定有矛盾和冲突的，如何才能顺利推进，我们采取了几条有力的措施：

第一，切实加强组织领导。“四放开”获得主要领导的大力支持，市委、市政府决定将“四放开”纳入重要议事日程，并成立了领导小组，由我（时任市委常委、常务副市长，分管商贸、财税、银行和工商）任组长。

第二，大胆解放思想。当时改革徘徊，经济萧条，要推进“四放开”，必须解放思想，勇于创新，敢于突破，我们当时曾明确指出：不突破现行政策就不是改革试点（因重庆是综合改革试点城市）。商业不改革就没有出路，只有在改革中才能求生存，在积极竞争中才能求发展。

第三，实行由点带面、逐步推开的办法。“四放开”涉及面广，它关系经济发展、社会稳定、国家和职工切身利益，必须慎重行事。1990年1月，在市财贸工作会上决定11个企业进行试点。试点企业积极性很高，见效很快，11个企业一季度销售增长31%，利润增长46%，上缴税利增长41%,大大高于其他企业,证明试点是成功的。市里及时总结了试点经验,并迅速决定将试点范围扩大,全市增加了90个单位,并由零售扩大到批发,区县企业搞多少由区县自己决定。很快,试点由点到面逐步推开,试点企业发展到500余个,推行面达到80%以上。据当时商务部调查组分析,推行"四放开"企业普遍形成了销售、利润、上缴税利、职工收入"四上升"的局面。

第四,统一行动打总体战。要推行"四放开",只有商业部门的积极性是不够的,因为它涉及很多综合部门。我们提出"四放开"是改革大局,各综合部门必须主动参与,积极配合,市工商局、物价局、劳动局等单位,专门为"四放开"发了文件,部门负责人还深入各试点单位调查了解情况,指导工作,这就使"四放开"改革排除了一切阻力,顺利推进。没有这一条,改革是很难推进的。

第五,坚持舆论导向。"四放开"动作大,坚持舆论引导十分重要。"四放开"能顺利推行,这与中央、重庆的新闻单位的大量宣传报道分不开。这些报道对"四放开"是强有力的支持和帮助,推进重庆掀起了商业"四放开"的热潮。新华社连续发了三期,系统总结介绍重庆商业"四放开"情况的内参选编,1990年11月全国会议后,全国商业系统也掀起了推行"四放开"的热潮。

"四放开"的主要成效

"四放开"改革推行的时间不长,但进展比预料的快,影响比预料的大,效果比预料的好。

一是促进了企业扩大经营范围,突出了经营特色,大幅提升了销售额,扭转了销售下降的趋势,冲破了长期实行的商品计划分配模式。

二是转换了商业的经营机制,增强了企业活力,扭转了经济效益下滑的局面。

三是提高了企业职工的积极性,改善了服务态度和服务质量,提高了工作效率和责任感,商业面貌焕然一新。

四是增强了改革意识。思想解放、观念更新是推行"四放开"的前提,"四放开"改革的实践又进一步增强了改革意识,商业企业意识到只有改革才有出路,而改革的核心就是放开搞活。

五是"四放开"改革的影响深远。1991年初推行的"四放开"是在小平同志南方谈话之前,也是在党的十四大决定实行社会主义市场经济之前。"四放开"改革与南方谈话精神和十四大精神是完全一致的,经营放开、价格放开是符合市场经济要求的,用工放开、分配放开是转换经营机制、增强企业活力的重要途径。为什么在重庆国营企业中还有重庆百货、新世纪这样大型国营商业的存在和发展,他们能在激烈竞争中站住脚,靠的正是当时推行"四放开"的基础,特别是坚持放开搞活的精神。

“四放开”的经验和不足

重庆市在国合商业中推行的“四放开”改革发展势头很好,在全国影响很大,对搞活重庆国合商业发挥了重要作用。最成功的经验是:解放思想,敢于突破;转换机制,放开搞活;加强领导,稳妥推进。但是,现在回过头来看,由于当时情况复杂和认识的局限,没有与时俱进,进一步解放思想,把“四放开”改革推向更深层次,特别是没有及时推进国有商业企业的产权制度改革,以至于有部分企业对“四放开”改革只搞了形式,甚至走过场,因此,一些国有商业企业逐步丧失了活力,没有走出困境,这不能不说是“四放开”改革的最大遗憾。

(黄亚丽于2017年6月采访整理)

“科技兴渝”战略的实施

窦瑞华[①]

1990年,重庆市推出了“科技兴渝”战略,这是解放以来重庆市委、市政府在科技方面最突出的行动。它是党政一起、四大班子合力推出的一项战略,由市委掌舵、人大决议、政府操作、政协配合,各部门紧密参与其中。“科技兴渝”战略有政策支撑,有项目推动,实施力度很大,效果也非常好。比如当时摩托车行业非常挣钱,摩托车的核心是发动机,而重庆的发动机技术相当好;当时重庆的医药行业在全国排在了前五六位,产量和技术水平都很不错。市里出台政策,规定企业从产值中拿出一定比例资金,作为科研经费。市里成立了领导小组,我是负责人之一,召集相关单位讨论有关政策并最后落实到基层企业,这些政策对企业科技发展推动很大。我的体会是,科技是第一生产力,但领导重视更是第一位的,领导重视科技工作,各种政策、抓手、资金就全来了。

那时,国务院要在全国确定一些城市,作为国家级的第一批高新产业开发区,国家科委常务副主任李绪鄂具体负责这件事。我1989年从重庆邮电学院到重庆市政府担任副市长,市科委告诉我,在全国候选城市名单中,重庆名列第十七八位,还是很有希望的。不久,国家科委职能处室的处长尉迟坚来重庆出差。他告诉我,很多省委书记、省长都跑到国家科委,要求把他们的城市列为国家开发区,现在重庆被挤到了二十三四位。我听后大吃一惊,马上向肖秧书记、孙同川市长汇报。他们联名写了一封信,由我带信去北京找李绪鄂。李绪鄂给我半小时汇报时间,在汇报中,得知他是重庆三中毕业的,并且爱好书法,这样我们找到了共同话题,越聊越投机,汇报进行了两个多小时,最后他答应到重庆视察科技发展情况。不久,李绪鄂真的带领一批人来到了重庆,重庆也顺利入选了第一批国家级高新产业开发区。过去重庆没有国家科委的项目,从那以后,重庆开始承担国家科委的项目。被划为国家高新产业开发区前,重庆没有开发区,只有沙坪坝重大旁边的科技一条街,开发区属于沙坪坝区。我带领市科委领导同沙坪坝区区长左绍中谈,在许诺原有企业税收留归沙坪坝,且每年增加税额的前提下,沙坪坝把开发区贡献给了市里。在市委、市政府领导和支持下,我们积极学

① 窦瑞华,曾任重庆邮电学院教授、电信工程系副主任、副院长,四川省重庆市人民政府副市长,重庆市政协副主席。

习沿海地区的先进管理经验，重庆的高新技术开发区发展很快、很成功，走在了全国前列，超过了成都和西安。

1997年重庆直辖后，我担任重庆市政协副主席。重庆从四川省分离出来，它的教育体系结构是不完善的。为了完善重庆教育体系，政协提出把西农和西师合并为西南大学，使之成为综合性大学。这个建议，有它的可取性，但现在看来，也有不足之处。第一，西农作为资格很老、科研力量很强的农业学院，合并后丢掉了自己的特色。第二，转变一所大学的性质，比新建一所大学要难得多，西师是综合性师范大学，要转变成综合型理科大学很不容易。到目前为止，西南大学都还没有完全达到综合型大学的预期。直到现在，重庆仍没有中医药大学、艺术性大学，教育体系仍然不完善。

对于教育工作和人才培养，根据自己曾经长期在教育战线学习和工作经验，我认为实践能力非常重要。我年轻的时候，到过农村，到过部队，当过钳工，这些实践经历对我帮助很大。我当钳工时，我的老师是8级钳工肖华老师傅，他动手能力很强。丰富的实践经验，使他具备了解决疑难技能问题的思路和技术，这是技能人才的与众不同之处。邮电研究所搞的总体设计和研制，是实践性很强的系统，这在综合型大学或者理科型大学就不可能搞出来。

（刘承海于2017年10月采访整理）

重庆城市管理与建设

唐情林①

1978年改革开放起步时，我仍在国营七一仪表厂工作。1984年1月，我任九龙坡区委副书记、区长，从此开始接触城市管理和建设工作。1990年10月我调到重庆市政府工作，先后担任市长助理、副市长；1997年重庆直辖后，我又担任市长助理。在重庆市政府任职期间，我主要分管市政建设、城市管理、环境保护、社会治安等工作，尤其是在城市管理和建设上投入了大量精力，亲身参与和见证了改革开放以来重庆城市面貌翻天覆地的变化。

城市管理

改革开放前，由于总体经济发展水平、城市管理体制、市民生活卫生习惯等因素制约，重庆城市管理长期处于较低水平，城市环境“脏乱差”问题突出。改革开放过程中，在不断促进重庆经济发展的同时，我们努力提高城市管理水平，不断提升城市形象，改善人民群众的生活条件和居住环境。

改变城市环境，首先从当时最为突出、直接危害人们身体健康的卫生问题抓起，进行了一场“厕所革命”和“垃圾革命”，从根本上改善了城市卫生状况。

改革开放初期，重庆城区只有大一点的宾馆才有冲水式厕所，其他地方基本都是旱厕，人们在外面要找厕所不用眼睛看，哪里传来臭味就往哪个方向去找。厕所粪便处理靠郊区农民来挑或者环卫工人用车拉走。这种环境卫生状况既不利于市民健康生活，也制约着重庆城市形象的提升，尤其难以接待改革开放中来访的外国朋友。当时，外国游客去大足石刻参观，由于沿途只有旱厕，他们不习惯，而且臭气熏天的，也没人愿意进去，只有在景点或回到宾馆才能上厕所。为了改变这种状况，我们搞了一场“厕所革命”，把市区的旱厕全部改为冲水式厕所，现在市区已经找不到旱厕了，都是冲水式厕所，而且档次比较高，跟国外相比也没什么差别。

---

① 唐情林，曾任四川省重庆市人民政府市长助理、副市长，重庆市人民政府市长助理，重庆市人大常委会副主任。

1990年，我到市政府任职后接手的第一件事情就是创建卫生城市。卫生城市的标准中有一条，垃圾要无害化处理。当时我们连垃圾的收集都是一个大问题，根本谈不上无害化处理。重庆两江四岸城区段，有3000多堆垃圾，长江从李家沱至望江厂这一段，嘉陵江从北碚下来直到朝天门，两岸都有很多垃圾堆。当时就是这样一种状况，就是这样一种城市卫生面貌。要改善，首先要解决的就是垃圾收集问题。我们开始分批建设垃圾站、垃圾场，设置垃圾桶，让老百姓逐渐养成把垃圾倒进垃圾桶的习惯。环卫工人收集后，再统一倒进垃圾堆放场。当时择地设置了几个垃圾堆放场，集中堆放各处收集起来的垃圾，相比过去城区到处都是垃圾堆的状况有了很大的改善。然后，我们又启动了沿江综合整治工程，即滨江路工程。一是环境综合整治，二是固堤防洪。过去，洪水来了垃圾冲得岸边遍地都是，水流长期侵蚀堤岸容易造成垮塌。通过综合整治，加固了河堤，清理了岸边的垃圾并且植树种草进行绿化，美化了城市环境。沿江综合整治由渝中区的滨江路作为示范段，然后推广到各个区县，不仅长江、嘉陵江，包括乌江、濑溪河等支流，都进行了综合整治。这一工程对城市形象的提升起了很大作用。

把垃圾集中起来堆放在露天，对垃圾场周围的环境会造成很大污染，没有最终解决问题。垃圾场臭气熏天、蚊虫滋生、老鼠乱窜。特别是一到夏天，垃圾场周围一公里内的老百姓都不敢打开门窗，可以说环境非常糟糕。为了进一步解决这个问题，重庆市开始建立垃圾处理厂，对垃圾进行无害化处理。现在，城市垃圾基本都进行了无害化处理。这既是提升城市形象之举，也真正改善了老百姓的居住和生活环境。当时几处垃圾堆放场的环境也得到了恢复和改善，有的还在原来垃圾场的位置建起了公园，如原江北区垃圾堆放场改建成了龙头寺公园，原九龙坡区垃圾堆放场现在是彩云湖湿地公园，过去污水横流，臭气熏天，人们避之唯恐不及的地方，现在变得绿树成荫，鸟语花香，成为人们休闲娱乐的好去处。

为进一步提高城市形象，为市民提供一个方便、舒适、整洁、美观的生活环境，我们紧紧抓住"路、树、房、灯、线、桥、栏、站"，对城市环境进行综合整治。①路，就是城市道路。那时城区道路到处坑坑洼洼，尘土飞扬，人们出门"晴天一身灰，雨天一身泥"，别说晚上走，白天走起来都困难。于是，我们下决心把路修好，不仅要通畅，而且道路质量也要很高，以改善人们的出行条件和城市形象。②树，指行道树。树是城市的"仪仗队"，道路两旁整整齐齐的行道树，展现出一种良好的城市仪容，令人赏心悦目，而且在重庆炎热的夏天还可以为行人遮挡强烈的阳光。大石路（大坪至石油路）是当时抓的一个样板，拆掉了路边违规搭建的临时建筑，清理了丛生的杂草，路两旁种上了几排绿化树，现在已经绿树成荫。改革开放前，重庆没有一块像样的草坪，在城市环境整治工程中，我们学习国外经验，建了很多草坪。草坪也是城市文明的一个象征，一个城市不能全是钢筋水泥、一点绿地都看不到。③房。改革开放后，重庆仍有许多简陋的"抗战房"，这些抗战时期搭建的低标准房屋，经过几十年风雨后破旧不堪,居住其中的老百姓生活非常不便,也不符合重庆作为一个大都市的形象。我担任副市长时,开始进行临街房屋整治,通过给旧房"穿衣戴帽",改善市容市貌。现在重庆市各个区县城镇面貌都比较整洁。不一定是新房子,旧房子经过改造、"穿衣戴帽"整治后照样很漂亮。现在,我们的古城、古镇的保护,也在采取这个办法。④灯,即城市路灯。改革开放初期,重庆市区路灯数量少,品位低,仅在主要街道设置了一些简陋的照明灯。现在,重庆的路灯千姿百态,各具特色,而且还有各式各样的装饰彩灯,入夜后灯火辉煌的城市成了一道美丽的风景线。⑤线,包括照明线、电话线、广播线、天然气、水管等管线。综合整治中,开始实行全部管线统一下地,以提高城市仪容。⑥桥。由于重庆城区特殊的地理条件,桥梁是沟通两江四岸极为重要的交通基础设施。重庆第一座跨江大桥——嘉陵江大桥,是1966年由苏联专家援建的。改革开放后,长江、嘉陵江上逐渐建起一座座大桥。现在,长江上有42座桥,嘉陵江上有34座桥。另外还有无数立交桥,形成了四通八达的城市交通网络。⑦栏,包括街道两旁的护栏和广告栏。原来城区街道各路段两边的护栏样式不统一,五花八门。在综合整治中,我们统一制作,统一安装,既解决了安全问题,又提升了城市形象。广告宣传随着市场经济发展起来后,由于管理不到位,各种广告贴得到处都是,城市环境显得很乱,拉低了城市形象。经过综合整治,街面上、高速公路两旁的广告基本都很规范,包括字体都有统一规范的要求。⑧站,就是汽车站。过去的汽车站没有像样的站棚,后来我们认识到站棚也是一种城市公共设施,也应该统一标准。现在我们的公交车站、地铁站都有统一建设标准,各种相关设施都很完善。

通过加强城市管理,重庆城市品位有了很大提高,老百姓出行和生活环境有了显著改善。经过几十年的发展,现在重庆的城市环境,与国内外任何一座城市相比都毫不逊色。

城市建设

在改革开放中,随着经济不断发展,重庆城市建设水平不断迈上新台阶。重庆城区向何处发展?我在市政府任职期间,市委、市政府制定了"北移东下"发展战略,对重庆城市建设的快速发展,起到了重要引领和推动作用。现在来看,重庆城市规划发展水平、城市风格和城市色彩没有落后于北京、上海等大城市。

党的十九大报告提出要努力满足人民群众对美好生活的需要。群众的美好生活需要包括衣食住行各个方面,包括物质生活需要和精神文化生活需要。重庆城市建设一直非常重视满足群众对美好生活的需要,我参与和经历过的许多事情至今记忆犹新。

第一,修建市民广场。一是修建人民广场。1997年,为迎接重庆直辖,市委、市政府决定在人民大礼堂旁边修建人民广场,我担任建设工程指挥长,40天就完成了建设任务。我在市政府工作这么多年，只当过一次指挥长，就是人民广场建设的指挥长。这是当时重庆市最大的一个广场，受到群众热烈欢迎，成为很多群众休闲娱乐健身的场所。二是建设解放碑购物广场。我们现在看到的解放碑步行街以前不是这个样子，是从1997年重庆直辖时开始建设起来的。解放碑购物广场在全国都有一定影响，全国各大城市很多人过来学习。我记得那时每年国庆节，市委、市政府都组织庆祝游行，市委书记、市长都要在解放碑那个台阶上检阅游行队伍。三是修建朝天门广场。朝天门广场位于朝天门两江交汇处，1998年1月开工，同年10月建成。广场上下共四层，底层为码头专用道，中间层为商业、娱乐和办公用房，顶层为观景平台，整体造型酷似一艘扬帆远航的巨轮。朝天门广场的建成彻底改变了朝天门周边局促、陈旧和交通混乱的局面，美化了城市景观。除此之外，城区街道、社区也开始因地制宜地修建市民活动场所。

第二，修建影剧院。过去，位于两路口的山城电影院是全市最好的电影院，人们把去山城电影院看场电影，当作一件十分骄傲的事情。现在电影院遍布市区各大商业中心，重庆大剧院、解放碑附近的国泰艺术中心剧院，在全国都很有名气。

第三，建设购物中心。重庆直辖后，李嘉诚投资建设了解放碑大都会广场，按照当时香港购物中心模式，打造了重庆市第一个购物中心。然后对新世纪百货商场进行了改造，又在较场口建成得意广场，再加上一直以来深受重庆群众欢迎的重庆百货商场，为市民提供了良好的购物环境，也在旧房迁建中改善了那一带老百姓的居住条件。

第四，危旧房屋改造。临江门原来有一片层层叠叠的“抗战房”，八九平方米的房子住着五六个人，屋里没有厨房，也没有厕所，煮饭是用空油漆桶敷一个炉子，烧蜂窝煤，上厕所家家户户都是提夜壶罐子。后来市委、市政府下决心对这一片全部进行拆迁，不但恢复了魁星楼这一历史建筑，而且改善了老百姓的居住条件。改革开放40年来，渝中区完成了80%以上危旧房屋改造，目前只剩下一小部分没有改造完。

第五，修建体育活动场馆。为迎接在重庆举行的第十三届亚洲杯足球赛，2004年重庆市修建了袁家岗奥林匹克体育中心，占地1350亩，包括中心体育场、综合体育馆、游泳跳水馆、网球中心、小球馆、体育公园等综合设施，这是重庆市一座标志性的体育场馆。此外，各个区县也都有自己的足球场、体育馆，相关设施都已经比较完善。

（袁仁景于2018年11月采访整理）

我的政协工作经历

罗淑芳

1993年3月至1997年，我任四川省重庆市政协副主席。当时的分工是由我侧重抓精神文明，同时兼任市政协群团专委会主任。

我在任的那几年，重庆市政协在张文彬主席带领下，领导班子和职工都非常重视精神文明建设，在坚持以经济建设为中心履行职责的同时，始终把精神文明建设作为协商、监督、参政议政的重要内容之一。那几年，群团专委会单独或牵头对重庆市的教育、文化、科技、爱国主义教育、社会治安、反腐倡廉、社会保障等问题进行过深入的调查研究和认真的协商，提出的建议得到了市委、市政府的重视和采纳。

比如，1996年7月，市政协党组向市委转报了群团专委会和教文新委员会联合提出的《关于广泛、深入、持久、有效地开展"弘扬'红岩精神'，塑造当代重庆人"活动的建议》，受到市委的高度评价。市委书记张德邻说，市政协关于精神文明建设的14条建议很好，并且指出"广泛、深入、持久、有效"这8个字，应该作为我市精神文明建设的方针。分管宣传工作的市委副书记滕久明也批示："非常感谢市政协对'弘扬'活动和精神文明建设的支持，这份建议14条很有价值，请大用同志（王大用，时任市委办公厅主任）将其中我们'深入'意见中没有的条款加进去，认真贯彻实施。"

又如，1997年4月，群团专委会写信给市委书记张德邻、代市长蒲海清，反映专委会邀请市政协组成单位——市级有关群团（市总工会、团市委、市妇联、市科协、市文联、市社科联、市青联、市学联、市侨联、市台联等）负责人开座谈会的情况。会议以"重庆直辖了，群团怎么办"为主题，畅谈了各界群众对设立重庆直辖市的热烈反映和各群团组织在建设新重庆中应该如何充分发挥作用，如何更好地团结各界群众献计出力。信中还说明，在座谈讨论中，与会同志提出了两条建议：一是在全市干部和群众中开展"新重庆、新风尚"活动。大家认为要为建设一流直辖市而奋斗，首先必须培养一流的干部和市民。为此，建议市委、市政府把提高干部和市民素质放到战略位置上来。提高干部和市民素质，内容很丰富，也有一个过程，我们认为可以从大处着眼、小处着手。当前，可借设立直辖市的东风，在全市干部和群众中开展“新重庆、新风尚”活动，树立重庆人的文明形象。“新重庆、新风尚”活动的具体内容为“七不”规范，即不随地吐痰、不乱丢垃圾、不说脏话粗话、不乱穿公路、不毁坏绿化、不损坏公物、不在公共场所吸烟。这些说起来都是日常生活中一些非常琐碎的事情，但是，如果全体干部群众把这些小事情都做好了，整个社会风气就会有一种新面貌。这次活动的开展，除宣传、教育、监督、处罚几管齐下外，还要求干部，特别是各级领导干部，要以身作则和切实负起管好本单位、本地区的干部群众做到“七不”的责任。二是在全市建立形势任务报告制度。要努力建设一流直辖市，必须依靠全市干部群众的团结奋斗。为了凝聚人心，不断激励干部和群众的积极性，需要让他们经常了解世界，了解全国，特别是京津沪三个直辖市和我们重庆市的发展形势，了解重庆在全国，尤其是在四个直辖市中的比较优势和弱势，从而明确我们的奋斗目标和现实任务，进而提高每个干部和市民的主人翁责任感，激发他们的主动性和创造性。形势任务报告，我们建议由党委、政府领导及其他各部门负责人主讲，时间可以不定期。

我们的建议得到市委、市政府主要领导的高度重视。市委书记张德邻批示：“这个建议很重要，应予以支持并采纳。‘新重庆、新风尚’活动我意思就以十个群团组织名义发出倡议，市委、市府支持，全社会响应，持续开展下去。”蒲海清代市长批示：“建议很好，可搞一个计划并发各级单位积极执行。”对于建立形势报告制度的建议，两位市领导在批示中也明确指示，要求由专人负责研究，提出工作意见交市委讨论决定。紧接着，市委分管精神文明的副书记滕久明、市委常委邢元敏专门召集市总工会、团市委、市妇联等10个群团组织的负责人，就如何在全市干部群众中广泛开展“新重庆、新风尚”活动商量具体的办法。1997年9月7日，市委办公厅以文件形式，转发了市政协群团委员会暨市总工会等10个群团组织联名发出的“在全体市民中开展‘七不’新风活动倡议书”，文件发至万县市、涪陵市党委，黔江地区党委，各区市县党委，市级各部门党组（党委），大专院校和大中型企业党委，要求认真贯彻落实。

当时，市政协在精神文明建设上，向市委、市政府及其主要领导提出的意见和建议，都得到了市委、市政府的高度重视，并且在这些主要负责人的重视和督促下，一步步地抓落实。过去有一种说法，市政协的委员们是“不说白不说，说了也白说”，但从我在市政协工作的那几年来看，我分管的这一块工作中由我经手提出的一些建议，都得到了市委、市政府的重视，能够采纳的他们都尽量采纳了。政治协商制度起到了很大的作用。

关于政协工作的感受很多，最重要的体会主要有三点：①人民政协是政治组织，因此，在政协工作中必须讲政治。讲政治主要表现在坚持党的领导，坚持社会主义方向，在宪法和法律的范围内履职尽责。②要不断提高履职尽责能力。政协人才荟萃，各方面代表性人物集中，尤其是知识分子阶层的代表人物很多，包括民主党派和人民团体的代表人物。而且，政协民主氛围比较浓，搞压制强迫是不行的，必须让人家真心信服你。作为政协的专职干部，尤其是领导干部，要不断提高自己履职尽责的能力。在政治方向正确的前提下，除了以自己的个人素质、品格、学识、形象风度、为人处世服人以外，还必须具有广泛联系群众和深入调查研究这两项基本功。③要紧紧围绕党委、政府的中心工作和人民群众最关心的事情建言献策。同时，在建言献策中，还要有可操作性，力戒空谈，不要夸夸其谈地讲很多空洞的道理，而要切切实实地让党委、政府拿去可以操作，可以落实，可以给群众带来实惠。

（袁仁景于2018年10月采访整理）

三峡大坝175米水位的由来

廖伯康

我是1983年到重庆工作的，很快就接触到三峡工程的一系列工作。当我知道国务院已原则批准三峡工程蓄水150米的方案后，便问尾水在哪里，得到的回答是尾水在长寿，泥沙淤积到朝天门。这使我很紧张。因为泥沙和卵石的淤积，将导致重庆航道出浅碍航，建库后万吨船队不能到达重庆，难以满足西南远期出川货运需要，严重影响重庆和西部地区经济的发展，重庆港也将成为一个死港，重庆作为长江上游交通枢纽的地位亦将随之丧失。

关于三峡工程正常蓄水位，从20世纪20年代起，就开始研究。近几十年来，更是对三峡工程做了大规模的勘测、规划、设计和研究工作，数以百计的权威单位和国内外专家都参加过研究。1955年到1959年，长办（长江流域规划办公室）从正常蓄水位128米研究到260米；1958年，党中央成都会议上，长办比较了205米、200米、195米、190米等几个方案，建议采用200米水位方案；20世纪60年代长办又建议采用190米水位方案。

1983年，水电部为了缩小移民规模，要求长办提出150米方案、165米坝顶的可行性研究报告。报告提出来后，国家计委受国务院委托，组织200多位专家和有关领导参加审查会议，原则上同意上报国务院。1984年4月5日，国务院〔1984〕国函字第57号文原则上批准150米方案，但坝顶改为175米，以便特大洪水时超蓄拦洪。三峡工程此时准备按这个方案动工。

当时重庆是计划单列市和省辖市，有关三峡工程的很多信息都不知道。很多事情都是省里出面，一般会议都是省里参加，重庆一次都没有参加过有关三峡工程的会议，负责做方案的长办在做方案时起的作用非常大，很有权威，负责人名叫林一山。他们主要考虑的是长江中下游的防洪问题，其次是发电问题。所以150米方案，也不完全是他们所乐意的，而是为了让工程尽快上马所采取的一种妥协方案。但是如果按这个方案动工，重庆的后果将不堪设想。

重庆面临着这样重大的问题，我们能不能找人做些研究，提出合理的意见，拿出既有利于全局，又有利于重庆的方案，让中央满意，让专家认可呢？这个时候，我们市委、市政府一班人一致认为,三峡工程直接关系到重庆和西南社会经济的发展和兴衰。为了搞清150米方案对重庆和西南社会经济的影响,研究相应的对策,我们很快便组建了由市委研究室牵头,市计委、建委、科委、交通局、港务局、长航等单位专家组成的"长江三峡工程影响对策研究小组",开展对150米方案及其对策的研究。

研究小组收集了有关三峡工程的资料,大量检索、收集、整理国内外有关回水变动段和水库库区泥沙淤积的资料,进行认真、系统的分析,撰写了《重庆市对长江三峡工程150米方案的追踪调查》,对150米方案的利弊进行了系统的分析,并提出180米方案的建议,以《重庆市对三峡工程的一些看法和意见》(渝委〔1984〕31号文)上报国务院。

该意见主要内容为两个部分,一是150米方案回水变动段存在的泥沙、航运问题及其对重庆和大西南的影响;二是推荐180米方案,从航运、防洪、发电等综合效益及移民、投资方面进行比较,得出180米方案优于150米方案的结论。

我们认为,三峡大坝150米蓄水位方案的回水末端恰恰放在重庆以下的洛碛与忠县之间的河段,这样,实际上就把作为西南水陆交通枢纽的重庆港置于库区之外,使重庆以下较长一段天然航道得不到改善,万吨级船队难以直达重庆。在回水变动段内还可能因泥沙淤积出浅碍航,甚至形成砂卵石浅滩群,堵住重庆港进出口要道,造成新的"卡口",使川江航道不断恶化。这不仅会严重影响西南地区的经济建设,而且将波及华中、华东地区的燃料、原料供应。

而我们所建议的180米的方案,坝顶高程195米,正常蓄水位180米,死水位150米,防洪限制水位158米,其主要优点,一是巨大的防洪作用;二是最大的发电效益;三是将为南水北调中线工程创造有利条件;四是使重庆港处于三峡水库库区内,库区将形成600至700公里的深水航道,重庆以下航道的急流险滩全被淹没,川江航运将大大改善。重庆港每年绝大部分时间处于深水库区,万吨级船队可直达重庆,由此,为以重庆港为中心组织现代化的西南内河运输网,做到江海直达、干支相连,江河湖海相通,为开发大西南,振兴四川经济,支援华东、华中经济建设,充分发挥长江航运能力创造了条件。

总之,180米方案既能较为充分地发挥三峡工程的综合效益,国力又能基本胜任,所以,比150米方案更为合理。

我们知道,中央决定修建三峡工程,其主要的目的,一是解决长江中下游的水患问题,二是缓解电力的缺乏,三是改善川江航道的不畅。当时将蓄水位确定为150米的这个方案,就是为了"快"和"省"。长江中下游的省、市长期为水患所苦,对修建三峡大坝的呼声非常强烈,而当时的国力又非常有限,所以,150米的方案得到很多人的赞同,也是不得已而为之。但是这个方案的弊端实在是太多,对重庆的影响实在是太大。

对于重庆来说,就是要利用各种渠道,反映150米方案的弊端,目的就是要将其否决。

1984年的全国人大会议是在6月份召开的，我对王谦同志(时任重庆市委书记)说，你是全国人大代表，应将三峡工程150米方案的危害写一个议案，跟中央提出来，材料由我们来准备。王谦同志认为这么大的事情，指望用一个议案就能得到解决是不可能的。最后，我们决定给中央打个报告，争取把这个报告送到邓小平手里。我们在报告中言辞激切地说，如果150米方案实施，重庆将毁于淤泥，万吨轮船无论今天还是以后永远都无法达到重庆。小平同志看后把李鹏叫去，问是不是这样，李鹏说是。小平同志便将长办李伯宁他们150米方案中一直宣传的"可以改善川江航道，万吨轮船可以到达重庆"这一条划了一杠，批示道："'万吨轮船可以到达重庆'这一条，不能成立。"

小平同志给我们的报告做了"重庆提的意见，值得重视，值得研究"的批示。"值得重视"，就有了倾向性了，偏重我们的方案了；"值得研究"，就是要对大坝蓄水位到底多高重新考虑，重新论证了。于是，150米方案被搁置下来，三峡大坝在1984年也终于没有动工。

1984年11月，李鹏带着20多位中央有关领导和几十名专家专程考察三峡，随后决定委托国家计委和国家科委组织全国专家进行论证，重新对三峡工程的战略决策进行研究。1986年，中央又委托水电部继续主持论证，同时，还组织了国外专家参与论证工作，形成全国性和国际性的大论证，这在三峡论证史上具有十分重要的地位。

1984年至1985年，国家科委主持论证，曾围绕180米方案组织200多个课题进行科研，200多个科研和设计单位的3000名科技人员参与了这一工作，并分8个专题，组成8个专家组，从40多个方案中筛选出包括150米和180米方案在内的11个方案进行论证。

我们重庆市的专家们参加了国家科委组织的防洪、航运、泥沙、电力系统规划、淹没与移民、综合评价等专家组的论证会，阐述重庆市180米方案的观点。

在此期间，除了水位方案外，上与不上、早上晚上的问题也相继提出，讨论十分活跃。1986年4月，李鹏等带领有关领导和专家到长江进行实地考察。1986年6月，中共中央和国务院联合下发《关于三峡工程论证工作有关问题的通知》，决定成立以李鹏任主任，宋平、宋健任副主任的国务院三峡工程审查委员会；由李鹏、薄一波、王任重、程子华等负责三峡工程协调小组；责成水利电力部主持论证，在深入论证的基础上重新提出三峡工程可行性报告。

这段时间，上百批国内外专家先后来渝考察，重庆有关专家针对全国对180米方案提出的问题，开展大量的研究工作，将三峡工程作为一个巨型的系统工程进行分析，最后形成了一个具有针对性、科学性、独创性、现实性和系统工程特点的主件《关于三峡工程180米方案的研究》的研究成果。

"两利相权取其重，两害相权取其轻"，这是我当时坚持的基本观点。在论证过程中，我们自己也感到，180米方案虽然好，但它涉及的移民太多，费用太高，工作量太大，要淹没的地方太宽，菜园坝、朝天门公路、嘉陵厂、天原厂等都将被淹没掉，重庆的损失太大，不可行，经过反复研究，我们又提出了175米的方案。

175米方案是根据新情况，综合了重庆市和全国各专家组及有关方面的论证成果，分析了全国各地区各部门的意见，以及国外专家的见解，考虑了泥沙、移民、国力等限制因素，对掌握的60多个方案进行了比较，将三峡工程作为一个巨型的系统工程进行分析，提出坝顶185米，正常蓄水位175米，第一期运用到156米的“一级开发，一次建成，分期蓄水，连续移民”的分期蓄水方案。这个方案在1986年12月水电部论证领导小组第三次（扩大）会议上，得到绝大多数专家的赞同和水电部的高度重视。钱正英部长认为这个方案能为各方面接受，要按这个方案办。哪知后来又没坚持住，又有变故，对水位的争论仍在继续。在这种情况下，水电部还是认为150米的方案最具有操作性。

全国政协常委孙越崎曾经带队来重庆考察，他对我说，“我是受邓大姐之托来的，你们有什么话给我讲，不要有什么顾虑”。我将自己的观点和150米方案对重庆的危害、175米方案的好处，都给他做了汇报。

1988年11月，陶维全和王秀峰等代表重庆去北京参加一个名为“大西南经济振兴对策研讨会”的会议，参加会议的主要是西南“四省五方”的政府代表和社科院的负责人，会议由全国政协副主席周培源主持。会议的议题是研究西南区情，提请中央重视西南面临的困境和问题，采取有效措施，加强生态保护和资源开发，以改变西南地区落后的面貌，促进经济的发展。会议商定长江上游水力资源的开发，应当采取先上游后中下游、先支流后干流、先易后难的顺序和办法进行。对三峡工程150米蓄水位的方案，与会者表示一致反对。这时，就在同一个招待所里，由钱正英主持的三峡工程建设会议也在举行。一个会议是关于三峡工程的建设，一个会议是西南对策的研究，两个会议的观点完全相反。钱正英认为三峡工程150米蓄水位的方案可行，要上。这边会议则坚决反对这个方案，斗争非常激烈。几天后会议结束，周培源在宴请西南地区社科院的与会专家时，态度非常坚定地说：“你们放心，不把150米方案否定掉，我死不瞑目。”

在这段时间，我们重庆方面的专家参加了水电部三峡工程论证领导小组第七、八、九、十次会议，在审查泥沙、航运、移民、生态、综合规划与水位、综合经济评价等专题报告，以及长办根据14个专题报告重新编制的《三峡工程可行性研究报告》时，我们的代表实事求是地发表了自己的意见。我们的方案经过千锤百炼，此时总算得以认可。1989年3月，水电部论证领导小组将175米初选水位方案最终确定为可行性研究报告的推荐方案，并在1989年9月上报国务院审查委员会。

1990年7月，国务院三峡工程汇报会听取了水电部关于三峡工程可行性研究报告的汇报。1990年12月11日，三峡工程审查委员会第一次会议决定分10个专题，聘163位专家组成预审组，从1991年1月起分别赴现场考察三峡工程，对各个专题的可行性研究报告进行讨论审查。

1992年1月17日，国务院批准了这个方案，并报中共中央批准，于1992年4月3日全国人大审议通过了这个方案。这是重庆市在1987年3月提出的初选水位方案完善深化的最终结果。

著名学者、水利专家李锐曾经几次问我，邓小平为何要坚持修三峡大坝？我说，小平进西南后，有一个他认为非常成功的经验，就是成渝铁路一开通，就把整个西南的经济给带动了起来，修三峡大坝也有这个用意。

如果三峡工程按150米方案动工，重庆港的作用将大大降低，重庆作为长江上游经济中心的作用就会被削弱，从而严重影响重庆和大西南的建设，直接关系到重庆和大西南的兴衰，如果150米方案通过了，重庆也就没有今天的直辖了。

（选自徐塞声、艾新全主编：《重庆改革开放口述史》，中共党史出版社2018年版）

第三部分

直辖开启新征程

我亲身经历的重庆直辖

蒲海清[①]

1997年6月18日，重庆直辖市正式挂牌成立。在此之前，我作为四川省委常务副书记、重庆市委副书记、代市长，参与了有关筹备工作。

知道重庆成立直辖市，我经历了三部曲

1997年重庆成为直辖市，其实是一种“回归”，因为历史上重庆曾两次直辖：国民政府时期，重庆为陪都，也是特别市（后改为行政院院辖市），同时也称为直辖市；新中国成立后直到1954年，重庆先为中央直辖市，后改为西南行政大区直辖市。

20世纪60年代的重庆，虽然不再是直辖市，但仍然是四川省甚至整个西部地区最大的一个城市。当时重庆人口有400多万，而成都还不到200万。我是四川南部县人，但从1961年在重庆上大学开始，就长期在重庆学习、工作、生活，对重庆感情很深。

改革开放初期，重庆也是朝气蓬勃，给人印象深刻的事情很多。比如，1983年，重庆在全国第一个被列为计划单列城市，在试点过程中有很多改革。当时，我在重庆钢铁公司任总经理，率先推行厂长（经理）负责制，有很多创新。那个时候大家普遍工作很忙、很累，但心情很好，积极性很高。

20世纪90年代，重庆作为一个老工业城市，又是军工企业比较多的城市，进入改革的困难磨合期，一下子出现几十万下岗职工。与沿海地区甚至成都相比，重庆落后了。当时重庆很困难，经济发展上不去，老百姓生活水平降低，社会不稳定。当时，我已经调任四川省委副书记、常务副省长。我爱人娘家在重庆。春节去重庆探亲的时候，我目睹重庆交通拥堵、城市环境脏乱差，实在是看不过了，就主动找当时的重庆市市长刘志忠同志聊天。我说：“志

① 蒲海清，曾任四川省政府副省长兼省计经委党组书记、主任，国务院三线建设办公室副主任，中共四川省委副书记、常务副省长，中共重庆市委副书记、市长，国家冶金工业局党组书记、局长，国务院三峡工程建设委员会办公室党组书记、主任，第十一届全国人大常委、环境与资源保护委员会副主任委员。

忠，重庆现在这个样子，你们要不顾一切，想想办法，把经济、把城市建设和管理搞上去。你现在是市长，就得把这个责任担起来，把所有副市长召集到一起，找一个没有人上访的安静地方开个会，研究一下该怎么办。”

可以说，当时上至政府官员，下至普通老百姓，都在探究解决办法，普遍希望重庆成为直辖市。

包括我在内的绝大多数人当时不知道的是，早在80年代中期，小平同志就提出了把重庆从四川分出来、单独建省的设想。1985年1月19日，小平同志在参加了广东大亚湾核电厂有关合同签字仪式后，找时任国务院副总理、三峡工程筹备领导小组组长的李鹏同志，详细询问了三峡工程的情况。当李鹏说“正在考虑成立三峡行政区，用行政力量来支持三峡建设，做好移民工作”时，小平同志提出，“可以考虑把四川分为两个省，一个以重庆为中心，一个以成都为中心”。

中央正式酝酿设立重庆直辖市是1994年。1995年中央派人到四川进行调研工作。1996年6月19日，江泽民总书记主持召开中央政治局常委会，通过了重庆市改为直辖市的方案。这一阶段的筹备工作，李鹏同志写的三峡日记《众志绘宏图》里有所反映，我不是很清楚。

我知道重庆成立直辖市时，已经是1996年了。对此，我可以说是经历了三部曲，开始是不相信，然后是高兴，再后来就是直接参与筹备工作，到重庆任市委副书记、代市长。

先说说“不相信”。1996年1月，具体哪天记不清楚了，我找了时任四川省省长的肖秧，他以前是重庆市委书记。我说：“肖秧同志，我向你报告一下重庆经济发展情况，请你考虑。”我提出是不是专题研究一次重庆的工作，研究重庆如何深化改革？如何扩大开放？如何加快发展？这时，肖秧省长说：“海清，你不要着急。我告诉你个事，你不要告诉别人。我听说，中央正在研究重庆成立直辖市。”这是我第一次听说重庆要成立直辖市。回来以后，我想了一下，觉得肖秧省长讲的话很难说一定准确，不大相信。

再说说“高兴”。1996年4月，我作为四川省委常务副书记，到北京向时任中央政治局常委、书记处书记的胡锦涛同志汇报干部工作和党建工作。他对我讲：中央原来准备让你当四川省省长候选人，但是考虑到重庆要成立直辖市，重庆的工作任务更艰巨，中央准备调你到重庆市工作。这件事情要绝对保密。我说，能不能告诉一下四川省委书记谢世杰同志。胡锦涛同志说，对谢世杰同志也不要讲。因此，我当时没有向任何人讲，连老婆也没告诉。回到四川以后，我就马上把重庆体改委副主任、党组书记赵公卿（后来曾任重庆市副市长）和四川省社科院廖院长一起请来。我说：现在重庆和成都的差距正在拉大，我个人体会，一是县域经济发展差，二是体制改革方面比较差。你们是体改委主任、社科院院长，帮我做点调研。要有调研报告，同时要提出具体政策措施。我那时候还不敢说重庆成立直辖市。当时我是四川省委常务副书记，常务副省长还没有免，研究重庆经济发展问题也算是很正常的事情，赵公卿非常高兴，问我什么时候要。我说越快越好。实际上，那个时候我已经开始考虑重庆的工作了。

不久，我就到重庆，直接参与筹备工作。1996年6月26日下午，李鹏总理在他的办公室开了一个会，参加的中央领导还有胡锦涛、李贵鲜（时任国务委员），四川省参加的有谢世杰书记、宋宝瑞省长、重庆市委书记张德邻和我。在这个会上，正式宣布成立重庆市直辖筹备领导小组，张德邻任组长，我任副组长。

管辖范围的四套方案之选

中央考虑设立重庆直辖市的原因，主要是基于三个方面的考虑：一是为了统筹解决好三峡库区移民工作，当时初步测算三峡重庆库区移民占总移民的85.7%左右（实际比例还要高）。二是四川省人口过多，1.1亿多人，相当于英国和法国的人口总和；面积大，有57万平方公里，管辖23个地级行政区、221个县级行政区，是中国管辖县级以上行政区域单位最多的省。我在四川当了11年副省长、副书记，还没有把所有的县走完。三是重庆是长江上游最大的城市，成立直辖市可以充分发挥其中心城市的辐射作用。

关于重庆直辖市管辖范围，中央先后共提出了四个方案：一个方案是以三峡库区为中心建立一级行政区，成立省或者直辖市，包括湖北宜昌，也就是和之前的“三峡省”模式差不多。但后来觉得牵涉地方太多，不能精简机构，中间管理成本过高，放弃了，没有怎么讨论。第二个方案，即大方案，除了把万县市、涪陵市和黔江地区等划过来外，还把广安、达川、南充等也拿过来。第三个方案，即小方案，直接把老重庆地区升格为直辖市，这个办法简单，不过无法解决三峡库区移民的问题，只能放弃。第四个方案，即现行的重庆市区划，老重庆地区、黔江地区、涪陵市、万县市合在一起成立重庆直辖市。

1996年6月26日下午，在李鹏总理办公室就管辖方案展开了讨论。当时谢世杰书记、宋宝瑞省长提出了大方案，建议把广安、南充、达川都纳入重庆直辖市范围。中央不同意。李鹏总理说，这是小马拉大车，贫穷的县太多了，人口也太多了。按照第四个方案，重庆市就有3000万人，如果把达川、广安、南充划过来，南充当时800多万人，达川七八百万人，广安600万人，这加起来就是5000多万人。

我将到重庆工作，感觉要是按照谢世杰、宋宝瑞同志的意见办，压力太大了。当时四川省达川、涪陵、万县都很穷。四川有一句俗话，“养儿不用教，涪达万去走一遭”，说明这几个地方的确很穷，妇孺皆知。但是，我想把广安划过来，因为当时广安产粮多，而重庆缺粮（现在重庆农业发展了，实现粮食自给了）。当时四川省每年调一些粮食给重庆。要是重庆成立直辖市,四川省粮食就不能再按照国家粮价划拨了,必须要给补差。这中间就会有很多争议。因此,我发言提出,不赞成大方案,南充和达川还是由四川省管辖,而黔江地区本来就是从涪陵市分出去的,可以纳入重庆市,同时把广安接收过来。李鹏总理说:广安现在不纳入,以后再研究。后来我才知道,小平同志多次讲"我是四川人",广安如归入重庆市,也不合适。

经过讨论,李鹏总理作结论,意思是就按照现在涪陵市、万县市、黔江地区和老重庆市组建成立重庆直辖市。因为要成立重庆市直辖筹备领导小组,暂时不把涪陵、黔江、万县直接纳入,而是交给重庆代管。以后四川省开会,涪陵市、万县市、黔江地区还是去参加,重庆市开会,也可以列席,逐渐适应。

中央最后确定的方案是就是现在体制的方案。实践证明这个方案是最好、最可行的一个方案。从目前来看,重庆对广安的辐射很大,广安到重庆不到一个小时路程,而到成都要在高速公路上走两个半小时以上。重庆和广安经济来往频繁,广安的土特产在重庆销售很好,而重庆很多机械零部件也是在广安那边制造的。这是重庆应该做的工作

为什么成立直辖市而不是省

1996年7月8日,四川省委正式下文件,将成立重庆直辖市的决定传达到厅局级干部。同一天,李鹏同志打电话问我筹备的情况怎么样了。我说:筹备工作正在抓紧进行,省委已正式下文重庆代管涪陵、万县、黔江,并正式向全省地厅级以上干部做了传达。重庆正在抓紧做工作,重点一是解放思想,做好深化改革的准备;二是计划安排下一步的工作。

7月25日,国务委员李贵鲜、中央组织部副部长王旭东、中央编办主任张志坚等领导,到重庆来谈行政体制问题,正式和重庆市直辖筹备领导小组成员交换意见。当时大家就提出,重庆成立直辖市以后,行政体制怎么安排？万县市、涪陵市、黔江地区体制还改不改？有的人主张重庆直辖市直接管县,取消两市一地委;有的人不同意,说一下子管四十几个县,怎么能管得了？当时我主张地市级机构还暂时存在一段时间为好,将来过渡到直管县。毕竟我们对万县市、涪陵市、黔江地区下属的这些县还不熟悉。当时的情况是:这些县坚决要求重庆直管,不要地市级机构这一中间层了;而两市一地干部思想动荡,又特别提出县还要不要他们管？如果不管了,富余的干部怎么安排是个大问题。矛盾之下,我们同意中央的意见,作为过渡,地市先保留,县可以到地市级机构汇报工作,也可以到重庆来汇报工作。实际上,随着重庆直辖市机构编制的确定,我们很快就把地市这级中间机构取消了。地市这一级一大批干部怎么办呢？有的提前退休,有的逐渐做巡视员,有的去了人大、政协,通过10年全消化了。

李贵鲜同志要求我们按照"小政府、大社会"的思路,减少编制。当时我的想法是:减少

编制是好事，但减下来的干部怎么安排是个问题，所以希望中央能多给点编制，不能缩得太小。我提了这个意见，中央后来同意了。我还私下跟张志坚同志讲：你放我一马，我不一定把编制用完，编制会逐渐减下来。实际上，重庆直辖市编制控制得很好，我任职期间，只给重庆市外办增加了30个人，其他的部门都减少了职数。至今重庆市编制还没有用完。

新的重庆直辖市领导干部的配备，以原重庆市干部为主。中央也给我们提了一些建议，李学举（曾任第一届重庆市委常委，后任民政部部长）、王云龙（曾任第一届重庆市委副书记、人大常委会主任）、李德水（曾任重庆市副市长、后任国家统计局局长）等同志都是中央统一配备的。同时，我们也从涪陵、万县、黔江调了少数干部，安排到市委、市政府及市级有关部门。我在省政府工作过，两市一地干部都熟悉，也不便多谈。我主动出面做工作，逐步调来一些人做适当安排，很快、很好地进行了工作的交接，确保了工作的连续性、有效性。

可能你们会问，为什么重庆成立直辖市而不是省？我觉得中央决策的英明就在这儿。按照我国现在的行政体制，省下面是市，市下面是县，县下面是乡镇，这就是四级体制；而直辖市不同，可以直接管县，是市、县、乡镇三级体制。从四川省来讲，要直接管221个县确实有困难；而重庆就可以，当时是管42个县。这样一来，重庆直辖市就没有地市级机构这一中间层了。地市这一级五套班子都是齐全的，公务人员不少，撤销了以后，整个直辖市的编制减少了三分之一，这样就初步形成了"小政府、大社会"的格局。当然我只能说是初步形成，今后还有很多工作要做。现在，我个人体会，设立直辖市而不是省有几大好处：一是去掉中间层，效率提高了。二是公务人员少了，现在重庆市公务人员占总人口的比例是全国最低的，比北京都低。这样就减少了国家的财政负担，可以把钱更多地用在建设上。三是干部责任感增强了，工作积极性提高了。重庆成立直辖市十多年来发展很快，中央和全国各地给了很大的支持，但从我个人的工作经历来看，行政体制改革对经济发展的推动作用也是很大的，甚至更加重要。

9月18日，我被选举为重庆市代市长。

9月20日至21日，胡锦涛同志视察重庆，主要是研究考虑重庆直辖市班子建设问题。他对我们的做法表示认可。这样，重庆直辖市行政体制就确定下来了。

财政体制的调整

1996年10月14日到20日，李鹏总理带领李贵鲜、国家计委主任陈锦华、财政部部长刘仲藜等，到重庆和三峡库区视察，同我们一起研究了重庆财政体制问题。

当时重庆市的财政体制，是1983年被列为全国首批计划单列市以后形成的，简单来讲就是：上缴四川省1.8亿，上缴财政部13亿。

10月19日，李鹏总理把张德邻和我叫到船上，同李贵鲜、陈锦华、刘仲藜等领导一起研究重庆财政体制。李鹏总理说，既然重庆要设立直辖市了，财政体制直接和中央挂钩，缴四川省的1.8亿就不缴了，给中央的13亿减1.5亿，一共减5年。我表示不能同意：重庆现在财政收入一年才74亿，人均财政收入在全国来讲是很低的，确实困难。我提出，缴四川省的1.8亿就不缴了，由中央财政补给四川省；缴中央财政的13亿减6亿。说着说着，我就和刘仲藜争论了起来。李鹏总理一下子生气了，批评了我一顿，他说：蒲海清，你不要讲了。你老讲困难，现在中央这么支持你，你还叫穷。给你每年减少1.5亿，减5年，你还不同意。李鹏总理的意思是这个方案是集体先行研究过的。听完批评后，我说：请总理息怒。今天总理在，财政部部长在，计委主任在，李贵鲜同志在，这是我最好的汇报机会。现在我不说，等到哪个时候说呢？我感谢中央的支持，但我的困难是实实在在的，不是叫穷，希望中央多支持一点。这时，陈锦华主任悄悄跟李鹏总理说了一句：再加个"倒板"吧？我在旁边听到了。李鹏总理对刘仲藜部长说：算了，这个不研究了，散会。中午吃饭的时候，我到李鹏总理跟前诚恳地说：总理，请您批评我，我太冲动，话说得多了一点，不过实在是困难，现在也确实是一个机会，请您谅解。李鹏总理当时很客气，表示理解我的困难。后来他们又研究了一下，告诉我重庆每年上缴中央财政减少3亿。同时，李鹏总理还答应从总理预备费中拨给重庆1亿元，作为建直辖市的开办费。

12月13日至22日，吴邦国副总理受中央委托，带领19个部委的同志，到重庆调研解决工业经济运行中的一系列问题。我跟吴邦国副总理说，上次李鹏总理来，决定我们每年财政减少上缴3亿，但重庆实在太困难，我们建议全部减下来，不再上缴中央财政了。吴邦国副总理说做不了这个主，回去研究。后来财政部研究决定重庆上缴中央财政再减少3亿，就是重庆上缴中央财政总的减少6亿，还要上缴7亿。

后来，重庆市又一再向中央反映，同时这一时期的国家财政大为好转。最后，中央同意重庆免予上缴中央财政，开始时说免上缴5年，后来财政体制改革，就一直没有上缴。

1996年10月底，三峡工程四川库区移民工作顺利移交重庆市接管，到同年12月底，我们把四川省副省长甘宇平调到重庆任副书记、副市长，继续分管移民工作。

实践证明，成立重庆直辖市的决策是正确的

经过一系列的筹备工作以后，重庆直辖市的成立是"万事俱备，只欠东风"了。1997年3月14日，八届全国人大五次会议投票通过国务院提出的设立重庆直辖市的方案。我是全国人大代表，当时就在现场，现在还清楚地记得，2720个代表投票，赞成的2403票，反对的148票，弃权的133票，没有摁按钮的36票。方案通过以后，很多重庆的人大代表跟我拥抱，还有

外省的代表跟我握手。大家都非常高兴。重庆整个城市沸腾了,老百姓到处放鞭炮、喊口号——“我们直辖了”。我也很兴奋,但相比较而言,我更大的感受是肩上的担子重了、压力大了。

1999年6月,我离开重庆到北京工作。但我对重庆的感情还是很深的,重庆哪怕有一点“伤风感冒”或者有一点什么天灾,我就和重庆人一样着急,想帮重庆解决好。我觉得,凡是在重庆工作过的人都对重庆有感情。汪洋同志担任重庆市委书记期间,曾找我了解情况。我说,你要掌握重庆人的特点。重庆古代属于民风彪悍的巴国,又是一个水码头,水上运输比较发达,所以重庆人比较彪悍直率,敢于做弄潮儿,创新能力很强,感情非常真挚。你要是愚弄他们,他们可以造反当众骂你;你要是真心为他们工作、谋福利,他们可以自己不吃饭把饭让给你吃。总之,重庆人彪悍、富有智慧和创造性、淳朴,交朋友是可靠的。

重庆人也没有忘记我。现在我有时候回去,或在外地碰到重庆人,大家都非常热情,常常拉着我合影。他们告诉我,重庆成立直辖市10多年来发展很快。1997年重庆城市化率只有29.5%,比全国平均水平低三四个百分点;2007年重庆城市化率达到48%,比全国平均水平高三四个百分点。1997年重庆市地区生产总值才1400亿多一点,2007年是4200多亿。重庆财政收入1997年是74.5亿,2007年是788.5亿。老百姓的收入也增加很多,农村和城市年人均收入10年间都增长了2.1倍以上。

重庆多年的发展,老百姓是亲身感受到了党中央决策的英明,所以他们真心拥护党中央、国务院,拥护改革开放。过去,重庆人出门,不敢说自己是重庆人,说自己是四川人;现在,他们出去都说自己是重庆人,不说是四川人了。

重庆设立直辖市多年的发展,不仅使自身的经济、社会发展上了一个台阶,而且对长江上游、整个西南地区的辐射作用也逐渐显现出来了。可以说,重庆市的发展前景一片光明。吃水不忘挖井人。现在回过头来看,中央的决策是伟大英明的。小平同志是最早提出把重庆从四川独立出来的,他不愧是改革开放的总设计师,站得高、望得远。中央第三代领导集体认真贯彻执行,给重庆市各个方面大力支持,功不可没。全国人民给予重庆极大的支持,充分体现了社会主义制度的优越性。

(选自徐塞声、艾新全主编:《重庆改革开放口述史》,中共党史出版社2018年版)

我所了解的设立重庆直辖市的推进过程

甘宇平[①]

1995年:开始酝酿

早在1985年元月19日,邓小平同志就提出过可以把四川分为两个省。1995年11月9日,是我难以忘怀的一天,我第一次听到李鹏同志这样讲,他根据邓小平同志的想法,可考虑设立重庆直辖市。

我所了解的设立重庆直辖市的推进过程,既有亲身经历,也查阅摘录了一些宝贵资料,至今仍历历在目。1995年11月9日,李鹏同志(时任中共中央政治局常委、国务院总理)第7次考察三峡工程,他乘坐"锦绣中华"号。四川省陪同的领导有谢世杰(时任四川省委书记)、肖秧(时任四川省省长)和我。我当时任四川省副省长兼省政府秘书长。当日,轮船夜泊巫山港。由我联系姜云宝(时任总理办主任),请李鹏同志对四川工作做指示。

当晚8点后,在李鹏同志与贾志杰(时任湖北省委书记)、蒋祝平(时任湖北省省长)谈完话后,又找谢世杰、肖秧和我谈话。李鹏同志讲:"我查阅了工作笔记,邓小平同志1985年元月19日讲的一段话很重要,他说,可以考虑把四川分为两个省,一个以重庆为中心城市,另一个以成都为中心城市。这一设想现在怎么实施?为了发挥重庆作为长江上游中心城市的作用,也为统一规划管理三峡移民,可考虑设立重庆直辖市,你们回去以后可以开始考虑研究。"这一天是我难以忘怀的,也是我第一次听到李鹏同志这样讲。

回到成都后,谢世杰和肖秧同志布置我把重庆、万县、涪陵、黔江、达县、南充、广安的地理、资源、经济、社会、粮食等情况摸清楚。做两个方案:一个是大方案,即重庆市管万县、涪陵、黔江、达县、广安;另一个是小方案,即重庆市管万县、涪陵、黔江。当时这项工作是绝对保密的。10天后,我完成方案编写并呈送给了肖秧同志。12月9日,谢世杰、肖秧同志致信

① 甘宇平,曾任四川省人民政府省长助理、副省长、省委委员,四川省重庆市人民政府副市长、党组副书记,中共重庆市委常委、市人民政府副市长。

江泽民、李鹏同志。1995年12月19日，李鹏同志同江泽民同志商讨了建立重庆直辖市问题，江泽民同志讲：可以先进行酝酿。同年12月25日，李鹏同志同胡锦涛同志（时任中央政治局常委）商讨建立重庆直辖市问题，胡锦涛同志表示积极支持。

1996年：中央决策

1996年，是奠定设立重庆直辖市重要的一年。设立重庆直辖市原来有两套方案：大方案和小方案，最终选择了小方案。据李鹏同志说，这主要是因为“小马拉不动大车”。

这一年中央领导多次深入重庆库区调查研究，为设立重庆直辖市奠定了坚实的基础，通过考察论证后，他们做了许多重要批示。

3月15日，李鹏同志请李贵鲜（时任国务委员，负责民政和区划工作）、肖秧到办公室谈设立重庆直辖市的筹备工作问题。肖秧带了准备好的大、小两个方案赴北京。他们认真研究对比后认为，重庆只带万县、涪陵、黔江较合适。之后，李鹏同志又同江泽民同志交谈了设立重庆直辖市的问题，江泽民同志表示积极支持，他讲要与其他常委商量并做好工作。

5月11日至14日，李瑞环同志（时任中央政治局常委、全国政协主席）考察了三峡工程库区，强调要进一步加强库区移民的领导问题。

5月22日，李鹏同志同胡锦涛、李贵鲜同志谈重庆改设直辖市的问题，李贵鲜已征求全国人大常委会副委员长王汉斌（分管法制工作）意见，王汉斌同意重庆改设直辖市，直接领导县，取消两市一地委。6月8日，李鹏同志集中精力修改了重庆改设直辖市的报告。6月14日，李鹏同志召开总理办公会，讨论通过重庆改设直辖市的问题，大家一致同意。

6月14日至18日，时任全国人大常委会委员长的乔石，与倪志福、李锡铭、王丙乾、王光英、布赫、铁木尔·达瓦买提副委员长以及曹志秘书长等，从重庆乘船顺江而下。我至今还记得，6月14日上午，他们听取了谢世杰和我关于库区移民工作情况的汇报。乔石同志说，三峡工程就是建设好了，百万移民问题如果解决不好，也会留下大的隐患。

6月19日，江泽民同志召开中央政治局常委会，通过了重庆市改为直辖市的方案。

6月24日，李鹏、胡锦涛、李贵鲜同志请谢世杰、宋宝瑞（时任四川省省长）、蒲海清（时任四川省委副书记）、张德邻（时任重庆市委书记）谈重庆改设直辖市问题。谢世杰、宋宝瑞希望把达县和广安都划入重庆。李鹏认为这样重庆又多了1000多万人，“小马拉不动大车”，显然不合适。同时正式决定成立重庆市代管筹备领导小组，张德邻为组长，蒲海清为副组长。

7月8日，关于设立重庆直辖市的问题，四川省委已传达到厅局级以上干部。当日，李鹏同蒲海清通电话，蒲海清说筹备工作正在抓紧进行。

7月18日，李鹏同志见杨汝岱(时任全国政协副主席)。杨汝岱同志讲，四川赞成重庆改设直辖市，但重庆直管县范围太大，鞭长莫及，会削弱领导，两市一地干部思想动荡。其后，李鹏同志同胡锦涛同志商量重庆直辖市体制问题。胡锦涛同志认为，重庆改设直辖市后，下面体制可暂时不变动，可从长计议，以保持稳定。作为过渡，地市先保留，改制可逐步到位。7月19日，李鹏同志请李贵鲜同志到重庆了解干部思想，做安定人心的工作。一致认为，重庆改为直辖市以后，地市机构和干部级别暂不变动为好。7月25日，李贵鲜同志与王旭东(时任中组部副部长)、张志坚(时任中央编办主任)同志正式同重庆市代管筹备领导小组成员交换意见。

8月7日，李鹏同志写信给江泽民同志，加快重庆市的组建工作。把移民的担子由四川省(远离库区)转到重庆的身上，建立一个高效的、廉洁的移民局。与此同时，有关重庆市的组建工作，正在按照常委会的决定，由胡锦涛同志主持，李鹏同志也参加，决定抓紧进行有关工作，争取8月份能基本就绪，9月份重庆开始代管工作。8月8日，江泽民同志批示："完全同意。"

8月17日，李鹏同志找刘仲藜(时任财政部部长)、何椿霖(时任国务院常务副秘书长)谈重庆直辖后的财政问题，他们决定：原重庆上缴四川财政的1.8亿元不用再缴，由中央财政直补给四川，同时另给重庆市增加补贴1.5亿元，这样重庆可以增加3.3亿元财政收入。

8月22日，四川省以川委厅〔1996〕105号文印发了李贵鲜同志与重庆市代管筹备领导小组成员交换意见时的讲话。主要内容为：1.为什么要建立重庆直辖市；2.需要明确和强调的问题；3.人大批准以后，重庆市要开好"两会"。

1996年9月15日，重庆市正式代管万县、涪陵、黔江"两市一地"，中央认为，这有利于三峡工程的建设和做好移民工作。

这一年，中央领导高度重视建立重庆直辖市这项工作。

1996年9月5日，江泽民同志主持中央政治局常委会，通过了重庆市从1996年9月15日起正式代管万县、涪陵、黔江"两市一地"，张德邻继续担任重庆市委书记，蒲海清为代市长，王云龙(时任山西省委副书记)为常务副书记的决定。江泽民同志提出，要做好"两市一地"干部的思想工作。

中央认为，重庆直辖不仅有利于解决四川面积过大、人口过多、难于管理的问题，而且有利于加快四川和重庆的经济发展，带动西南地区和长江上游地区的经济开发，有利于三峡工程的建设和做好移民工作。按"小政府、大社会"的原则，设置政府机构，决定由国务院提出设立重庆直辖市的方案，提交1997年八届人大五次会议审议。

1996年9月13日，四川省委印发〔1996〕31号文，正式委托重庆市代管涪陵、万县、黔江。

同年9月18日至21日，胡锦涛同志来川渝及三峡库区视察，研究考虑重庆直辖市的班子建设问题。10月14日至20日，李鹏同志视察三峡库区，召开库区移民暨对口支援工作会，加快重庆直辖市的筹备建设。10月24日，三峡工程四川库区移民工作顺利移交重庆市接管。10月25日至31日，朱镕基同志（时任中央政治局常委、国务院副总理）到四川视察，听取了四川省关于设立重庆直辖市的情况汇报。12月13日至22日，吴邦国同志（时任中央政治局委员、书记处书记、国务院副总理）来重庆视察，主要解决重庆经济运行中的一系列问题。

1997年：直辖揭牌

1997年3月14日下午，八届全国人大五次会议，到会2720人，通过了国务院提出的设立重庆直辖市的方案，得票2403票，得票率88%。看到这一结果，作为市政府一员，当时我心情十分激动，与大家一起情不自禁地奔走相告。我1960年大学毕业后，分配到重庆冶金企业工作，1984年才调入四川省工作，对重庆的感情非常深厚。

1997年4月3日，中央政治局常委开会，通过了重庆市机构方案，并听取了四川省及重庆市人事考察情况。重庆市按"小政府、大社会"设置政府，准备5月份召开党代会，6月份召开人大会。直辖市的人大代表以43个区县（市）为单位选出，"两市一地"在调整前仍照常行使职权。

5月21日，中央政治局开会，通过任命张德邻为中共重庆市委书记，提名蒲海清为重庆市人民政府市长候选人。

6月18日，重庆市隆重举行重庆直辖市领导机关揭牌仪式。李鹏同志在讲话中指出，设立重庆直辖市，是党中央、国务院为加快中西部地区经济和社会发展所采取的重大决策。从今后重庆的工作看，要特别注意处理好以下四个方面的关系：一是要处理好"大重庆"与"小重庆"的关系；二是要处理好"新重庆"与"老重庆"的关系；三是要处理好新建与扩建改造老企业的关系；四是要处理好中央支持、各地支援与自力更生的关系。

回忆设立重庆直辖市的推进过程，真使人思绪万千，我们有充分的理由对重庆的明天抱以更多的期待。

（选自徐塞声、艾新全主编：《重庆改革开放口述史》，中共党史出版社2018年版）

黔江地区与重庆直辖

税正宽[①]

在重庆直辖前，黔江地委的构想有两个：一个是在筹建三峡省期间，黔江和涪陵迫切希望都划归三峡省。我认为地委的想法是正确的，有道理的，因为三峡省原本的单位就少，如果只有涪陵划进去，那其他穷的地区怎么办？如果都进去，当然更好。所以这是在筹建三峡省的时候的一个早期构想。后来黔江地区有一个构想，但没有实现。这就是我们设想改地为州，如果地区改为州，五个县就去掉“自治”二字，只能叫县。当时我们认为，黔江升为州更有利于发展，根据民族区域自治法的规定，州是一级政府，而行署只是派出机构。为了成立州，我们当时派人专门去北京，给国家民委、国务院汇报，目的是争取改为州。最后国务院回复“两个就此为止”：民族成分的审定，全国已基本到此为止；建州的进程，全国已经基本到此为止。第二个构想的时间比较短。当时涪陵、万县建市，将黔江地区中的黔江县改为市，分析当时黔江地区的几个县，只有黔江县基本符合建市的标准。于是千方百计地将黔江县改为黔江市，在此基础上，将黔江地区改为市。这条路是对的，如果不直辖的话，就这么做了。

将黔江划归重庆市管辖，有一个过程。三峡省筹建期间，重庆是计划单列市，也是三峡工程影响地区，但不是淹没区和搬迁区，涪陵、黔江、万州则总是处于“不三不四”的状态，四川省对此情况也很着急。三峡省撤销以后，建一个什么样的行政机构来负责三峡移民的安置，提出了多种方案，包括称呼，但最后确定称呼仍是重庆市，这是恰当的。最开始提出以重庆为中心的区域叫川东省，以成都为中心的区域叫川西省。后来考虑到“重庆”这个名称在国际上名气大，特别是在东南亚、港澳台，因此定了这个方案。第二是管辖区域。一个方案是现在重庆市管辖的区域，另一个方案还包括广安在内。当时的四川省省长肖秧积极赞成第二个方案。我猜想肖秧是想照顾广安，因为广安当时很贫困，而广安如果仍归四川管辖，则还是边远地区，所以总想把广安划过来。但邓小平同志也有他自己的想法：如果将广安划归重庆，那重庆管辖的范围太大了，重庆可能带不动。现在看来，老人家还是高瞻远瞩的。当时管辖范围大的方案我们开会讨论过，包括四川省省长肖秧、达县地区和南充地区的领导

① 税正宽（1941—2012），曾任四川省重庆市委常委、黔江地委书记、专员，中共重庆市委常委、市人大常委会副主任。

都请到潘家坪，会议名称叫四川省三峡开发区联谊会。这样做的话，四川省一亿二千万的人口正好两边各五六千万。我当时是黔江地委书记兼专员，很赞成这个方案。将黔江划归重庆管辖，黔江各族人民欢欣鼓舞。后来我分析，这是因为黔江穷，拗不起，所以全区思想统一，一门心思地靠重庆，不断扭着重庆要支持、要帮助。包括肖秧调走后也扭着他，我跟他说，你是老书记，现在又是省长，你要发个话，我们要找重庆帮个忙。所以黔江对重庆感情很深。加上一大批重庆知青曾经到黔江地区待过，他们也为我们说话。于是在重庆直辖之初、代管期间，黔江一个口径要划归重庆。当时我也有我的考虑，就是千方百计往市里派干部，只要你重庆需要我们衔接的，我就派比较符合要求的人来衔接沟通，加深感情。

评价黔江地区成立十几年的这段历史，可以说几个机遇都没有错过，才使五个县逐步发展起来，发生了历史性变化。直辖后，包括改地委为开发区、后撤地区改为五个县，时间不长，但变化巨大。所以我对前十年的评价是发生明显变化，十年是巨大变化。对于我这个老黔江来说，现在的黔江使我感到非常高兴和自豪。过去有些东西我们想到了，但实现不了。特别是大三线的问题，当时要实现是很困难的，直辖的短短十几年，就已经实现了。所以直辖是一个很好的机遇，也使黔江人民有更美好的未来。我这么评价，黔江人民会接受，而且也很实在。

（选自徐塞声、艾新全主编：《重庆改革开放口述史》，中共党史出版社2018年版）

直辖前后的涪陵

胡健康[1]

我是在1996年7月听到重庆要直辖的消息的，那时我是涪陵市副市长。听到之后我的第一感觉是非常的振奋，为什么呢？这是党中央为了三峡工程的建设和移民，做出的英明决定。我认为直辖市的设立，有利于大城市带大农村，有利于中央的优惠政策“发点球”，有利于三峡库区移民能够搬得出、稳得住、逐步能致富，必将提升重庆的战略地位。这次一定不同于1985年3月成立的三峡省筹备组，因为三峡省筹备组成立一年就被撤销了。重庆这次直辖，我坚信一定能够圆满成功。

从代管到直辖市的正式成立，涪陵市经历了六个月的代管期间，或者叫过渡期。宣布代管后，重庆召开干部大会，传达中央精神，我参加了会议。会后，当时的涪陵市委、市政府立即召开干部大会，传达学习中央和重庆会议的精神，统一思想，提高认识。要求涪陵的干部，要把思想统一到党中央设立重庆直辖市的英明决定上来，在思想上、行动上与党中央保持高度一致。坚决拥护中央的决定，拥护重庆直辖。

涪陵市上至党政干部，下至一般群众，对重庆直辖是抱着支持和拥护的态度的。但当时也有一部分党政干部有一些担忧，作为地级涪陵市，领导了两区(枳城、李渡)、一市(南川)、三县(垫江、丰都、武隆)，是这一地区的政治、经济、文化中心。直辖之后，政治经济文化中心的地位将不复存在，会不会给涪陵经济、社会发展带来不利的影响，使涪陵经济萎缩，停滞不前？所以当时的涪陵市委书记王鸿举特别强调要和党中央保持一致，要有大局意识。他说：不管体制如何变，但发展是永恒不变的，落后就要挨打，财大才能气粗，发展才是硬道理。会上要求涪陵全市各级各部门，认真抓好当年的各项工作，认真计划和谋划好明年的各项工作。当年的任务要完成好，要全力确保各项任务的圆满完成和实现明年一季度各项任务的开门红。兢兢业业，心无旁骛，勤奋工作，以优异的成绩向重庆直辖市的成立献礼！王鸿举书记要求全体干部守纪律，讲规矩，冻结个人财物。各部门、各单位一律不允许转移资产，不允许突击花钱，私分钱物。人事上一律冻结，停止调动。各部门要树立主动意识、服从意识，

---

① 胡健康，曾任四川省涪陵市副市长，重庆市涪陵区委书记，重庆市人大常委会副主任、党组成员，市总工会主席。

转变观念，摆正位置。要适应新形势，抓住新机遇，主动到重庆的各个部门对接，争取主动，求得各个部门的领导和支持，争取政策的倾斜、项目的支持，来促进涪陵各项工作的发展。

当时特别强调，代管涪陵的重庆各部门，在原来四川省的时候和涪陵是兄弟关系，在四川省开会，大家都坐在一条板凳上；代管过后，大家由兄弟关系变成了领导和被领导的关系。这个关系一定要摆正，这个关系摆不正，就不利于重庆的代管，还会影响涪陵的发展。所以要求我们适应新的形势，抓住新的机遇，主动去求得各个部门的领导，争取项目，争取资金，保持涪陵的发展。

由于过渡时期涪陵的各项工作抓得及时，抓得扎实，抓得到位，各项工作没有停止，没有等待观望，没有受到影响。在直辖市代管期间，包括后来直辖以后，各项工作在直辖市是比较靠前的。

李鹏同志为重庆直辖市成立揭牌时讲，建立重庆直辖市的初衷，最现实、最直接、谁也不能替代的理由，就是有利于三峡工程的建设和三峡库区移民的统一管理。

重庆直辖市的成立给涪陵移民带来了如下几个变化：

第一，移民安稳致富稳步推进。通过实施移民搬迁安置，移民后期扶持，库区基金项目，全力改善了涪陵移民的生产生活条件。淹地农转非移民全部享受了失地养老保险。精确设计，定点培训，使涪陵移民的就业率达到了85%以上。2015年，城镇和农村常住居民人均可支配收入分别是2.8万元和1.1万元。比1996年的4208元和1339元分别增长了5.7倍和7.2倍，年均增长分别达到了10.6%和11.8%，这个增幅是很大的。

第二，涪陵城市变大了。城市的建城区面积由1996年的10平方公里，发展到现在的64平方公里，城镇化率提高到了64%。涪陵城发生了翻天覆地的变化。

第三，涪陵的工业变强了。紧紧抓住移民工矿企业结构调整机遇，坚持实施工业强区的战略，全力打造“千亿园区，百亿产业”，综合产业基地正在形成。2015年，工业总产值1480.49亿元，规模以上工业企业达到了1383.49亿元。比1996年增长了38倍。年均增长达到了21.3%。

第四，涪陵的交通变畅了。坚持移民搬迁与基础设施建设紧密结合，按照夯实发展基础、改善投资环境、行业统一规划的思路，积极打造铁路、公路、水路联运的立体交通体系，对内对外通达的能力显著提升。先后建成了渝利、渝怀、南涪三条铁路，南涪、长涪、沿江三条高速公路，涪陵的临港优势得到了充分的发挥。通过实施移民交通设施的迁复建工程，使行政村的通畅率、撤并村的通达率，均达到了百分之百。两江、三高、三铁对外的大通道格局已经在涪陵形成。

第五，生态环境变好了。加强对库区生态环境的保护，深入开展五大环保行动。长江乌江干流涪陵段的水质稳定在二类标准，城区的饮用水，水源地水质的达标率为百分之百，乡镇集中式饮用水，水源地水质达标率为96.8%。涪陵的森林覆盖率达到了46%，建城区绿化覆盖率达41.5%，城区环境空气质量优良天数达到了344天。

直辖期间我参与了几件大的工作。

第一件是长涪高速公路修到涪陵。当时涪陵的对外交通是非常困难的，那时没有长江大桥，到重庆坐汽车首先要过涪陵黄旗码头的车渡，然后再翻越黄草山，翻越渝北的张关，要五六个小时才能到达重庆。如果时间晚了，黄旗码头车渡船停开了，当天还不能走。打通黄草山隧道这个瓶颈，修建从长寿到涪陵的高速公路，就成了涪陵和重庆联系的关键。在四川省领导的时候，我在涪陵地区和后来的涪陵市都是分管工业和交通的副专员或副市长。王鸿举书记和我多次找四川省的领导，找省交通厅的领导，反映黄草山隧道和长涪高速路对涪陵的经济发展是如何如何重要。四川省领导和省交通厅的领导派了一位副厅长带队到涪陵来，王鸿举书记和我专程到长寿去迎接的。我们一起到黄草山进行了实地踏勘。最后省交通厅确定先打通黄草山隧道，实行单洞双向通行，从黄草山隧道到涪陵仍然走319国道的二级路来代替，高速公路等有条件的时候再说。

随着重庆直辖，高速公路修到涪陵的机遇来了。重庆代管期间，我们反复向重庆市领导和市交通局的领导汇报，要求把高速公路修到涪陵。最后重庆市决定，为了有利于三峡移民的搬迁安置，有利于重庆直辖的发展，决定黄草山隧道由单隧道变为双隧道，把高速公路修到涪陵，制约涪陵发展的瓶颈问题最终得到了解决。

第二件就是抓住直辖机遇，结合工矿企业移民搬迁和技术改造，上档升级，把涪陵的工业企业做大做强。我们抓住直辖的机遇，特别是抓住直辖后，国家对三峡工矿企业移民搬迁，结合技术改造项目资金的支持，认真规划项目，争取到了国家开发银行、工商银行、建设银行、农业银行对库区工矿企业移民搬迁结合技术改造前两批资金总量的60%。这两批技术改造资金投入后，使涪陵的移民搬迁企业上档升级，壮大了实力，形成了当时涪陵"九个一"的产品，即一包烟（涪陵烟厂）、一盒药（涪陵太极集团）、一瓶水（涪陵娃哈哈）、一碟菜（涪陵榨菜集团）、一袋肥（涪陵化工、建锋化工）、一个件（三爱海陵、汽车摩托车气门）、一度电（涪陵电力）、一匹布（涪陵苎麻纺织）、一锭铝（涪陵铝厂），被李鹏总理誉为三峡库区的九朵金花。

重庆直辖后制定了"抓大放小"的战略，抓大的现场经验交流会是在涪陵召开的，放小是在合川召开的。张德邻书记、蒲海清市长等市领导和各区县各部门的领导，亲临涪陵参观、考察、交流指导，更加促进了涪陵工业在直辖之后加快发展。当时涪陵工业良好的发展，被新华社的内参连续两期誉为"涪陵现象"。

第三件就是抓住直辖机遇，加快"三个一"工程建设（培养一个好厂长、打造一系列好产品、建立一个好机制），建立现代企业制度，抓住直辖机遇，争取促进企业上市。由于我们抓住了直辖后国家证监委对重庆直辖市和三峡库区上市名额的支持和倾斜，推进了涪陵企业的上市挂牌，融资发展。太极集团、朝华科技、三爱海陵、长江水运、涪陵电力、建峰化工成功上市。太极集团还成功收购了西南药业、桐君阁两家上市公司。一个涪陵区有这么多上市公司，在全国当时都是很少有的现象。

第四件就是理顺体制，撤市建区，加快发展。重庆直辖后，涪陵的体制到底实行什么模式，市委、市政府很慎重。直辖之初，为了保持稳定，由刘志忠书记带队，专门到涪陵听取意见。市里征求意见的方案，万涪黔大同小异。当时的意见就是涪陵管辖的南川市、垫江县、丰都县、武隆县划归重庆直接管理。留下的涪陵市枳城区、涪陵市李渡区改变为枳城经济开发区和李渡经济开发区，并且两个经济开发区继续分管原枳城区、李渡区所在的乡镇。对市里面提出的征求意见的方案，当时我们涪陵市的领导认为不利于涪陵的发展。因为这种模式是在涪陵和乡镇之间设了一道中间层级，这道中间层级不是政府，而是一个经济组织，容易造成政令不畅、指挥不灵、决策难以落到基层，影响稳定，对涪陵发展不利。所以，我们给市里建议，涪陵的体制调整一步到位，就是撤销涪陵市和涪陵枳城区、李渡区，然后三合一，成立重庆市涪陵区。这个建议得到了市委、市政府的肯定。涪陵1998年5月完成撤市建区，由于体制调整一步到位，涪陵在重庆直辖以后，得到了又快又好的发展。

现在回头看，重庆作为中央在中西部地区设立的唯一的直辖市，它的设立，提升了重庆的战略定位。没有三峡工程，特别是没有三峡库区移民，就不可能在重庆设立直辖市。而重庆直辖市的设立，又为推动三峡工程建设，推进三峡库区移民搬得出、稳得住、逐步能致富，提供了根本的保证。重庆市委、市政府没有辜负党中央的深切期望，不但很好地完成了三峡库区移民搬迁安置任务，让库区人民安居乐业，市委、市政府还带领全市人民抓住直辖的机遇，敢于担当，砥砺前行，奋发有为。直辖后的重庆日新月异，蒸蒸日上，发生了翻天覆地的变化。并且还为大城市带大农村，改变二元结构，促进城乡统筹发展，实现全面小康，找到了一条新的路子。

（选自徐塞声、艾新全主编：《重庆改革开放口述史》，中共党史出版社2018年版）

重庆直辖市建立与万州区行政体制平稳过渡

范正新[①]

长江三峡水利枢纽工程，是世界上第一大水利工程，三峡库区百万大移民是一道世界级难题。党中央、国务院高度重视三峡移民搬迁安置工作，反复研究如何从行政体制上加强领导，确保移民工作顺利开展。1985年3月，中央决定成立三峡省筹备组，宜昌、万县、涪陵地区所辖20多个县市归三峡省管辖，省筹备组在湖北省宜昌市办公。万县地区划归三峡省筹备组管辖后，四川省不管了，而三峡省筹备组又不具备政府的职能，经济计划无法单列，严重制约了各市县经济社会的发展。当时民间流传："我们成了不三不四、不上不下、不死不活的状况。"（三指三峡省筹备组，四指四川省）实际上就是四川省不管，三峡省筹备组又管不了，严重影响了库区经济社会发展。因此，1986年5月8日，《中共中央、国务院关于将三峡省筹备组改为国务院三峡地区经济开发办公室的通知》中明确指出，撤销三峡省筹备组，万县、涪陵、宜昌地区等市县仍由四川省、湖北省领导和管辖。

1994年12月14日，三峡工程正式开工建设，三峡移民第一期工作正式展开，中央又将行政体制问题纳入重要议事日程。1996年6月19日，江泽民总书记主持政治局常委会议，讨论通过了重庆建立直辖市方案。1996年9月5日，江泽民总书记主持中央政治局常委会议，决定从9月15日起，由重庆市代管万县、涪陵、黔江"两市一地"，张德邻任市委书记，蒲海清任代理市长。1997年3月14日，全国人大八届五次会议通过了《关于批准设立重庆直辖市的决定》，这就从法律层面上正式确立了重庆直辖市的地位。1997年5月、6月份，重庆直辖市第一届党代会、人代会、政协会相继召开，选举产生了重庆直辖市第一届党委、人大、政府、政协领导班子。6月15日，中央政治局常委、国务院总理李鹏亲临重庆，接见了重庆市第一届人代会全体代表并发表了重要讲话。6月18日，重庆直辖市举行挂牌仪式，李鹏总理在会上发表了热情洋溢的讲话，重庆直辖市正式宣告成立。

重庆直辖前，万县市是一个地级市，下辖3区8县，2.9万平方公里，850万人口，属四川省管辖。重庆代管"两市一地"期间，在万县市广大干部群众中引起不小的思想波动。首先是

① 范正新，曾任四川省万县市人民政府秘书长，重庆市万州区第一届人大常委会副主任。

干部人事的大调整大调动。1997年5月、6月短短两个月内，万县市委书记陈光国调重庆市政府任副市长；市委副书记、市长魏益章调沙坪坝区任区委书记；市委副书记李晓枫、何事忠，市政府常务副市长莫官元，市委常委李健、周克勤先后调重庆市级有关部门工作。万县市委、市政府只剩少数领导维持日常工作，机关干部人心浮动。紧接着，重庆市委决定，原重庆市委常委辜文兴任万县市委书记、原万县市政协主席张元铸任万县市委副书记、市政府代理市长，重庆市三峡办副主任郭建成任万县市委副书记，王树兴任万县市委常委、市委秘书长，杨永顺任市委常委、市政府常务副市长，从组织人事上加强万县市委、市政府领导班子，确保万县市行政体制平稳过渡。

为了做好重庆直辖与万县市行政体制变化的稳定工作，万县市委、市政府做了大量思想政治工作，1996年9月15日重庆代管万县市后，市委书记陈光国、市长魏益章多次召开会议，要求各区县领导和市级部门负责同志，大力做好干部群众的思想工作，全力维护社会稳定、抓好各项工作，完成市委、市政府确定的工作目标任务。1997年7月3日，张元铸代市长主持召开市政府全体会议，要求市政府领导班子全体成员及市属部门负责人，要从重庆直辖保持社会稳定的大局出发，服从以市委书记辜文兴为班子的市委领导，做到团结、学习、勤政、务实、守纪、脚踏实地、实干苦干，早日实现李鹏总理提出的把万县市建成重庆第二大都市的宏伟蓝图。市政府全体会议后，我主持召开市政府办公厅全体干部大会，贯彻落实张市长讲话精神，要求办公厅全体干部坚守工作岗位，严守工作纪律，思想不松、工作不停，认真做好市政府领导交办的各项工作。市政府常务副市长杨永顺到会讲话，要求市政府办公厅要凝聚人心，在人心散、软的情况下，市政府的干部，特别是秘书工作人员，一定要以良好的思想和言行，过硬的工作作风，树立市政府的良好形象。

市委书记辜文兴到任后，带领市委一班人全力做好干部群众的思想稳定工作，确保重庆直辖市建立和万县市行政体制的平稳过渡。1997年7月23日，市委召开一届八次全委(扩大)会议，听取和审议辜文兴书记做的《统一思想，负重拼搏，为把万县市建成重庆第二大都市而奋斗》报告，要求各级领导干部，在重庆代管期间，要统一思想，认清形势，明确任务，维护稳定，为建设重庆第二大都市做出新贡献。会后，市委、市政府领导深入区县和机关事业单位，了解干部群众思想情况，积极做好疏导工作，维护全社会的稳定。我曾陪同辜文兴、蒋明足等领导前往云阳县、奉节县工作。1997年10月8日，市委召开一届九次全委(扩大)会议，市委书记辜文兴做《高举旗帜，解放思想，努力开创万县市改革开放和两个文明建设的新局面》的报告，要求各级党组织和全体共产党员要高举中国特色社会主义的伟大旗帜，坚持解放思想、改革开放，努力维护社会稳定，开创两个文明建设的新局面。辜文兴任市委书记短短三个月，市委连续召开两次市委全委(扩大)会议，这对于统一全市干部群众的思想，维护全市社会稳定，推进重庆直辖市建立与万县市行政体制平稳过渡起到了关键作用。

1997年12月20日，中共中央办公厅、国务院办公厅〔1997〕34号文件决定，撤销万县市及所辖龙宝区、天城区、五桥区，设立重庆市万县区，重庆市万县移民开发区，代管开县、云阳、忠县、奉节、巫山、巫溪6县，实行“一套班子、两块牌子”。因宪法规定，直辖市下面只能设区县，不能设市，故撤销万县市行政体制。区领导多次向中央反映，请求将万县区改为万州区。1998年3月，张元铸市长作为全国人大代表到北京参加全国人代会。3月11日，江泽民总书记到重庆代表团参加讨论，张元铸在会上发言，向总书记汇报了三峡移民问题和请求将万县区更名为万州区的问题。总书记听完了汇报后，对参会的分管民政部的国务委员司马义·艾买提说：“更名是个小问题，民政部可以办理嘛。”1998年5月22日，经国务院总理朱镕基同意，将万县区改名为万州区和万州移民开发区，仍代管6县，不变。撤销龙宝、天城、五桥三区，又在干部群众中引起了思想波动。龙宝、天城、五桥三区是1992年12月国务院决定撤销原万县地区、万县市、万县时设立的。龙宝区级机关是以原县级万县市市级机关干部组建的，天城区级机关是以原万县县级机关干部组建的，五桥区是以原万县市和万县机关抽调干部新组建的。三区一旦撤销，1000多名干部的安排将成大问题。区委、区政府多次研究，为了稳定三区干部队伍，调动三区工作积极性，打好二期移民攻坚战，促进万州经济社会发展，决定将三区改名为龙宝移民开发区、天城移民开发区、五桥移民开发区，各区组建开发区党工委、管委会、人大工委、政协工委，享受县级待遇，作为万州区的派出机构开展工作。后经重庆市委同意，保留龙宝、天城、五桥移民开发区，稳定了三区广大干部群众的思想情绪，这是在特定历史条件下形成的一种特殊行政体制。

1998年5月25日—29日，万州区第一届党代会在和平广场市委大礼堂召开，辜文兴书记代表区委做《团结拼搏，加速发展，为建设重庆第二大都市而努力奋斗》的工作报告，提出了“移民为先，开放开发，科教兴万，富民强区”的发展战略，“三年变样，五年变强，富民为本，强区升位”的宏伟发展目标。区委一届一次全委会选举产生了区委第一届领导班子：书记辜文兴；副书记张元铸、郭建成、何本明、杨永顺，常委龚家明、王树兴、吴锡鹏、周金华、张天雄、吴明宗、黄建国。中共万州区委和重庆市万州移民开发区党工委“一套班子、两块牌子”，合署办公。

1998年6月9日—16日，万州区第一届人民代表大会在和平广场大礼堂召开，会议听取了张洪国代表区人大做工作报告，张元铸代表区政府做工作报告。大会选举产生了万州区第一届人大常委会主任、副主任和委员，主任张洪国，副主任蒋永杰、杜白、叶川英、易永模、陈荣生、王刚、范正新、冯天富、向珍芸、罗化南。万州区人大常委会与重庆市万州移民开发区人大工作委员会实行“一套班子、两块牌子”，合署办公。大会选举产生了万州区人民政府领导班子，区长张元铸，副区长吴锡鹏、周金华、王越、洪景明、潘文生、方仁发、罗继瑜、张德本。张元铸代表新当选的全体区政府领导在大会上发表了热情洋溢的讲话。万州区人民政府与重庆市万州移民开发区管委会实行“一套班子、两块牌子”，合署办公。

1998年6月10日，万州区政协第一届代表大会选举产生了区政协领导班子，主席辜文兴（兼），副主席徐兴贻、廖春庆、万世坪、陈复兴、陈元清、韦德桁、余朝斌、王世傅、杜邦夔。2000年3月，辜文兴辞去区政协主席职务，徐兴贻任区政协主席。

从1996年9月15日重庆代管万县市，到1998年5月和6月，万州区党代会、人代会、政协会相继召开，选举产生了万州区第一届区委、区人大、区政府、区政协领导班子，6月18日万州区召开大会，正式挂牌亮相，成为重庆直辖市的一个新区，顺利完成了万县市到万州区行政体制的平稳过渡，开启了万州区发展的新征程。

（选自中共重庆市委党史研究室编：《重庆党史研究资料》2017年第1期）

回忆奉节县三峡移民工作

冉绍之[①]

移民政策在奉节的落实

奉节县根据党中央、国务院、重庆市制定的一系列方针政策，编制了移民安置规划。移民安置规划是贯彻开发性移民方针，开展水库淹没处理，有序组织移民搬迁的重要基础工作和前提条件。同时，根据党中央、国务院和重庆市制订的方针政策和措施，以及我们的移民安置规划，又因地制宜地制定了《关于加强移民资金管理的通知》《关于建立奉节县移民资金监督检查工作联系制度的意见》《奉节县长江三峡库区农村移民安置实施办法》《奉节县县城迁建管理办法》《奉节县受淹工矿业迁建管理办法》《关于加强建设工程质量管理的决定》等具体的办法和实施意见。上级的很多政策都是通过基层干部在工作中摸索出经验，来逐渐完善的。比如刚开始的时候，提出的移民安置办法是不准外出，当地安置。这对我们县来说，压力很大。从1985年试点开始，我们进行改田改土，在安坪乡就改了四五千亩地。但是根据长江水利委员会测算，通过开垦荒地、坡地改梯田、调整责任田、工程防护等多种措施，全库区最多只能得到34万亩耕地，而奉节的耕地更是满足不了移民需要。1998年我在朱衣区当副区长时，当时的万胜乡冒峰村和清水村有移民自己联系外迁到湖北的农村和农场，我考虑到就地安置的压力，决定支持他们，并亲自送走100余名自主外迁移民前往当阳等地，这是奉节县第一批分散自主的外迁移民。后来，这个举动很快引起了强烈的反响和上级有关领导和部门的高度重视。可以说，在贯彻某些政策和方针上，奉节是走在前头的。

1999年，国家对移民政策进行了重大的战略调整，正式提出对移民坚持多种方式安置的方针，鼓励和引导更多的移民外迁，全国20多个省市对移民安置给予支持。在湖北、四川、

---

① 冉绍之，曾任四川省奉节县甲高乡副乡长，安坪乡乡长、党委书记，朱衣区公所区委委员、副区长，城关区公所工委委员、工委副主任，重庆市奉节县移民局党组成员、副局长、工会主席、调研员。为三峡移民做出了突出贡献，先后获得多项国家级和重庆市级表彰，2018年在全国庆祝改革开放40周年大会上被授予“改革先锋”称号。

贵州、江苏、安徽、浙江、福建、江西等省市的支援下，全县圆满完成了外迁移民任务。1994年到2009年，国家各部委、重庆市对口支援奉节县共引入资金12.99亿元，社会公益类项目资金2.25亿元，经济建设类项目70多个。其中，辽宁省在安坪乡援建了人畜饮水工程，沙坪坝区在安坪乡援建1000万元的生猪养殖场。

此外，国家对三峡移民后期扶持的主要方式是项目扶持，即以项目为载体，投入资金，发展经济生产，重点是改善移民生产生活条件基础设施。奉节是长江柑橘带的重点区域，2003年，重庆市正式开展对奉节的优势产业开发项目扶持。

从2004年开始，国家连续6年对库区进行产业发展扶持。2004年至2009年，国家、重庆及辽宁省等对口单位对我县无偿扶持5亿余元，新建产业发展、基础设施、公益设施项目200多个，移民受益达4万余人。同时，重庆把移民培训和就业列入移民后期扶持重要内容，我县按重庆市部署实行了多种形式的移民培训，广开就业门路，实施劳务输出有奖、鼓励回乡创业等优惠政策，实现移民劳动力就业和转移就业3.7万人，占移民劳动力总数的81.32%。另外，按照国家的政策，奉节县从2005年开始，开展特困移民补助、农村移民直补、城镇移民直补、淹没农转非移民养老保险等生活保障扶持。可以说，无论是安置在本县的移民，还是外迁移民，他们的房屋从以前的土坯房变成了宽敞的楼房，人均收入都增长了几倍，生活水平比原来提高很多。特别是外迁到沿海一带的移民，放下祖祖辈辈扛起来的农具，进工厂，不愁找不到事情做。

安坪乡移民试点的情况

安坪乡有9个村，我们在安坪乡搞了一个规划。有一个想法就是设5个居民点，沿江修一条公路，来带动生产生活的发展和提高。当时的政策是不准一个移民外迁，所以我们只有改田改土，改了四五千亩，准备后靠安置移民。本着靠路安居、靠山乐业、靠江致富、靠城发展的四靠原则，总之一条，移民搬迁后的生活水平不低于搬迁前的生活水平。说是规划，实则只是一个朦胧的想法，就是：门前有条江，江边有条路，路边一排房，房后一片园。1995年我们开始建设第一个安置点，栽果树、砌房子、修路、安水管子、牵电线……保证水通电通路通。1997年大江截流，我们要保证第一期移民安置全部完成。1998年，我离开安坪乡时，5个居民点全部建成。

做这些工作确实是相当困难的，农民群众对政策了解得不透，对祖祖辈辈生存的故土不舍，各有各的心思，各有各的利益。动迁划线，有人砍断绳子；改田改土，炮眼刚打好就被埋上；在非移民区改土改田安置移民，移民和非移民之间的矛盾十分尖锐；在外迁移民安置中，更有远走他乡的情感折磨……各种难题、各种不理解、非议、干扰和捣乱。但是没办法，工作还是得做。我们只有迎难而上，换个板凳坐坐，多替群众想想，工作做得再细点，政策讲得再透点，总有一天，乡亲们会理解的。事实证明，功夫不负有心人，我们的移民都是淳朴的，都是善良的，都是懂道理的，都有舍小家为大家、为国家的精神。

移民涉及群众的切身利益，包括移民安置、移民补偿、移民就业、移民资金管理和移民项目投资等各个方面，这其中的工作也是相当艰苦细致的。举个例子，比如安坪乡大堡村三社，一度被誉为“三峡库区第一社”，是我们第一个试点村，淹没耕园地188亩。1995年，40户移民搬迁房屋破土动工，实施统一规划，分户自建。县移民局投资基础及水电路配套设施资金85万元。安坪乡三沱村移民新村投入移民安置补偿金148万元，房屋搬迁投资122.5万元，基础设施建设投资42.5万元。在就业方面，主要采取就业培训扶持。其中，职业技能培训是移民培训重点，依托培训基地进行，目的是让移民掌握一门专业知识，为就业创造条件。同时，借助对口支援，扩大劳务输出；实施双千工程，带动移民就业；发展本地产业，促进县内就业；采取多种措施，促进自主创业。在项目投资上，我们主要以短平快的种植、养殖和急需解决的交通、饮水等为重点，并充分利用现有资源，坚持自立为主、扶持为辅的原则。在移民资金管理方面，坚持统一计划、分级管理、责权结合、专款专用等原则。只有严密的制度和有效的监督才能堵住漏洞，杜绝腐败。按有关规定，移民工程款项实行乡长一支笔审批。但我觉得仅靠乡长一支笔还难以保证万无一失，当时在安坪乡制定了“五支笔”联审制度。即由工程承包人根据进度写拨款申请，由工程指挥人员签字证明，交移民专干签字认可，再由乡财税会计凭合同填拨款申请书，经移民工作站长签字同意，最后报乡长审批拨款。

开发性移民方针要求，不仅要搬得出，还要稳得住，并逐步能致富。离开良田家园，移民何处谋取生计？这需要先期补偿，后期扶持。安坪乡山高路险，一条小道从悬崖峭壁凿出，连起隔河相望的村庄，十分危险，稍有不慎便会跌进深渊，且年年有人掉入长江。1993年，三峡移民带来机遇，我们向上级争取到15万元专项资金，修建老关嘴大桥，打开制约经济发展的瓶颈。有了路还要有良田土地，才能让移民生存得下去。当时在安坪乡改田改土约四五千亩，把一坡荆棘丛生的乱石山变成了耕地。

对三峡移民精神的体会

人们常说：睡得好不翻，住得好不搬。我们的移民要离开千百年居住的平定安稳的故土，是很难的。我们的移民干部每天在乡村里奔走，与移民一起开垦荒地、修建公路、修砌房屋。在工作中，每个环节都充满矛盾，每一天都遭遇新问题，面对不理解的移民，工作确实十分难做。给他们做思想工作，不等你开口就被骂爹骂娘；饿了吃几块面包，他们说又在吃移民资金了；在后靠安置中，大家费尽千辛万苦把山坡上的土地开垦出来了，却分不下去，干部拿出的每个方案都有人反对，每一家人都有要求调整、更改的理由……我们的移民抱着孩子牵着老人哭哭啼啼的场面；面对世世代代居住的故土被淹没时一把酸楚泪；在开垦荒地时挥汗如雨……但是，通过我们深入、细致、艰苦的工作，最终得到了大家的理解和支持。无论是干部还是群众，在三峡移民中，他们都顾全大局、舍己为人、艰苦奋斗，为三峡工程做出了重要贡献。作为我个人，获得了很多的荣誉，但是我知道，这些荣誉都是三峡百万移民和我们的移民干部共同的荣誉。

（中共奉节县委党史研究室于2018年采访整理）

我与直辖前后的重庆人大工作

陈之惠

1993年6月，在四川省重庆市第十二届人民代表大会第一次会议上，我当选为市人大常委会副主任，兼城乡建设环境保护委员会主任。在市人大任职期间，我做了几件自己感到满意的事情：

第一件是制定《重庆市旅游管理条例》。为贯彻落实中共中央、国务院1992年《关于加快第三产业发展的决定》，重庆市计委研究将旅游业培育成一个支柱产业。我和市计委几位同志提出了重庆市旅游业十年发展规划设想。1993年我到市人大之后，组织市旅游局等有关单位草拟了《重庆市旅游管理条例》。由于全国和四川省都还没有相关法律，我们在起草中遇到了不少困难。我们克服各种困难，完成了起草工作。1995年，《重庆市旅游管理条例》经重庆市人大常委会审议通过，并报四川省人大常委会审议批准。1997年重庆直辖后，市人大常委会对《重庆市旅游管理条例》进行了修改，1998年通过审议并实施。《重庆市旅游管理条例》的制定和实施，对重庆市旅游业发展是一个很大的促进。

第二件是修建市人大常委会开会的场所。我到市人大任职时，市人大常委会没有自己的开会场所，常委开会要借用其他机关的会议室，会议表决时还是采取举手的办法，这不利于开展工作。我提议搞个常委会议室，获得常委会同意，并让我来负责这个事情。正好市房屋开发公司在重庆市人民大礼堂旁边建房子，我们就附着建了一块，就是现在的广场宾馆，这样就把常委开会的地方解决了，而且常委们开会表决可以使用表决器表达自己的意愿。同时，常委们住宿和生活条件也得到了改善。这是我对重庆市人大所做的一个贡献。

第三件是防治三峡库区环境污染。我到市人大任职时，全国人大已经通过《关于兴建长江三峡工程的决议》，三峡工程进入了正式施工准备阶段，建好后将蓄水三四百亿立方米。保护好三峡库区的水质，是为长江中下游人民造福。重庆作为一座工业企业和人口众多的大城市，污染比较大，必须重视环保工作。我在人大分管环保工作，组织起草了《重庆市长江三峡库区水污染防治条例》，并加强了对市环保局、市水务集团等工作部门的协调和监督。这一期间，重庆市建设了江北污水处理厂和唐家沱污水处理厂。市水务集团在污水处理上抓出了成效，采取的办法主要是在自来水费上再加收一点排污费。有些区县的污水处理厂建好后没钱管理，就由市水务集团统一管理起来。现在三峡库区能保持一库净水，我在市人大任职时也贡献了自己的一分力量。

重庆直辖，对我个人来说是梦寐以求的，从20世纪80年代起我就提出设立直辖市。成立直辖市，四川省并不很愿意，因为重庆市每年上缴给四川省财政很大一块收入，当时四川省给国家财政的上缴等于重庆市上缴给四川省的。另外，四川省还通过电、煤、交通、铁路等渠道在重庆收费，比如，重庆市的养路费四川省要分成30%。所以，重庆直辖我感到特别高兴。

直辖前，经党中央、国务院批准，从1996年9月起至全国人民代表大会审议通过成立重庆直辖市前，由重庆市代管四川省万县市、涪陵市和黔江地区，作为直辖前的一个过渡。代管期间，市人大常委会组织常委们到"两市一地"调研：

在涪陵，我们了解到王鸿举同志抓工业非常有成绩。涪陵卷烟厂学习云南卷烟厂的经验，很快发展起来，效益超过了重庆卷烟厂，后来还兼并了重庆卷烟厂。涪陵的磷肥厂搞了50万吨硫酸，我在重庆搞了那么多年工业才8万吨硫酸，一对比，确实觉得王鸿举同志思想解放，干事很有魄力。另外，涪陵建材、纺织、制药等支柱工业产品也搞得相当不错。调研回来后，我跟市领导汇报，说发现了王鸿举这个人才。

在万州，我对他们既有批评也有支持。一个是批评他们"努力把万州建成50万人口大城市"的宣传口号提得不正确，因为光提人口数量不行，只要把农转非人口算上，加上取消计划生育，50万人口很容易就达到了，但这并不能代表万州的城市发展水平。正确的提法可以是把万州建成现代化的大城市。后来万州又提出"把万州建成百万人口大城市"，我又指出他们这个口号是错误的。另一个是批评万州对外开放的基础设施条件差。万州当时还没有星级宾馆，唯一一个挂牌的三星级宾馆，实际上硬件和软件都不达标。我们住在那里，发现泳池游里面还有青蛙，很多当地干部私自跑到宾馆去吃早餐，导致住宾馆的客人没有早餐吃。这种接待条件对于搞好对外开放、迎接四方来宾是一个硬伤。但是，我对万州不是只有批评，我很支持万州修建机场。当时，对于万州建机场，市里有的同志不同意，但我表示赞成。我为什么赞成万州建机场呢？因为有一个机场，万州的改革开放才像个样子。万州的同志也赞成这个事情。

黔江是一个少数民族比较聚集的地方，在发展民族经济、扩大开放等方面做得不错。我们表示大力支持黔江发展。当时黔江也提出修建一个机场，我们对此表示支持，建议他们先做好规划。其实，早在直辖前，重庆和黔江就有很好的联系与合作，重庆支持黔江修建了彭水电站，双方签订协议，彭水电站发的电全部卖给重庆。我还向四川省省长肖秧汇报，彭水电站对黔江经济有很大的促进作用，建议省里拨给部分工作经费。四川省给黔江拨了两三千万前期工作经费。彭水电站建好后，我去参观了两次，受到黔江同志的热情接待。

四川省重庆市第十二届人大常委会组成人员的任期是5年，由于重庆直辖，十二届人大常委会的工作于1997年6月终止。直辖时，对市人大领导提名有一个要求：63岁及以下的可以提名，年满64岁及以上的不上提名名单。我出生在下半年11月，重庆直辖时还没满63岁，符合这个年龄要求。在重庆直辖市第一届第一次人民代表大会上，我继续当选为市人大常委会副主任，仍然分管城乡建设环境保护委员会的工作。

重庆直辖后，为了适应新形势的需要，市人大常委会加快立法进度，包括对重庆市原有的一些地方条例进行修改，还征得四川省同意，援引了四川省的一些条例补充空白。在市人大常委会领导下，城乡建设环境保护委员会联系的10个委办局中，新制定了13部地方法规，还进行了多次执法大检查，办理了人民代表建议、议案和接待人民群众来信来访活动。

在市人大我有两次外出活动。第一次是应泰国上议院议长米猜·立初攀邀请，我带领重庆代表团5人，于1996年3月18日—23日到泰国进行访问。我们到泰国后，米猜议长十分热情地接待我了们，因为这次是重庆市人大接到米猜议长邀请的回访，主人高规格接待，共叙中泰友谊，派人陪同我们拜访了下议院第二议长素贪，会见了曼谷议长沙拉乌和副市长集克，还派高级官员陪同我们到泰国北部大城市清迈访问，在那里会见了代理市长黄文虎（华裔名）和清迈府尹拉猜，并与中华商会会长梁浩元等人共叙中泰友情。我们和泰国上议院的有关部门领导共同商讨了如何发展中泰旅游、体育、外事等合作事项。我们所到之处都受到了热烈欢迎和亲切接待。

第二次是1998年4月重庆和日本名古屋通航，我率领上百人的重庆代表团访问日本，在名古屋受到日本国会议员、爱知县议会、名古屋市议会议长、政府官员和日本广大群众的热烈欢迎。我们向日本朋友介绍重庆直辖市情况，介绍重庆与日本经济合作、贸易往来、旅游交往情况，解答日本朋友的友好询问，鼓励和欢迎他们来重庆看看。我还顺便访问了重庆友好城市广岛市，和市长、议长进行了友好交谈，接受了记者采访，促进了重庆人民和日本人民的友好往来。在两个城市都洽谈了一些意向性的合作项目。

1999年11月，全国人大在贵阳召开了中西部地区人大环境与资源保护工作会议。会议由全国人大常委会副委员长邹家华主持。我在会上做了题为《加大立法监督力度，保护长江水资源》的讲话，呼吁长江上游各省市紧密合作，保护好母亲河，受到全国人大常委会领导和与会同志的赞赏和支持。

2000年1月2日，鉴于我已满65岁，按照有关规定，我在市人大一届三次代表大会上辞去了市人大常委会副主任职务。

（袁仁景于2017年9月采访整理）

重庆市国有企业职工下岗分流再就业工作纪实

吴家农[1]

1997年3月14日，全国人大八届五次会议通过设立重庆直辖市的决议。6月18日，重庆直辖市正式挂牌。党中央、国务院交给重庆四件大事——国企改革、三峡移民、农村扶贫、生态保护，每一件都关乎全局、艰巨繁重。

重庆是地处西部地区的老工业基地，集“东北现象”和“西部现象”于一体。当时国有工业企业占全市工业70%左右，体制僵化，结构偏重，在亚洲金融危机的冲击下，全市国有工业企业亏损面59.3%，盈亏相抵，净亏损23.1亿元，导致大面积欠发职工工资，大量人员下岗；再加上三峡库区淹没企业大量关闭破产，企业职工规模上访频繁发生，社会稳定风险到了临界边缘。1997年6月，在直辖后的首届人大会议上，近20名代表联名提出了《关于把实施再就业工程纳入本届人大“一号议案”、政府为民办实事的“一号工程”的议案》。

面对严峻复杂的经济社会形势，重庆市委、市政府确定用三年时间攻坚克难，实现国有企业深化改革，扭亏脱困。并将“两个确保”和再就业工程作为重要配套措施。为了切实加强组织领导，1998年2月，市委决定成立再就业工程领导小组，由市政府主要领导担任组长，分管副市长担任常务副组长；从市计委、经委、劳动局、财政局、就业局等抽调得力干将，组成再就业工程领导小组办公室（以下简称“再就业办”），总揽全局、综合统筹，作为领导决策的“参谋部”、推进工作的“指挥部”、面对群众的“宣传部”。

再就业办的人员迅速到位，根据中央“两个确保”的各项要求，结合重庆国企三年扭亏脱困的总体任务，研究确定了“三步走”的工作思路。第一步：组建再就业中心，引导下岗职工进中心保障基本生活；第二步：大力促进下岗职工走出中心实现再就业；第三步：着重解决三年期满后职工劳动关系以及社会保障衔接问题。从1998年第一批国企下岗职工进中心，到2004年最后一批职工全部出中心，一场历时七年的下岗分流再就业攻坚战依序紧锣密鼓地展开。

① 吴家农，曾任四川省重庆市计委主任、党组书记，重庆市人民政府副市长，重庆市政协副主席。

建中心、进中心，全面保障基本生活

建立再就业服务中心，让国企下岗职工进入中心保障基本生活，既是解决下岗人员实际生活困难，保持社会稳定的即期措施，也是打破"铁饭碗"，转换用工机制，推动国企改革的重要手段。由于再就业中心的顶层设计中有三年之后解除劳动关系出中心的规定，并在进中心协议上载明。相当部分国企下岗人员对此有一定心理抵触，对进中心持怀疑观望态度。1998年上半年，全市建中心企业仅为40%，进入中心的下岗职工仅1万人左右。面对这种局面，产生了两种意见。一种意见认为，不硬性要求签协议进中心，以加快工作进度，完成劳动保障部提出的国企下岗职工在8月底至9月底100%进中心的硬指标。另一种意见是，坚持规范运作，把矛盾暴露在前头，通过细致的工作推进进中心，为国企改革创造条件。经过激烈争论和反复论证，再就业办把思想统一到后一种意见上，并得到市委支持。做出这样的选择，实际上是自加工作压力，结果让我们吃尽苦头。但由于方向正确，这种坚持的价值经受住了历史的检验。

（一）顶住压力，坚持"先买票后上车"。为了便于向群众宣传，我们把"先签协议后进中心"，通俗化为"先买票后上车"。

但是要让下岗职工接受"先买票后上车"比我们事先预计的困难得多。首先要在各区县和各企业从事再就业工作的干部中克服其畏难情绪，让其了解并掌握相关政策和工作方法。为此，市再就业办分期分批组织相关干部进行培训，市政府分管领导登台讲课，市委组织部部长现场督导，坚定了各级干部迎难而上的信心，上下一致，积极推进工作。

说服下岗职工"先买票后上车"的困难不仅仅在于量大面广，还在于企业各种具体问题交织其中、职工诉求多种多样、思想认识参差不齐。更大的风险在于，说服动员工作不时出现反复。重庆绢纺厂就因为工作不到位，加上个别人的挑动，发生了打砸再就业中心牌子、撕毁职工进中心协议的事件。情况上报国务院，引起国务院领导重视，指派劳动部林用三副部长"三进山城"调查了解情况，督促指导重庆加强改进工作，也给我们坚持按规范组织进中心以更大信心。

（二）积极回应关切，消除职工后顾之忧。对于进中心实现再就业，职工的焦虑集中到一点就是"要工作、要吃饭、三年以后怎么办"。为了回应群众关切，从1998年6月中旬到1998年7月中旬，市再就业办的同志加班加点研究政策，制订方案，经市委、市政府主要领导主持研究，连续下发了《认真贯彻落实〈中共中央 国务院关于切实做好国有企业下岗职工基本生活保障和再就业工作的通知〉的通知》《重庆市再就业工程1998至2000年规划纲要》《重庆市国有企业下岗职工基本生活保障办法》《重庆市促进再就业优惠政策实施意见》《重庆市企业招用职工规定》，结合重庆实际形成了"两个确保"政策框架体系。随后，市委、市政府两办、市再就业办、劳动局、地税局、国税局、工商局、市住房公积金中心等迅速制定下发系列配套文件,将政策落实到操作层面。

市再就业办根据这些政策,编写印发了《关于国有企业下岗职工基本生活保障和再就业有关政策解答》,以通俗易懂的方式对下岗职工普遍关心的离开工作岗位怎么办、下岗证如何办理、进中心后的出路、基本生活保障金怎么发放、出中心后怎样领取失业保障金、最低生活保障怎么办理、怎样享受养老保险待遇、自谋职业有哪些优惠政策等18个问题做出政策解释,有针对性地系统回应群众关切。并针对工作中出现的新情况、新问题,以《下岗职工政策信箱》的方式,随时对群众诉求做出政策解答,逐步消除了下岗职工进中心的各种思想顾虑。

(三)发挥思想政治工作优势,把政策转化为职工的实惠。有了政策体系支撑,还要进一步发挥政治思想工作的作用,把党的政策宣传落实到群众心中,转化为工作动能。市再就业办在市委宣传部支持下,全面展开了广泛深入的再就业政策宣传活动。重庆日报、重庆晚报、重庆商报、重庆晨报纷纷开辟再就业专栏,电视台、广播电台制作专题节目、开通职工热线;市再就业办负责人亲自上电视节目"下岗分流话中心",现场回答企业职工的问题,各级电视台滚动播放;各级再就业办、劳动、就业、社保、工会等部门组成工作组,深入问题集中的企业,对疑虑和困难较多的下岗职工采取面对面、一对一的方式,引导他们分析就业形势,帮助解决实际困难;从市委书记到机关干部,与特别困难的下岗职工家庭结对子,给予生活和就业的帮扶。强大的政治思想工作,有力地化解了建中心、进中心遇到的各种困难,迅速打开了工作局面。

与此同时,按照中央确定的"三三制"筹资原则,克服困难,筹足"两个确保"所需的资金。张德邻书记强调:基本生活保障资金是财政拨款的第一序列。蒲海清市长规定:用于再就业工程的拨款,晚一个小时也不行。在各级财政和劳动、社保部门的努力下,凡是进中心的下岗职工都能按时足额领取生活费,实现再就业的职工也能及时获得政策规定的扶持,使广大下岗职工初步有了获得感,看到了希望。近67万企业退休人员也从1998年7月起按时足额领取养老金,并补发了6月30日以前的全部欠款。

经过7、8、9三个月的集中攻坚,到9月底,全市1956户有下岗职工的国有企业全部建立再就业服务中心,现有的13.2万国企下岗职工全部通过签协议进入再就业中心,进中心职工基本生活费发放达100%。到年底,全市建立中心1998个,进中心职工16.4万人,"两个确保"的体系初步建立。之后,重庆市逐步实现了下岗职工"随有随进、有进有出、出大于进"的动态管理。截至2003年,全市进中心职工累计达到60.14万人。在坚持"先买票后上车"前提下取得了第一场"战役"的胜利,对国企职工的就业观念触动极大,也为后续工作奠定了坚实的基础。

多措并举，大力促进再就业

动员下岗职工进中心，保障其基本生活，只是建立一个缓冲区，最终目的还是要帮助他们走上再就业之路。我们规定，所有再就业中心必须为进中心职工提供“一三一”服务，即对每个下岗职工提供不少于一次的免费技能培训、推荐三次就业岗位、给予一次就业指导，让他们尽快进入劳动力市场。在此基础上，加快政策和方法创新，为下岗职工自谋职业提供多种选择。

（一）鼓励自愿提前“双解”走向市场就业。我们在工作中发现，有一部分下岗职工已经在外就业，但仍将生活保障金视作国企福利，按期来领取；还有部分职工具备再就业能力，但缺乏激励，安于领取生活保障金的现状。为了使隐性就业显性化，为了鼓励有门路、有能力的职工提前实现再就业，我们在落实经济补偿、补缴社会保险政策之外，推出鼓励职工提前“双解”（解除进中心协议、解除与企业的劳动关系）的奖励政策。对进中心一个月以内自愿“双解”出中心的职工给予4000元奖励费，在1—3个月内自愿“双解”出中心的给予3000元奖励费。这项奖励政策所需的资金，在总量上远低于职工在中心待满三年所领取的生活费，但在即期支付上经常出现“拆东墙补西墙”的情况，市再就业办无意中又一次自我增加工作压力。在政策激励之下，部分下岗职工在中心即进即出，用极短的时间实现了身份和观念的转变，成为劳动力市场上的活跃分子，也为民营企业输送了大批有用人才。几年中，全市累计有20.5万国企下岗职工自愿选择了提前“双解”出中心，自谋职业找出路，效果超出我们的预期。

（二）大力发展劳动力市场促进再就业。劳动力市场建设也是这个阶段的工作重点。在硬件建设上，市、区县两级共同投入资金，安排场地，完善工作设施设备，配齐人手；在软件建设上，市再就业办积极推动各劳动力市场的信息系统联网，1998年6月底主城十区实现职业介绍信息实时互联共享；在制度规范上，市政府及时颁布《重庆市企业招收职工规定》，市人大常委会审议颁布《重庆市职业介绍管理条例》，在依法规范劳动力市场秩序的同时，切实为下岗职工再就业提供便利；在管理服务上，推出“一条龙”模式，将职业咨询、职业指导、职业介绍、工商登记、税费减免等多种服务置于同一平台，简化下岗职工创业、就业的办事流程。

（三）出台优惠政策帮扶下岗职工再就业。一是针对下岗职工自主创业的再就业小额担保贷款政策。市再就业办主动协调各商业银行和市、区县两级财政，于1999年4月形成《重庆市再就业小额贷款试点办法》。按照“自愿申请、严格审批、抵押担保、有贷有还、按期付息、到期还本、政府贴息”的原则，对自主创业的下岗职工提供小额贷款扶持。其资金来源先由区县财政拨出专款作为担保基金，市级财政按1∶1比例配套注入担保基金；两级财政建立的担保基金一并存入当地承贷金融机构，承贷金融机构按存一贷三的额度发放再就业小额贷款。贷款期产生的利息按国家基准利率计算，由政府补贴。对逾期无法收回的贷款本息，市财政、区县财政和承贷金融机构各承担三分之一的损失。这项政策得到下岗职工热烈欢迎，前后累计发放2.12亿元贷款，帮助一批能力强的下岗职工圆了“老板梦”。由于在政策设计上将两级政府和银行的风险捆在一起，各方真诚配合，严格管理，贷款按期偿还率达到了98%以上。二是针对再就业重点企业的贷款贴息政策。自1998年开始，市再就业办选择一批发展良好的企业作为再就业重点企业，利用它们发展快、用工需求大的优势，鼓励企业“集团式”招用下岗职工。凡招用下岗人员占当年企业用工总数10%以上的，由市级有关部门分等级按不同比例贴息。每年安排不少于5000万元的专项贴息资金用于50户左右的再就业重点企业，为下岗职工再就业开辟了相对稳定的渠道。三是鼓励街道社区开发公益性岗位，吸纳大龄下岗职工就业。凡招用大龄下岗人员从事环卫、绿化、值勤等服务性工作，稳定在一定期限之内的，用再就业基金给予岗位补贴和代缴一定比例养老保险。

一方面提供政策激励，一方面完善劳动力市场和广辟就业岗位，几年内陆续有23万下岗职工在中心的帮助和政策支持下走上了再就业之路。

到期“双解”转身份，社保体系筑底线

2001年，时间走到了第一批进中心职工协议期满集中出中心的节点上。在中心协议期满而未再就业的职工，多数文化低、技能差、年龄偏大，解除劳动关系离开企业，是他们很难迈过的一道坎。针对这批人员最关心的养老保险、日后的生活保障、进入社会有事该找谁等问题，我们提前研究对策，通过完善社会保障体系为其筑牢保障底线。当年初，市委、市政府就下发了《重庆市国有企业下岗职工协议期满出再就业服务中心有关问题的意见》。市劳动保障局、再就业办等部门又陆续制定了四个配套文件，对下岗职工协议期满“双解”出中心做出具体政策安排。并根据国有企业改革进展情况提出今后下岗职工进中心保基本生活的协议期限不超过2003年12月31日，推进再就业中心的现有服务功能与社会化的保障和就业服务并轨，提前阻断长期依赖再就业中心的心理预期。

(一)缴费年限满15年可领养老保险，让下岗职工吃下“定心丸”。对“双解”职工的退休养老问题，通过多个文件明确：下岗职工无论以何种方式实现再就业或没有再就业，过去的连续工龄和养老保险缴费年限与以后缴费年限合并计算，累计达到15年的，按法定年龄退休后，均与国有企业职工一视同仁，按规定享受相应的养老保险待遇。在为出中心职工办理“双解”手续时，同时办理养老保险接续手续，以看得见的方式安定人心。

(二)“三道保障”+代缴养老保险，让大龄下岗职工坐上“直通车”。“双解”出中心的大龄职工是一个弱势群体，再就业中心作为第一道保障，但进中心协议期满后他们仍面临就业困

难和生活来源问题，需要做出特殊的制度安排。因此我们为其量身定做了"直通车"政策，即"双解"出中心时距离法定退休年龄不足5年或工龄满30年的下岗职工，与企业终止劳动关系后，不领取经济补偿金，可直接领取失业保险金，失业保险待遇（两年）期满后仍未达到退休年龄且尚未就业的，参照户口所在地城市居民最低生活保障标准，由当地民政部门对本人发放生活费；其离开企业后的养老保险费由同级财政以上年社平工资的60%作为基数，按规定费率代缴；待其达到法定退休年龄后，按规定享受养老保险待遇。

"直通车"政策在再就业中心这道保障之后，无缝衔接失业保险和最低生活费两道保障，并辅以一定时期内的代缴养老保险，使大龄下岗职工自出中心到退休前都有了依托。他们虽让渡出获得经济补偿金的权利，但换来的是后半生的安定。这项政策深受他们欢迎，对化解出中心工作的矛盾和困难发挥了极大的作用。

（三）大力发展社区就业社保服务，让社会化管理服务落到实处。下岗职工"双解"出中心，就真正从"企业人"转变为"社会人"了。实现"并轨"后，社区的管理和服务工作陡然加重。重庆按照建立与社会主义市场经济相适应的城市社区社会保障管理服务体系和运行机制的要求，在街道和社区设立"一科一所一员"，即街道办事处整合设立社会保障科和街道社会保障所，社区居委会设专职社会保障员。社会保障所服务大厅实行窗口服务、"一站式"办公，信息网络连接、互联互通，开办经费和网络建设费由市级财政一次补贴。街道和社区有了专职的机构和人员，很快就接手了出中心人员的管理，按辖区提供社会保障和就业服务。为"双解"人员出中心制定的各项政策也有了落地生根的地方。

（四）国有企业剥离生活用水电气。在计划经济时期，国有企业办生活是一种普遍现象，职工居住在厂区，生活用水电气一直是"大锅饭"。下岗职工"双解"出中心后，不再是原企业职工，在福利待遇方面难免与在职职工出现差异。事情虽小，但涉及群众切身利益，弄不好也会干扰出中心工作的大局。市再就业工程领导小组为此协调市经委、财政、供电、供气、供水部门，结合企业降成本，在全市国有企业推行生活用水电气剥离。由财政、企业和供电气水单位各筹资三分之一，将计量表具按一户一表装入职工家中，打破"大锅饭"，实行计量收费。这样一来，"双解"职工和在职职工都是相同待遇，矛盾也被化解在无形之中。

自2001年到2003年底，全市地方国有企业陆续有17万人（去掉提前"双解"出中心的和在中心期间实现再就业的）下岗职工协议期满"双解"出中心，2004年中央在渝企业最后一批下岗职工全部出中心，历时七年的下岗分流再就业工程圆满画上了句号。

实际上，组织职工出中心的工作难度比组织职工进中心大得多，但相较于进中心时的波澜起伏，出中心工作整体上平稳顺畅，政策的预见性、策略的针对性、预案的有效性大为提高。这也从一个侧面描绘出我们经过七年的艰难玉成，从必然王国迈向自由王国的足迹。

主要成效和体会

国有企业富余人员下岗分流再就业促进了用工机制转换，帮助国有企业实现了减人增效，与同时期采取的债转股、兼并破产、建立现代企业制度等措施共同发力，极大地推进了国有企业深化改革，使企业逐步走出困境。重庆国有工业企业职工人数从1997年底的144.25万人下降到2003年底的67.9万人，企业劳动生产率大幅提升，在2000年实现整体扭亏转盈之后，进入健康发展通道。

在国有工业企业下岗分流再就业工作取得阶段性成效后，我们又将已形成的政策体系和工作方法应用于国有商业企业、国有外贸企业以及供销社系统和城市老二轻、老集体、国有企业厂办大集体，有力地促进了这些领域的企业改革，化解了一大批社会矛盾。全市仅集体企业下岗分流人员就达到了39万人，这批职工得到政策关怀，提升了党和政府的公信力。

当年实现“两个确保”，促进再就业工作创建的政策还颇具生命力，如再就业小额贷款、岗位补贴、技能培训、劳动和社保关系处理等，在以后的扶持三峡移民就业、鼓励民工返乡创业、促进大学毕业生就业，乃至当下实施供给侧改革、推动去产能工作或者被加以延用，或者被部分复制，依然具有良好的效果。

回顾当年的工作经历，有几点值得总结：一是党委、政府领导有力。历届市委、市政府主要领导直接过问，亲自上手“两个确保”和再就业工作，最密集的时候，市委常委会在一个月里开20多次会议进行研究部署。负责再就业工程领导小组日常工作的市政府分管领导，八年不换人，使得再就业政策和制度安排具有整体性、一惯性、延续性。二是劳动保障部和财政部一以贯之地对重庆工作及时加以指导；在资金安排上及时足额发付，遇到紧急特殊情况给予一定倾斜；对我们在工作上的创新予以鼓励，对创新过程中捅出的娄子予以包容。三是各级再就业工作机构，尤其是市再就业办的同志甘于奉献、勇于创新、坚忍执着、敬业精业，经过工作实践的磨炼，形成了一支熟悉情况、通晓政策、勤于思考、善于做群众工作的高水平职业队伍。四是群众的认可是检验工作成败的唯一标准。制订政策要以人为本，精准回应群众的主要关切；再好的政策也要通过强有力的思想政治工作让群众入耳入心；继而通过各级干部艰苦细致的工作将政策落到实处，让群众真正有获得感。只要群众对党和政府抱有信心，任何风浪都不足以阻挡我们朝着“两个一百年梦想”奋进的步伐。

（选自徐塞声、艾新全主编：《重庆改革开放口述史》，中共党史出版社2018年版）

重庆直辖后电力体制改革始末

马述林[①]

重庆直辖市成立时的电力工业状况

我国电力工业是按省管的，叫“省为实体”。重庆电力原来是四川省电力工业局的一部分，由其管辖调度。重庆市电力公司在1997年5月才正式成立，它是国家电力公司直属的省级电力公司，又挂重庆市电力局牌子。重庆电力从四川省分出来，实力比较弱。全市范围内装机只有324万千瓦，年用电140多亿度。其中，国家电网统调机组约200万千瓦，主要有两个大厂，重庆电厂装机80万千瓦，珞璜电厂装机72万千瓦。国家电网覆盖了老重庆地域。“两市一地”大部分地域，国家电网没有进去。“两市一地”没有大的电厂，20世纪六七十年代通过自力更生依靠办小水电形成的小电网，基本上是一个县一个电网。这种电网在当时情况下确实也起到了作用。成立直辖市以后，整体评价重庆电力：一是总体实力弱，电力装机严重不足；二是国家电网覆盖率低，不到地域面积的三分之一。电力管理体制实际是二元化体制。国家大电网覆盖地区，是以大城市为主体的生产力发达地区，一张网，统一调度。国家大电网未覆盖的地方，一般“一县一网”，成立县级电力公司，“各自为政”。这些县级电力公司多以小水电为电源，小水电站建在小溪河上，丰水期才能发电，枯水期就几乎发不了电。特别是冬天，老百姓一天只能用几个小时的电，而且电压不稳定，电网覆盖面小，售电价格又偏高。当时大电网的居民用电每度是4角3分2厘，而那些贫困地区普遍是6角以上，实际上收的电费还超过那个水平，摊上电损、偷电因素，达到一块多两块。越是困难的地方老百姓越是用高价电，倒是大城市及其周围富裕的农村在用平价电，这明显不公平。而且那些地方没有国家大电网，就没人愿意去投资，成为地方经济发展一个致命的弱点。

---

① 马述林，曾任四川省重庆市计划委员会副主任，重庆市发展和改革委员会副主任（正厅级），重庆市能源投资集团党委书记，重庆市开发投资集团董事长。

直辖以后电力工业发展改革思路

直辖市成立以后，重庆的电力怎么发展，实际存在两种思路。一种是沿袭过去的体制，各自发展。当时“两市一地”的行政体制还没改，有些同志主张以行政区划为基础“固定供区”抱团发展，在这个前提下来争取国家的支持。这种思路得到很多人的支持。成立直辖市之前，三峡库区搬迁复建搞了几个小火电厂，比如忠县火电厂、奉节火电厂、开县火电厂。这种2×1.2万千瓦或2×1.35万千瓦的小机组是非常落后的，当时10千瓦机组都是禁建的，但由于它们属于三峡库区复建工程，已经建起来或正在建（这些小火电厂现在都已经被拆除了）。布局也有问题，有些就建在城区，比如忠县、开县新建的小火电厂就在它的城市新区里面，污染很大。很多区县还在不断地给市计委上报项目建议书，争取上新的小火电项目。有的地区同志希望把所属县捆绑起来发展。黔江地区想用110千伏电网把几个县串起来，万州提出搞220千伏地方电网。另一种思路，是走改革发展路子，加快建设重庆现代化电力工业，尽快形成全市一张网。我们认为，小电厂、小电网时代必须尽快结束。那时我们也不能公开抵制，但实际上我们采取了一些措施，能够挡的尽可能挡。例如，明文规定一律不准新建小火电厂。电源项目好处理些，电网项目处理起来难一些。220千伏输电项目是跟着电厂走的，没有大电厂项目，凭空要上地方220千伏电网项目，是违反电网建设规律的，也是基建程序不允许的。我们承受了很大的压力。一部分同志站在部门立场上，希望小水电供区尽可能维持甚至扩大。后来一些人又搞了个大动作，引来比利时动力集团到万州，签了一个几十亿元投资的“口袋”项目。比利时动力集团是全球500强企业，几十亿元是天大的项目，签协议时上电视、上报纸，又组团出国考察。这个协议是一揽子的，首先要把万县地区的供区全部拿给它，由它来投资改造电网，然后再投资建火电厂。这是明显违反国家政策的，因为国家没有对外开放电网投资，但是一些人想闯红灯。我见了外资方，跟他们说清楚中国政策，“老外”知道被“忽悠”了，最后合同没有生效。之后，又出现小电网上市的情况。为了帮助“两市一地”发展，市里每个地方给一个上市公司的名额。“两市一地”提出的上市名单都是地方电力。涪陵叫川东电力公司，黔江叫乌江电力公司，万州叫三峡水利公司。这三个地方电力公司都上了市，后来事实上增加了重庆市电力体制改革的难度。

农村电网改造的背景

1997年成立重庆直辖市后，碰上了亚洲金融危机，中央实行积极的财政政策拉动经济增长，其中把农村电网改造作为重要的投资方向。国家计委对重庆市第一期农网投资安排46.7亿元改造资金，从1998年底开始花了三年多时间，基本上完成了。2002年第二期安排

28亿元。以后又安排西部地区电网改造(农网三期)20亿元投资,又接着搞县城电网改造。前后总共投了100多个亿。这是新中国成立以来国家对农村地区供电设施投资最多的一次。中国电力工业长期"重发轻供",比较重视电厂,对于电力输送设施建设不够重视,特别是对于涉及千家万户的供电设施长期投资不足,所以电网非常落后。即使有电,想多用电也上不去。利用积极的财政政策,全国花了上千亿来改善供电网络,涉及千家万户,政府做了一个造福当代、泽被后世的大事情。重庆市积极争取农网改造投资,国家对重庆也特别照顾。1998年前后,二滩电站分电一事,给重庆造成很大的舆论压力。重庆在局部利益上吃了一点亏,但服从了国家安排。新华社的内参对此有情况反映,朱镕基总理批示国家计委在农网改造资金分配上要照顾重庆。

重庆电力体制改革的提出

2002年2月,国务院发出了国发〔2002〕5号文件,就是《关于印发全国电力体制改革方案的通知》。国家电力体制改革的总体设想就是按照社会主义市场经济改革的要求来发展电力工业,一项重大措施就是实行厂网分开。国家电力公司的发电资产被划出来新建立了五大发电公司,即华能、大唐、中电投、华电、国电;电网资产被分成了两块,新成立了南方电网。南方电网包括广东、广西、云南、贵州等省公司,其他省公司则归属于国家电力公司。国家电力公司和南方电网公司都是国家直管的,不是地方公司。重庆电力公司进入了国家电力公司。国家电力公司下面成立了几个区域性的公司,开始酝酿成立川渝公司,我们坚决反对。如果成立川渝电网公司,重庆就又回到四川的管理下了。而且,四川水电多,丰枯期发电起伏大;川渝电网的装机少,调度回旋余地小,重庆进入这个网非常不利。最后成立了华中区域电网公司,重庆、四川一起划到华中,还包括湖南、湖北、江西。国家改革方案提出以后,各省公司就要分别成为国家电网下面的分公司或子公司。重庆的目标是要全力争取成立国家电网公司的子公司即有限责任公司。各省内部如何改,并没有明确规定时间和具体要求。

重庆电网当时在全国来说是一个省级小网,用电量也比较少,发展是首要问题。国家对重庆农村电网改造投资安排重点倾斜。1997年亚洲金融危机爆发,全国工业不景气,电力出现了历史上少有的供大于求的情况。重庆珞璜电厂两台36万千瓦机组于1998年、1999年先后投产,四川二滩水电站6×55万千瓦装机也陆续投产了,一时川渝两地的电都多了。农网改造的一个目的是通过改造电网让广大农村能用上电,消纳多出来的那部分电。第一期农网改造完成之后,普遍反映效果好,于是国家追加第二期农网改造投资。这时,工业开始复苏。重庆工业从1997年到2001年低速增长,工业企业减少约300户,从业人员减少了近60

万人,全部工业盈亏相抵后总体亏损。到2002年下半年经济开始回升。由于经济恢复增长,电力供应开始紧张起来。所以,2002年5号文件出台以后,我们既要抓发展又要抓改革。当时重点抓两件事,一件事就是要阻止成立川渝电网公司,促进成立华中电网公司。另一件事就是抓住五大发电公司成立的契机,把它们引进重庆来建设电源点,推进规划多年的彭水水电站、双槐火电厂等大项目的建设。事实上,这两件事都取得了成效。至于市内如何推进电力体制改革,只是做了一些思考。

市委、市政府对电力的发展高度重视,2002年底成立了电力发展领导小组,黄奇帆刚到重庆来,即任小组组长,着手策划电力发展改革大事。电力发展领导小组办公室设在发改委,由发改委主任于学信兼任主任。我是分管能源的发改委副主任,兼任副主任,负责日常工作。2003年4月1日,市委、市政府在重庆电力公司礼堂召开了新中国成立以来第一次重庆市电力工作大会(以后也未开过第二次类似的会)。市委书记黄镇东、市长王鸿举出席大会并发表了讲话。市发改委主任于学信以及重庆电力公司陈峰等同志做了重点发言。会议提出,到2010年全市电力装机要翻一番半,当时全市装机只有400万千瓦,提出到2010年要达到1000万千瓦的装机量;人均用电量当时只有700度,提出来也要翻一番,要达到1500度。按照这个要求,这7年的投资,将超过新中国成立以来几十年投资的两倍以上。市委、市政府在电力工作会上明确提出要发展与改革并重,不失时机地抓紧进行电力体制改革。发改委受命承担这件事。

改革涉及不同利益主体,如何统一意见

这件事确实是一件非常难的事。因为这件事情涉及各方的利益,各方的想法不一致,部门、分管领导看法也不一致。实际上,我们已经做过调查研究,思考过改革思路。国务院5号文件出来后,我们认真进行了学习,然后又进行调研,广泛听取意见。我带了市发改委、市经委的几个同志组成调查组,到渝东南五个县逐县开座谈会。还同国家电力系统衔接协调,听取重庆电力公司的意见。那时重庆电力公司的总经理是陈峰,负责改革的副总经理是陈安伟。这两人年纪都不大,但思想敏锐。召开市各个部门的座谈会,特别是听取水利部门的意见,他们代表小水电。5月中旬,分管副市长童小平主持召开电力体制改革区县座谈会。那时全市行政体制已理顺,不存在"两市一地"这个中间层次了,区县由43个变成了40个。开了整整两天会,讨论非常热烈。相当部分区县明确表示不赞成,希望放缓步伐或维持原有体制不变。

通过各方面反复协商,市发改委形成了一个比较成熟的改革方案。重庆电力体制改革的目标是:在"十五"期末,构建起有利于促进重庆市经济快速发展和人民生活水平稳定提高

的电力管理体制。具体来说就是:电网分开;全市实现一张网,全市成立一个电网公司;区县级成立不同类型的供电公司;城乡居民用电实现同质同价。按现状,40个区县可以分成三种类型。一种是重庆电力公司直接供应和管理的,有渝中区、沙坪坝、九龙坡等16个区县。第二个类型是交叉供电县,在一个县境内既有国家电网的地盘又有地方电网的地盘。因为三线建设有些国防企业摆在某些区县,譬如南川、涪陵、万州等,小电网保证不了企业用电,所以国家大电网进去了,主要供应国家重点企业,附带供周围农村,与县电力公司形成交叉供电。这种类型有7个区县。第三个类型有17个区县,属小水电自发自供和趸售县。所谓趸售,是指从国家大电网整批买进电力,由小电网转供用户。今后的改革目标,一种类型是成立重庆电力公司全资直属供电分公司,由其在系统内自行改革改组;另一种类型是成立以资产为纽带、由市电力公司控股的县级供电公司,包括7个交叉供电区县和17个自发自供区县,通过资产重组、按股份制的办法成立县级供电有限责任公司。这个思路抛出征求意见,区县同志反对的比较多。那些县级电力公司,尽管技术设备都很落后,却是县里最好的企业。国家电网一个供电分公司只有四五百人,一年供应几十亿度电;一般县电力公司六七百人,只能供几千万度电。国家电网执行国家定价,县网电价按成本加利润原则,由县自行定价,企业总不会亏损,但亏了老百姓。县电力公司归县管,既有财政利益在里面,而且每年还能安排人进去,县领导说了就能算数。还有就是当时县电力公司普遍已经实行了承包制,领导班子成员的工资高,害怕改革影响既得利益。有的县电力公司甚至把部分股权转让给了私人。但是,从贫困落后地区人民的长远利益出发,区县电力体制必须改。改革有利于发展,改革有利于老百姓。改革的思路是往国家电网上靠。不靠国家,不往先进生产力上靠,自己抱团发展,只能是自甘落后、永远落后。

电力体制改革方案的难点

难点在于国家电力公司怎么与县级电力公司建立起资产纽带。思来想去,只能通过农村电网改造投资这个途径。农村电网改造是件大事,但有些同志误认为是"天上掉馅饼",只想多用钱,但是不想还钱。国家安排农网改造投资,只给20%的资本金,其余80%是贷款,需要还的,谁用款谁还钱。单个区县公司贷款,银行认为风险大、头绪多,强烈要求"一省一贷",即一个省只认一个户头,承贷与还钱均由这个单位负责。国家发改委也认同这个意见。国家在安排农村电网第二期改造投资计划的时候还出台了一个政策,农村电网的还款通过在全省电网统一加价的收入来还款。这件事在上海、北京等发达地区都很简单,因为是一个统一的大电网。但在重庆市不行,国家电网主要在主城这一圈,销售电量占全市总量的80%左右。那7个交叉供电区县和17个自发自供区县占了全市大概2/3的面积,销售电量只占20%左右。国家电网本来技术设备先进,用的农网改造资金比较少。渝东南、渝东北等穷困地区电网落后,本来需要多用钱改造,但是他们又还不了钱,要靠全市均摊,要靠大电网来背。就是说小电网用了大部分的钱,却要靠大电网来替它还钱。这不符合“谁借钱、谁还钱”的市场经济规则,等于是地方小电网平调了国家大电网的利益。尽管这是国家出台的政策,但因为大小电网是不同的主体,对全省统一加价集中还贷,国家电力系统激烈反对,实际上行不通。

重庆市政府在2002年下半年申请第二期农网改造贷款的时候,向国家做了承诺,即一市一贷,由全市统一加价还贷。但是,重庆电力公司坚决不干,市里做了很多工作,并确定了一个原则,即市里不平调重庆电力公司的利益,将以一定的方式给予相应的补偿。文件报出去以后,国家贷款计划就这样落实了,但是,等到要实施的时候又不行了。不把补偿资金及征集办法落实,重庆电力公司就不同意统一承贷。他们认为,农网改造资金一分下去,就再也控制不住局面了。

其他省如湖南、湖北、江西、陕西、四川等也有这种情况。对此,国家发改委提出三种解决办法:一种就是县电力公司资产无偿上划给省电网公司。因为这些落后的设备,国家电网拿来后都要拆掉,只要供区不要资产。但是县里同志就想,这些东西都是咱们艰苦奋斗几十年才建立起来的,无偿划给国家电网,相当于被剥夺了,普遍不同意。第二种方法是购买。就是通过资产中介评估,给县电网资产评估作价,由省电网公司购买。这样搞,资产如何定价难处理,而且过程耗时太长,省电网公司不赞成。第三种采取代管的办法。省电网公司对县电力公司进行代管,产权归属搁置,通过行政命令,省公司把县公司接管了。接管了之后,省公司与区县签订协议,负债、资产都是县公司的,省公司只进行代管,责任还在县里头。有的省就这样办,留下很多后遗症。省电网公司怕县电力公司万一还不起钱,追溯责任到它那里,就限制县农网改造用钱,县里有意见,双方都不高兴。

此外,有的省就不理国家意见,干脆把地方电力资产捆绑到一起,成立一个省级地方电网公司,形成了在一个省内有国家电网和地方电网两张网。陕西、四川就是这种情况,一般是通过省投资公司来做这个事。重庆市有人也主张通过市建设投资公司作平台形成地方网公司。我们发改委觉得这个方法不好。如果采取这种办法,如同马克思所说,把许多马铃薯装在一个袋子里,等于一些同名数简单相加,不会产生质的变化。这个省级地方电网公司的物质技术基础没有改变,而且今后也没有更多的资金能力来投资改造。从发展先进生产力的角度来说,这不是一个好办法。

我们提出的改革思路是,以农网改造资产确权为契机,推进电力管理体制改革。对农村电网改造资产确权,形成市与区县的资产纽带,再通过资产置换或转让方式,引国家电网到区县,最终形成“全市一张大网、一县一公司”的体制格局。

首先,市政府确定,全市一、二期农网改造的资本金及贷款所形成的资产属于市级资产,授权市建设投资公司为出资人代表,行使资产合法权益,相应的债权债务一并划转该公司。一期农网贷款由农网还贷基金偿还,二期农网改造还贷资金通过本市统一均摊加价筹措。实行全市均摊加价时不平调电力公司利益,由市建设投资公司给予重庆电力公司大体对等的资产予以置换。这些政策规定,是重庆电力体制改革的基本前提。

其次,按两步走实行改革。第一步,交叉供电的7个区县,用资产置换的办法,让重庆电力公司控股组建县级配售电公司。我们测算,重庆电力公司通过加价替地方还贷的钱,大体上与7个区县一、二期农网改造形成的资产相等,二者交换,重庆电力公司即可进入控股。17个自发自供区县,由市建设投资公司以其享有的农网改造资产为纽带,参与组建配售电公司。两类新组建的县域供电公司均在当地进行工商登记,就地纳税。第二步,17个自发自供区县级公司与市电力公司进行资产重组,成立国网控股的县级供电公司,并整合重组重庆电网公司,实行全市联网,城乡居民用电同质、同价。两步走的改革步骤,只是原则规定。如各方有积极性,且条件具备,也可以并做一步走。

为了促进改革,还有些配套措施,其中重要的一条是改革与改造相结合,采取"项目跟着体制走,资产跟着项目走"的方式安排农网改造投资。对于改革进展快的区县,项目和资金优先安排。

国家电网系统是否接受这一套方案

重庆市这一套改革方案,对国网系统是有利的。方案充分尊重了它的利益,没有侵犯它的权益。置换和购买都是市场交易行为。对7个交叉区县是置换资产,对17个自发自供区县是购买资产。市建投公司把17个自发自供区县农网改造形成的资产全部打包作价,整体让渡给重庆电力公司,重庆电力公司接受这部分资产后,就进入并控股了这些县级电力公司。

双方采取记账办法。真正让电力公司掏钱来买这几十亿资产,买不了,而且国家电力公司不可能同意。这种办法让电力公司实际控制了资产,这部分账务怎么办呢?暂时采用挂账的办法,作为重庆电力公司对市建投公司出售县级农网资产的欠款留待以后处理。国务院5号文件提出,以后要组建省级电网有限责任公司。我们设想,组建重庆电力有限责任公司时再来算账,作为地方投资占一定的股份。这个方案重庆电力公司高兴地接受了。他们没拿出一分现钱就进入了相关区县,把这些县级电力公司全部控股了。从短期看,大部分县级公司可能要亏损,但今后都会盈利。归根结底,最重要的是形成了全市一张网,重庆电力公司成为名副其实的省域电网公司。

其实，重庆市这套方案，对于重庆市建设投资公司倒不是那么有利。从市建投公司自身利益来说，最好能像陕西、四川那样自己搞一个省级地方电网，为什么要让渡出去？而且，让渡了以后不一定拿得到钱。市建投公司从全市整体利益出发，顾全大局服从市里安排，积极做好自己的工作。第一步把17个自发自供区县电力有限责任公司先组建起来。2003年下半年到2004年初，市建投公司逐县谈判，一家一家地跑，一家一家地谈，比较好地完成了任务。第二步把资产打包转让给重庆电力公司，让重庆电力公司进入并控股各区县公司。实施起来就比较简单了。在市政府安排下，市建投公司与重庆电力公司双方正式签订了资产转让协议。随后，重庆电力公司就派员接管并重组了相关县公司。

重庆电力体制改革方案实施进展和效果

2003年6月，王鸿举市长主持召开市政府常务会审订《重庆市供电体制改革意见》，确定了目标：2003年把第一步走完，7个交叉供电区县重组完成，另外17个自发自供区县与市建投公司组建有限责任公司；第二步，2004年完成全部改革方案，2005年实现全市统一的一张网，而且全市实行同网、同价。执行的时候，多数区县顾全大局，进程较顺利。有些条件成熟的区县，直接通过区县、市建设投资公司、市电力公司三方订立协定，一步到位，电力公司直接进入，所以整个进展比原来预想的要快些。在改革过程中，始终把稳定放在第一位，做到了生产稳定、干部职工队伍稳定及社会稳定。

2004年6月11日，市电力发展领导小组召开会议，刚好是重庆电力体制改革启动一周年。副市长黄奇帆说：一年来改革工作有几个特点，一是统一意见，政府主导，各方协同，朝着共同的目标努力。二是尊重经济规律，不搞无偿平调，企业按现代企业制度组建，按现代技术管理。三是处理具体问题不搞“一刀切”，一时改不了的地方，暂时留个“白点”，无碍大局。四是整体保持了稳定，对职工照单全收，未出现职工上街，未发生断电事故。这次改革，这么复杂的事情，能够做得这样好，可以说是全国首创，值得总结、宣传。

重庆电力体制改革实现了三个“有利于”：第一是有利于全市经济长远持续增长，全市形成了一个建立在先进生产力基础上统一调度的大电网，为全市范围内经济社会的发展奠定了坚实的基础。第二是有利于区县促进发展、改革、开放。国家电网进入后，各县两三年间电力供应一下子翻了两番多。电力体制改革加电网改造，使供电环境焕然一新。每个县都建起了220千伏的大型变电站，建成了以110千伏线路为主网架的输配电网络，跟过去相比真是天壤之别。对区县的好处还有，因为有限责任公司在当地注册、纳税，电力税收也比原来大幅度增加。各区县纷纷搞起工业园区来，没有国家电网做支撑是不可能的。第三是有利于老百姓。过去越穷的地方用电越难，现在实行电表入户、分户计价，按国家规定实行城乡居民用电同价。电价降下来了,电压也稳定了,家用电器、用电农机具纷纷进入老百姓家庭。有了电视,老百姓眼界也开阔了。我们下去检查验收农网工程,老百姓高兴得很,都说重庆市政府办了一件天大的好事。

重庆市的供电体制改革走在了全国的前头。有些省份采取代管的办法,留下了很多后遗症。有的省成立了省级地方电网公司,一个省两张网,双方争供区、打架,而且还有很多其他的矛盾。与之相比,重庆的改革效果比较好。

重庆市农村电网改革之所以能获得成功,一个关键就是妥善处置了农网改造资产的归属问题。重庆市通过农网国债、资产集中市管的办法建立起了国家电力公司和地方电力的联系,推进了全市域的供电体制改造,形成了全市一张网,这是一个创新点。全国其他省份都没有这样做。还有一个创新点就是在整体改革时变通处理了三个特殊的地方公司。乌江电力、川东电力和三峡水利三个地方电力公司上了市,没有办法直接改,最后处理时实事求是、区别对待,不搞"一刀切"。乌江电力是黔江地区企业,地区撤销后归黔江区管理。乌江电力想把酉阳、秀山、黔江、彭水、石柱5个县捆绑到一起,但实际上各个县电力公司仍然是独立经营主体。渝东南面积比较大,有两万多平方千米,此时渝怀铁路正修建,急需国家电力公司供电。必须加紧架设220千伏线路,电气化铁路才能开通。电力体制不改,大电网进不去,铁路也无法开通。当时黔江区委书记刘学普、区长张宗清思想开明,积极配合市里推进改革。市、区各方面形成共识,一是必须改;二是从实际情况出发,照顾黔江的利益;三是要考虑到上市公司的问题,得按规则办。总的改革思路是按市方案办,但要有所变通。乌江电力公司属于黔江区,因为没有地级机构了,再去管别的县也不顺。所以还是5个县分别成立电力有限责任公司。乌江电力公司还搞了一些实业,在酉阳和秀山建了高耗电的电解锰厂,也赚钱,它自己有个大河口电站。它还有一条线路跟贵州电网相连,贵州松桃建有220千伏的变电站向电解锰厂卖电。按照厂网分开的办法,我们认定乌江电力公司是一个发电企业,它有水力发电站,大河口电站有两条110千伏线路送电给高能耗企业,就把线路作为厂用线。尽管两条线较长,穿越了其他县地界,我们采取一种变通的办法,使它与公用电网分离出来,跟贵州的连接线也保留了下来。黔江区公用电网从乌江电力公司中分离出来,与国家电力组建黔江区电力有限责任公司。黔江的同志非常高兴,因为乌江电力公司保留下来了,它的精华并没有进入改革重组,而且还给它留了两条110千伏线路。当时对重庆电力局也做了很多协调工作,因为这种处置严格说跟国家政策也有些不符。以后黔江把上市公司乌江电力的壳卖了,改组成乌江实业。乌江实业一直是重庆"50强"企业之一,现在效益仍然很好。黔江的同志感谢发改委在处理这件事情上实事求是,没有"一刀切"。

第二个例外是涪陵,当时涪陵成立了上市的电力公司——川东电力,也是带了高耗能的厂,还有自己的龙河水电站和龙桥火电厂,公司效益也是很好的。涪陵工业效益好,招商引资形势好。它和黔江不一样，大电网完全没有进黔江，涪陵地方电网和国家大电网有比较强的联系，电不够了可以找大电网买电。作为一个地方政府能够控制这样的电网是一件好事，有直接的调控权，所以涪陵区同志不愿改。只得暂时放一放，等待合适的时机再改。万州情况更难办一些。三峡水利公司股权关系复杂，一时改不了。因为万州三峡水利公司控股了奉节县电力公司，奉节也改不了。奉节老百姓看到近邻县老百姓享受到的好处，纷纷要求改革，甚至到市里上访，县政府承受很大的压力。我们就采取办法，把奉节从三峡水利公司切割出来先改。万州与奉节两地之间有2000万元债务纠纷，我们想办法帮助解决了这个问题，奉节县供电有限责任公司终于成立，农网改造也顺利实施了。现在，在万州还存在三峡水利公司小电网，包括它自己的水电站。涪陵电力后来也改了，工业发展了之后，供电已经跟不上，涪陵电网现在已经与国电联合，川东电力只是一个控股的投资公司了。到现在为止，全市只有三峡水利还有一个局部小网。

重庆电力体制改革确实非常难，但是最后这项工作完成得比较好，到2005年实现了全市城乡同网同价，这是一件了不起的事情，为重庆市今后的发展创造了很好的条件。改革促进了发展，在全市范围内，形成了500千伏“日”字形骨干网架及220千伏供电网络；到2010年底全市电力装机达到1166万千瓦，全年人均用电2270度，超额完成了2003年全市电力大会提出的目标。装机增长了1.9倍，人均用电增长了2.2倍。7年电力建设投资相当于新中国成立后几十年投资的几倍。电力的发展为经济的高速增长和群众生活的改善创造了条件。生产力的发展跟生产关系的改革分不开，如果电力体制不改，渝东南、渝东北就没有现在这种局面。回过头来评价这件事，归功于市委、市政府领导高瞻远瞩，市长王鸿举、副市长黄奇帆直接指导方案制订并果断决策，还协调处理了重大问题。发改委在第一线做了一些具体工作。这件事确实有很重要的意义，为重庆市经济社会的长远发展创造了良好的体制条件，在重庆历史上留下了浓墨重彩的一笔。

（俞荣新、袁仁景于2014年采访整理）

西部大开发的重庆实践

童小平[①]

1997年至今,重庆燃烧了三把火。第一把火是设立直辖市。为贯彻邓小平"两个大局"的战略思想,1997年3月14日八届全国人大五次会议批准设立重庆直辖市,当年6月18日重庆直辖市正式挂牌,从此重庆改革发展进入历史新纪元。第二把火是西部大开发和统筹城乡发展。1999年11月,党中央、国务院做出实施西部大开发战略的决策,刚刚直辖3年的重庆,承载着中央的重托爬坡上坎、负重前行。2009年6月7日,国家发改委批准重庆为全国统筹城乡综合配套改革试验区,重庆改革发展上升为国家战略。第三把火是"一带一路"建设,在区域发展新格局下,重庆将发挥西部开发开放的重要战略支撑作用。

回顾西部大开发这15年,我在市发改委担任主任3年,在市政府连续10年担任分管经济的副市长,在市政协担任副主席2年,参与和见证了重庆直辖以来开发开放的过程。

中央领导的关怀

2002年6月,江泽民同志在视察重庆时指出:"重庆在实施中央关于三峡工程建设和西部大开发这两大决策中处于重要的战略地位,应该充分利用自己的优势条件,抢占先机,有所作为,加快发展,更好地发挥特大中心城市的作用。"我当时作为市计委主任,感到中央对重庆寄予了厚望,新生直辖市的发展机遇来了。2007年是重庆直辖十周年,在十届全国人大五次会议期间,胡锦涛同志参加重庆代表团审议时寄语重庆,希望"把重庆加快建成西部地区的重要增长极、长江上游地区的经济中心、城乡统筹发展的直辖市,在西部地区率先实现全面建设小康社会的目标",并提出了四大重点任务,这就是我们概括的"314"总体部署,为重庆科学发展定了向导了航。2008年12月21日—22日,温家宝同志冒着严寒来渝考察,指出重庆在我国西部大开发和现代化建设全局中具有重要的战略地位,国家将坚定不移地实

---

① 童小平,曾任四川省重庆市计划委员会副主任,重庆市发展计划委员会主任、党组书记,重庆市人民政府副市长、党组成员,重庆市政协副主席。

施西部大开发战略，加大对西部地区的支持力度，重庆也要切实承担起国家赋予的历史使命，把改革开放推向一个新的阶段。2010年12月6日—8日，习近平同志在重庆调研时对重庆在改革发展稳定方面取得的成绩给予了肯定，同时要求各级干部特别是领导干部要进一步察实情、出实招、干实事、求实效，以扎实的作风做好各项工作，推动重庆经济社会又好又快发展。2009年7月9日—11日，李克强同志来渝就三峡后续工作及西部大开发进行考察，要求重庆在西部大开发中必须发挥更重要的作用。当时我作为副市长陪同和参加了座谈会，备受鼓舞。2014年，李克强同志再次来到重庆，对重庆提出了更高要求和更大期望。

西部大开发机构的变迁

1999年12月30日，我市成立西部大开发领导小组，由时任市委书记贺国强同志任组长，时任市委副书记、市长包叙定，市委副书记、常务副市长王鸿举，副市长赵公卿任副组长，办公室主任由分管计划的副市长兼任，市计委主任兼任办公室常务副主任。2000年1月9日，贺国强同志主持召开市西部大开发领导小组首次会议，标志着重庆市正式启动西部大开发工作。时隔2天，我市107个西部大开发重大基础设施项目敲定，总投资达2400亿元。2000年5月，我担任市计委主任，兼任西部办常务副主任，从此与西部大开发工作结下了不解之缘。2003年2月，为适应新一届市委、市政府的工作需要，领导小组做了调整，由时任市委书记黄镇东同志任组长，时任市委副书记、市长王鸿举，市委副书记、常务副市长黄奇帆和我任副组长，我是担任分管计划的副市长，兼任办公室主任，负责西部办日常工作。

重大活动的举办

15年间，我市承办了三次与西部大开发密切相关的特别重大的活动。2000年6月8日—9日，以“西部大开发与面向经济全球化的中国”为主题的“重庆·中国西部开发国际研讨会”在重庆市隆重开幕，全国人大常委会副委员长王光英、许嘉璐，全国政协副主席陈锦华，诺贝尔经济学奖得主克莱茵和澳大利亚前总理霍克等260多位中外宾客出席开幕式，国内外著名企业家、学者在大会和专题会上进行了演讲。2002年4月20日—21日，重庆市隆重召开重庆直辖与西部大开发研讨会，中共中央政治局常委、全国人大常委会委员长李鹏和全国人大常委会副委员长周光召出席会议并做重要讲话，李鹏要求“努力把重庆改革建设发展推向新阶段”。2005年10月12日—13日，第五届亚太城市市长峰会在重庆召开，时任中共中央政治局常委、国务院副总理黄菊代表中国政府发表主旨演讲，全国人大常委会副委员长许嘉璐出席，市委书记黄镇东、亚太城市市长峰会的发起城市——澳大利亚布里斯班市市长坎贝尔·纽曼致辞，市长王鸿举主持开幕式。这次盛会，是重庆直辖以来规模最大、影响最深的一次国际盛会，共有41个国家和地区、123个城市参会。会议通过了峰会举办以来的第一个宣言——《重庆宣言》，诠释了城市可持续发展的道路，实现了峰会主题——“城市·人·自然”和谐共生。

重大政策和战略的研究

一是研究西部开发政策。《国务院关于实施西部大开发若干政策措施的通知》印发后，我作为市计委主任，带领职工研究起草了重庆市实施西部大开发若干政策措施，2001年9月报市委、市政府正式印发，涉及财政税收、信贷和融资、土地和资源开发、对内对外开放、人才和科技创新5个方面50条具体政策，在重庆后来的开发开放中起到了重要作用。在西部大开发向纵深发展的关键时期，党中央、国务院出台了《关于深入实施西部大开发战略的若干意见》，我作为分管发改委的副市长，牵头研究拟定了贯彻落实意见，提出西部大开发新10年10项重大工作，推动了近几年全市经济社会的平稳较快发展。

二是研究区域发展战略。根据重庆发展实际，我们先后研究提出“三大经济区”“三大经济区四大板块”“一圈两翼”等区域发展战略。西部大开发之初，我们按照全市自然及经济地理特征和经济社会发展现状，提出划分都市经济圈、渝西经济走廊、三峡库区生态经济区三大经济区，经过“十五”时期的实践，区域经济发展水平和空间布局结构又出现了新的变化，针对三峡库区生态经济区内渝东北、渝东南工作重点的差异性，我们在“十一五”规划中提出了将三峡库区生态经济区划分为渝东北、渝东南两大板块，加上渝西经济走廊、都市发达经济圈共四大板块。后来我们又在三大经济区四大板块基础上进行创新和发展，研究论证了“一圈两翼”发展战略，在第三次党代会上得以确立。

三是研究中长期规划。15年间，我们先后研究编制了三个五年规划，其中“十五”计划纲要是我在任计委主任时组织完成的，我们在全面深刻分析发展基础和宏观环境基础上，提出重点实施西部大开发、科技兴渝、信息化、城镇化和可持续发展五大战略，并提出在“十五”期间，实施西部大开发要取得突破性进展，办好中央交办的“四件大事”取得重大成果，经济发展总体水平居西部地区前列。“十一五”“十二五”规划纲要是我作为分管经济工作的副市长时牵头完成的。我们在深刻分析重庆特殊市情、客观评价经济社会发展的现实基础和未来潜力、准确把握国内外、市内外发展形势的基础上，提出了“十一五”期间中央交办的四件大事取得新的重大成果，基本建成长江上游经济中心的总体框架，全面建设小康社会取得重要阶段性进展；我们判断，“十二五”时期，金融危机将促使世界格局发生深刻变化，在给我国带来历史性机遇的同时，也带来前所未有的挑战，提出了以科学发展为主题，以加快转变经济发展方式为主线，通过5年努力，力争在西部地区率先实现全面建设小康社会目标，当时在特殊背景下，部分目标任务可能有些超前、过激，但总体是符合重庆发展实际的。

综合经济实力的大跨越

西部大开发战略实施以来，重庆以西部大开发统揽经济社会发展全局，把实施西部大开发与完成中央交办的移民、扶贫、老工业基地改造和生态环境建设“四件大事”结合起来，与全面建设小康社会结合起来，与贯彻落实胡锦涛同志对重庆做出的“314”总体部署结合起来，每年滚动实施十件大事，各项重点任务顺利推进，经济社会发生了翻天覆地的变化。GDP总量由2000年的1791亿元跨越到2013年的12657亿元，年均增长12.9%，非农产业增加值占比由84.1%提高到92.1%。固定资产投资由656亿元跨越到11205亿元，年均增长22.5%。社会消费品零售总额由720亿元跨越到4512亿元，年均增长14.0%。货物进出口总值由18亿美元跨越到687亿美元，年均增长29.7%。公共财政预算收入由87亿元跨越到1693亿元，年均增长23.6%，民生支出占公共财政预算支出50%以上。城镇居民人均可支配收入和农民人均纯收入分别由5828元、1836元跨越到25216元、8332元，年均分别增长11%、11.4%。在经济社会发展过程中，开发性投资是拉动经济增长的第一动力，中央补助资金发挥了重要引导作用。2000—2013年，重庆获得中央各类投资补助1500亿元以上（其中交通920亿元、农林水利370亿元），带动全社会投资累计达到5.57万亿元。

一是一大批重庆项目被纳入国家西部大开发工程建设。2000—2013年，国家先后开工建设了青藏铁路、西气东输、西电东送、渝怀铁路等206项西部大开发重点工程，总投资近4万亿元，涉及重庆54项，项目总投资超过1.1万亿元。

二是以重大项目支撑五年规划落地，规划“十五”期间建设重点项目90多项，计划完成投资5200亿元；规划“十一五”推进500多个重大项目，计划总投资9000亿元；“十二五”规划储备1000个具有战略性和带动性的项目，总投资近3万亿元，计划完成投资1.7万亿元。规划项目实施良好。

三是建立起开工一批、推进一批、投产一批、储备一批的投资工作机制，形成“四个一百”重大项目体系（百项政府主导类、百项市场主导类、百项重大前期、百项重大招商），对重点项目实行分级管理。从2012年开始，我们又每年策划推出基础设施、先进制造业、现代服务业、新兴商务集聚区等40个重大项目群，滚动实施。

四是提出西部大开发新十年着力提升基础保障能力、优势产业竞争力、统筹城乡能力、环境可持续发展能力、开放型经济水平和公共服务均等化水平，规划实施30项具有战略意义的重大项目，总投资额为1.16万亿元。

五是加大与央企合作。2012年5月，我组织协调了重庆与央企的最大规模的项目签约，共与30家央企签约合作项目72项，总投资3506亿元，推动了央企新一轮深度参与重庆西部大开发的实践。

基础设施的大建设

西部大开发以来，我们大手笔地推进基础设施建设，交通、能源、水利等瓶颈制约明显缓解。

高速公路。西部大开发之前，从重庆主城到最边远区县需要三天时间，全市高速公路只有万渝、渝长2条，通车里程134公里。2003年，市委、市政府提出“在2010年前构筑长江上游交通枢纽”的目标，在原来1997—2020年综合交通规划的基础上，将到2020年实施的规划整整提前10年。而今形成了“三环十二射”格局，高速公路通车里程2312公里，比1999年增加2176公里，“4小时重庆”已基本实现。

铁路建设。1999年，我市仅有“一枢纽三干线一支线”，即主城铁路枢纽，襄渝铁路、川黔铁路、成渝铁路等3条干线铁路，三万南铁路1条支线铁路，营运里程仅445公里。而今结束了渝东北和渝东南不通铁路、全市无复线铁路的历史，相继建成渝怀铁路、遂渝铁路、襄渝二线、达万铁路等项目，完成渝黔铁路、成渝铁路电气化改造，新开工了宜万铁路、兰渝铁路、渝利铁路、渝怀二线等项目，形成“一枢纽五干线二支线”铁路网络，通车里程达到1685公里，比1999年增加了1240公里。我对宜万铁路建设非常感慨，其前身是川汉铁路，是我国铁路史上修建难度最大、单位造价最高、历时最长的山区铁路，全程仅377公里，从筹建到通车竟历经百年，堪称命途多舛。1909年，在詹天佑的主持下，项目开建。然而由于技术高难、资金浩大，再加上时局不稳，这条铁路从宜昌往秭归仅修了20多公里就被迫停工。新中国成立后，经过反复勘测研究，2003年宜万铁路终于重新启动，2010年12月22日终于建成通车。

航站机场。1999年江北国际机场年旅客吞吐量仅为245万人次，设计容量为120万人次的候机楼超负荷运转，狭窄的候机楼人满为患，市政府于是决定启动二期航站区及配套设施扩建工程，到2004年12月工程竣工，自此结束了重庆不能直飞欧美的历史。2005年后机场客运吞吐量以年均20%的速度增长，2007年突破1000万人次，进入世界繁忙机场行列，市政府决定实施三期扩建工程，2010年底建成投用，空港旅客吞吐量突破2200万人次，正在成为国际复合型枢纽机场。现在，重庆已形成江北国际机场、万州和黔江支线机场“一大两小”航空格局。2010年11月22日，我很高兴参加了黔江舟白机场的通航仪式，当天上午10:30分，我们从江北机场起飞，内心满载着喜悦和激动，一会儿就到了黔江。我在通航仪式上宣布：“黔江舟白机场正式通航！”记得我当时说了这么一番话：“舟白机场不仅仅属于黔江人民，也属于整个武陵山区，而且是西部大开发的重要基础设施。所以我相信，有了黔江舟白机场，黔江的中心城市的作用会很好地发挥出来，有了黔江舟白机场，武陵山区的经济社会发展会更好更快，西部地区的交往也将更加快捷便利。”2012年5月9日，我和民航局副局长李军在北京会面，就进一步推动重庆民航事业发展等问题深入交换了意见，我当时代表市政府对民航局多年来给予重庆民航业发展的支持和帮助表示感谢，就实施江北国际机场扩建工程、开辟国际航线、发展通用航空等充分交换了意见，并在江北国际机场扩建的规模、投资、进度等方面达成共识。

轨道交通。建设单轨、地铁等城市轨道交通一直是重庆人民的梦想，我是跨座式单轨交通的“铁杆粉丝”。我们发改委等有关部门做了长期的考察分析和项目论证，然而审批的过程十分漫长。对于在重庆建设跨座式单轨交通，最初大家的认识并不一致，甚至中央主管部门不同时期负责人的看法也不一样。从20世纪80年代开始，中央压缩基建规模，10年中至少3次叫停审批有关城市轨道交通项目。重庆单轨交通三次都被当作“楼堂馆所”给压缩掉了。其间，我们建设轨道的决心不动摇，前期工作不停顿。苦尽甘来。1997年，中央宣布重庆为直辖市，包叙定在担任国家计委副主任期间，批准了重庆市跨座式单轨交通2号线项目；2000年，中央实施西部大开发战略，当时重庆将此项目申报为西部大开发20个重点项目之一，解决了项目建设资金的缺口问题，重庆跨座式单轨交通2号线项目，终于正式上马，并于2005年成功投入运营。现在重庆轨道交通营运里程已近200公里，位居中西部第一，主城9区实现轨道交通全覆盖。

能源建设。1999年重庆电力装机容量仅有432万千瓦，2002年针对秋冬之交重庆出现少有的“拉闸限电”现象，提出2010年全市发电能力达到1000万千瓦的翻番目标，启动一大批重大电源项目建设，2013年电力装机容量达到1530万千瓦，比1999年增加1098万千瓦，天然气供应量达100亿立方米，成品油供应能力700万吨。针对当时我市能源对外依存度已经超过20%的现状，从2011年12月开始，经过我和发改委的同志们一起策划，以中国华能集团重庆两江新区天然气冷热电三联供项目开工建设为标志，陆续启动“千万千瓦”电源项目建设，计划投资超过600亿元。同时，西部大开发以来，我市电网建设总投资400多亿元，启动了历史上规模最大、投资最多的电网建设与改造，先后实施了农村电网改造工程、户户通电工程和县城电网改造工程。在重庆能源建设中，忠县至武汉输气管道工程是国家西部大开发重点项目，是“西气东输”工程的重要组成部分。早在1974年忠武输气管道工程就被列为国家重点工程，几经曲折，反复论证，建设时间历时10余年，克服410公里险恶山区和大面积平原水网给施工带来的诸多困难，成功实施4次穿越长江等控制性工程，实现零伤亡、零事故、零污染的HSE（健康、安全与环境一体化的管理）目标。该工程建成投用为我国西南地区能源与中东部地区的联网打开了通道，被誉为国内管道建设的“百科全书”，为我国长输管道积累了宝贵的设计和施工经验。

产业结构的大调整

从在计委当主任到副市长，到2009年12月又分管工业，我自始至终见证了重庆产业经济成长的历程。西部大开发前，重庆汽车摩托车、冶金、化工3大支柱产业占据工业半壁河山。我们着力打造国家重要的先进制造业基地，加大开放型产业集群培育力度，老工业基地得以脱胎换骨。到2007年，产业发展趋向规模化、集群化、园区化，培育形成从汽车摩托车、装备制造、石油天然气化工、冶金、材料、轻纺6大支柱产业；到2012年，电子信息产业异军突起，与传统6大优势产业形成“6+1”产业体系，2013年底，工业增加值突破5000亿元，占GDP比重提高到41.5%。电子信息、汽车工业形成“品牌商+代工商+零部件商”产业集群，各类信息终端产量突破1.3亿台（件），汽车产量突破200万辆，占全国10%，本地配套率达到80%。在工业发展的过程中，我们在着力做好“加法”的同时，积极做好“减法”，化解产能过剩，严格执行“十二五”淘汰落后产能计划进度，累计淘汰焦炭、铁合金等8个行业产能2000多万吨。服务业增加值从1999年的459亿元增加到2013年的5256亿元，占GDP比重由7.2%提高到37.9%，区域金融中心功能加快培育，金融机构本外币存、贷款余额分别从886亿元、969亿元，增加到2.3万亿元、1.8万亿元，增长25.7倍和18.5倍，金融业增加值占GDP比重8.4%，成为重庆市支柱产业。规划布局“三基地四港区”物流枢纽，区域物流中转能力增强，2013年物流业增加值实现680亿元，占GDP比重突破5%。

从2009年开始，重庆IT产业从无到有，迅速崛起。惠普、宏碁、华硕等品牌商，富士康、纬创、仁宝、广达、英业达、和硕等代工商和一大批零部件厂商纷纷集聚扎根重庆，IT产业快速发展。重庆顺应时代发展潮流，提出实施“云端”计划。这里讲两个具有重大带动作用的合作项目。一是微软全球服务交付中心落户重庆。2012年12月4日，我作为副市长会见了来渝考察的微软全球副总裁、服务部亚洲总裁Ramond Yates一行，双方就进一步推进微软与重庆市战略合作进行了亲切友好的交流。2013年5月29日，我和奇帆市长、和平副市长见证了国内首个微软全球服务交付中心落户重庆的签约仪式。此次签约是重庆与微软深入“云”合作的一枚硕果，双方将在大数据和云计算产业积极携手，进一步助推“云端智能重庆”建设，不断丰富上下游产业链，实现合作双赢。重庆与微软的结缘要追溯到2005年，当年12月，微软重庆办事处正式成立，这是微软在我国设立的第11家办事处。2007年6月，重庆微软技术中心成立。从2012年下半年开始，微软公司就在全球选址，打算建第二个全球服务交付中心。当时，国内外有许多城市都在积极争取项目落户，我们多次与微软接触，希望项目能落户重庆。鉴于前期良好的合作基础，微软美国总部多次派人来渝考察洽谈，前后数十次，最终于2012年底，成功说服微软总部做出了落户重庆的决定。二是霍尼韦尔在中国西部布局最大的研发中心。2012年9月22日，霍尼韦尔与两江新区签署战略合作备忘录，共同推进在两江新区建设航空产业高地和技术研发中心，推广霍尼韦尔自动化控制技术在两江新区建设中的应用。该研发中心也是霍尼韦尔目前在西部最大的研发中心。我当时在市政府分管两江新区，出席了签约仪式。霍尼韦尔对重庆的投资和合作交流由来已久，早在2010年，在重庆市第五届市长国际经济顾问团会议召开期间，霍尼韦尔与两江新区就签订了合作备忘录，投资4500万元在两江新区设厂。2012年5月，霍尼韦尔全球最大摩擦材料生产基地在两江新区建成投产。9月22日，在2012年重庆市第七届市长国际经济顾问团会议期间，两江新区与霍尼韦尔再次携手，就这样双方签署了战略合作备忘录。当时，我非常高兴地说："霍尼韦尔和重庆每年都有一个约会，而且都在金秋十月。"并打趣说，双方此次签约仪式就是"订婚"仪式。我还记得，霍尼韦尔公司全球副总裁沈达理以老朋友的身份用流利的普通话向我表示谢意，他说，重庆有着惊人的发展速度，国外发展航空事业前后用了60年，相信重庆会更快。根据这次的战略合作备忘录，双方将利用霍尼韦尔在航空航天、楼宇控制、节能环保、安全安防等领域的全球领先技术和先进经验，推进两江新区在通用航空产业、智慧城市、云计算、节能环保等领域的创新和发展。依托重庆获得国家低空空域管理改革试点的战略契机，霍尼韦尔还参与两江新区的低空空域管理和FBO（固定运营基地）建设的设计并提供技术支持，以帮助重庆打造成国家级国际低空航空枢纽。2012年底，两江新区生产的皮拉图斯PC-6飞机成功升天。

长安福特三工厂落户重庆。长安福特2001年在北部新区投资建设了福特在中国的第一个总装厂，生产能力为15万辆每年，产品规划主要是嘉年华、福克斯、麦柯斯等C级车型。2005年在南京江宁建立了第二个整车制造厂（后于2012年撤资），一期生产能力仅为16万辆每年，主要产品是马自达中低端车型。相对于大众、通用，福特进入中国较晚，在严峻的市场竞争面前，长安福特要实现第一兵团的目标，产能扩张迫在眉睫。当时我率领由发改委、经信委、北部新区组成的工作团队，积极争取福特能在重庆投资建设新工厂，做大重庆基地产能，获取更多的市场份额和利润。但事关重大，最终决策权在福特总部，市政府主要领导向当时分管外资的吴仪副总理汇报了这一情况。吴仪副总理高度关注，给时任福特公司总裁兼首席执行官艾伦·穆拉利先生写信，表达中国政府希望福特在中国加快发展的诚意。2007年4月，我带着吴仪副总理的亲笔信，带领工作团队前往美国底特律福特总部，与艾伦·穆拉利进行磋商，谈判小组与福特高层就中国汽车市场、重庆投资环境等相关情况进行了多轮沟通洽谈，三工厂落地重庆的序幕从此拉开。2007年8月，在由福特产能扩充领导小组、长安公司和长安福特马自达共同完成的《长安福特马自达汽车有限公司产能扩充研究》中，第三工厂的建设方案被正式提出。我们随即着手地方优惠政策的制订，2007年9月，《重庆市人民政府给予长安福特三工厂的优惠政策》出台。从2007年10月到2009年，我们与福特方展开了多轮艰苦谈判。最终，双方在主要优惠政策条款上基本达成一致。但福特在投资进度上还是比较迟缓，坚持要在南京和重庆扩能的基础上建三工厂，而且表明将根据商务和市场情况安排中高档车在南京生产。面对这些不利因素，我表示："对于三工厂项目，重庆是志在必得。"并督促北部新区加快基础设施建设进度，争取三工厂项目在2009年开工。为推进三工厂项目尽快落地，时任市长王鸿举同志在2009年6月亲赴美国拜访了艾伦·穆拉利先生，进一步表明了重庆市政府的诚意和支持态度，至此，三工厂项目终于取得实质性进展，得到了美国总部的大力支持。当时的常务副市长黄奇帆同志为争取福特公司在重庆建设第三工厂，做了大量工作。2007年9月25日，正式签约并举行了奠基仪式。这是继2001年福特与长安合作落户重庆以来，又一重大战略合作成果，正是有了长安福特三工厂的落地，才有了后来的发动机工厂、变速箱工厂及大批零部件配套企业的落户重庆。

内陆开放高地的崛起

围绕大平台、大通道、大通关、大产业、大环境，致力于加快打造内陆开放高地。

一是大平台。已经构筑起"1+2+7+36"开放平台体系（两江新区，西永综合保税区和两路寸滩保税港区，高新、经开、万州、长寿4个国家级开发区及北部新区、万盛、双桥3个市管开发区为中坚，36个市级特色工业园区）。

二是大通道。完善覆盖欧美亚的客货运航线网络布局，开通了24条国际客运航线和15条国际货运航线。开通重庆经长江到上海、重庆到深圳进入太平洋，经云南到缅甸入印度洋等国际货运通道，成为长江上游地区水陆空综合交通枢纽。创新开通中欧班列（重庆）国际贸易大通道，货运量占经阿拉山口对欧贸易货运量的80%以上。

三是大通关。探索推进通关及跨境结算便利化。与多国海关建立起"一次报关、一次查验、全程放行"的便利通关机制，渝新欧沿线各国海关实现信息互换、监管互认、执法互助的便捷通关。加强与沿海、沿边地区通关协作，建立协同高效的"一卡通"平台。

四是大环境。重庆团结村铁路中心站成为内陆地区唯一对外开放的铁路一类口岸。推进完善内陆开放高地建设体制机制、创新服务贸易发展方式、拓展渝新欧通道及其口岸功能等3项重点改革，探索推进投资便利化，实际利用外资近三年连续突破100亿美元，截至2013年全市累计落户世界500强230家。

五是大产业。推动一般贸易、加工贸易、服务贸易协调发展，推进产业链、价值链垂直整合，变"两头在外、一头在内"的传统加工贸易模式为"一头在外，多头在内"的全产业链加工贸易新模式，2013年离岸金融结算突破800亿美元。

在开放过程中，有两件大事我记忆非常深刻：

一是两江新区的诞生。2010年6月18日，重庆市隆重举行两江新区挂牌成立大会，红绸撩起的瞬间，这个面积1200平方公里的新区，开始以比肩上海浦东新区、天津滨海新区的姿态登上中国经济版图。从两江新区的提出到批准，差不多用了两年多时间。2008年4月，为了贯彻落实胡锦涛同志对重庆做出的"314"总体部署，重庆市向温家宝同志汇报提出请求国家给重庆更多支持，并提出了要扩大重庆的开发开放，在西部形成一个增长极。温家宝同志责成国家发改委等有关部门研究这一问题。当年6月，国家发改委牵头，50多个部委200多人到重庆进行了历史上最大的一次调查研究，就在这次调研的时候，国家发改委提出了设立两江新区的想法。到2008年底，国务院印发了3号文件，其中明确要在重庆设立两江新区。家宝同志在2008年底到重庆来调研的时候指出，有关部门要认真研究两江新区事宜。到了2009年初，时任国务院副总理李克强同志到重庆来，听取重庆汇报后特别指出重庆是中西部地区唯一的直辖市，提出设立两江新区主要是树立一面旗帜的思想。当年4月我们就正式向国务院报告了两江新区的总体方案，随后国家发改委牵头对我们的方案进行了论证。2011年7月，克强同志再次来渝视察，特别强调："国家发改委抓紧提出意见，加快工作进度。"2010年5月，国务院正式印发两江新区的批准文件（国函〔2010〕36号）。挂牌的当天，我百感交集，在筹备两江新区的过程中和发改委主任为两江新区的落户而频繁往返于京渝之间，其间经历了一波三折。特别是2009年8月在报送国务院审批设立的关键时刻，有一位中科院院士对两江新区的设立提出过质疑，方案批复一度被搁置。后来，我们继续多方汇报，极力争取，两江新区终获批复，批复文件将两江新区定位为统筹城乡综合配套改革试验的先行区、内陆重要的先进制造业基地和现代服务业基地、长江上游金融中心和创新中心、内陆地区对外开放的重要门户、科学发展的示范窗口。重庆不负中央厚望，经过艰苦努力，2013年两江新区GDP、进出口、实际利用外资分别占全市的13%、44%、30%，功能开发全面展开，5000亿汽车、4000亿电子、2000亿高端装备、200亿航空、200亿医药的产业框架正加快形成。

二是中欧班列（重庆）的由来。重庆笔记本电脑产业集群快速成长，一半左右产品销往欧洲，解决运输瓶颈紧迫而现实。首先，我们开通了到上海和到深圳的"五定班列"（定起点终点、定运行路线、定运行时间、定运输内容和定运输价格），将重庆到深圳的铁路运输时间缩短为2天。但笔电产品通过海运时间30多天，交货期长，迫切需要找到创新的解决办法。

2010年8月，也就是惠普落户重庆一年之际，黄奇帆市长带队赴北京，正式向海关总署、铁道部提出开行重庆至欧洲铁路大通道"五定班列"的请求，得到海关总署、铁道部积极支持。与此同时，惠普联合德国铁路公司的子公司辛克物流公司，也试图从线路的另一端，来推动这条路线的货物运输。当年8月30日，由德国铁总牵头，在德国柏林召开了欧亚铁路会议。这次会议，重庆首次建立了与辛克物流公司、TEL（德铁和俄铁的合资企业）等机构的联系。

其后，重庆方面又陆续建立起了与俄罗斯、哈萨克斯坦等国铁路公司及沿线国家政府部门的联系，并形成了"五国六方联席会议"的多边磋商机制。在多边磋商的过程中，曾因问题太多、太复杂，而出现几乎无法推进的状态，但很快又出现了一些有节点意义的事件，推动了谈判的发展。2010年11月23日，在温家宝总理访俄期间，中国、俄罗斯、哈萨克斯坦三国联合签署了两项海关便捷通关协议，即便如此，整个谈判过程仍然漫长而复杂。就在整个谈判推进缓慢、无实质性进展之时，我们重庆决定先迈入实质性步伐，先后于2010年10月、2011年1月两次开出试验班列。第一次是在国内段试运行，第二次将摩托车配件及电子产品运到了俄罗斯的两处交货地点。在两次试运行的基础上，2011年3月19日，中欧班列（重庆）首次全程运行，列车载着惠普在重庆生产的电子产品，从重庆团结村始发，开行16天，顺利抵达德国的杜伊斯堡，之后不断有"五定班列"从重庆开往欧洲。与此同时，多边磋商机制仍在进行当中，不断地解决了开行过程中遇到的问题。其间，黄奇帆市长和我先后带队到海关总署、铁道部拜访，在两部委的帮助下，重庆迅速与哈铁、俄铁、德铁的高层进行了联系协调。2011年9月22日，我与铁道部胡亚东副部长、俄铁副总裁巴巴耶夫在北京举行了三方高层会晤，这次会晤就共同组建渝新欧物流公司发起了倡议；9月27日—28日，我市举办"五国六方联席会议"，与会各方签署了《共同促进"渝新欧"国际铁路常态开行合作备忘录》，就建立平台公司、提高列车运行速度和换装效率、共同做好列车的安全保卫工作、进一步降低运输价格等内容达成了一致。就这样，在铁道部、海关总署的支持下，在沿线各国的通力合作下，重庆创新开通了国际铁路联运大通道，吸引着世界各地投资者的目光。2012年4月9日，各国代表再次聚集重庆，就渝新欧物流公司组建事宜达成一致意见，4月12日，渝新欧物流公司正式挂牌成立。2014年4月8日，首趟公共班列正式开行，2014年5月23日开行首趟回程班列。

统筹城乡的大变革

重庆从来就不缺乏改革创新的精神，作为全国老工业基地之一，直辖之初，国有企业历史包袱沉重，结构性矛盾突出，资产负债率高达80%。为了"浴火重生"，全市展开了国企改革攻坚战，推进"五大结构调整"，在经历了刻骨铭心的阵痛之后，国有企业实现"凤凰涅槃"，2000年全市国有企业实现整体扭亏为盈，31户国企航母与行业精英成为全市经济社会发展的中坚力量，在推动国企改革的同时，非公有制经济快速发展，2013年非公有制经济增加值占GDP比重达到61.5%。运作"八大投"，开启资产嬗变的重庆探索，基础设施建设集团担纲政府第三财政和公用事业市场化推手，国有企业资产总量跃居西部第一。2008年12月4日，重庆农村土地交易所挂牌成立，地票交易正式启动，地票交易不仅增加了耕地，还让普通农民得到了实惠。地票交易能够在全国率先探索，得益于2008年8月国土资源部与重庆市政府签订的战略合作备忘录。

2009年1月26日，国务院下发国发〔2009〕3号文件，赋予重庆“12+7”重大政策，由此重庆统筹城乡改革发展上升为国家战略。2007年6月，经国务院批准，国家发改委批复重庆市为统筹城乡综合配套改革试验区，这之前重庆市经过了一系列精心的战略谋划。在2006年8月，市委、市政府就在全市开展了“发挥直辖优势、实现科学发展”的系列研讨活动，在这个研讨活动中，统筹城乡发展是最主要的、最基本的内容。在研讨过程中，我们提出了争取设立试验区的一些设想，2006年12月30日，汪洋书记、王鸿举市长给温家宝总理写信提出了申请设立统筹城乡综合配套改革试验区的要求。总理第二天就做出了批示，根据总理的批示，国家发展改革委对重庆和成都统筹城乡发展所开展的工作进行了调研，并向总理做出了报告。2007年2月，市政府正式向国家上报了在重庆设立国家级统筹城乡综合改革试验区的申请，“两会”期间，重庆代表团向全国人大递交了《关于批准在重庆设立国家级统筹城乡综合改革试验区的建议》，胡锦涛总书记在参加重庆代表团讨论时，为新阶段重庆改革发展做出“314”总体部署，市第三次党代会就认真贯彻落实总书记“314”总体部署提出了各项方针政策，其核心就是八个字“统筹城乡率先小康”。在重庆设立全国统筹城乡综合配套改革试验区从开始的酝酿、构思、设计、申请，到获得批准，既反映了全市人民的热切期盼，更包含了党中央、国务院的殷切希望和重托。《意见》形成的过程紧锣密鼓，从提出请求到正式出台，历时9个月(275天)。2008年4月27日，市委、市政府向家宝总理汇报提出了12项重大政策请求，家宝总理做出了“两个更加”的论述，明确“在推进西部大开发中，应把重庆放在更加突出的地位，国家要更加重视和支持重庆发展”，并当即批示国家发改委和国务院研究室牵头组织调研。6月11日，我带队参加国家发改委、国务院研究室在京组织召开的重庆调研工作启动会，这次会议定下的调子非常重要，为后来各部委对我市提出的各项要求鼎力相助奠定了很好的思想基础。6月21日—30日，国家发改委和国务院研究室牵头，组织由45个部委、219人组成的调研组来渝开展集中调研，策划了17个专题，分19个调研组，走遍了重庆所有区县。这次调研实打实地为我们把脉、抓药，调研组认真负责的工作态度给我留下了深刻的印象。我陪同国家发改委杜鹰副主任赴渝东南调研，他一路上带病坚持工作，返回主城途中都在输液。9月上旬，国家发改委在征求部委意见的基础上，把《意见》初稿送我市征求意见，我们重点就财政、金融方面的政策表达了诉求。12月21日，温家宝总理来渝视察，承诺年内就算是加班也一定要召开国务院常务会，把《意见》审议了。12月31日，温家宝总理主持召开国务院第44次常务会议，原则通过《意见》。原定审议半个小时，结果用了一个半小时，各位副总理都表态支持，参会的部长中有11位发了言，总体上都赞成《意见》。2009年1月26

日(牛年大年初一),总理签发《意见》。2月26日,市政府就印发了《贯彻落实国务院关于推进重庆市统筹城乡改革和发展的若干意见》的通知,要求全市上下以百倍的努力抢抓政策机遇,推进各项目标任务,切实担负起新定位、新使命,决不辜负中央的支持和厚爱。5年来,我们着力打通城乡劳动力、土地、金融等要素合理高效流动的制度通道,在城乡建设用地互动新机制、农民工户籍制度、农村"三权"抵押融资等方面进行了改革探索。截至2013年,农民工户籍制度改革累计转户384万人,全市户籍人口城镇化率从2009年的29%上升至40%;累计交易地票13.2万亩,带动267.3亿元资金回流农村;累计发放农村"三权"抵押贷款485.6亿元;开展农村土地流转市场建设试点,流转农村土地面积1357万亩,农民专业合作社达到1.7万个。

民生福祉的追求

温家宝同志2008年12月21日—22日在重庆考察时曾指出,越是在困难的时候,越要关注民生,越要关心困难群众,越要把群众的安危冷暖放在心上。我市相继出台了不少含金量高、受益面广的惠民政策,发展为了人民、发展成果为人民所共享得到进一步体现。这些年,民生支出占公共财政预算支出50%以上,解决了一批涉及群众切身利益的问题。

一是就业服务体系更加健全,累计发展微型企业11.2万户,解决就业84.7万人。

二是五大社会保险实现市级统筹,2013年城乡养老保险参保率和城乡医疗保险参保率分别达到90%和95%。

三是大规模建设公租房,形成"低端有保障、中端有市场、高端有约束"的制度体系,截至2013年底累计竣工公租房1915万平方米,公开配租23.3万户,惠及居民约63万人。习近平总书记曾经称赞,重庆公租房建设是一个德政、一个善举、一个积极的探索,尤其是对解决农民工住房难、进城落户难提供了有益经验。2011年12月2日,我在民心佳园居民胡本华家中做客,把我市第300万名"农转城"居民城市居民户口簿交到他手中,我的感觉是一家三口住在公租房里,很温馨很温暖。

四是促进教育公平,率先在西部建立城乡一体义务教育经费保障机制,全面实现城乡免费义务教育,免费中等职业教育先行先试,财政教育支出占全市生产总值比重多年保持在4%左右。

五是大力发展医疗卫生事业,基本建立遍及城乡的医疗卫生服务体系,推进医疗卫生体制改革,基本药物制度实现基层全覆盖,在全国率先成立药品交易所。

六是着力为民解决环境难题。1997年重庆直辖时,中央把加强生态环境保护与建设作为四件大事之一交办给重庆。推进"蓝天""碧水""绿地""宁静""田园"五大行动,成功创建国家环保模范城市，摘掉了“雾都”的帽子。先后启动6批206家企业环保搬迁，主城区空气质量优良天数由2000年的187天增加到2013年的206天，在74个主要城市中排名第13位。推进生态工程建设和水土流失治理，森林覆盖率由2000年的23%提高到2013年的42.1%，长江干流重庆段水质稳定在Ⅱ—Ⅲ类标准。经过多年的酝酿，市委、市政府决定实施重钢搬迁，这是重庆有史以来投资最大的工业项目。2006年7月13日，黄奇帆同志带领市级有关部门负责人到重钢，就搬迁可行性进行调研，并安排市各相关部门进行选址、环评、土地、规划等前期工作。2006年8月—11月，市发改委等部门就规划选址、环境评价等提出意见，重钢集团完成搬迁方案，同时将搬迁后的经济运行方案报告给市政府。2006年12月16日，黄奇帆和我带队对选择的长寿新厂址进行综合考察，确定长寿江南镇为搬迁厂址，并呈报市委、市政府。当天，市委书记汪洋和市长王鸿举批示，同意选址意见，希望加快实施。2006年12月30日，市政府召开年度最后一次新闻发布会，宣布2007年启动重钢环保搬迁工程。

七是大力实施精准扶贫。落实重庆市（武陵山片区、秦巴山片区）农村扶贫开发规划，启动片区扶贫攻坚，累计实施2000个贫困村整村扶贫。实施了一批农村水利工程，农村生产生活用水保障度提高。2013年行政村道路通达率、通畅率分别达到100%、75%。

八是促进三峡移民安稳致富。三峡百万移民被称为“世界级难题”，重点、难点都在重庆。十多年来，我们成功打好“库区牌”，破解了百万移民这道世界级难题。截至2009年，“搬得出”任务全面完成，累计完成移民投资542亿元，搬迁安置113.8万人；“稳得住”目标初步实现，库区移民基本生活得到有效保障，后期扶持政策逐步兑现。

“一带一路”建设的演进

重庆是丝绸之路经济带和21世纪海上丝绸之路、长江经济带的重要节点、交汇点和联结点，向西北通过中欧班列（重庆）国际铁路联运大通道与中亚及欧洲连接，向东通过长江黄金水道连接中下游地区，向西南通过孟中印缅经济走廊连接21世纪海上丝绸之路。充分发挥重庆在其中的战略支撑作用，有利于推动内陆地区全方位对外开放，打造中国经济升级版。我们在内陆开放高地建设的实践中积累了有益经验，为重庆融入国家战略奠定了基础。比如，我们协同争取国家出台《成渝经济区区域规划》，使成渝经济区上升为国家发展战略。比如，我们率先研究提出重庆沿江承接产业转移示范区，积极向国家发改委汇报争取，很快获得批复，承接产业转移势头良好。比如，我们积极打通“一江两翼三洋”国际物流大通道，以重庆为支撑点，通过长江黄金水道东去太平洋，通过中欧班列（重庆）铁路通道西去欧洲奔大西洋，再通过渝黔铁路、渝昆铁路及公路南下印度洋。中欧班列（重庆）一端连着欧盟中心区域，其运行线路与辐射范围贯穿丝绸之路经济带，另一端连着长江经济带，并通过“铁海”联运延展到海上丝绸之路，其先行先试，为重庆在国家路带战略大格局中赢得先机。

下一步，我们将紧扣国家中心城市和长江上游地区经济中心的战略定位，坚持政府引导和市场主导相结合、“引进来”和“走出去”相结合，突出人文搭台、经贸唱戏、互联互通、政策支持，加快把重庆建成内陆开放高地。

一是努力打造丝绸之路经济带和长江经济带的综合枢纽。围绕扩大向东向西对内对外开放，推进基础设施互联互通。着力提升长江黄金水道的运输能力，建设长江上游航运中心。推进建设连接丝绸之路经济带和长江经济带的沿江铁路等骨干工程，发展多式联运。推进西向、西北向的跨境电力通道建设。加大力度打造物流网络体系，降低物流成本、提高物流效率，全面提升重庆各类市场、要素的活力，增强重庆在区域经济中的服务能力。

二是努力打造联动东西的产业集群。积极承接长江中下游地区产业转移，按照链条化、集群化的思路，促进相互配套和分工协作。加强与西北地区的能源资源合作，鼓励企业联合勘探开发和资源综合利用。加强科技教育合作，联合开展技术攻关，共建一批科技示范园和先进技术示范推广基地。建立对外投资服务平台，支持有条件的企业扩大海外投资，加强与丝绸之路经济带上国家的经贸合作，鼓励重庆汽车、装备等领域企业“走出去”对外投资。促进加工贸易转型升级，推动向价值链高端拓展。加快发展服务贸易产业，推进服务贸易基地建设。加强金融、技术、知识产权保护等领域的国际合作，全力推进跨境电子商务、云计算、大数据、创新性金融等新兴产业和新型业态，促进跨境电子商务全产业链集聚。

三是努力打造适应新形势的内陆开放高地。加强国际物流运行协调沟通，持续落实贸易物流便利化措施，积极探索与沿江省市、中欧班列（重庆）沿线国家和地区建立完善大通关合作机制。进一步拓展两江新区、保税港区、国家级开发区等平台功能，加快空港、水港、铁路等口岸建设。加快重庆保税港区展示交易中心建设，引导丝绸之路经济带沿线国家入区开展保税商品展示展销。服务服从国家外交战略，协同深化与中东欧国家—地方领导人会议合作制度，积极参与长江上游地区与伏尔加河沿岸区域合作。着眼全面深化改革和扩大开放，紧扣制度创新，积极推动建设内陆自贸区。提升与中亚、欧美、东盟等国家的经贸合作水平，加强渝港、渝澳、渝台经贸合作和文化交流，深化海峡两岸经济合作试点，加快成渝城市群互动联系。

（黄朝永、李凡锦于2014年11月整理）

（选自中共重庆市委党史研究室编：《重庆党史研究资料》2015年第1期，略有删改）

渝怀铁路修建的前前后后

马述林

渝怀铁路西起重庆枢纽襄渝铁路团结村站，穿歌乐山，跨嘉陵江，经长寿越长江到涪陵，再沿乌江逆流而上经武隆、彭水，然后过黔江，通过圆梁山隧道穿越乌江与沅江的分水岭至酉阳、秀山，进入贵州铜仁，再沿沅江支流锦江前行进入湖南麻阳，在怀化枢纽湘黔铁路怀化站贵阳端接轨。渝怀铁路是我国西部大开发的标志性工程之一，该路全长624.5千米，总投资198.4亿元，跨重庆、贵州、湖南三省市，其中重庆境内工程和投资占渝怀铁路全线的70%以上。全线控制工程有8隧、2桥、1站，全部集中在重庆境内。因此，渝怀铁路是新中国成立以来重庆市最大的基本建设工程。我长期在重庆市发展改革系统从事国民经济管理工作，是渝怀铁路项目的始议人，也是市铁路建设领导小组办公室主任，见证了渝怀铁路从酝酿到建成的全过程。

修建渝怀铁路的目的

重庆至湖南铁路的设想，可以追溯到民国初年。孙中山在辛亥革命胜利以后辞去临时大总统职务，袁世凯请他筹划全国铁路。当时孙中山提出了一个非常宏伟的铁路建设规划，即用10年时间修建10万英里（约16万千米）铁路。后来，他把他的想法写进《建国方略》。在《建国方略》里，中央铁路建设系统就有长沙到重庆的铁路。现在如果到南京去参观总统府，还可以看到里面陈列有一张孙中山当时制定的铁路规划图。

中共九大以后，全国政局基本稳定，重新恢复了三线建设，主要是续建，也新开了一些项目。1972年，毛泽东提出：川汉线要赶快上。但川汉线往东要从三峡走，通过该地区非常困难。所以，重提川汉线就不再往东从三峡走，当时提出了两个方案：一个是北线方案，从襄樊到重庆，因为从襄樊到武汉的铁路当时已经修好了，如果襄樊到重庆这一段接通了，川汉线就建成了；另一个是南线方案，从重庆出发到湖南的罗衣溪，在枝柳线北端接轨。经过对两个方案进行比较，认为南线方案工程太艰巨，相对来说北线方案要好些，工程量、艰险程度从修建的角度来说要小一些。另外,北线当时摆了一些很重要的工厂,如湖北十堰的二汽、四川万源的062基地、华蓥山光学仪器基地等,这些工厂产品的运输很重要。相对来说,南线没有很重要的工厂。所以,最后就放弃了南线,采取了北线方案。

襄渝线建成通车以后,整个四川境内包括重庆都没有新的铁路开工。十一届三中全会以后,重庆经济恢复发展比较快,特别是1983年重庆计划单列后,经济快速增长,当时所有的出口都被堵塞得一塌糊涂。重庆往北、往东、往南几个方向的铁路运力非常紧张,都严重堵塞。在这种情况下,重庆把推进铁路建设当成大事,首先抓既有铁路的电气化。国家编制"七五"计划时,成渝铁路电气化和川黔铁路电气化都被列为国家重点工程,陆续开工,后来襄渝铁路渝达段(重庆—达州)电气化工程也开工了。但实际上还不能根本解决重庆的问题。当时中国开始扩大对外开放,中国的经济热点、发展重心在南方,改革开放的重心也在南方,所以必须要打通去往广东的捷径。当时重庆市计委一些同志开始酝酿提议修建川湘线,对此,重庆铁路分局有些负责人也很赞成。1988年发布的《重庆市经济社会发展战略纲要》就明确提到了这个事情,这个文件的最终执笔人是白和金同志(时任重庆市计委副主任,后任国家计委秘书长)。

1984年,中共中央总书记胡耀邦同志提议西南三省四方(云、贵、川、渝)成立一个经济协调会,多方联合,共谋振兴。第一次会议在贵州贵阳召开,决定请中国科学院对西南丰富的自然资源进行一次综合考察,提出开发大西南的一些具体构想。在1988年初夏中国科学院西南资源开发综合考察队来重庆考察期间,重庆市计委在同他们交换意见时,把川湘线作为一个重点项目正式提了出来。重庆市计委给他们的正式文件,也把修建川湘线作为一个重要建议提了出来。在考察队的综合报告中,也简列了"川湘线"这个项目名称。1987年到1988年,重庆市提出进行产业结构调整,市计委在给国家计委的报告中,提出产业结构调整的首要重点是加强基础结构调整,这就是加强交通能源建设,川湘线也被提出来了。这两个文件的执笔人是我。

1989年上半年,重庆市计委在着手研究重庆市"八五"计划和十年规划时,对重庆对外交通通道进行了重点研究,在此基础上,1990年初提出了建设川湘线的正式建议。负责规划工作的我与孙力达、胡际权合作将研究成果写成《川湘铁路的建设应尽快进行》一文,公开发表在《重庆经济研究》1990年第4期上。这里提的川湘铁路,实际上就是渝怀铁路。市计委在给市领导汇报后,得到了大力支持,紧接着前期工作就开始启动了。后来,我又先后在《重庆经济研究》1992年第6期和1994年第4期上发表《关于渝怀铁路建设的几个问题》和《关于筹集渝怀铁路建设资金的思考》。建设渝怀铁路反映了重庆人"冲出盆地、走向大海"的愿望,是几代人的梦想,许多人都曾思考过,但是写出正式研究报告并公开发表,论证它的必要性和可行性的,我应该是第一人。

我自己认为，在理论上和实践工作中为渝怀铁路的建设做出的贡献，主要体现在三个方面：

一是明确提出了渝怀铁路的主要去向是东南沿海，去往两广，为达到这个目的，渝怀铁路东端的接点应是怀化。这是以前包括孙中山川湘铁路方案和川汉铁路南线方案都没有提到过的。东端接点是怀化，主要解决重庆往东南沿海去的客货运输问题。我是第一个明确提出此问题的人。

二是明确提出了渝怀铁路西端在重庆境内的出线应走北岸。过去研究的方案都是从重庆南边走，从九龙坡，经鹅公岩大桥（新建），往南坪，再往东。另一个方案由珞璜出线，一直顺着往江南走。当时争论得比较厉害，铁路部门坚持主张从南边走。我主张走北岸，从江北走，江北设新客站，然后往鱼嘴方向走。因为重庆主城北边用地开阔，城市发展空间大。鱼嘴和长寿都是规划的重要工业区，渝怀铁路经过那里有利于布置大型工业项目。因此，渝怀铁路西端在重庆境内的出线只能走北岸。历史证明，这种选择是对的。

三是在全国理论界和实际工作部门中第一个明确喊出中国需要修建沿江铁路。当时反对修建渝怀铁路最强烈的，就是认为渝怀铁路有很长一段要沿江走，特别在重庆到涪陵段。一些人认为，沿江铁路会跟水运争饭吃，会导致水运衰落。而且当时整个20世纪80年代，理论界一致抨击沿江修铁路，其中举的典型例子就是襄渝线可能导致川江水运衰落。其论据是，襄渝线全长860千米，花了34亿元，形成的货运能力却只有850万吨。而1949年以来国家投向水运航道整治的资金也就两三个亿，长江一条黄金水道相当于14条铁路。沿江修铁路是最大的一个败招，这是当时理论界压倒性的声音。在这种情况下，就要回答该不该沿江修铁路这个问题。《川湘铁路的建设应尽快进行》和《关于渝怀铁路建设的几个问题》这两篇文章中都用较大的篇幅从比较经济研究的角度来回答了这个问题，阐述修建沿江铁路不会削弱长江黄金水道的功能。

首先，从世界历史上看，沿江河干流修建铁路不是不可行的，世界上不乏成功之例。美国的密西西比河，纵卧密西西比平原，以水运繁忙著称于世，但仍然有纵贯南北的新奥尔良—孟菲斯—圣路易斯的铁路干线，与大河平行。德国的莱茵河航运发达，但波恩—法兰克福—曼海姆—弗赖堡铁路干线的走向也与莱茵河的流向一致。苏联的古比雪夫—萨拉托夫—伏尔加格勒—阿斯特拉罕港铁路干线，在地图上看几乎与闻名世界的伏尔加河重叠。所以，在借鉴国外经验的基础上，我们完全可以理直气壮地主张修筑沿江铁路。

其次，从我国历史上看，铁路与水运各有优势，是相互竞争又相互促进的关系，而不是此消彼长的关系。从重庆的历史经验来看，正是有了成渝铁路、川黔铁路，才有了沿江布置的九龙坡、猫儿沱等水铁联运港口。没有成渝铁路给九龙坡港口从腹地运来货物，没有从猫儿沱下水的贵州煤炭和磷矿石，当时川江就要少好几百万吨的运量。修铁路实际上扩大了港口腹地，港口吞吐量相应会增大。

对当时川江水运衰落的问题需要进行具体分析。川江货物出大于进，川江出去的货物，大宗的有四种：粮食、煤炭、磷矿石和木材，入川的主要为百货，出川与入川的运量比约为3:1。20世纪80年代出川物资减少，原因在于：第一，三线建设后，四川人口增加很多，调出粮食减少。而且，出川粮食和入川粮食主要是四川跟北方的品种调剂，调出的是大米，调进的是玉米。这些粮食的货运主要走宝成线和襄渝线，而并不是往长江中下游走。第二，到20世纪80年代，由于国家减少川西森林砍伐量，出川木材基本上没有了。第三，煤炭，那时沿江地方中小煤矿生产的原煤还是流向长江中下游，这是出川最大宗货物，但是产量增加有限。第四，贵州的磷矿石也是铁路运过来的，从猫儿沱下水。实际上，一个地区的货物流向是跟该地区的资源禀赋、生产力布局密切相关的，中国的“南粮北调、北煤南运、西电东送、西人东流”是基本格局。

所以，长江水运不但不会因为修建沿江铁路而衰竭，反而能够弥补不足，“黄金水道”不会因为沿江铁路的修建而失去光泽。这个争论，到20世纪90年代中期才逐渐平息下来。

十年磨一剑

从1990年4月重庆市计委在国家计委召开的全国“八五”计划及十年交通规划座谈会上提出项目建议，到2000年12月渝怀铁路开工建设，其间经历了10年多的时间，真可谓“十年磨一剑”。

1990年4月，国家计委在重庆召开全国“八五”计划及十年交通规划座谈会，利用作为东道主的机会，重庆市计委提交了《关于尽快建设川湘线的建议》(以下简称《建议》)，此文与我公开发表的《川湘铁路的建设应尽快进行》一文内容是一致的，只是题目不同。《建议》引起了国家计委和铁道部的重视。5月，国家计委综合运输研究所研究室主任李文定研究员来渝，与我和重庆市计委其他一些同志就此交换了初步意见，他对川湘铁路表示原则性肯定。6月，重庆市计委以重计委能〔1990〕331号文上报国家计委《关于请求将川湘铁路建设纳入国家“八五”前期工作计划的报告》，重庆市人民政府又以重府〔1990〕114号文报请四川省人民政府转报国务院。7月，重庆市计委以重计委能〔1990〕433号文，委托铁道部第二勘测设计院编制川湘铁路初步可行性研究报告，我和委内同志与铁二院多次交换意见，并撰写了预可行性研究报告的若干段落。9月，铁二院提出了《新建铁路川湘线预可行性研究报告》，重庆市计委、铁二院向国家计委、铁道部做了汇报。

1992年4月，国家计委召开西南和华南部分省区区域交通规划座谈会。会上，重庆市计委再次提出修建川湘铁路(渝怀铁路)的建议。会后，国家计委牵头制定的规划方案中明确提出：“建设川湘铁路增加东向新通路，对缓解川黔和襄渝线的压力、改善西南地区路网布局、促进沿线少数民族地区发展、加快西南地区对外开放有重要意义，建议‘九五’做好前期工作，力争本世纪末或下世纪初开工。”6月，铁道部二院关于西南铁路东通路规划研究完成，共提出五个方案：(1)成都—遂宁—达县—安康—谷城—襄樊—随州—信阳；(2)成都—遂宁—达县—万县—利川—恩施—枝城—石门—长沙；(3)成都—遂宁—重庆—涪陵—彭水—秀山—怀化；(4)成都—峨眉—宜宾—叙永—古蔺—遵义—思南—怀化；(5)成都—遂宁—重庆，以下为川黔复线和湘黔复线到怀化。从五个方案来看，第三个方案运距最短，为1471千米，其他四个方案运距均远比此线长。当时测算渝怀线桥隧占40%，工程复杂，投资巨大，其施工主要有长寿长江大桥1千米和圆梁山隧道10千米两个控制点。铁二院的基本观点是，放在长的历史时期来考虑，上述五个方案互相不排斥，理论上都应该干，时序上有所排队。第三个方案与其他方案相比是有优势的，线路短、运量大、效益好，其中东段即渝怀线，应当尽快建设，铁二院建议“九五”期间先建这一段。紧接着，重庆市计委又通过政府的渠道继续推进。11月，重庆市人民政府以重府发〔1992〕220号文致函国家计委、铁道部，上报《重庆市人民政府关于尽快建设渝怀(重庆至怀化)铁路的报告》。

1993年，重庆市计委对四川省和湖南省的工作取得了重大进展。6月，四川省人民政府以川府函〔1993〕279号文《四川省人民政府关于请求批准渝怀铁路(重庆至怀化)建设立项的函》致函国家计委，湖南省人民政府以湘政函〔1993〕54号文《关于请求加快建设渝怀(重庆至怀化)铁路的函》致函国家计委、铁道部，要求加快渝怀铁路建设。后来贵州省也参加进来。

由于重庆城市发展很快，为了避免今后工作的被动，在铁二院做了初步勘测设计后，1994年7月，重庆市计委拟稿请市政府办公厅以重办函〔1994〕54号文专门发了一个《关于做好渝怀铁路重庆至长寿勘测工作有关问题的通知》，中心是控制保护好铁路沿线和江北新客站的用地。

“机会偏爱有准备的人”，重庆市计委工作有远见，很多工作都做到了前头，争取了时间。2000年12月，渝怀铁路举行开工典礼后，月底就完成了土建工程的招标，2001年1月完成施工监理招标，3月渝怀铁路就全线动工。这一切，离不开重庆市计委所做的大量的前期工作。

重庆市计委主要通过五个渠道扎实推进工作。一是通过省市政府渠道，请省市政府给国家计委和铁道部去报告。二是通过相邻地区的工作渠道，请他们做工作。当时相邻地区涪陵、黔江等地也非常积极，纷纷做四川省的工作，力争渝怀铁路建设能够早日进行，后来贵州铜仁也积极参加进来。三是通过中央领导同志来渝视察和国家召开一些会议的渠道去反映和促进，如西南和华南部分省区区域交通规划座谈会、国家“八五”计划和十年交通规划座谈会、长江沿江地区规划座谈会等，重庆市计委都在会上做了汇报。四是通过人大代表、政协委员渠道利用“两会”去做工作。从1991年开始，每年全国“两会”都有关于渝怀铁路的提案。五是扎扎实实为渝怀铁路做前期工作,重庆市陆续为渝怀铁路前期工作安排了上千万元的经费,委托铁道部门做预可行性研究、可行性研究、重庆到长寿的初步勘测和设计等,为渝怀铁路的立项、开工和建设抢到了2到3年的时间。

强大的合力

渝怀铁路项目得到了中央领导、国家计委、铁道部、重庆市委市政府、沿线各地政府等各方面的大力支持,这些支持汇聚成一股强大的力量,推动了渝怀铁路顺利立项和开工建设。

1991年5月,国务院副总理兼国家计委主任邹家华来渝视察工作,重庆市委、市政府和重庆市计委领导汇报了建设川湘铁路的设想。6月5日,邹家华在国家计委的办公会上指示:"重庆市提出的建设川湘铁路的意见很有道理,请铁道部门抓紧规划工作,争取在'八五'期间立项。"7月5日,国家计委印发的"八五"基本建设计划中,将川湘铁路列入"八五"期间重大基本建设研讨项目,这是川湘铁路的名称第一次正式见诸国家计划之中。7月15日,铁道部以计长〔1991〕128号文下达《关于开展西南东道路规划研究的通知》,文件确定规划研究范围为:西始宝成、成昆铁路,东至京广铁路;北始阳安、襄渝铁路,南至贵昆、湘黔铁路。上述范围的主体为四川盆地,在这个范围内全方位选线,渝怀线方案是有优势的。

同年10月30日,西南三省政协铁路考察团到重庆,听取了重庆市副市长刘志忠、市计委副主任马述林关于川湘铁路建议意见的汇报。四川省政协主席廖伯康说,重庆提出川湘铁路的建议意见,是站在战略高度来思考的,是考虑全国铁路网络效益的,这也是国家最感兴趣的。

同年11月18日,铁二院、铁四院、铁道部经济规划院联合规划组的主要成员赵暑生(高工、铁二院院长)、卓文森(高工、铁二院重庆分院院长)、吴正刚(高工、东通道总体负责人)、陈荣香(高工、铁四院处副总工)、汪尚清(工程师、铁道部经济规划研究院),就西南路网新的东通道预可行性研究的初步设想,与重庆市计委负责人马述林等交换了意见。联合规划组提出了线路走向的备选方案,其中成都—遂宁—重庆—怀化方案,大家经过综合分析后认为最为科学合理。在建设时序上,20世纪内,首先建设重庆—怀化段即川湘铁路;成都—遂宁—重庆段即第二条成渝线,放在2000年以后建设。

1994年7月,四川铁道协会、重庆市计划学会召开四川铁路东通道研讨会,邀请国家计委、铁道部、大专院校专家学者与会。同月,重庆市与四川省涪陵、黔江以及湖南湘西、怀化等地区组成渝怀铁路协调小组,召开第一次协调会。10月,重庆市和沿线省、市出面委托铁二院编制《渝怀铁路可行性研究报告》。10月—11月,铁二院组织专家组沿渝怀线现场踏勘并于第二年完成报告。11月,铁二院按照与重庆市计委签订的合同要求,完成渝怀线重庆东站至鱼嘴的初步勘测设计。

1995年，重庆市及涪陵市委托铁二院进行重庆至长寿、长寿至涪陵两段线路的初步勘测及设计工作。

1996年10月，铁道部把渝怀铁路列入“九五”前期工作计划，并下达1997年勘测任务，要求铁二院完善渝怀铁路可行性研究报告。

1997年6月，随同李鹏总理来渝参加重庆直辖市挂牌仪式的铁道部部长韩杼滨表示，铁道部很重视渝怀铁路，要求抓紧推进前期工作，争取“九五”末期开工。11月，铁二院按铁道部要求完成了渝怀铁路补充可行性研究报告并报送铁道部。

1998年4月，重庆市政府以渝府函〔1998〕44号文向铁道部发出《请尽快决策建设渝怀铁路的函》。10月，铁道部常务副部长孙永福率领工作组来渝进行现场踏勘，并于10月30日与重庆市领导交换了意见，确定尽快开工建设渝怀线。蒲海清市长表态“举全市之力支持渝怀铁路建设”。11月，铁道部以铁计函〔1998〕327号文向国家计委发出《关于报送新建重庆至怀化(渝怀线)项目建议书的函》。

1999年5月，铁道部组织召开渝怀线、遂渝线、重庆枢纽设计工作会。会议确定渝怀铁路年内开工，先搞两端；补充靠近黔江方案；江北新客站设计比较宏大，可成为重庆标志性建筑，但与重庆北部新城规划有矛盾，建议重庆服从铁路建设对规划做适当调整。8月，中国国际工程咨询公司组织专家进行现场调研评估。11月，铁道部组织现场调研，完成全线400余千米的实测工作。12月，渝、湘、黔三省市负责人贺国强(重庆市委书记)、包叙定(重庆市代市长)、刘方仁(贵州省委书记)、钱运录(贵州省省长)、杨正午(湖南省委书记)、储波(湖南省省长)联名写信给国务院总理朱镕基，请求尽快决策渝怀铁路开工建设。2000年1月13日，朱镕基总理圈阅了这封信。

2000年2月初，朱镕基总理到贵州省与各族人民欢度春节，送上了先上渝怀线的“大红包”。12月，经国务院批准，国家计委批复新建重庆至怀化铁路(渝怀线)项目建议书的请示。12月16日，铁道部、重庆市、贵州省、湖南省在重庆市委礼堂隆重举行渝怀铁路开工动员大会。

修建过程中难以想象的困难

渝怀铁路沿线地形地质复杂，工程异常艰巨。线路两跨嘉陵江、长江，三跨乌江，穿行乌江河谷和武陵山区。从涪陵到酉阳300余千米里程，几乎全是隧道和桥梁。这一带是我国著名的石灰岩溶地区，山大谷深，地质灾害严重，曾被视为铁路建设的禁区。渝怀铁路工程量浩大：路基土石方施工6600万立方米；特大桥14座，大中桥354座，合计长度达75千米；长于1千米的隧道57座，其中长于7千米的隧道8座，合计长度达187千米；正线桥隧总长316

千米，占全线比重50.6%，超过了以艰险闻名于世的成昆铁路整整10个百分点。成昆铁路最长的隧道是6379米，而渝怀铁路7千米以上的隧道就有8座，其中最长的隧道圆梁山隧道长达11068米。重庆境内从涪陵到酉阳段300多千米，桥隧比更是超过80%。渝怀铁路是迄今为止跨越大江大河最多、桥隧比最高的国内长大干线铁路，工程之艰险，是1949年以来已经建成的铁路之最。这只有在综合国力和施工技术达到新水平的今天，才能胜利实现。

中国铁路工程总公司、中国铁道建筑总公司所属20多个工程局(集团公司)近10万精兵强将在施工过程中战胜了许多难以想象的困难。

号称"地质博物馆"的圆梁山隧道，地质异常复杂，被称为"渝怀锁钥"。圆梁山隧道是国内隧道建设史上所遇到的地质最复杂、施工难度最大的隧道之一，存在隧道进口端向斜、出口端背斜、岩溶涌突水、岩溶突泥、高水压、高地应力、高地温、煤层、瓦斯、断层破碎带、岩堆体等巨大困难。山岭隧道的几乎所有不良地质在圆梁山隧道中均出现了，而且是相伴而生。2001年3月1日，圆梁山隧道正式开工后，各种地质灾害严重困扰着施工，尤其是2002年4月—6月，这是一个战突泥、斗涌水的极为艰难的时期。在隧道出口正洞处出现了多个溶洞，大股含有泥沙的强水流喷射而出，涌水量达每小时1万多立方米，施工一度陷入停滞状态。针对圆梁山隧道的特殊地质，铁道部科技司和工程管理中心确定了6项部级科研项目，并在现场先后召开了9次专家技术论证会和科研会，科研资金投入达950万元之多。随着科技攻关取得重大突破，圆梁山隧道的施工进度赶了上来，生态环境也得到了很好的保护，渝怀锁钥被胜利开启。

歌乐山隧道全长4050米，在渝怀铁路所有隧道中，不显山不露水。但歌乐山地表有水库10座，水塘100多个，泉井上千口。山体内集滑坡、岩溶、煤层、瓦斯、采空区、高压富水于一体，特别是岩溶水十分丰富，岩溶裂隙通透性好，地下水位高，地表水与地下水相互依存，隧道结构承受着2.2兆帕以上的静水压力，在国内地下工程中实属罕见。一旦造成地下水资源的流失，必将威胁到歌乐山上6万多村民和200多家企业事业单位正常的生活，也会对歌乐山森林公园的生态环境造成无法弥补的损失。2001年10月27日，夹杂着泥沙的洪水以每小时1000多立方米的涌水量、2.2兆帕的压力从岩石缝隙中喷涌而出，冲出隧道漫向田野。在这之后的两个多月的时间里，涌水汹汹，隧道掘进未能前进一步，最后不得不用混凝土将隧道回填30多米，才把放出"牢笼"的地下"蛟龙"重新关进山门。2002年初，有关方面组织召开了歌乐山隧道堵水防漏专家咨询会。会议一致认为，鉴于歌乐山隧道特殊的地理位置和对水资源的特殊要求，只能采取"堵水限排"的施工方法，通过帷幕注浆，把水在山体中封住。依靠科学，依靠艰苦奋斗，铁路建设职工最终战胜了涌水、流沙、潜流，将43次涌水全部成功封堵，为1430米高压富水区筑起了一道帷幕，使宝贵的地下水资源还归山腹。

在越岭地段中，由于隧道施工造成地下水泄漏，常常造成山上塘库干涸，百姓正常生活面临困难，歌乐山隧道施工过程中便出现过这种情况。为了解决山上几万人的饮水困难，重庆市政府先是采取给百姓送水应急的办法，同时要求施工单位尽快把水堵住；另外，花费2500万元下决心把山下的自来水通过三级加压引上山，同时要求老百姓转变观念，改用洁净的自来水。渝怀铁路沿线这种情况还有很多，特别是在秀山、酉阳境内。当时解决的办法主要有三种：一是短期采取送水的办法确保群众生活用水，二是要求铁路部门恢复水利工程，三是实在恢复不了的就改变耕作制度即“水改旱”。首要的是保证老百姓生存用水，然后是生产用水。

沿线各地人民的理解和支持

渝怀铁路的修建得到了沿线各地人民的大力支持，他们像当年迎接刘邓大军一样欢迎筑路大军，踊跃支援铁路建设。筑路大军为沿线群众修桥补路、助学济困。路地连心，相互支持。

渝怀铁路全线建设用地3.51万亩，拆迁房屋70.49万平方米。广大群众识大体、顾大局，各级政府支援铁路机构工作人员深入基层耐心细致地做工作，如期交付土地、完成拆迁，保证了建设用地需要。路地相互支援，结下了深厚情谊，留下了无数佳话。

沿线老百姓听说要修铁路，奔走相告。铁路工程技术人员的每一次踏勘，土家族群众知道后，都会穿着节日盛装，敲锣打鼓欢迎，道路两旁都会贴着大幅的欢迎标语。1999年8月，中国国际工程咨询公司专家组在黔江调研，受到群众热烈欢迎，山里有的老百姓走二三十里山路赶来。热情好客的群众带来瓜子、花生、红鸡蛋，塞满了专家组成员的行包。有一次，在踏勘组成员到达之时，酉阳老百姓把路堵得水泄不通，附有几万人签名的白布足有几十米长，献给踏勘组时用了三个大塑料箱来装。

渝怀铁路开工建设以后，经常可以看到这样一种景象：系着红领巾的小学生们一见到过往的铁路施工车辆和指挥车辆，就会自觉地立正行庄严的少先队队礼。渝怀铁路的修建深得人心，老区的男女老幼把修建渝怀铁路看成党给老区人民带来的“第二次解放”和“第二次翻身”。

彭水、黔江、酉阳是渝怀线上地质最复杂、道路最崎岖、施工最困难的路段，彭水则比黔江、酉阳更为艰险。干溪沟火车站，地处深山大峡谷。施工“铁军”绕山峰，跨峡谷，分别修了3条5千米长的施工便道，才将车站建在了这个“猿猱欲度愁攀援”的地方。铁路施工也使这里三乡八里的村民有了出山之道。郁江河峡长数十里，谷深数十丈，水流湍急。河西凤鸣、长滩两乡数万人赶集走镇要渡河绕道。铁路开工后，施工单位先在河西修了十几里施工便道，又花200万元在郁江河道上架起一座能通过重载汽车的铁索桥。在满足施工要求的同时，又方便了人们的出行。中央电视台、重庆电视台曾经报道这是一座便民桥、富民桥、连心桥。彭水县境内60多千米长的铁路线，穿山越岭，直连东西。但弯来拐去的施工便道却连通了彭水7个乡镇、近100个村民小组。铁路建起了,施工大军离开了,但是至少有80千米长的公路留在了乌、郁两江的山头岸边,留给了苗家土寨。这些路是贫困山乡群众通向社会主义新农村的希望之路。

铁路沿线各地在不到半年时间就完成了几十万平方米的房屋拆迁,交付几万亩土地,可以说创造了空前的奇迹,而且基本上没有老百姓上访,这在全国重点工程建设中是少见的。正是沿线人民的理解和支持,才避免了房屋拆迁等通常制约铁路建设的瓶颈问题,才克服了土地征用、地灾损毁、耕地临时占用补偿等困扰和闭路电视、通信电力、道路水利等专业设施复建的困难,为渝怀铁路建设创造出了良好的施工环境,确保了施工顺利和工程进度。

建成渝怀铁路的重大意义

俗话说:“火车一响,黄金万两。”2006年4月,渝怀铁路开通货运,11月开通客运,即显示出其促进经济繁荣、改善人民生活的巨大功能。从歌乐山下的团结村,到渝湘黔交界的秀山,宛如春风吹雨,处处萌发生机。渝怀铁路一通车,重庆全盘都活了。现在重庆已经开通13班旅客列车往渝怀铁路方向走。成都方向、重庆方向去往广州、厦门、上海的所有旅客列车都缩短了10个小时以上,而且票价还降低了。渝怀铁路设计的等级是比较高的,舒适度也比较高,全线设计时速140千米,彭水至黔江越岭地段设计时速120千米。渝怀铁路的修建为重庆经济的腾飞插上了翅膀,沿线到处是一派热气腾腾的发展景象。重庆北站的投入使用,带动了龙头寺地区的发展,成为重庆市一片流金淌银的热土。重庆北站已成为整个西南地区现代化程度最高的车站,5.6万平方米的无柱站台雨棚是目前国内铁路客站一项新的施工工艺,全国仅北京、上海有。重庆北站是重庆城市综合交通枢纽的一个重要节点,为整个北部新区的开发创造了重要条件。铁路沿线从重庆经过长寿到涪陵,形成一个密集的重化工工业走廊,成为重庆现代化工业基地的一个重要区域。渝怀铁路的建成对武隆、彭水、黔江、酉阳、秀山等武陵山区发展旅游提供了便利的交通条件,为渝东南从偏远地区成为重庆对外开放的前沿,加大招商引资,创造了必要的条件,对这些地区的老百姓增长见识、走出大山、走向全国,最终脱贫致富都有很大的帮助。总之,渝怀铁路可以说是一条希望路、一条致富路,它的建成对重庆有着重大的意义。

渝怀铁路一通车,客货运量就基本达到饱和,充分显示出巨大的经济价值。如果当初就修成复线,或许宏观效益会更好,也比现在来建复线要省钱得多。这是渝怀铁路美中不足之处,也是受历史条件局限,不能苛求。

(艾新全、俞荣新于2015年采访整理)

我所亲历的重庆轻轨建设的决策过程

沈晓阳[①]

重庆轻轨项目审批与开工决策过程回顾

(一)十年准备

重庆轻轨工程项目最初是指轨道交通2号线一期工程较场口到大堰村段,14.35公里、14个车站。自1990年编制项目建议书(预可行性研究报告),1992年开始争取列入日本政府贷款,1993年完成中日合作的工程可行性调查报告,1994年通过工程项目建议书评估并列入日本政府贷款备选项目,1995—1998年相继完成工程项目可行性报告与环评报告、单轨交通系统国产化研究报告等,并开展李子坝试验车站高墩基础建设和PC轨道梁工厂化生产试验及项目总体设计技术条件书编制等前期工作,从孙同川、刘志忠到张德邻、蒲海清等历届市委、市政府领导都直接参与项目策划、审批协调、筹建指导等工作,历经艰辛,努力完成了工程建设筹备工作。"万事俱备,只欠东风",需国家审批的工程项目建议书、可研报告等最终决策文件,直到1999年西部大开发工作正式启动,终于带来好消息。

(二)国家决策前的最后一次调研

1999年5月,国家计委重点建设司和投资司来渝调研重大项目建设与筹备情况,准备继续支持西部地区基础设施建设,这是对重庆轻轨工程项目建议书审批事项进行的最后一次现场调查。市政府、市计委都非常重视,市计委还专门召开了会议,检查布置汇报材料准备与现场考察工作。我以市公用局副总工程师、市轨道交通建设办公室副主任身份,陪同参观了梁沱水厂建设情况,并考察重庆轻轨工程线路与车站。轻轨项目基本都在面包车上由我边介绍边回答提问,最后在雾都宾馆用工作餐时继续汇报。席间,投资司城建处王悦现副处长同我讨论了投资控制措施与单轨国产化工作现状,他说国家计委领导很重视重庆轻轨的

---

① 沈晓阳,曾任重庆市公用事业局副总工程师、重庆市公用事业设计研究院院长,重庆市城市交通开发投资集团公司副总经理兼重庆市轨道交通集团公司党委书记、董事长,中国城市轨道交通协会副会长。享受国务院特殊津贴专家。

环保特性和山地城市推广前景，但有同志也担心地铁国产化都有较大难度，单轨交通技术引进和国产化工作可能更困难，希望继续深化国产化研究和试验相关工作。我简单介绍了单轨三大技术关键的国产化研究进展和专家评估意见以及PC梁和道岔等研发工作进展，特别感谢国家计委工业司资助重庆船舶工业公司600万、长春客车厂500万，支持开展单轨道岔与车辆转向架关键技术研发攻关等工作，并按要求立即补充了新的背景材料。国家计委的同志说，回去后将形成专题报告，重庆轻轨项目已具备上会的条件。

现在回头来看，国家计委对重庆轻轨项目的审批，对引进单轨交通技术并将重庆轻轨项目列为单轨交通示范工程的决定，都是极为慎重稳妥的。

（三）国家决策前的最后一次汇报

1999年8月，重庆轻轨项目建议书准备提交国务院上办公会，据说由国家计委秘书长姜伟新汇报。此前曾听外资司的同志讲，重庆轻轨项目曾经差点被刷掉，还是当时分管外资的曾培炎副主任在北戴河会议研究西部基础设施项目时，力荐才保下来的。听到这些消息后，市计委立即赴京再做汇报。我刚好在京开国产化工作会议，当即准备了三页材料并陪同时任市计委副主任的童小平由北京东三环的重庆饭店打的去国家计委，天热又堵车，走了近两小时才到。我俩直奔曾任投资司司长的姜伟新办公室汇报。姜伟新开门见山就说："小平呀，在国务院办公会上，只给我每个项目讲两分钟的时间，你必须五分钟内将重庆轻轨项目的必要性、紧迫性、资金保证、国产化等给我讲明白，等我理解了再讲出来，让国务院领导和相关部委领导都明白，胜算才比较大。"童小平当即归纳了五点讲得很清楚，得到姜伟新的称赞："重庆的女将很厉害。"

包叙定市长召开市政府专题研究决策会将重庆轻轨项目列为头号市长工程。1999年10月21日，包叙定市长在市政府召开轻轨工程建设专题会，听取轨道交通总公司的轻轨工程项目筹建工作汇报。事前，市建委主任王根芳认真审阅了汇报材料和汇报片，要求我代表轨道总公司汇报时应将汇报时间控制在20分钟内，但我大概用了25分钟。最后包市长介绍了在国家计委分管轨道交通国产化工作时，朱镕基总理向他提出轨道交通要实现70%国产化率的要求，所以对重庆轻轨项目筹备和引进单轨交通技术等一直都非常关注，来重庆时就向国务院领导和国家计委提出要支持重庆轻轨项目的要求。最后，他总结大家讨论意见，做出决定：

1. 同意汇报方案中提出的建议。市政府将轻轨项目作为重要的民心工程来组织建设，列为头号市长工程来推动。市、区各级部门都要态度积极、大力支持，办好工程涉及的每一件事。

2. 轻轨一期工程总目标：年内启动，2000年全线开工，2004年6月全线通车，力争2002年4月，大堰村—大坪段试通车。

3. 市政府成立轻轨建设领导小组，由副市长甘宇平担任组长，副市长李德水、市长助理唐情林为副组长，相关委办局主要领导为小组成员。唐情林兼任轻轨建设领导小组办公室主任，副秘书长雷尊宇、市建委主任王根芳、市计委副主任童小平、市财政局副局长马千真为副主任，分工负责推动相关工作，轻轨办设在市建委。由轻轨建设领导小组统筹协调项目审批、资金保障、征地拆迁、工程建设等重大决策事项。

4. 市轨道交通总公司和市轨道办要政企分开、职能分开，分设后的轨道办放在市建委，继续负责其他轨道交通线路的前期准备工作。重庆市轨道交通总公司作为项目法人，由市建委归口领导，负责落实班子、完善机构，指导轨道公司组织实施轻轨工程建设，尽快实现大堰村车场动工和大坪车站及长江二路试验段的开工。

5. 市计委牵头，努力做到中国国际工程咨询公司对项目可研评审一次通过和国家计委早日批准。

6. 市计委、市财政、市建行要支持、协调、落实工程建设资金，按合理工期保证到位，并努力争取2000年度的国债资金。

7. 组织一批国内资深专家来重庆帮助指导重庆轻轨项目建设与国产化技术把关等工作。

8. 要注重发挥高架轻轨的特色，将轻轨线建设成为展现巴渝文化的靓丽风景线。

(四)成立轻轨工程建设专家委员会

1999年10月25日—27日，国家计委委托中国国际工程咨询公司在人民宾馆召开重庆轻轨项目可研报告评审会；包市长在会见评审专家时，再次提出要抓紧组建重庆轻轨工程建设专家组。

1999年11月13日，我利用赴京汇报商洽工作的机会，同中国地铁工程咨询公司综合业务部主任周庆瑞具体商议，并向中国国际工程咨询公司副总经理、专家委员会副主任焦桐善以及中国地铁工程咨询公司总工程师施仲衡转达了包市长的邀请，最后议定了首批专家组名单，回渝后向市政府汇报并得到认可。

2000年1月上旬，以中国国际工程咨询公司副总经理焦桐善、中国地铁工程咨询公司总工程师施仲衡为首的国家计委轨道交通国产化专家组的6名专家来重庆，经市政府批准和轨道交通领导小组委托，由轨道公司聘任为重庆轻轨工程专家委员会专家(时称“重庆轻轨较一新线工程建设专家委员会”，后经市政府批准改为“重庆市轨道交通专家委员会”，并由市政府发聘书)，焦桐善为顾问，施仲衡为专家委员会主任。举行简短的专家委员会成立仪式后，我即陪同焦桐善顾问到包市长在雾都宾馆的临时办公室去汇报工作，我们介绍了专家委员会专家已覆盖单轨技术引进、消化、再创新的技术总体、线路与土建、车辆和机电、信号与供电等关键专业。包市长提出，这是民心工程项目，也是市长一号工程项目，更是引进技术与管理不断创新的国产化项目。从一开始就必须高标准、严要求，努力争取尽可能多的国产化率，但也要实事求是地确定工程建设与国产化工作相结合的目标，做好引进技术的策划，分几个阶段逐步实现在中国的本土化和在重庆本地的产业化。所以必须发挥来自全国各地的轨道交通资深专家的作用，特别是国家计委国产化专家组专家们见多识广的经验与重大技术决策审查把关作用。包市长也希望当时还属于国家计委系统的焦桐善副总经理所在的中国国际工程咨询公司在评审重庆轻轨项目可研报告，参与专业咨询把关和工程监理等方面给予重庆更多的帮助与支持。

现在回想起来，重庆的轨道交通产业从那时起就算谋划起步了。

（五）轻轨项目试验段开工相关的重要决定

为了尽快实现市政府关于开工轻轨项目试验段的重要决策，市级领导和各部门领导都给予了极大的支持，对许多工程建设当中已经遇到的重要问题进行了高效的决策。

一是甘宇平副市长亲自带领规划、建委等相关部门沿轻轨线路进行逐站逐段地现场踏勘，在已充分论证的基础上，集思广益地对尚存在不同意见的个别站位和线段做出决定。印象比较深刻的有临江门车站是尽量设置在一号桥到魁星楼之间，以兼顾该区域更多的市民，还是就设在临江门转盘地下，主要满足进入解放碑中央商务区（CBD）的需要，最后还是尊重了渝中区建委的意见，为中央商务区服务。二是牛角沱车站是上跨嘉陵江桥头，并设置折返区间，兼顾上清寺、牛角沱的客流和今后的灵活组织运营，还是考虑显山露水的景观需要，下穿嘉陵江桥头靠江边设置，去现场查看后，决定尊重规划专家显山露水的景观效果的意见，下靠到江边设置，当然也有利于和3号线的换乘衔接。

为了尽快落实试验段工程首先在大堰村车场动工的用地需要，市长助理唐情林多次召开会议进行协调，按多年前长江二桥征地实际成本价，据实安排大堰村车场征地补偿费用，九龙坡区政府也做出了很大的贡献。同时，市长助理唐情林、副秘书长雷尊宇、市计委主任童小平也多次到轨道公司办公楼来现场办公，会同时任九龙坡区常务副区长的刘强商定，将杨家坪至动物园段的鹤兴路S型大弯道截弯取直，由轻轨工程和九龙坡区共同承担相关增加的空压厂区拆迁费用，改善了道路条件与城市景观并使该段轻轨线路缩短顺直，减少了工程难度，提高了运行速度。这在当时也是一个非常重要的前瞻性战略决定。

按照市政府轻轨工程建设专题会议要求，市建委主任王根芳自始至终帮助指导支持轨道公司项目法人结构的完善，稳定和强化领导班子，科学设置工程管理机构，指导完成工程筹划及可实施性方案，并且拍板决定引进一批国内轨道交通设计、建设、管理、车辆技术的知名资深专家，给予相应待遇与礼遇，为加快推进试验段工程建设，打下组织、人才基础。

根据包市长关于将高架轻轨建设成展示巴渝文化风景线的指示，我又陪同中国戏剧家协会副主席、全国政协委员、“巴蜀鬼才”魏明伦先生对轻轨沿线的风土人情、山形地貌等进行考察与座谈交流，魏明伦先生仅用一周时间就完成了《山城轻轨赋》这篇大作，经甘宇平副市长、包叙定市长斟酌后定稿，制成轻轨工程试验段开工奠基仪式用的碑匾。当时魏先生原稿开篇词中有段“山城随地球旋转、雾都挟风云腾飞”，包市长和甘市长讨论了很久，包市长说：“能不能征求魏先生的意见，用‘雾都’怕有环境质量的误读，未来的重庆将加快发展大运量绿色环保的轨道交通，相信常年蓝天白云指日可待，能不能把‘雾’字改成‘渝’字，改为‘渝都挟风云腾飞’，更令人向往。”我通过电话、传真同魏先生讨论，魏先生说：“‘雾都’是历史形成的认知概念，写轻轨赋目的就是尚未开工建设就要畅想美好未来，改为渝都也可。”最后以此定稿。

（六）轻轨项目可研报告的审批决定

2000年2月，经中国国际工程咨询公司评审通过的轻轨工程项目可研报告审批文件，由投资司起草转外资司会签后，提交到工业司会签国产化率指标等意见。市计委副主任专程赴京汇报协调后，又指示我再赴工业司车船处跟踪汇报，陈建国副处长很热情地接待了我，并同我讨论，他认为国产化率指标的计算方法还有点问题，并要我代表轨道公司承诺，使用日元贷款进口的关键设备不超过6800万美元，其余应支持国内引进技术合作发展单轨产业。需要再补材料和进行说明，但承诺尽快完成会签，并提醒在引进单轨关键技术的谈判过程中要注意的几个重要原则，他还特别列举了国内在牵引传动技术引进时的经验与体会，要求发展单轨产业不要上当再走弯路。

据说为了争取开绿灯尽快审批可研报告，包叙定市长也亲率发改委相关领导赴北京向国家计委主要领导汇报，并和分管副主任曾培炎协调，希望督促相关会签各司提高效率，支持重庆基础设施建设，确保赶上2000年度日元贷款项目的两国政府换文的审批进度需要以及全线开工报告审批等基本建设程序的要求。包市长还开玩笑地说：“如果你们不协调帮助，尽快将重庆轻轨可研报告批下去，我就在北京等着不走了。”并吩咐市计委派人在北京坐催，天天去国家计委等着。好在包市长来自国家计委，大家都很支持他和重庆的工作，可研报告很快就在4月批下来了。

（七）争取落实专项建设资金

可研报告评审时，对项目资本金虽有筹措方案，但还需多方奔走促使真正落实到位，市长包叙定和副市长李德水、甘宇平先后赴京争取西部大开发的20亿国债项目能有5亿给重庆轻轨项目，作为国家资本金。

在这期间，我曾陪同副市长甘宇平赴京向新任国家计委副主任汪洋汇报。甘市长在飞机上对我说，汪洋在安徽省任副省长期间，他们的分工相同，常在北京开会，交往多很熟悉。果不其然，一进汪洋副主任办公室，两位领导热情地叙旧拉家常，甘市长汇报的重庆轻轨工程需国债资金支持，希望加快审批进度，争取日本政府贷款国内流程手续等具体工作，汪洋均认真地记在本子上，并交办秘书尽快督促协调落实，并将结果及时告知重庆方面。

根据国家计委、财政部关于使用日本政府贷款的相关工作程序，我们上报了重庆轻轨项目利用外资项目建议书和可行性报告，经国家计委外资司和财政部金融司的审批程序，完成了日元贷款的中方所有流程，也就是落实了国家主权外债271亿日元（折合人民币20亿元）的建设资金，而且性质类同资本金，因利率只有0.75%，偿还期40年，还包含10年宽限期。

（八）西部大开发十大重点项目确定

2000年5月，经过努力争取和国家支持，重庆轻轨项目正式列为国家西部大开发首批十大重点工程（渝怀铁路也在此之列），由此重庆轻轨得到国家一系列政策的支持，成为获得国家主权信用担保的利用国外政府贷款项目、得到国家重点支持的地方国债项目、国家西部大开发十大重点工程项目、引进国外先进技术的跨座式单轨交通示范工程项目。

1999年12月26日，在九龙坡区大堰村车场举行轻轨工程平基启动仪式。经国家审批可研报告等决策程序，2000年6月7日，正式举行重庆轻轨较场口—新山村线一期工程试验段开工典礼仪式。出席开工仪式的除了重庆市主要领导贺国强、包叙定、王云龙、张文彬外，还有来自北京的中国交通运输协会副会长焦桐善，日本驻华大使馆代表喜田修以及重庆市政府经济顾问日本朋友华井满，全国政协委员、文化名人魏明伦等各界代表。

在8月上报完成全线初步设计的建设部、国家计委审查手续和11月获国家计委全线开工报告批准等相关基本建设程序后，2000年12月28日，在市委会议厅举行新闻发布会，由副市长甘宇平宣布重庆轻轨工程项目全线正式开工。如期实现1999年10月市政府轻轨工程建设专题会做出2000年内全线开工等决策目标。

使用日本政府贷款、关键技术设备采购和实现本土产业化决策过程回顾

（一）历经多年的前期准备

1988年秋，时任重庆市市长孙同川开会决定重新启动重庆地铁（现称“轨道交通”）规划建设准备。1989年，孙同川率市建委副主任顾庭勇等赴日本考察地铁、轻轨等各类轨道交通方式后，决定争取利用日本政府的海外协力基金（OECF）第二批开发援助贷款余额项目建设重庆轨道交通。1990年4月，我随市公用局局长王根芳及市建委、市规划局相关专家赴日本对各种轨道交通形式进行技术考察，拜会了日本外务省所属海外铁道协力协会理事长菅原操先生，洽商争取第二批日本政府开发援助贷款有关事项和工作流程。1990年8月，市政府在大溪沟公交公司的人防通道会议厅召开轨道交通规划建设筹备工作会议，听取市公用局的汇报，决定向国家申报重庆轨道交通项目，抓紧完成轨道交通规划，争取利用日本政府赠款开展相关项目的可行性调查等工作，并筹备设立轨道交通筹建办公室。1991年，市科委向

国家科委申请立项，由日本国际协力事业团(JICA)采用无偿援助方式开展重庆轨道交通项目可行性调查。经过日本外务省组织的两次现场考察，于1992年同重庆市签署开展项目调查的合作备忘录。1993年，15名日本专家来渝和重庆市轨道交通总公司的20余名专家，历时一年合作完成了重庆市轨道交通可行性调查项目研究报告，推荐使用第三批日本政府开发援助贷款。1994年起，经过国家计委、外经贸部、财政部、建设部等国家主管部门的长名单、短名单反复筛选，重庆轻轨项目由第27位到第2位再到第1位，最终列为日本政府贷款备选项目清单中唯一的城市轨道交通项目。1994—1998年间，完成了工程可行性研究报告、环境评价报告、国产化报告等相关程序，并每年接受一次以上日本政府派出的由国家计委或外经贸部及后来的财政部安排的现场调查，参加两国政府间年度项目会谈。1998年，根据直辖前后重庆经济社会环境的相关变化，重庆市又申请利用日本政府赠款，进行了重庆轻轨(SAPROF)特殊帮助调查，同时还开展了为期三个月由日本单轨运营管理专家授课的中国单轨建设运营高级人才培训班。至1999年重庆轻轨项目建议书最后审批前，国家计委和财政部均同意重庆轻轨项目列入2000年度日本政府贷款项目的环保优惠贷款计划中，将力争在2000年完成所有的国内项目审批决策程序和日本政府评估流程，以确保2000年内两国政府间换文完成，2001年开始执行用款计划。

(二)日本政府贷款最后一次现场评估与东京谈判贷款条件决定过程

1.2000年日元贷款现场评估签署备忘录。

2000年7月，在完成了重庆轻轨项目可研报告和利用外资报告审批程序后，根据国家计委外资司和财政部金融司的安排，由日本海外协力基金与日本输出银行重组后更名的日本国际协力银行(JBIC)，派出日本政府贷款项目专家调查评估组一行4人，来重庆对轻轨项目进行最后一次现场评估并与重庆市政府签署项目调查备忘录。

为了确保一次性评估通过和备忘录顺利签署，市计委、市财政局领导都十分重视，要求做好前期对接工作。我与市财政局外资处处长王惠光、副处长王鹤玲还专程到北京向财政部金融司日本处及中国进出口银行转贷部进行了汇报，确认了日元贷款将由进出口银行转贷重庆轨道交通总公司等内部流程和对外商谈的有关原则。当时财政部金融司日本处处长周安岳刚从财政部调到进出口银行担任转贷部副总经理，他从外经贸部贷款司日本处开始对重庆轻轨项目就非常熟悉和支持，汇报交流中对我表态：日方调查组会先跟财政部金融司和国家计委外资司进行政府间会谈，再同进出口银行转贷部会谈，了解重庆轻轨项目的重要性、审批程序、资金保障以及偿债风险控制等，进出口银行都将支持重庆，为重庆轻轨项目做好保障性承诺。同时他也叮嘱：对于具体的技术问题、客流问题、现金流问题等以及贷款条件，特别是日本方面要输出技术、管理和专有设备等，涉及国家政策的把握度，还需重庆自己平衡，既要坚持原则、有理有节，又得适度灵活，不能把项目谈僵了，影响当年全国的项目签约换文计划。

日本政府专家评估组来渝后，我作为主谈人组织参加了6天的现场调查和反复谈判，对日本协力银行和重庆市签署的备忘录文本，最后只剩下两个关键问题难以达成一致意见，只有请出政府部门来表态确定。

一是备忘录文字上要求日元贷款国际采购中不得有70%国产化率的限制。考虑到国产化率是国家的统一政策规定和专用语，我方不能松口，但是日方认为不符合经济合作与发展组织（OECD）关于国际招标采购的相关规定，担心不能保证日本企业参与项目公平竞争。我方坚持用国家的统一说法来沟通解释，希望日方在备忘录中不提有关国产化率等的内容。最后由市发改委相关处室代表政府来解释了对国产化率的定义，并将70%国产化率等文字描述做了模糊化处理，弱化双方对该条文的不同理解，让日方回去也好交差。

二是关于日元贷款使用和偿还期间轨道公司的任何股权变化、资产处置变化等经营管理决策，均应事先征得日本协力银行的同意。我方认为有损中方主权并对企业未来发展有很大约束，也是经过反复争论，最后请市财政局相关处室与日方共同商谈，按国际惯例和银行风险控制的相关标准合同文本，对协力银行的此类要求做了弱化处理，将事前征得同意改为重大事项应当告知。

谈判文本再经过反复商讨、逐句对照并草签以后，日方又提出增加备忘录首页，重庆方面除我代表轨道总公司以外，还应有市财政局分管局长马千真签字，但已到7月17日晚7点，第二天一早，日本专家评估组就要乘飞机返回东京，到处找马局长都没有联系上，我突然想起，她每天晚饭后要到人民广场去跳健身舞，财政局外资处的同志还是在人民广场找到马局长签的字，我最后逐页签完全部7份附件时，已是晚上10点。

2.2001年赴日本东京谈判贷款条件。

中、日两国政府2000年度的日元贷款项目换文于2000年12月在北京完成后，财政部即电话通知我，叫我准备赴日本东京协力银行总部参加贷款协议的谈判。2001年2月13日，我随财政部金融司、国家计委外资司组织的日本政府贷款协议条件谈判代表团，到日本东京进行了为期一周的贷款条件谈判。

在第一天的集中会谈结束后的单独项目个别谈判时，我同中国进出口银行转贷部总经理张观汉、国家计委外资司日本处处长刘霞、财政部金融司日本处副处长陈盛荣等参加，项目贷款协议条件谈判中，在确认了重庆轻轨项目271亿日元贷款规模，0.75%的环保优惠利率条件以及还款期40年、宽限期10年、承诺费1%等贷款协议条件后，日方又突然再次对涉及国产化率等问题，提出了在重庆评估时相同的文字表述意见，我也坚持了原来在合作备忘录签署谈判中的相关提法，并且出示了有各方签字的中文文本为证，绝不让步。最后，日方谈判代表表示是按以前的英文提纲来商谈的，但对中方的主张已经理解并尊重中方的意见，回到签署的文本上来，并阐述了日方坚持日本企业要多参与的主张，但这些都不会写入到贷款协议里面去了，也就是在贷款使用过程中重庆项目不会受到不必要的审查性约束。

（三）促进日元贷款项目的第一次招标采购相关工作

1. 日本东京谈判结束后，急需尽快签署中国进出口银行和轨道公司之间的转贷协议，中日两国政府4月5日在日本东京签署的重庆轻轨项目日元贷款协议才能正式生效，以开展保证轻轨建设进度的材料与设备招标采购与贷款使用工作。

参照中国进出口银行规定的转贷协议文本很快谈妥，但进出口银行贷审委员会最终决策前，突然发现进出口银行转贷重庆长江二桥的日元贷款在执行过程中，出现偿债责任主体落空的情况，原由重庆城建局承诺偿还担保的日元贷款，在划归城投公司承担偿债义务之前，没有及时履责告知进出口银行和日本海外协力基金（即现在的日本协力银行），进出口银行面临着偿还日方债务现金流来源中断的安全隐患。财政部和进出口银行都给我打电话说，准备暂停签署轻轨项目日元贷款的转贷协议，以制裁重庆日贷项目偿债违规的信用缺失行为。这意味着我们已经开始的日元贷款第一次设备材料招标只能暂停，而影响到当时决定2002年通车试验段的决策目标的实现。财政部说，日元贷款偿债违约影响新的贷款签约是重庆内部的事情，只能你们自己去处理，影响轻轨项目转贷进度的事他们无法协调。我只好去找建委王主任和市政府的雷副秘书长汇报，好在建委立即做出决定并由城投公司总经理同我一起于4月24日到财政部和进出口银行拜会领导，进行解释并当面提交书面承诺。后来得到了理解。进出口银行立即通过了贷款审查委员会的程序，为提高效率、抓紧时间，双方商定破例低调不举行任何签字仪式，立即于4月25日晚在北京签署重庆轻轨项目日元贷款的转贷协议，并传真抄送日本协力银行北京办事处，以启动日元贷款项目首次采购招标工作。

2. 日元贷款项目的第一次材料采购国际招标，国内外参加单位较多，但重庆机械局所属水轮机厂等几家公司实力雄厚，价格合理，激烈竞争后夺得第一标，中标金额2亿多日元约2000万元人民币，中标确认书按相关程序最后报到日本协力银行北京代表处后，一直不审签并转到协力银行东京总部，致使日元贷款的支付工作难以进行，所有工作又处于停滞状态。仔细询问才得知，涉及日方和中方要商定东京协力银行总部的付款流程是进入中国银行东京分行再转到北京分行还是进入日本三菱银行，再从三菱银行国内分支机构转到中国进出口银行，中日双方银行为此争论不休又需做出重要的决定。2001年10月，我又陪同雷副秘书长赴财政部金融司日本处和日本协力银行北京代表处汇报协调，为尽早同意审批PC梁钢材、支座等材料招标后的审核文件做出了相关决定。

（四）关键技术与设备采购的相关重要工作过程

中国首次引进国际先进水平的单轨交通技术，主要涉及车辆转向架、道岔和PC梁三大关键技术。工厂化生产的预应力轨道梁PC梁经过五年多的研究、设计、制造、试验等过程,已经完全国产化。PC梁所需的关键钢材、支座等已经通过日元贷款招标方式,由重庆和国内相关企业供应。道岔经过国家发改委工业司支持,安排600万研发资金也已完成单开道岔的开发试制,具备参与投标的条件,但关节可挠型道岔,尚需在引进日本技术设备和管理的过程中继续开发试验。单轨车辆转向架也由国家发改委工业司安排500万试制经费,由长春客车厂进行研制,尚在开发过程中。围绕这三大关键技术,在日元贷款的国际招标采购单轨设备技术过程中,需要进行一系列相关的重要决策。为此市领导非常重视,多次召开会议、明确战略、决定方向、提出目标、推动计划,身体力行地促进围绕引进、消化、再创新而开展国产化到产业化再到本地化的工作流程。

1.市政府专题会研究推动国产化工作策略。

2000年8月15日,市长包叙定在市政府会议室主持召开轻轨工程建设目标优化与日元贷款项目推进及国产化相关工作专题会议,听取轨道公司汇报使用日元贷款、引进单轨技术、采购国外关键设备等准备工作进展情况,明确相关原则。当我汇报到轻轨车辆国产化中需引进日本技术与关键部件的长春客车厂,在同日方谈判过程中遇到很大阻力,日本方面提出应由他们进行单轨系统总承包,采用交钥匙工程,统一提供车辆、道岔、供电、信号等一揽子关键系统设备,总包价高达474亿日元,仅车辆系统价格就达220亿日元,国产化率仅13%,远超270亿日元的贷款总规模。

包市长听取大家意见后即在会上决定:必须要多头并进采取对策措施。第一,要支持长春客车厂继续努力施压谈判;第二,我也通过同日立公司金井务会长多年的工作关系,向日方高层做工作,明确告知中国的国产化政策和投资控制标准;第三,市政府也需要考虑引入单轨技术的国际竞争者。考虑上述因素需要时间,所以原来确定的试验段通车时间可以实事求是地调整,但最终目标仍是满足2004年6月全线通车目标进度和国产化率要求,逐步实现引进、消化、创新并形成本地化产业。

根据会议讨论安排,我起草了市政府致日立公司金井务会长的工作联系函送政府办公厅后,包市长又找雷副秘书长和我去讨论并思考良久后,亲笔把工作联系函改为他致金井务先生的一封信,决定委派市政府秘书长刘成义代表他赴日本面交,并要我陪同,当面与日方高层沟通会谈,尽量争取共识。

8月30日,我同刘成义秘书长赴日拜会了日立制作所(董事会)金井务会长及主持工作的桑原洋副会长,并三次分别同金井务会长、桑原洋副会长和日立主管重庆轻轨项目的高层人士会谈。刘秘书长非常正规地取出包市长亲笔签名的信,当众宣读并呈送金井务,金井务会长也非常慎重地接过信阅看后,当即告知参加会谈的日立公司高层一定要重视包市长的来信,一定要支持中国的单轨技术引进,并且建议能不能对部分关键技术指定输出合作的中方单位。

刘秘书长还就试验段通车时间调整和全线通车目标、投资控制原则、国产化率及合作要求等问题进行了说明和解释。希望日立公司继续牵头进行技术支持，与中方共同合作，按国家批准的35.5亿元投资及270亿日元采购设备和70%国产化率的要求实现2004年6月全线通车。

金井务会长、桑原洋副会长对重庆市政府的决策表示理解，日立公司将全力支持重庆市实现2004年6月通车目标，对重庆市要控制投资而加大国产化的力度也是支持的。只要保证产品的安全和质量，日立公司不计较国产化率问题，都将给予支持，也希望中方的工厂共同努力，在质量和价格上确保按国家批准的预算实现控制目标。

在同桑原洋副会长及负责全球交通事业的松丸宏部长等会谈时，桑原洋副会长表示，已按金井务会长指示，将全力支持重庆单轨项目的要求，向负责具体经营管理的日立公司庄山社长进行了传达，除了要支持车辆等国产化外，在电气设备关键核心技术部件如交流电机与VVVF控制系统等方面也要支持中国的工厂国产化。经过三次会谈，双方高层取得以下共识：

日立将牵头与日方各公司共同努力，在技术上提供指导，确保重庆轻轨项目实现2004年6月全线通车的目标。

日立将与重庆市共同努力，争取重庆轻轨工程造价控制在批准额度内，特别是270亿日元购买车辆、设备，日方理解虽然有难度，也不能突破。双方将共同努力实现国产化的目标，通过单轨工程在重庆的示范作用，面向国内推广。日立并希望转移技术在中国生产单轨车产品后，向海外出口。

要确保重庆轻轨示范工程的运行安全，国产化工厂的选择和国产化的质量尤为重要，日方多年开发的单轨车技术在安全和质量控制方面的经验等知识产权在向中方工厂转让时应得到尊重。

日立公司支持单轨车技术产品在中国的国产化工作，也支持在重庆有条件的工厂生产单轨车配套产品，并成为生产基地。日立公司希望由重庆市政府商请有关科研单位并组织重庆的企业、长春客车厂等成立相应的研究推广中心，日立将提供技术上的支持。

虽然双方高层达成基本共识，但实施过程中双方技术与商务层面的沟通与商谈又遇到较大阻力，几乎谈不下去了。身兼轻轨建设办公室主任的雷副秘书长按市政府专题会确定的原则，为促进实现长春客车厂与日立公司合作制造车辆，再次听取汇报并协调双方，发现由于长春客车厂对轻轨车辆制造的技术要求理解不深刻，在满足日立公司的单轨制造技术与工艺标准方面能力不足，日方不放心技术装备落后的长春客车厂，担心车辆构件加工精度不达标，而在技术转让问题上又总是设卡不让步。双方的态度都给合作带来障碍，似乎日方有放弃合作另选他厂之意。2001年3月3日，雷副秘书长和我及市政府经济顾问日本朋友华井满先生，顶着寒冷的天气冒着大雪飞抵长春，考察长客厂为合作生产单轨车辆进行的生产车间技术改造工作进展情况。经过我们的沟通并协调，他们对合作的态度和推进合作的方法有了转变，长客厂也更加重视加快人员培训、设备更新等技术改造进度，同时我们又建议华井满先生再与我们共同做日立公司工作，请日立尽快再赴长客厂考察谈判。由于长客厂从欧洲购置的数台数控机床和自动焊接设备等已陆续到位，并完成了人员培训等，具备了日方提出的合作条件，很快在三方人员的努力配合下，达成了深化技术转让、合作生产、降低造价等一致意见。

为了支持和引导中日单轨车辆技术合作，市政府还为发展本地配套产业做出具有前瞻性和战略意义的重要决定，根据国际上轻轨车辆骨架轻、刚度强的技术进步趋势，积极争取国家计委支持的西南铝加工厂建设薄壁铝型材轧制生产线等技改工程尽快投产，并为今后的重庆轻轨及全国地铁车辆在当时还需进口的薄壁铝型材等车体材料早做研发试产准备。2000年5月，在小泉宾馆召开的全市重点建设工作会议上，当包叙定市长检查进度时发现西南铝厂积极主动性不够，轻轨专用铝型材特殊模具研制出现困难，配套工艺工序等工程已停滞，可能影响车辆生产的对外合作条件谈判等问题后，在会上让雷尊宇副秘书长马上打电话给西南铝加工厂厂长肖亚庆（后调任国务院副秘书长），详细讲述市政府希望重视的意见和原因，肖立即表示重新研究并立即上马相关工程。2001年底前终于通过了生产线的联动试车并成功地轧出了第一批产品，迄今为止西南铝厂不但满足了重庆轨道交通所需铝型材，而且还为其他城市的地铁及全国的高铁提供车体薄壁铝型材。

2. 小范围研究决定采用日立单轨技术标准和相关战略。

2001年8月25日，包市长在市委会议室主持小范围专题研究会，市政府副市长甘宇平、市政府副秘书长雷尊宇、市建委主任、市发改委副主任和我等7人参加，重点分析国际上几种单轨技术经济指标的比较、设备采购招标进度适应通车目标、保障国产化合作进度的可能性以及采用日元贷款国际招标并实现国产化指标的胜算情况，对日立公司的单轨、庞巴迪的单轨、马来西亚正在国产化中的单轨以及重庆与北车、南车公司开展的单轨研发合作等状况，都进行了列表分析与认真讨论。

最后决定以竞争性采用日立的技术和相关标准为目标，选择性比较庞巴迪单轨的集成技术，重点考察学习马来西亚单轨国产化方法，以形成国际招标竞争态势，推动技术引进、国产化合作、竞争性谈判，实现工程造价预算控制目标与通车进度目标。

3. 决定对外合同谈判策略，对马来西亚单轨技术多次考察学习，实现预算控制目标。

2001年11月，来重庆赴任的黄奇帆副市长，分管城市建设并担任轨道交通建设领导小组组长。2002年1月，黄副市长与雷副秘书长商议加快推进日元贷款车辆采购谈判等一系列工作，并且对包市长提出的瞄准日立技术、培育竞争对手的战略，提出了实施性操作方案，在庞巴迪公司同意参与车辆投标的同时，还要动员马来西亚单轨公司和国内车辆公司合作来参与投标，要积极推进马来西亚单轨技术和南车株洲厂的国产化合作。

因此，我又专程赴南车株洲厂商研，与时任株洲时代研究所所长奚国华探讨牵引传动国产化合作的可能性等相关工作，同株洲车辆厂厂长徐宗祥商议参与重庆轻轨车辆投标的相关工作，动员他们同马来西亚单轨公司合作，并且在约定双方互访后，传真联系安排马来西亚单轨公司董事局主席周大卫先生等马来西亚单轨技术专家，立即赴株洲厂考察谈判并签署合作投标协议。

然后，我又与雷副秘书长和施仲衡等专家两次赴马来西亚单轨公司进行技术考察学习和合作会谈，对日立技术和马来西亚在日立技术基础上改进的单轨技术进行了认真的分析和比较，学习借鉴应用于重庆的本地化产业。还按黄奇帆副市长的战略意图，对外进行了公开的宣传，以产生压力来支持长春客车厂和日立公司的引进技术竞争性谈判。

在我们赴马来西亚技术考察的同时，黄奇帆副市长也约见日立公司和三井物产相关领导、专家，还有重庆轨道交通专家委员会的部分车辆信号运营专家等，听取各方专家对日立技术、庞巴迪技术和马来西亚技术的介绍分析，讨论各自优势与不足，向日立公司施加影响，促进继续努力加快同中国企业的技术合作进度。所以，我们在考察马来西亚单轨车辆生产基地试车线时，马方就发现厂区外山丘上有人用长焦距大镜头照相机在拍我们的参观照片，想来是相关竞争对手正在验证我方同马方是否有真实合作行动，当即雷副秘书长就说，我们再登上试验车去展示一圈，扩大宣传影响，配合黄奇帆副市长在重庆的洽谈行动。

4. 明确单轨车辆采购合同的价格目标。

按照通车目标倒排时间计算，2002年10月前必须签署日元贷款车辆采购合同，但作为主要投标方的长客厂和日立公司联合体还对相关价格久谈不下，中日双方联合投标单位均已做最大国产化合作努力，将投标价格由160.6万美元每辆降到138.6万美元每辆，又谈到118.9万美元每辆。黄奇帆副市长听取汇报后，明确要求裸车价必须控制在100万美元每辆，并且叫雷副秘书长给我传达，限期谈成，否则你就“下课”。

根据黄奇帆副市长的指示，我和雷副秘书长又到北京，在北京重庆饭店远程了解督促长客厂和日立公司在北京的谈判，派出轨道公司仲建华总工程师作为业主观察员现场参加中日双方技术合作洽谈会，经过前方后方共同努力推动，在保证质量、控制造价、确保转移技术和培训骨干等条件下，最后谈判的结果是再次增加国内生产比重，将综合报价降到裸车103万美元每辆。

回到重庆后，雷副秘书长给黄奇帆副市长报告。黄奇帆副市长希望再努力一把争取降到接近100万美元每辆。因此，我们又约请长客厂厂长马树坤到重庆希尔顿酒店再次商谈，约好共同向国家发改委汇报，把二期工程的24辆新增车也一并统筹考虑，争取将平均裸车价格控制在100万美元每辆。

我再次赴北京到国家发改委工业司汇报，得到二期工程24辆车也可执行相同合同条件的认可，最后才在7月25日向长客厂做了承诺。至此，基本实现市政府做出的引进日立单轨技术的战略决策和黄奇帆副市长提出的车辆价格目标，为2002年11月7日在北京钓鱼台国宾馆签署车辆采购正式合同奠定了基础。

上述所有的决策及执行工作过程，均以书面报告方式向领导小组办公室和领导小组逐级报告，最后再呈报浓缩多种比较方式的简表，描述了一年来的谈判过程和最终成果，经市领导逐级研究认可并报市长包叙定和市委书记贺国强最后确认，方才完成国内第一次引进单轨车辆与技术采购的最后决策，实现了2列8辆原装整车进口、19列76辆的转向架和电牵等关键部件全进口，保证车辆质量与通车进度以及转让全部生产图纸技术资料，并许可在中国自主生产，培养关键工序技术人员，实现4列16辆车国产化率91%等一系列国产化决策目标，并且将价格控制在日元贷款额度和工程概算内。

经过上述系列重要决策和执行过程，2001年11月，重庆市政府在北京钓鱼台国宾馆举行了利用日本政府贷款采购轻轨车辆合同和技术合作协议的签字仪式，国务院有关部门领导、日本驻华大使、重庆市委和市政府领导、华井满先生等日本朋友与专家、重庆市政府副秘书长雷尊宇、重庆市轨道总公司领导等中方团队、日方参与技术合作的专家团队都参加和见证了这一重要的历史时刻。

（五）在日元贷款采购技术设备基础上，继续推进单轨国产化和产业本地化的决策过程

1.王鸿举市长访日策划思路。

2003年7月21日，“非典”紧急状态刚过，我参加了重庆市市长王鸿举率领的赴日代表团，到东京促进包括重庆轻轨在内的相关项目工作。第一天上午拜会日本国际协力银行时，王市长同2000年10月考察过重庆轻轨施工现场并留有深刻印象的协力银行筱泽恭助总裁商谈了加快日元贷款项目招标采购审批与支付进度，促进中日企业间单轨技术合作与推广，争取轨道3号线继续使用日本政府贷款，体现单轨网络化运营的示范效果等内容，取得了很好的效果。

离开协力银行刚上面包车，王市长就同市发改委主任、市经委主任和我一起讨论，希望趁热打铁把本地化单轨产业搞起来，组建工程总承包公司，以重庆项目为基础走出去。要求发改委要继续争取3号线用新的日元贷款，经委要促进本地单轨装备产业发展，轨道公司要筹划尽快组建单轨工程总包公司。

在与市政府经济顾问日本朋友华井满先生共进午餐时，又共同商议了怎样同日方合作继续引进关键技术、组建合资公司等，并拜托华井满先生多做拥有单轨技术的日立、三井等

日方公司工作，希望他们共同参与在中国推广单轨的相关工作。

第二天，在拜会日立公司金井务会长，并与日立高层会谈时，除了我谈及轻轨道岔、车辆等供货进度要协调促进外，王市长更多的话题仍然是动员日方积极参与同重庆的技术合作，希望在单轨可挠型道岔与单轨列车电牵等日本关键技术的转让与合作上更进一步，实现单轨产业本地化，共同开拓中国单轨市场。

第三天早上，在东京王子饭店前小广场散步的王市长又把我叫上，同我商研能否组建单轨工程总包公司走出去等。我也介绍了当前重庆单轨工程基本是有业绩和实力的央企在做，因涉及大量前期投入与技术人才保障，本地企业只有重钢和水轮机厂等少数企业参与且实力不足，轨道公司是业主，在法规上有限制，不能自己搞工程总承包等原因，只有另行组建本地专业化工程总承包公司才合适。王市长则鼓励我，从长计议，早做筹划，依托本地，先土建，再设备，后车辆，逐步产业化，最终走出去。如有困难只要写报告给他都会支持的。要我回国后，就着手开展工作。

2.单轨工程合资企业的创办与决策经过。

7月，王市长提出思路后，我于8月中旬刚完成筹建重庆单轨交通工程有限公司的工作草案，市建委主任刘景元就在市委召开的重点工程专题工作会找我布置任务："刚才王市长给我讲，要建委抓好建立单轨工程承包公司对外推广等工作，并说已在日本同你讨论过思路。"我向刘主任简要汇报了先易后难、逐步推进的A、B两个工作方案的设想。他十分赞成先从小而精的B方案起步，尽快同重钢集团商议牵头组建以PC梁和道岔等本地产业为依托的单轨工程公司，并要我回去将工作方案再细化，报建委后实施。

9月初，我同轨道公司副总经理李秀敏去重钢集团拜访唐民伟董事长，共同商量怎样操作并很快达成共识，唐民伟提出重钢可以出面组建单轨工程承包公司，但轨道公司必须也参加并发挥技术引领的重要作用，当即与我们同赴重钢建设公司，落实由该公司领导负责组建工作班子，开展可行性论证，尽快向重钢集团提交论证报告。

10月初，赵公卿副市长在市政府召开专题会进行研究，相关委办局原则上赞同轨道公司与重钢提出的重庆单轨工程技术公司组建工作方案。赵公卿副市长总结后，提出希望扩大合作范围，加快工作进度，要求主动到参建重庆轻轨项目的央企总部去征求意见，促进各方尽早决策，争取在年内挂牌成立，开展实质性工作。

10月中旬，我赴京拜访相关企业，同铁科院、铁专院、中铁电化局、中国通号集团、北车长客、北京城建院等领导会谈，介绍方案，描述前景，征求意见，得到积极响应，但投资兴办合资公司的重大决策要按程序逐级评估论证上董事会，需等待较长时间。

在这期间，刘景元主任也约请长客厂领导来研讨国产化单轨车辆降低造价目标，确定在现有人民币造价基础上逐步降低20%左右的初步目标。

11月15日前，几家央企回复因决策程序太长，无法短期内确认是否参与投资入股单轨工程公司。而重钢又提出因环保搬迁、产业调整等投资决策原因，表示要退出控股地位只成为单轨工程公司的战略合作伙伴。紧急情况下，赵公卿副市长又开会协调推进，决定重新排位，增加中铁建和中铁工两家央企所属集团公司的股权比重以替代重钢的股份，至此完成中日合资的重庆单轨工程技术公司6家中方股东及股权比重等重要决策。

只占5%股份的日本三井物产、日立等3家日方公司的评估论证和法律咨询等决策程序比中方还繁杂，又成为影响公司注册等工作进度的关键环节，而日方谈判代表也表示无能为力，只有日方高层决策者出面推动。

2004年元月，已调任中国国际工程咨询公司总经理的包叙定前市长又会同赵公卿副市长，在北京约请日立公司董事会会长金井务会谈，经商议取得了加强分工、互利合作，在国内推广单轨技术，争取走向海外的共识，推动日方高层完成设立合资公司的最后决策。

赵公卿副市长向王鸿举市长汇报商研结果后，也得到王市长的肯定和认可，王鸿举市长表示不求所有、但求所在，要尽快完成注册资金1亿元的中外合资重庆单轨工程技术公司的合资协议签署，相关审批手续办理与挂牌成立工作，以重庆单轨在建与新建项目为依托，以走向全国乃至海外为目标，逐步形成以单轨工程总包为龙头的本地化产业链。

至此，以利用日元贷款项目为契机，引进单轨关键技术，推动车辆设备国产化，构建本地化单轨产业基础的重要决策全部完成。

其后几年，王鸿举市长同意并致信建设部部长汪光焘，为重庆单轨工程公司申办单轨工程总承包甲级资质，建议汪部长出访古巴等国带领单轨公司同行；批示支持单轨工程公司承担3号线两站一桥试验段总包管理项目，作为申报单轨工程总包资质的项目业绩（因为没有资质不能参与单轨工程总承包投标；而没有单轨工程总包业绩，又不能申报单轨工程总包资质；很难协调好先有鸡还是先有蛋的关系）等系列重要决定。

黄奇帆副市长出访美国途中几次指示和商议单轨车辆生产基地落地重庆工作，并亲自促进基地开工建设和形成500辆生产能力等重要决定。

童小平副市长提出思路并亲自推动的“大项目带大产业”系列工作，构建从单轨到地铁至城铁的轨道交通系列千亿产业链等，做出一系列重要决定。

这些后续重要决策过程，历经几届政府十年工作，一步一个脚印，一次一个台阶，已见明显成效，不再一一回顾。

重庆轨道交通网络规划决策过程的回顾

(一)早期规划简况

重庆的城市轨道交通早在20世纪40年代的陪都十年建设计划草案中就有约40公里的“高速电车”甲、乙、丙三线设想。其后,1960年的重庆市总体规划提出“直通与环状”的“地下快速铁道线路”约100公里的设想。1983年的重庆城市总体规划开始明确提出分三期修建12.2公里朝天门到杨家坪的地铁线路规划设想。

1986年,刚来渝不久的肖秧市长就亲自组织“空中客车”(悬挂式轨道列车)的轨道线路方案研究。1988年,孙同川市长提出筹备建设地铁的要求后,市建委、规划局、公用局共同研究编制了由地铁、轻轨、空客三条线约55公里的线路规划方案,并在1991年纳入城市总体规划和综合交通规划,指导工程筹建工作。

1995年开始的重庆城市总体规划修编工作中,开展了城市轨道交通系统规划专题研究,对原有的城市轨道交通线路规划进行了大量的补充完善,形成了五条线路183公里的城市轨道交通系统规划新方案。但在1997年的建设部对城市总体规划评审和1998年国务院审批的重庆城乡总体规划中,城市轨道交通线路的规模调减到119公里,主要是建设部组织国内专家评审时,有专家认为按照重庆城市的规模和等级还不够条件,要规划建设五条城市轨道交通线路183公里,过于庞大和超前。

显然直辖前的城市轨道交通线路规划与直辖后城市社会经济快速发展的需要是不适应的,也不能满足中央做出西部大开发战略决策后,赋予重庆的新地位、新任务的新需要。

(二)适应发展需要,由城市轨道交通线路规划到城市轨道交通线网规划

1. 黄奇帆副市长提出创新规划理念的新思路。

2001年,重庆轨道2号线作为西部大开发十大重点工程全面建设开工后,我按照市政府的部署,组织进行轨道3号线的前期准备工作。当时黄奇帆副市长刚从上海到任重庆,并分管城市建设后担任市轨道交通建设领导小组组长。他的第一件事就是在2002年元月3日通知我到他办公室汇报工作。在近3个小时的长谈中,我将直辖前已完成、直辖后才批准的轨道交通系统规划情况,轨道2号线建设进展现状,轨道3号线的预可研情况,地铁1号线采用BOT方式由香港公司建设的探索失败及教训等均做了汇报。黄奇帆副市长给我介绍他在上海就参加过地铁的规划和建设等许多重大决策,特别是引进国外先进技术、先进装备进行地铁列车等国产化的经过以及磁悬浮技术引进的谈判等很多经验和体会,交谈中甚至涉及重庆地铁能否深埋隧道过两江等涉及轮轨黏着系数与爬坡能力的讨论等专业内容,让我感觉到他的确是很内行的专家型领导。

最后黄奇帆副市长谈了对重庆轨道交通规划建设发展的一些新观念:

第一，在充分肯定已经取得的工作成效后，他也直率地批评我：地铁1号线守土无方。市政府为地铁BOT项目配置了1平方公里的开发用地在平顶山上，虽然香港公司已失败且在清算中，而这些土地又属山顶的城中村暂不具备开发条件，但是只要用交通引导发展的（TOD）方式规划好同地铁的有效连接，今后这些土地都会大大增值的。但是，你们地铁公司居然就没有主动出击，去将这些土地全部抢回来，竟让部分配置给地铁开发用土地资源被划拨或置换给广电局去做中波发射台。

第二，重庆直辖后政治经济地位和发展需求跟以前都大不一样，中央交办给重庆的四件大事都需要主城区发挥重要的中心城市功能作用。建设部的总体规划评审专家也不能够低估重庆的地位、作用和发展前景，竟然砍掉了这么多地铁线路规模。我们需要重新研究制订新的城市轨道交通线网规划，贺国强书记和包叙定市长都在市规委会上强调主城区空间要适应未来城市发展需要，向东、向北拓展，主城区规划范围要从800平方公里扩大到2573平方公里，而且主城综合交通规划也要重新配套完善，实现半小时主城的目标。因此，我们的城市轨道交通线网规划也要补充完善，而且规划理念也要创新，除了重视线路规划的缓解拥堵和乘车难矛盾功能外，还要采用交通引导发展（TOD）的方式，注重从线网结构布局上研究，沿城市空间和产业布局的发展轴布置地铁线路，引导和促进重庆主城区城市规模的扩大、产业要素的集中、交通枢纽的构建，改善出行环境与居住环境。

第三，他要求我回去后，尽快做好两件事。一是重新构思城市轨道交通线网布局规划的范围、原则、规模，要跟重庆的城市定位相符，要能够形成一个国际化大都市现代化交通体系的框架概念。上海规划的轨道交通线网已超过500公里，重庆和上海虽有不同之处，但是重庆是山水之城，地理环境独特，市民对公共交通的依赖更强，更需要发挥大运量城市快速轨道交通系统的重要作用。因此，线网规模不能够低于300公里，至少要先将被砍掉的线路规模恢复，限定初步构想在2周之内完成交给他，以便同书记、市长研究基本思路，指导深化规划工作。二是要考虑规划和筹建好大运量的地铁，除了正在进行的提高单轨国产化率工作以外，也要提早谋划地铁车辆的相关配套产业化工作。目前，国内地铁引进国外先进技术已先走一步。在上海他就亲自主持了同法国阿尔斯通公司的谈判，由上海电气集团和阿尔斯通公司各占50%的股份建立合资工厂，将阿尔斯通的地铁列车模块化制造生产线和全套生产技术移植到浦东新区建厂，为5号线、8号线地铁供货，工厂的产能还可以扩大。你可以找上海地铁派出到浦东轨道车辆工厂的总工程师陆如星，同他们商量能不能够在重庆地铁规划建设过程中，我们去争取法国的政府贷款来采购阿尔斯通在中国生产的地铁列车，条件是上海合资工厂采购由重庆按上海标准图纸和质量控制要求生产部分标准化车体模块，逐步过渡到在重庆设立分厂等。

2.重新优化完善轨道交通线网。

我立即向市建委主任王根芳汇报，并与公司的专家研究新思路、新原则，提出规划新方案的构思与图表。在国家批准的重庆城乡总体规划的5条线路基础上，恢复被砍掉的183公里原规模，并继续延伸到2616平方公里新主城区的重要规划区内，同时增加了一条贯穿主城的直径线地铁6号线。新的线网规模约300公里，原则上按20公里左右一段，分期建设、分段投入运营，估计总投资在800亿~1000亿元。

随后，我与总工程师仲建华等专家赴上海阿尔斯通车辆工厂考察调研，初步考虑6号线可采用轨道快线的方式，使用上海阿尔斯通合资工厂的轨道车，促进在重庆西南铝厂生产车体的模块化部件为上海配套。相关考察研究报告也及时给黄奇帆副市长送去并得到认可。

黄奇帆副市长将调整轨道交通线网规划的思路和设想，向包叙定市长汇报商研后，包市长在市规划委员会的会议上，也提出了明确的要求；并在促进北部新区加快发展的会议上，对轨道交通线网布局规划和轨道3号线的走向提出了具体要求。会议当晚，市建委主任王根芳就给我打电话传达包市长的指示精神，要求对3号线方案要做优化调整，配合长安福特等产业园区的产城融合规划的布局要求与招商引资的需要，重新优化线路与站位，为园区开发及周边客流需求服务，并且在规划实施的建设计划中，将3号线远期才到江北机场改为近期就建设的重要方向。另外还要求在线网规划中新增加1条环线，把6条轨道交通线全部串联起来，使换乘更方便、效率更高。

因此，在提交给黄奇帆副市长的规划布局方案设想的基础上，市建委、规划局、轨道公司再次研究，进行优化和调整，形成了六线一环约354公里的重庆城市轨道交通线网规划新方案。在2002年4月的轨道交通领导小组会上进行了汇报，得到了黄奇帆副市长的认可，决定列入规划部门和轨道公司工作中，完善细化具体方案。

3.城市轨道交通线网规划方案的最后认可。

2002年5月中旬，市政府办公厅副主任吴政隆给我打电话，叫我马上到包市长办公室汇报城市轨道交通线网规划的最后结论情况。我说分三阶段建设，六线一环354公里线网和60个换乘枢纽，为周边600万市民服务，日运量600万人次。包市长听我介绍基本思路的规划原则与线网覆盖范围后，特别询问讨论了环线的设置情况、连接重要枢纽及客流集散中心的情况，认为线网结构可以基本确定。并且他还说，在市规委会和北部新区的会上，都同黄奇帆副市长及王根芳主任进行过讨论，现在可以称之为“六线一环”轨道网络，共360公里，可以基本适应新的主城区及北部新区发展的近中期需要。但是，下一步还要从长计议，预留远期发展的余地，要把它纳入城市综合交通规划以及城市总体规划修编的内容，得到国家认可，并长期控制用地与规划通道。

第二天，我立即按要求将六线一环354公里的线网演示图板送市委办公厅。三天后，中央电视台播出了包叙定市长接受采访时，对最新的六线一环轨道交通线网规划的宣传介绍。这应该算是市政府官方首次对外披露新的六线一环轨道交通线网规划的情况。

由轨道公司协助规划局完成的新一轮轨道交通线网规划方案材料完成后，为尽快纳入综合交通规划和城乡总体规划，我陪同新任市轨道交通建设领导小组组长的赵公卿副市长，到宾馆看望并征求重庆市轨道交通专家委员会施仲衡院士意见时，赵副市长采纳了施院士的建议，立即指示由市规划局尽快完成市内评审，由市建委出函委托国务院直属的中国国际工程咨询公司，对新的重庆城市轨道交通线网规划进行评估审查。赵副市长又给已回京担任中咨公司总经理的包叙定联系，希望老领导继续关心支持，及时安排评估，为重庆市提出专业审查意见。

很快，时任中咨公司副总经理和专家委员会常务副主任的焦桐善就给我来电话说，包总很重视已有批示，要求尽快完成评估工作，并由专家委员会把关，给重庆市政府提出评审意见。2003年11月，中咨公司组织专家在北京钓鱼台国宾馆对重庆城市轨道交通线网规划进行了评估审查。后来焦总还告诉我，中咨公司专家委员会开会最后把关提出审查意见时，是专家委员会主任包叙定亲自参加的，并给大家介绍了他在重庆时，为了适应直辖后中央对城市发展新要求，调整优化城乡总规划中的轨道线路规划为新的六线一环轨道交通线网规划的过程与背景。

2004年1月，收到中咨公司的评审建议函后，赵公卿副市长在市政府主持召开各政府部门参加的专题研究会，审议通过了市规划局上报要求审查批准的重庆市城市快速轨道交通线网规划，并以渝府〔2004〕24号文给予批复，批复的主要内容均采纳了中咨公司的评估意见。

综上所述，从黄奇帆副市长提出城市轨道交通系统规划要有新思路，到包叙定市长审定六线一环新布局，再到市政府批准重庆城市轨道交通线网新规划的新决策，历时三年。构建了重庆主城区轨道交通的主骨架，为编制和争取2005年国家审批通过轨道交通近期建设计划打下了基础。现在看来，到2020年可以基本实现当初规划的六线一环354公里的城市轨道交通网络化建设与运营目标。

（三）探索互联互通，由主城区城市轨道交通线网规划到“一小时经济圈”轨道交通线网规划

1.开展城市铁路规划专题研究，寻求三网合一的路径。

2002年11月，黄镇东来渝就任市委书记。12月中旬，他的秘书给我打电话说，包叙定市长在北京已向黄镇东书记介绍了重庆城市轨道交通新的规划设想，黄镇东书记想要一份简要的介绍资料，以了解城市轨道交通规划和建设现状、困难以及下一步还需努力争取的方向。呈送有关资料后，黄镇东书记立即向相关市领导提出，要充分发挥综合交通体系的作用，加快构建互联互通的现代化立体综合交通网。因此，市规划局启动了新的主城区综合交

通规划研究工作。

2003年2月，赵公卿副市长在市政府开会时告诉我，书记和市长都提了新要求：在新的城市轨道交通线网规划基础上，要充分考虑辐射周边城镇群和卫星城市的城市铁路的重要作用，要尽快启动城市铁路规划。一方面，要充分利用现有干线铁路的富余运能；另一方面，还要促进重庆主城区域的铁路枢纽环线的改造。因此，要积极争取铁道部的支持，列入铁道部的项目投资计划，发展具有客运功能的城市铁路。

在规划局组织的综合交通规划工作部署会上，赵公卿副市长再次明确要求，要努力做到国家铁路网、城市轨道网和新规划的城市铁路网"三网合一"到一张城市综合交通规划网络图上来，列入综合交通规划中，纳入城市总体规划修编里，并要求轨道公司牵头推进城市铁路网的规划研究工作。

由于利用重庆铁路富余运能发展城市铁路的专题研究，涉及成都铁路局、重庆铁路分局、地方企业专用铁路线等诸多外部环境，因此，我同重庆市工程师协会会长高群商量，由市工程师协会出面协调，邀请成都铁路局、重庆铁路分局等部门的专家和轨道公司专家办的专家共同收集资料、调查研究，制订比选方案。我又与仲建华总工程师一起同成都铁路局分管运营的副局长共同商量，讨论组建城市铁路合资公司的合作方案，草签了合作备忘录，充实和完善了城市铁路规划和可实施性的相关工作方案，由来自重庆铁路分局的市工程师协会秘书长唐宏炎和轨道公司副总工程师张乃基等专家，经过反复研究比选，确定了市域内开行城市铁路列车的车型和运营方案，完成的专题研究报告和合作运营方案等均如期提交综合交通规划牵头部门进行汇总。在这期间，参与指导工作的重庆轨道交通专家委员会主任施仲衡院士等专家同我一起，也向赵公卿副市长做了专门汇报，并介绍了赴日本进行城市铁路规划建设运营考察交流的情况以及对重庆城市铁路规划的建议，得到了赵公卿副市长的肯定和采纳。

2003年4月下旬，重庆市常务副市长黄奇帆出访美国和欧洲回来后，立即告诉我："国外许多城市的铁路公交化列车（市郊铁路）直接开进市区，你们地铁公司要抓紧跟踪研究重庆的城市铁路规划布局及车辆选型。因为地铁造价太高，黄镇东书记和王鸿举市长都有降低轨道系统建设造价，争取多方向筹措资金的要求。为什么不可以发展牵引车头带车厢（集中动力）的地面轨道系统？我们重庆自己就可以生产低造价的车厢，到周边组团和卫星城的轨道车没有必要用地铁系统。"

我口头汇报了正在开展的城市铁路规划研究工作情况，并及时同北车与南车集团联系，在比选基础上给黄奇帆副市长呈送了内燃动力牵引单元ETU的市郊铁路列车选型方案报告，即在富余运能铁路线及地方企业铁路货运专线上开行客运列车的规划，得到黄奇帆副市长批示肯定，他指出今后市区外的轨道交通要多规划发展地面城市铁路线，只有降低轨道系统造价，才能保证加快发展。

为此，在施仲衡院士等一批专家的指导下，重庆轨道公司启动了符合国情、市情的城市铁路——都市快轨的理念创新和线路规划、列车研究工作。一直延续至今天，仍在不断推动、完善与实践之中。

2.深化专题研究，九线一环城市轨道交通线网纳入新的综合交通规划。

为了进一步优化轨道交通线网布局，2004年3月，黄奇帆副市长在会见外宾后，留下市规划局、市建委领导和我等人商议，提出应在城市总体规划和综合交通规划修编的研究中，邀请国际知名的交通咨询公司，对已有轨道交通线网结构进行评估咨询和优化。他觉得重庆主城区的面积和人口到底需要多少公里的地铁线路，在结构、规模、建设时序上，能否再做优化论证？在视野、理念、方法上，更好地与国际先进水平接轨。

经市规划局比选后，选择了国际知名的法国SYSTRA公司。我同法国公司派出的项目总经理孙辉先生多次交流讨论。经双方专家半年多的共同努力，完成评估优化工作，肯定了线网结构和方案的合理与可行，优化了轨道直达快线和交通换乘枢纽规划，提出了500公里的建设规模是合适的等建议。黄奇帆副市长听取法国专家的咨询结论汇报后，给予了肯定，要求规划局按评估意见，深化完善轨道后续规划落地实施工作。

在上述系列专题规划研究的基础上，重庆市综合交通规划将原有的354公里六线一环轨道交通网定位为基本骨干网，在2020年前后完成。重新按5473平方公里的主城区新规划范围和空间关系，布局了包括城际铁路、城市铁路（市郊铁路）、轨道快线、地铁、轻轨在内的轨道交通综合体系。其中，城市轨道交通为九线一环共513公里，在2030年以后逐步实现。

王鸿举市长在修改补充2005年6月18日轨道交通2号线通车典礼仪式发言稿的时候，亲笔加入九线一环513公里城市轨道交通网的内容，并代表市政府首次对公众宣布。随后，市规划局及时完成和上报审批公布了九线一环轨道线网的控制性详规新内容。

3.探索互联互通，开展"一小时经济圈"轨道交通规划方案研究。

2005年，汪洋任重庆市委书记后，围绕实现"富民兴渝"的总体战略目标，提出了"一圈两翼"的区域发展战略构想，特别是提出"一小时经济圈"内区域中心城市、卫星城镇、产业园区与主城区的有效连接，需要快捷畅通的综合交通体系支撑。因此，重庆市着手进行外通内畅的畅通工程规划研究工作。

根据国家发改委"十一五"规划关于抓紧建设完善综合交通体系的思路，市发改委又要求在原有的轨道交通线网规划的基础上，抓紧开展"一小时经济圈"的轨道交通线路规划方案研究。重庆市和中国国际工程咨询公司签订了战略合作备忘录，共同推进重庆"一小时经济圈"综合交通体系规划建设项目的研究工作。

2006年6月，市发改委投资处处长丁地找我商量，介绍了上述背景。要轨道公司牵头提前考虑布局“一小时经济圈”内的快速轨道客运交通。不管是叫城市轨道交通还是市域轨道交通，叫市郊铁路还是城市铁路，都得要提前深入研究，要超过原来的利用富余铁路资源开行城市铁路列车的研究深度，扩大到与主城区轨道交通互联融合、相互贯通的线路规划控制和前期项目筹备的范围。因此，经我与中咨公司商量后，邀请了中国交通运输协会秘书长何增荣、国家发改委综合运输研究所和北京华铁交通咨询公司的专家来渝，共同商量研究工作大纲，由轨道公司配合开展“一小时经济圈”的轨道交通线网规划研究。在市发改委牵头协调组织下，我们的专家到“一小时经济圈”所有区县调研座谈，共同预测、分析、商议后，华铁咨询公司提出由主城轨道线辐射连接周边组团、城市、工业园区市郊快线铁路的规划方案，周边城市铁路与主城轨道枢纽的换乘规划及其社会经济效果分析等研究报告。最后，由发改委和规划部门研究汇总纳入“一小时经济圈”发展战略规划和新一轮综合交通规划中。

为了推动重庆“一小时经济圈”的市郊铁路（城市铁路）同城市地铁和轻轨、轨道快线的有效融合，并在综合交通体系中发挥更大的作用，施仲衡院士认为在重庆的城市铁路规划设想和铁路站场设施改造中，应加上盖综合开发的想法，同铁道部总工程师何华武院士沟通交流，得到何华武总工程师的肯定，并且答应安排时间带队到重庆调研考察城市铁路的规划和部市铁路规划建设的有效衔接。

2007年7月，何华武院士率铁道部计划司等相关部门来渝，在轨道公司副总工程师张乃基的陪同下，考察了同地铁轻轨换乘关系密切的菜园坝火车站，听取了在成渝高铁终点站建设中同步规划建设菜园坝高铁—两路口地铁轻轨综合换乘枢纽的方案介绍，同时也考察了沙坪坝铁路车站改造与上盖物业开发规划方案现场。我参加了考察调研后的部市合作座谈会。何华武院士在总结了重庆市发改委和铁道部有关部门汇报研讨的重庆铁路枢纽改造项目和城市铁路部市合作思路等一系列重要的项目设想后，他说：“按照‘内轨外铁、宜轨则轨、宜铁则铁’的思路和原则，开展干线铁路与地方铁路，城市铁路与地铁、轻轨有机融合的综合轨道交通体系规划协调工作十分重要。铁道部赞同并支持重庆提出的相关设想，对沙坪坝和两路口铁路车站上盖物业的综合开发与交通换乘一体化工程，原则上同意可以采用BOT的形式，对铁道部铁路建设计划投资以外的部分，进行车站上盖物业项目的市场化运作。”

这应该是铁道部首次认可对铁路车站的上盖开发，可与地方政府合作进行，也是对当时重庆市的城轨业内专家与铁路专家间，尚有争论的“内轨外铁”（市区内只建地铁，市郊外只建铁路）规划理念的优化补充。将城市铁路进入市中心、都市快轨辐射卫星城的规划理念加入部市合作的大都市圈轨道交通网络体系规划，这些理念和观点也得到分管副市长童小平和常务副市长黄奇帆的赞同，至今我们仍在运用。

（四）注重资源共享，由轨道交通线网规划到轨道交通网络规划

自从2003年国务院发出国办81号文通知以来，国家主管部门多次发文要求，更加注重

加强轨道交通前期规划的管理工作。要在城市总体规划的轨道交通线网规划框架内，重新编制和审批各个城市的轨道交通近期建设规划，改变以前由国家逐条线路审批项目建议书方式。必须从城市综合交通体系和轨道交通网络化的角度进行系统研究，近期建设规划的深度要达到预可行性研究和项目建议书的要求，而且从多条线路构成的网络化资源共享的高度来统筹考虑。

好在重庆市一直在开展前述轨道交通网络研究，不断有深化系统规划的成果出来，但仍不敢忽视。童小平、余远牧副市长等市领导都非常重视，积极推进发改委、建委领导多次赴京向中咨公司、建设部、国家发改委等部门进行汇报沟通，了解相关评审要求。轨道公司也在组织新的建设规划研究中，按新的网络化与资源共享的要求，融入各种交通方式的方便换乘枢纽，轨道与公交及P+R停车换乘关系，同商场接口关系，轨道车场车站空间资源综合开发及用地控制，跨江大桥与城市道路合建与通道预留，主变电站合理布局与供电模式优化，车辆段和停车场，综合维修基地合理布局与资源共享等一系列专题研究，特别是由中咨公司和重庆轨道设计院共同提前编制了2006—2020年轨道线网建设规划，研究了2006—2013年的近期建设计划和2013—2020年的中期建设规划，可能涉及的全部系统性问题，涵盖主城区和“一小时经济圈”范围，为近期建设规划评估和后期调整审批以及第二轮建设规划的编制都奠定了基础。

在组织开展上述系列专题研究期间，印象最深刻的是2006年4月，我随常务副市长黄奇帆率领的重庆市代表团赴美国世界银行等金融机构访问考察期间，由美国高盛集团总部步行回酒店的路上，黄奇帆副市长突然把我和市政府副秘书长崔坚拉到街道边，指着地铁出入口说：“我们的轨道交通规划应该多学学纽约等国际化大都市的规划理念，人家的地铁车站出入口在核心商圈都直接进了商场里面，在街边的人行道上这么窄的地方也有简单的通道，我们在这方面考虑乘客的因素还是太少。车站和出入口搞得豪华，还是因陋就简符合国情市情为好，关键在于要方便市民尽快到达目的地。”在乘车出行中，他也指着曼哈顿河边的轨道车站和列车对我说：“你看看人家的城市铁路多方便，虽在曼哈顿上班，却都住在河对面的新泽西州，城市铁路过河形式多样，有地下也有桥上，都很便捷，并不像人们传说的噪音很大。但是，投资却可以大大节省，重庆还是要转换规划建设的思路。”

在即将结束纽约的访问时，他又对我说：“明天给你放假一天，去寻找曼哈顿海边有一处城市铁路车场的上盖物业开发区看看。香港瑞安集团的罗安瑞先生给我讲了几次，他们在那里投资建了一座城市铁路的停车场，对上盖进行了大规模的住宅片区开发和商业设施建设，土地资源共享效果很好，收益还可以支撑车场建设。我们应该学学曼哈顿的这种地铁与上盖物业同步规划、同步设计、同步开发实施的模式。回去后，你也要给规划局的同志讲讲，希望大家开拓一下思路和视野，在新一轮的轨道交通规划中和近期建设计划制订中，要通盘考虑配套综合开发用地的规划，提高土地集约化利用水平，使轨道、公交、内外交通枢纽、过江通道资源等都能有效共享。”他还说：“你们到巴黎可以看见，塞纳河边的铁路可能还有地铁，常加个盖把上层空间也利用起来了。下面走城市铁路，上面成为观景平台或商业旅游设施，平白就增加了这么多的城市用地，景观也很漂亮。我们重庆就有铁路的改造规划，为什么不可以学学加上盖这些成熟而且见效的规划理念呢？你回去要写个调研考察报告给我，组织规划部门的同志来看看，只有打开思路，才能做好轨道网络体系与城市空间规划的有效融合。”

回重庆后，我立即按黄奇帆副市长的指示精神，完成了关于曼哈顿城铁开发模式的调研考察报告。黄奇帆副市长给予充分肯定，并批示由规划和建设部门研究落实。至今，我们仍然按照曼哈顿模式在进行轨道网络用地空间资源共享与综合开发的规划与建设。

在最后决定审批重庆轨道交通近期建设规划的建设规模的过程中，国家发改委副主任姜伟新还亲自带队到重庆听取汇报，重庆市市长王鸿举、常务副市长黄奇帆等先后会见和商议，听取中央部委的意见。然后又在2003年以来多次重要的研究决策的基础上，先后召开市政府常务会审议批准同意了综合交通规划、城市铁路规划、轨道交通近期建设规划方案以及畅通重庆建设规划等重大决策。为国家正式评估和审批180公里近期建设规划、全面开工建设主城区轨道交通骨干网络创造了条件。

通过前述多年的系列重要研究和决策过程，基本奠定了2020年以后到2050年的大都市圈轨道交通网络体系基础，明确了重庆市域轨道交通网络发展的基本框架结构，控制了主城区轨道交通网络的各类生产与开发用地。

其后，还有市委、市政府领导组织研究决策的第二轮新建200公里轨道交通建设规划。凌月明副市长参与协调商研的中国工程院九院士参加的重庆轨道交通发展战略纲要专题研究工作等。

国家实施西部大开发战略十多年来，我直接参加了涉及重庆轨道交通规划的几十次市级专题研究与决策会议，从单一的轻轨线路规划到全面的城轨线网规划，再到互联互通、空间资源共享的轨道交通网络规划，都是在城乡总体规划框架下，集中了国内外上百位资深专家的经验智慧，历经十多年研究分析论证的与时俱进的结果。我切身体会到重庆市政府在每个规划阶段的论证和决策过程中的慎重与务实精神。

（2015年1月）

（选自中共重庆市委党史研究室编：《重庆党史研究资料》2019年第3期）

为了贫困农民脱贫奔小康

王义北[①]

1997年重庆直辖时，中央交给重庆的四件大事——移民、扶贫、老工业基地改造和生态环境保护，扶贫位列在前二。直辖前，重庆隶属四川省，没有独立的扶贫机构，由当时市农委的政策研究室担负扶贫职能。直辖时，原来由四川省管辖的武陵山区和长江沿线秦巴山区的4.07万平方公里，共计22个区县，全部是国家级贫困区县，一并划入重庆直辖市。在重新调整行政区划时，重庆的国家级贫困区县有14个，省级贫困区县4个，有2000个贫困村，绝对贫困人口276万人，贫困区县农民年人均收入仅1171元，扶贫任务十分繁重。为此，重庆建立了正厅级的市扶贫开发办公室。我于2006年底至2012年初担任重庆市扶贫开发办公室主任，重庆市扶贫办在市委、市政府的直接领导下，在国务院扶贫办的直接指导下开展全市的扶贫开发工作。

农村贫困依然出乎意料

直辖以来，重庆市委、市政府采取了很多有力、有效的政策措施，在全市开展扶贫开发工作，取得了显著的成就。从1997年直辖到2006年不到10年的时间里，全市贫困农民动态减少了233万人，贫困区县农民人均收入增加了1106元，几乎所有贫困区县都有连片整体脱贫减贫的区域。特别典型的是，从直辖时的第一任市委书记张德邻开始，之后连续三任市委书记黄镇东、贺国强、汪洋接力挂帅，帮扶武隆仙女山片区扶贫开发，不到十年时间，武隆仙女山片区就从地处武陵山区腹地的连片极贫地区，成了初具规模的全国知名的旅游度假胜地，基本实现了连片整体脱贫。其他片区如云阳清水片区、巫溪文峰片区、巫山望天坪片区、奉节兴隆片区、酉阳马鹿片区等，每个贫困区县都有连片脱贫减贫的区域，涪陵、南川和潼南三

① 王义北，曾任四川省重庆市水产养殖公司副经理，四川省重庆市农牧渔业局研究室主任，重庆市农牧渔业局计划财务处处长兼实体办公室主任，重庆市农业局副局长、党组成员，重庆市扶贫开发办公室主任、党组书记，重庆市政协农业委员会主任。

个省级贫困区县情况就更好一些，忠县尽管也是省级贫困县，贫困程度却要深一些。

上任伊始，我自然首先要去看看贫困的状况。记得我首先去的是渝东南在武陵山区深处的石柱、彭水、黔江、酉阳和秀山5个国家级贫困区县。一路走来屡屡潸然泪下，心酸不已。

我印象特别深刻的是酉阳县银山乡的一个村组，住在这个山窝子里的七八户人家，住房都是竹木捆绑的，四处透亮漏风，用捡来的塑料片和编织袋围墙遮顶。他们不是家徒四壁，而是家无四壁啊。好几家床上没有铺盖，只是一堆烂布，站在竹片搭成的"楼板"上，随时有卡脚或者掉下去的危险。

去秀山县牛角山的经历也让我们难以忘怀。一天清晨，我们一行人早早出发，冒雨去牛角山，车到水库就无路可走了，我们在泥泞的山间小路上艰难前行。虽已时过正午，却还远未到达目的地。好不容易看见头顶上方冒出了一小块平地，有了一栋茅草房，竟然传出了朗朗的读书声。同行的一位处长高兴地大声说，这里还有一所微型小学！走进一看，三间房子除了一间厨房，居然在堂屋和卧室里都有孩子上课，一数共计22个，堂屋是三年级13个孩子，卧室是一年级9个孩子。一问才知道，老师是原来的村会计，快60岁了，他是现在村里最有文化的，大概也是最年轻的男性了。据说这个"小学"也不是正规在编的，几乎没有补贴、没有经费，老师也没有什么工资。应该说，这个老师也不算正式老师，这些学生也不算正式学生。因为路远，孩子们都没法上学，这位老会计看不下去了，才把孩子们召集起来，教他们读点书识点字。我注意到卧室里的一年级小孩里面，有一个大姑娘，乖乖地、静静地坐在那些闹腾的小孩中间，显得非常扎眼。就问她多大了，怎么才读一年级？她告诉我，她已经13岁了，本来可以读三年级了，因为爸爸寄钱回来晚了，没有钱买书，现在三年级的书没有了，一年级的书多一套，所以她就读一年级了。下午两点左右，我们终于走到了牛角山顶的那个村庄。村里房子破破烂烂的，寒风中只有二三十个妇孺与我们见面，领头的就是那位会计老师和一位老支书。

渝东北7个区县位于国家连片贫困地区的秦巴山区腹地，这里山更大，沟更深，辖区面积更大，贫困人口更多，贫困程度也更深。我们到城口县访问贫困户时，到了一户人家，家里虽然简陋破旧倒还干净，特别是堂屋正中的土墙上贴了学校发的好多奖状，据说是他们家女儿获得的。这家的女主人是一个年轻健康的农妇，大家坐定之后，这位农妇就从里屋抱出来一个十分瘦弱的男人。这男人面目清秀，谈吐清楚，是个高中生，有点文化。为了挣钱养家，他跟村里一帮人去外省挖矿，遭遇了事故导致高位截瘫。据反映，像这种情况，村里还有三四个人。因为挖矿导致重度伤残的，全县达300人以上。城口县地处偏远深山，全县人口约有20万，当时交通不便，闭塞贫困，外出打工的很多都下井挖矿，伤残和死亡率都比较高。后来，我们支持城口县率先对打工农民实行务工意外伤害保险。

巫溪县是重庆与陕西交界、地处秦巴山区深处的一个国家级贫困县，全县不到50万人口，是当时重庆最贫困的县，贫困发生率在30%以上。一次，我们在深山中一路崎岖下行，去视察新修的中梁水电站，看见路边一个山顶上有几户人家，就顺便停车进去看看，只见墙壁裂口、歪歪斜斜的几栋房子旁边就是万仞绝壁，山沟深不见底。据说一个男子就因为晚上起夜，不幸摔下山崖殒命。因此，乡里给他们房子周围修了一圈水泥栏杆。

渝西是重庆经济比较发达的地区。当时贫困发生率仍然达到5%，有贫困村217个，贫困人口21万人。有一次，我们去铜梁县，某村支书带我们到一户人家，老两口都70多岁了，一辈子养育了7个儿女，全部外嫁或外出打工，既不给家里钱又不能回家照顾，村里多次协调无果。老太太生病卧床，老头子也体弱多病，家里脏乱不堪，生活非常困难。

像这样的贫困事例，在重庆市各区县不胜枚举。当时，全市的贫困状况也是我在担任扶贫办主任以前没有了解的，尽管那时我从事农业农村工作已经35年了。抓农业、农村工作，更加重视的是农业产出、农技推广、农业安全和大基地大农村建设，主要的关注点还不在扶贫开发上面。好在从2008年开始，全国实行了农村贫困低保兜底，从此，我国基本解决了贫困农民的温饱问题。直辖之初，党中央、国务院把扶贫作为重庆的四件大事之一，是非常英明、伟大、正确的举措。

重庆扶贫全方位立体攻坚

重庆连片贫困区域和农村贫困人口，基本上都集中在基础设施差、土地贫瘠、产业薄弱、服务落后的偏远山区，即所谓的穷乡僻壤。直辖以来，重庆市委、市政府花了大力气，调集了各方力量，开始了全方位立体的扶贫攻坚。

（一）基础设施改善是扶贫开发的基础工程

改善基础设施是广大农民群众尤其是贫困农民最欢迎的事情。抓基础设施建设，排在第一位的就是修公路，特别是乡村公路。2007年早春，时任市委书记汪洋带领我们到酉阳县毛坝乡扶贫，当时到毛坝的公路还没有修通，汪洋书记带领我们冒雨艰难地上山下乡入户，探望留守儿童、孤寡老人和贫困农户，大家忍饥挨饿，直到深夜才满身泥水地回到县城。毛坝山区海拔600~1900米，既属于全县最落后的圆梁山片区，又是国家连片贫困的武陵山区腹地，沿途69公里，三个乡镇、18个行政村就有13个贫困村，共10余万人，贫困人口就有4.7万人。2006年，农民人均年收入仅1891元，远远低于全国、全市、全县平均水平。山上的干部群众最大的愿望就是修公路。2009年夏天，我们跟随时任市长王鸿举再去毛坝，这个时候一条双车道的水泥公路已经全线贯通了，汽车行进在这条高高的山路上，白云缭绕脚下，时任县委书记徐强感慨地说，这真是一条天路啊！全车人感叹不已，情绪高涨。我们看到许多村民已经在往公路两旁修房搬家了。现在，毛坝一条线已经相当“繁荣”了。毛坝和紧邻的木叶共同荣获了“重庆最佳避暑休闲乡村”称号，2013年接待游客48万余人次。同时，毛坝已经建成高山蔬菜、中药材、茶叶、畜牧业生产基地和国家大鲵保护区。2013年，农民人均年收入就达到6072元，超过了全县平均水平。其他基础设施建设如人畜饮水、改电通电、危旧房改造等，都是农民期盼解决的项目。

保守估计2006—2011年，全市直接投入的各类扶贫资金不少于200亿元，其中一半以上都用在解决各种基础设施上了。加上其他各种配套投入，这几年贫困农村基础设施建设发生了很大改变。据不完全统计，这五年在贫困农村修公路7万多公里，解决饮水安全210余万人，改造农村危房33.8万户，新建巴渝新居20万户，改造中小学危房130余万平方米。

（二）高山扶贫搬迁是改善生存的长远之策

重庆2000个贫困村，80%以上都大片分布在800米以上的高海拔地区。这些地方几乎都是喀斯特地貌山区，坡高山陡、土地瘠薄、缺水缺肥、交通不便，农民的生产生活条件很差。这种地区在重庆量大面广，改善基础设施的成本很高，有的甚至根本无法改变。高山扶贫搬迁成了最根本、最便捷的脱贫减贫途径。

2009年，我们对巫山县庙堂乡实施了整乡搬迁。庙堂乡位于巫山县境东北部，是重庆最贫穷的乡镇，素称“重庆第一穷乡”。庙堂乡距县城165公里，辖区面积82平方公里，辖5个特困村，人口2308人，多数农户居住在不通公路的边远地区，其中726人生活在海拔1500米以上的高寒山区。境内山高坡陡，沟壑纵横，人烟稀少，交通闭塞，全乡仅有3000余亩贫瘠耕地，粮食亩产仅250公斤左右。当时，实施整乡搬迁，尚属全国首例，能不能撤销建制、整体搬迁是要仔细考虑的。我们算了三笔账：

第一笔是脱贫减贫账。庙堂乡经济水平要达到全县平均水平，至少需要投入资金1.5亿元。仅修一条通乡公路最低也要6000万元，而搬迁只需要2000多万元，可节省资金上亿元。

第二笔是社会民生账。庙堂乡贫困户比例高达1/3。到搬迁前为止，建卡贫困户人均年纯收入仅577元，人均粮食477公斤。只有将这些受环境制约的高山贫困农民搬出来，才能从根本上挖掉穷根。

第三笔是生态效益账。庙堂乡辖区82平方公里，位于重庆市级自然保护区五里坡，与湖北省的神农架为邻，平均海拔1100米，最高海拔2473.7米，立体气候明显。境内植被、矿产资源较为丰富，拥有金丝猴、豹等国家重点保护的一、二级珍稀动物30多种。农户生活燃料主要以砍割灌木林为主，全乡森林覆盖率仅32%。实施整乡搬迁后空出的宅基地、土地可以还林还草，有利于生态保护。

三笔大账算清楚了，我们就下定决心整乡搬迁。

截至2009年11月30日，我们搬迁了561户2181人，占该乡总人口的95%。实行插花式安置方式，在县内安置主要以大昌、福田、龙井等条件较好的乡镇为主；县外主要是巫溪县的上璜镇，湖北省巴东县的沿渡镇、神农架的下谷乡、京山等地。全乡共有100多人愿意留在本地，这部分农民被组合成一个村，编进相邻乡镇。庙堂乡建制撤销，从此不复存在。

庙堂乡的群众搬出大山后，生活发生了翻天覆地的变化。原来在庙堂搞小鸡孵化的吴应宝，搬迁到两坪乡仙桥安置点后，将小鸡孵化机器也搬到那里去，重新开办了一个新的小鸡孵化场，年收入达到5万元以上，并带动了周边更多老百姓发家致富。

39岁的罗来才，出生以来一直就在庙堂村七组生活。强壮精明的他虽然通过勤劳挣得了一幢砖瓦房，种了2亩烤烟，养了几头肥猪，但由于居住环境恶劣，娶媳妇的梦多年来一直没圆。搬迁到起阳村后，不久就处上对象并结了婚。据统计，迁出庙堂的10多名“土老五”，现在基本上都娶妻生子了。

高山扶贫搬迁，让庙堂人脱贫致富的梦想一天天变得真实起来。庙堂乡的成功搬迁，坚定了巫山县委、县政府的决心，紧接着他们又对万良村和大红村实施了整村搬迁。迄今，巫山县已累计搬迁3.5万农民，其中，贫困农户占59%。

2007年后，重庆市“两翼”地区对14个贫困村实行了整体搬迁，效果都非常好。2014年，全市高山扶贫生态搬迁累计已经达到94万人，共计27万户。

（三）产业扶贫是整体脱贫减贫的根本途径

农村贫困尤其是区域性贫困，主要原因就是没有产业支撑，农民没有收入来源。因此，发展支柱产业对于脱贫减贫是一个根本性的措施。怎么发展适合秦巴山区和武陵山区的扶贫支柱产业，我们花费了很多的工夫。我们对秦巴山区和武陵山区为主的连片贫困地区开展了深入的调查研究，掌握了其生态特点、产业基础、设施条件、发展水平、社会状况、制约因素等，确定了在秦巴山区和武陵山区为主的“两翼”地区，主要发展林、果、桑、药、菜、鸡、牛、羊、兔、蜂十大产业。为此，我们分期为产业规划区域的贫困村，建立了扶贫资金合作社和发放大额贴息贷款等，大力发展扶贫支柱产业。

支持丰都县发展肉牛产业。现在，全县肉牛存栏30余万头，其存栏和出栏量都是全国第一；支持巫溪县发展山羊产业，很快巫溪年出栏山羊达到60万只以上，居全市第一；支持开县发展肉兔产业，仅用三年时间，开县肉兔出栏量就达到了千万只以上，成为全国知名的养兔大县；支持秀山县、城口县发展土鸡养殖业，2009年，秀山出栏土鸡达到500万只以上，城口开发成功了本地土鸡的种质资源，创出了“城口黑鸡”的品牌；支持石柱县发展辣椒产业，帮助石柱建起种苗基地和品选大棚，帮助引进加工龙头企业，为企业提供贴息贷款，2010年，全县辣椒种植面积突破了20万亩；帮助武隆县建立高山反季节蔬菜基地；帮助潼南县灌坝建立起新的蔬菜基地，使潼南成为全市最大的蔬菜生产县；帮助“两翼”地区大力发展中药材种植业，“两翼”地区中药材品种发展到100多个，种植面积很快突破120万亩，同时为了解决销售问题，提高产业附加值，2009年，我们联络中国中药协会，组织了百余家中药生产经营的大企业，在南川区召开了产销对接会，卖出30多亿元产品；支持渝东北大力发展柑橘种植，开县、云阳、奉节、万州、巫山一带成了全国知名的柑橘产区，全市年产量突破了120万吨。

为了发展十大产业，提高贫困农民素质，坚持不懈地对贫困村干部、乡镇扶贫专干、创业和致富带头人和残疾人开展大规模的实用技术培训。2007—2011年，共培训48.9万人次，其中市级集中培训10.7万人次。

十大扶贫产业的发展，为全市脱贫减贫发挥了很大作用，并且还将继续发挥越来越大的作用。

（四）社会扶贫是助推扶贫的强大动力

重庆有18个贫困区县，市委、市政府调集了全市257个机关事业单位、大专院校、党派团体、国有大中型企业、在渝部队和武警，组成了18个扶贫集团，由市委、市人大、市政府、市政协四大班子办公厅和各部委办局牵头，市委常委和市长、副市长分别挂帅，对口定向帮扶一个贫困区县。直辖十多年来，挂帅的市领导、牵头的部门、18个扶贫集团成员单位一届接着一届干，发挥自己所长，出钱出力，想办法找路子，千方百计帮助贫困区县脱贫减贫，效果十分显著。

市委办公厅扶贫集团对口帮扶武隆县，张德邻、贺国强、黄镇东和汪洋四任书记先后亲自挂帅，帮助武隆仙女山片区率先脱贫。扶贫集团帮助仙女山片区改善基础设施，发展旅游业、特色农业、高山度夏产业和申报世界遗产等。如今，武隆仙女山片区已成为全国闻名的旅游胜地和全市最大的休闲度夏区，农民人均年收入10745元，大大超过了全市平均水平。四任市委书记和常委都亲自挂户帮扶，操心贫困农户的衣食冷暖、养老抚幼、婚丧嫁娶和生老病死等。至今，那一方的老百姓仍然感念不已、铭心刻骨。

特别令人感动的是时任市长王鸿举每年都亲自带领市政府办公厅扶贫集团到酉阳县贫困村慰问座谈，现场解决问题。他每次都自己掏钱，分发给村里的小朋友，还特别让夫人准备了许多糖果，分给孩子们吃。他说小孩需要钱，但是他们对钱没有概念，给糖果他们才高兴。在他的督促下，酉阳县马鹿等村实现了整村脱贫，毛坝片区也发生了翻天覆地的改变。特别值得提及的是市委组织部扶贫集团，在时任部长陈存根的带领下，对口帮扶开县，帮助杨柳村扶贫搬迁实现了整村脱贫。他们竭尽全力、多方筹集的资金几乎达到甚至超过了扶贫专项资金的投入总量。市人大、市政协扶贫集团也做得非常认真扎实。18个扶贫集团可圈可点、功劳卓著。从2007年到2011年，18个集团共计投入资金15.5亿元，2009、2010年连续两年超过了国家和省两级财政的专项投入。

2007年，为了进一步统筹城乡区域协调发展，重庆市委又规定“一圈”各区县按不低于上年本级地方财政一般预算收入的1%的实物量，来支持对口帮扶的“两翼”贫困区县。“一圈”的各区县以园区建设、协助引资、融资帮扶为重点，开展经济领域的对口帮扶。以公共服务、扶贫开发、人才交流和劳动力培训为重点，加大帮扶力度。至2011年，累计援助“两翼”区县帮扶实物量达8.3亿元。

从1997年起，中央开展了定点扶贫工作。水利部、致公党中央、三峡建委办公室、核工业集团公司、长江三峡工程开发总公司5家单位，对口帮扶酉阳县、城口县、巫溪县、开县、云阳县、武隆县、丰都县、万州区、石柱县、巫山县、奉节县等11个国家级贫困区县。特别值得赞扬的是水利部，陈雷部长和几任部长都非常重视扶贫工作，都曾经亲自到贫困区县扶贫帮困。矫勇副部长具体负责对口扶贫，他每年都要到重庆深入贫困区县，召开对口扶贫工作会议，现场解决实际困难，多年来从未间断。2007—2011年，水利部解决饮水安全224万人，减少贫困人口25.4万。致公党中央对口帮扶酉阳县，解决了许多困难，特别是帮助酉阳桃花源成功申报国家5A级景区，使酉阳的民俗特色旅游，得到长足发展。中央对我市区县对口扶贫的单位，共计投入项目资金20.7亿元，帮助引进资金10.9亿元。

2002年，国家开展了东部地区对口西部地区的扶贫协作，安排珠海、厦门与我市巫山、巫溪、奉节、万州、黔江、武隆6个区县扶贫协作。2002—2010年，共援助资金2.1亿元，实施项目160多个，互派挂职干部30多名。2010年，山东省14个地市与我市14个国家扶贫开发重点区县开展东西扶贫协作，给了我市很大的支持，每年支持的资金都在4200万元以上，还帮助招商引资，派干部挂职帮助扶贫。

社会爱心扶贫从未间断。社会各界团体和爱心人士多层次、多渠道、全方位参与扶贫开发。多年来，市老促会为重庆市革命老区共募集捐款1亿多元；市扶贫开发协会共筹集资金4800多万元，争取村干部创业资金1000万元，募集各类资金近亿元，实施项目33个，启动了“雨露工程”贫困大学生资助项目；市扶贫基金会共募集资金5600多万元；中国扶贫开发协会、中国扶贫基金会、曹德旺基金会、香港道德会等组织，共筹集资金3亿多元。

特别令人感动的是珠海市农委原书记骆驰因扶贫与重庆结缘，退休后仍然以各种方式帮助重庆山区的贫困农民。他还介绍香港道德会来重庆扶贫，几年来新建希望小学22所，新建学生宿舍楼9栋，直接捐资1530万元，长期资助贫困老人、儿童3000余人，还捐助了电脑、校服和图书等。汶川大地震刚发生，他就代表香港道德会携带350万元赶到重庆，采买食物、饮品等救济物资，连夜赶往汶川，成为最先到汶川救助的人。同时，无偿捐助重庆150万元。他不辞年老体弱，至今，仍然年年都到秦巴深山进村扶贫。

香港道德会的几位老先生平均年龄70多岁，永远会长霍宗杰先生80多岁了，生活非常简朴，每年都要来重庆，深入高寒山区农村扶贫。尤其令人感动的是每年春节前，他们都要冒着严寒，到巫溪、巫山等地的深山农村，捐助贫困老人和儿童，现场解决一些困难。为了帮助内地扶贫，霍宗杰先生还拍卖了一些自己珍爱的藏品。我们应当记住这些老先生们：会长曾富城、区广强，永远会长霍宗杰、区士达，董事何腾、麦森，司理霍颖斌，顾问岑顺翘，助学总监骆驰。

重庆市在开展集团扶贫的过程中，许多干部和职工与贫困农民结对结缘，坚持多年以各种方式帮助农村贫困家庭。重庆信托投资公司党委书记雷万亚原任市检察院副检察长，当时具体负责政法系统扶贫集团帮扶工作。她长期帮助武隆县天地乡天生村农民谭朝章一家的事迹非常感人。谭朝章因为务工打石头伤了腿无钱治疗，致使腿部长期溃烂伤残，老婆无奈离家出走，孩子无人照顾，一家人基本陷入绝境。政法系统集团在扶贫中，发现了这家人的情况，立即伸出了援手。雷万亚亲自跟大坪医院联系，为谭朝章做了手术，医好了伤腿，又帮助他找回了老婆，还帮助他们的女儿上了学。直到现在，雷万亚每年都自费资助这家人2000元钱。在集团扶贫中像这样的事情不胜枚举。

还要特别说到的是，市内外许多民营企业和企业家，也以各种方式支持和帮助重庆的扶贫工作。社会扶贫的物质力量是巨大的。2007—2011年，共计帮扶资金43.5亿元，引进投资近82亿元、项目10586个。社会扶贫的精神力量也是巨大的，不仅弘扬了中华民族传统美德，而且把党的温暖直接传递给了广大的贫困农民和广阔的贫困山区，既帮助了别人又升华了自己。

（五）国际合作携手消除贫困

重庆扶贫开发十分注意加强与国际社会的联系。2010年8月，我们与世界银行正式签署扶贫项目协议，并在万州、黔江、涪陵、酉阳、云阳等5个区县27个乡镇的54个村实施扶贫项目共591个，覆盖人口12.1万人，总投资约2.1亿元。项目集中在修路、饮水以及一些农村公共服务设施建设上，得到了群众的普遍欢迎。不仅如此，世界银行的项目管理和要求群众参与的程序规定，非常值得借鉴。

2010年，我作为中国扶贫代表团团长，率队访问了墨西哥和哥伦比亚。他们的贫困面依然不小，但扶贫办法很有成效。墨西哥为了解决学龄前贫困儿童抚养教育问题，动员社会独居老人等利用自有住房兴办幼儿园。政府统一配发教材，给予师资和经费补贴，较好地解决了这个问题。时任总统卡尔德隆受到了中下层老百姓的广泛拥护。哥伦比亚对贫困人口有精细的统计，按照因素法对照贫困线，直接发钱补足。而且非常重视教育，贫困家庭学龄儿童旷课按学时扣钱。

2009年，我跟随世界银行代表团到非洲的尼日利亚和加纳考察验收援助项目。非洲大面积贫困和管理无力的情况是触目惊心的。由此，我对我们党和国家，重庆市委、市政府高度重视、精心组织扶贫开发感到非常自豪，从而使我更加热爱社会主义，更加热爱和拥护中国共产党。我们还多次代表国家培训欠发达国家的扶贫机构人员，也了解到NGO组织（非政府组织)的一些活动和做法。与国际社会的广泛接触,使我们从多方面获得了国际认可,开阔了眼界,学习和借鉴到了更多的东西。

(六)重庆扶贫攻坚的创新举措

重庆市历届市委、市政府高度重视扶贫开发,倾注了大量心血,许多做法在全国都是率先创新的。

其一,率先实施整村脱贫。2009年,重庆市委正式启动整村脱贫。其好处是能够成片成片地改善基础条件,发展骨干产业,缩小发展差距,带动片区扶贫开发。能够集中使用资金资源,发挥好攻坚作用,实现可持续脱贫减贫。经过认真调查研究,我们提出"七有四通三解决"的脱贫标准,得到了市委、市政府的批准。"七有":有稳定收入、有基本保障、有基础知识、有一定技能、有稳固住房、有服务中心、有好的班子;"四通":通路、通电、通广播、通电视;"三解决":解决温饱、基本解决人畜饮水安全、全部解决生态和扶贫移民问题。行政村整体脱贫是一件很不容易的事情,重庆经过撤乡并村以后,每个行政村几乎是原来的二三个村合并而成的,辖区面积数十平方公里的村很多,尤其是贫困村往往都在地广人稀的山区,要达到这个标准是很难的,但这又是脱贫的基本标准。我们测算,条件相对好的村要达到这个标准,除去农民投工投劳之外,净投入的资金至少也要500万元以上,然而,市里的财政专项投入只有150万元。

为了实现整村脱贫,各区县党委、政府,18个扶贫集团、企业,基层干部、农民兄弟,都付出了大量心血和精力。例如,秀山县石耶镇青龙村是市建委系统扶贫集团对口帮扶的贫困村,在该集团帮助下,将这个村改造成为一个非常有乡土民俗特色的村落,乡村旅游成了他们的骨干产业,因此实现整村脱贫。市政协扶贫集团为其帮扶的云阳县阳凤村、马轩村整村脱贫,落实帮扶资金和物资价值646万元,为云阳引进资金近3亿元。市人大扶贫集团对忠县天子村进行了整村改造和产业构建,使其整村脱贫。奉节县鸡山村依靠一个养鸡的民企培育骨干产业,整村因此而脱贫。

重庆率先开展整乡和整村搬迁,巫山县庙堂乡的整乡搬迁不仅是全国首创,至今在全国也不多见。现在,全市实现整村脱贫的已有1166个村,占全市贫困村总数的58.3%。整村搬迁14个,占1.2%。

其二,率先推动乡村旅游扶贫。发展乡村旅游在全国并不稀罕,重庆扶贫部门早在2009年就率先认识到乡村旅游对扶贫的特殊作用。重庆夏季炎热,时间漫长,市民度夏纳凉的需求旺盛。高海拔山区正是连片的贫困地区,把扶贫开发和盛夏避暑的乡村旅游结合起来,做成一个巨大的市场,就是一条脱贫减贫的好路子,这是重庆的创新。当时,国家规定发展扶贫产业只能是农业类产业,扶贫部门归在农口,旅游行业主管不属农口,扶贫资金要投到乡村旅游上是很难的。为此,我们积极向市领导、国务院扶贫办汇报,与市财政、市发改委、市旅游局沟通，获得了他们的支持，区县的积极性也很高。当年，我们就组织投放了专项扶贫资金近5亿元，补贴搞乡村旅游的农户，改善乡村的设施条件，组织大规模培训和考察，联合市级各大媒体广为宣传，开通网络平台，成立乡村旅游协会等。向18个集团求援，组织本系统离退休老同志到对口区县的新建旅游乡村度夏纳凉，促使农户当年建设、当年获利。

特别令人感动的是市文联党组书记王超亲自率队，组织许多艺术家到巫山县瓜瓢村度假，艺术家们在瓜瓢村创作了大量的书画作品。市文联到北京等许多地方巡回展出，宣传重庆的美丽乡村。经过各方努力，比较迅速地把乡村旅游的声势造得热火了起来。

经过几年持续不断努力，现在，重庆市有扶贫任务的33个区县，尤其是“两翼”区县，都有大量连片山区和村社成为乡村旅游的知名区域。例如，武隆县双河木根片区、奉节县兴隆片区、开县关勉片区、巫山县望山坪片区、黔江区水市片区、秀山县川河盖片区和巫溪县文峰三宝片区等。全市已有177个贫困村成为重点乡村旅游村，年接待游客已经达到600万人次以上，户均收入近6万元。

乡村旅游和休闲度假产业已经成为重庆市农村经济新的增长点，早已大大超出了扶贫的范围和意义。

其三，率先创新社会扶贫模式。重庆组建18个对口帮扶集团，落实领导、集团和党员干部帮扶责任制，广泛深入挖掘社会扶贫资源，其做法和成果在全国既是创新，也是遥遥领先的。汪洋书记到广东任省委书记时，曾要求广东扶贫系统到重庆专题考察落实扶贫责任制的情况。重庆市的社会扶贫工作不仅成效显著，而且做了很多党委和政府做不了的事情。社会扶贫调集了党委和政府、计划和市场、体制内和体制外、组织和个人、本地和外地、东部和西部，甚至国内和国外各方面力量来扶贫，真正做到了从内容到方式上的立体化、全方位和广覆盖。从2009年开始连续5年，社会扶贫资金投入都超过了国家和省级的财政扶贫专项资金投入，年投入达到了18亿元以上，引资和项目投入就更多。

其四，率先创新扶贫开发机制。2007年初，汪洋书记带领市级部门主要领导到黔江区召开渝东南片区会议，主题就是怎么支持区县统揽统筹发展区域经济。当时，我在会上发言，表示全市扶贫资金可以按照是否重点贫困区县、贫困人口数量、财政收入情况、农民人均年收入水平这4项主要指标切块下达，实行项目备案制度，所有扶贫项目都由区县决定，市扶贫办不再审批具体项目。我发言刚毕，汪洋书记立即给予了高度评价和表扬。但是，真正实行起来却遇到了阻力和压力，面临了许多新情况和新问题。我当时刚到扶贫办任职不久，这就逼得我们不得不研究一系列问题：怎么保证扶贫资金的安全？怎么发挥好扶贫资金的效益？怎么更好地搞好扶贫开发？等等。于当年就实行了资金切块、项目备案制度。从此，废除了对具体项目的审批制度。但是在实践中，有的区县确实出现了扶贫资金挪作他用、确定项目草率、随意变更项目等情况。为此，尽管我们增强了扶贫办审计监察处的力量，反复强调国家的相关规定,但是在执行中仍然存在一些问题。即便如此,我们还是一直坚持了资金切块、项目备案、不审批具体项目的做法。在我任市扶贫办主任的5年中,市级部门也一直只有我们是这样做的。随后的事实证明,这种自我放权、削权的好处,并不仅仅只是保护了市扶贫办的全体干部。尽管5年中国家和市里对扶贫资金的投入有大幅度的增加,市扶贫办却没有发生一例违纪违规案件。这个做法多次在全国扶贫工作会上作为经验进行介绍,也得到国务院扶贫办、中纪委督察组和市纪委等相关部门的支持和嘉许。更重要的是因为这个改变,重庆市扶贫开发管理迈上了一个新的台阶。

为了解决实际中存在的问题,2009年我们出台《重庆市财政扶贫资金管理实施办法(试行)》;2010年我们出台《重庆市财政扶贫资金使用和项目实施程序规定》。同年,我们总结丰都县白江洞村对扶贫项目实行村级义务监督员的经验,出台了《重庆市扶贫开发村级义务监督员管理办法(试行)》等3个规章,对财政扶贫资金的管理、使用,项目的确定和实施,项目的效果评定,群众的参与方式、参与程度、监督沟通渠道和反馈办法,都做出了一系列可操作的创新性规定。紧接着又在3个规章基础上,结合国内外消除贫困的经验做法,深度研究本市的情况,2010年8月,颁布实施《重庆市农村扶贫条例》。这是全国第一个内容最全、质量最高、创新点最多的地方性扶贫法规。

首先,我们在全国率先与国际接轨,实行相对扶贫标准。《条例》明确规定:"市人民政府应当按照不低于国家扶贫标准的原则,根据经济社会发展总体水平,确定本市农村扶贫标准。"市政府确定,按照本市当年农民人均年收入的30%,作为次年本市农村的扶贫标准。这样做就使得扶贫对象的确定与国民经济发展水平直接挂上了钩,成为一个动态过程,增强了规律性和公平性。第二,《条例》确定了贫困村和贫困户确定的程序和要件。第三,《条例》明确了财政扶贫项目,实行竞争立项和分类审核审批制度,避免了区县在项目确定中的盲目性和随意性。第四,规定建立大中型水利水电建设项目贫困影响评价和扶助补偿机制。第五,明确财政扶贫资金投入的比例规定等。这个条例当时在全国都是领先和创新的,有的至今在全国也是独有和少见的。这种创新对于扶贫开发具有十分重大的意义。

重庆市颁布实施扶贫工作的"一法三规",配合《重庆市市级扶贫集团帮扶资金管理办法》《重庆市贫困乡镇小额信贷试行办法》和国家《关于违反财政专项资金管理使用规定的纪律处分暂行规定》的实行,使重庆市的扶贫开发工作做到了有法可依和依法管理。

结语

在中共重庆市委、重庆市人民政府的坚强领导下,经过各方面的努力奋斗,在我任职的五年中,全市减少贫困人口100多万人,扶贫产业得到了拓展和壮大,贫困农民人均增收

3007元，实现整村脱贫716个，片区开发进一步深入，农村生产生活条件显著改善。2008—2011年，连续4年获得全国扶贫开发综合考评第一名的好成绩，重庆市扶贫工作得到了广泛的好评。

中国的扶贫开发前所未有、举世无双，亿万党员干部和城乡群众参与其中，艰苦奋斗，真可谓波澜壮阔、可歌可泣。30多年的扶贫攻坚直至其后的扶贫开发，在绵延的历史长河中，只是弹指一挥间，但是其辉煌和功绩，已经注定了这是一部不朽的人类历史的壮丽诗篇。

（2015年1月）

（选自中共重庆市委党史研究室编:《重庆党史研究资料》2019年第2期）

西部大开发中的环保记忆

刘德绍 肖芸香[①]

2000年开始的西部大开发，让重庆插上了腾飞的翅膀，在如火如荼的经济建设中，环境保护也掀开了新的篇章：主城“退二进三”战略空前提速，大气污染治理攻坚战全面铺开，环境基础设施跨越式发展。笔者在环保部门工作了近20年，有幸目睹了这一段历史，兹将记忆中最深刻、最鲜活、最艰难的“退二进三”、大气污染治理、库区水污染防治发轫之始的情形与读者分享。

一

由于历史原因，重庆在饮用水源上游和城市上风向建设了不少企业，产生的污染物对主城区饮用水源和空气质量造成极大威胁。20世纪90年代末，市政府开始实施“退二进三”“腾笼换鸟”战略，由于认识不到位、资金制约、政策不配套等种种原因，迁出企业一直处于被动的小规模状态。后来的大规模搬迁，则始于西部大开发政策落地后的嘉化公司搬迁。笔者曾经担任《中国环境报》重庆记者站记者，对此前后做过深入详细的调查和报道。

重庆嘉陵化工厂成立于20世纪30年代，位于江北区董家溪，周围居民十分稠密，附近有大学、小学、幼儿园及不少机关和企事业单位。与原渝州大学一墙之隔，与尚未搬迁的江北区委、区政府仅隔几百米，与市委、市政府隔江相望。不仅位于城市上风向，而且位于三个城区取水点上游。从对岸看，鳞次栉比的高楼显示着这座城市的勃勃生机，而一座破破烂烂的工厂极不和谐地耸立在嘉陵江畔，蓝天下几根烟囱直插云霄。

1997年6月，该厂改制更名为嘉陵化学制品有限公司，主要生产高锰酸钾、氢氧化钾、氯乙酸和双氧水等化工产品，当时年产值1亿元。由于生产设备老化，生产工艺落后，自动化程度低，加之管理落后，跑冒滴漏相当严重，废水废渣污染及噪声扰民十分突出。尤其是氯

①刘德绍，曾任重庆市环保局自然生态保护处副处长，重庆市环保局环境综合整治处处长，重庆市环保局科技标准处处长。现任重庆科技学院副院长。肖芸香，重庆市环境保护局干部。

气、氯化氢气体时常发生泄漏，引起当地居民强烈不满，是江北区最大的大气污染源。1999年，嘉化公司运输氯化钡产品停靠在董家溪码头的货船，由于失火而发生沉船事故，造成城区数十万人生活用水被污染而中断。

笔者曾走访嘉化公司周边群众。渝州大学教授薛新力说，1999年2月28日—3月14日，嘉化公司发生氯气、氯化氢气体泄漏9次。3月5日，师生被呛得无法上课，只得提前终止教学。仅此一天，江北区环保局就接到投诉电话100多起。董家溪小学的学生纷纷逃离，常年招生不满员。

有关嘉化公司污染的信访投诉、人大代表建议和政协委员提案，一直伴随着重庆前进的脚步。环保部门穷尽了警告、处罚、限期整改、征收超标排污费等各种行政手段。2000年8月，环保部门对嘉化公司处以30万元高额罚款，成为全市之最，震惊全国。尽管如此，嘉化公司污染事故仍然“小事故天天有，大事故月月出”。

事实上，“七五”开始，市政府就把嘉化公司列入搬迁计划，但是一直未实现。西部大开发战略实施后，市政府加快了“退二进三”步伐，时任市长包叙定要求加强环保执法，限期解决嘉陵公司停产搬迁问题。市环保局会同相关部门，提出了两步走方案：先限产，停掉污染最严重的氯化钾电解车间和氯乙酸车间，然后通过土地置换实现搬迁。

在多重施压下，嘉化公司终于将关闭、搬迁提上了议事日程。经过多方努力，嘉化公司决定搬迁到荣昌县。2004年9月，嘉化公司实现企业老厂整体搬迁。搬迁那天，周围居民欢呼庆祝。嘉化公司的搬迁不仅减轻了主城的环境压力，而且企业在搬迁中提档升级，融入了技术改造，彻底甩掉了污染包袱，实现了环境和经济的双赢，最终掀开了主城企业外迁的序曲。

至2007年，我市关停了主城污染最重的朝阳化工厂、长江化工厂，治理改造了黄桷坪电镀厂，搬迁了油墨厂、广厦一建商品混凝土搅拌站、西南制药一厂、新华化工厂、电池总厂、灯头厂、西南制药二厂、天原化工总厂、天原造纸厂、天厨味精厂等29家重污染企业。搬迁耗资26亿元，减少排放二氧化硫4000吨。主城“退二进三”战略基本完成，主城再无高耸入云的烟囱。

二

20世纪80—90年代，重庆市“十雨九酸”，大气污染全国有名，是全国的大气污染重点防控区域。日本、英国很多研究中国酸雨的专家就以重庆为研究对象。原因就是重庆的空气扩散条件差，能源结构不合理，煤炭含硫量高，煤质差，煤炭占能源结构比重过大。原国家环保总局局长曲格平20世纪80年代第一次来重庆，一下飞机“就闻到一股浓烈的二氧化硫味道”。那个时候，大街小巷小餐馆煤烟袅袅，尤其是秋冬时节，呛人眼鼻。

“八五”期间，我市环保科研人员经过多年研究，发现重庆市低矮面源对大气污染“贡献率”高达50%～95%。于是重庆从20世纪90年代末开始摸索对局部低矮面源，即4条街道餐饮试行改烧清洁燃料，受到业主和市民的好评。2000年3月，市政府发布了《实施清洁能源工程严格控制大气污染的通告》（简称“清洁能源工程”），要求2001年6月以内，主城区所有以煤为燃料的茶水炉和10蒸吨每小时以下的锅炉必须改造为电、天然气、液化气等清洁能源。

“清洁能源工程”是我市推出的第一项具有强烈针对性的污染控制措施，煤改气设备改造需投入，成本略有上升，很多人观念不转变，企业抵触情绪大。市、区环保局根据政府通告，列出需改造名单，工作人员像居委会大妈一样，三番五次上门做工作。时任市环保局副局长的徐淑碧带领市、区工作人员，列出重点困难户，一一走访，查找、分析和帮助解决困难，实行一厂一策，各个击破。

南岸区上新街一家煤改气名单里的某企业负责人，一听说环保局的人来，就避而不见。有一次，笔者和重庆电视台等媒体记者，随市环保局、南岸区环保局工作人员再次到厂里做煤改气工作。门卫远远见着环保局的工作车，就把大门给关上，见着摄像机就抢夺。沙坪坝区某棉纺厂有近50年历史，由于设备老化，负债沉重，生产较困难。该厂有两台10吨的燃煤锅炉，年耗煤1.8万吨。接到煤改气的通知后，厂里职工认为是端了他们的饭碗。为了不改燃煤锅炉，女厂长多次带人到市环保局、市政府上访反映。为此，市领导批示“清洁能源目标要任务不松，期限不改，目标不变”“不是企业消灭污染，就是污染消灭企业”。

在行政、经济、舆论的强大攻势下，一些抱有幻想和畏难情绪的业主单位慢慢转变了思想和态度，从最初的消极等待转向积极支持。有的企业还结合煤改气进行技术升级，如西南车辆厂就把蒸汽锤改为电液锤和空气锤，实现跨越式发展。2001年6月，主城区“清洁能源工程”全面完成，累计投入3.8亿元，2653台锅炉、茶水炉全部改用清洁能源，每年减少燃煤136万吨，直接减少7.6万吨二氧化硫和3.4万吨烟尘、34万吨煤渣排放。

“清洁能源工程”不仅削减了燃煤所致的二氧化硫排放，而且促使了大气污染综合治理不断深化。更重要的是，“清洁能源工程”扫清了全市强化大气污染治理的思想障碍。接下来空气污染治理转向了以控制扬尘污染为主的可吸入颗粒物治理。2002年初，市政府启动了“五管齐下”净空工程，即一是关闭主城区范围内的采碎石场623家、小水泥厂7家；二是整治冒黑烟车6975辆次，1900辆19座及以下客运柴油车全部退出主城区行驶；三是建成CNG（压缩天然气）加气站43座，改造CNG车1万余辆；四是绿化地面76.4万平方米，封闭硬化土路94万平方米；五是完成23台10蒸吨以上燃煤锅炉洁净煤改造，4家大气污染企业关改迁。

2003年，我市采取了进一步控制扬尘污染的措施。2004年，我市对主城区易撒漏物质实行密闭运输，以进一步控制扬尘。2005年，发布《重庆市主城"蓝天行动"实施方案(2005—2010年)》，包括控制扬尘污染、控制燃煤及粉(烟)尘污染、控制机动车排气污染、保护及恢复区域生态环境、完善环境监控手段及建立和完善保障机制等六大方面的内容。

2010年，大气污染控制措施基本完成，也完成了西部大开发中关于产业布局调整和结构升级的要求，空气质量得到显著改善。

三

重庆位于三峡库区腹地，因三峡工程建设而直辖，保护好三峡库区水环境是党中央赋予重庆的一项重要使命。2000年，中国奏响了西部大开发序曲，也拉开了长江三峡库区水污染整治的帷幕，并成为重庆环境保护历史上浓墨重彩的篇章。

2000年以前，重庆除了年处理3万吨的唐家桥污水处理厂和牛角沱一个试验性质的小型污水处理站(日处理几十吨)外，再无任何生活污水处理设施。和中国所有沿江城市一样，重庆也沿袭着污水顺江排放、生活垃圾沿江倾倒的传统，长江及其支流成为纳污通道。

笔者当时在市环保局计划财务处负责环境规划编制工作，参与了相关规划的编制工作，目睹了由规划编制到实现的过程。在西部大开发政策落地前的1999年，国务院批复同意了《长江上游水污染整治规划》，重庆市政府编制了《长江上游(重庆部分)水污染整治规划》。

2000年6月16日，时任总理朱镕基在国务院三峡建设委员会第九次全体会议上指出："我们要极其重视三峡库区的生态环境保护问题，要及时制定规划，认真加以实施，强化监督机制，经常督促检查。决不能等到水库蓄水了再强调环境保护，现在就抓紧工作。"朱总理要求国家计委牵头，修订和完善现有的库区环境保护和生态建设规划。于是，在尚未实施的《长江上游(重庆部分)水污染整治规划》基础上，重庆市计委组织编制了《重庆三峡库区环境保护和生态建设规划》。基于当时全国城市污水及垃圾处理设施建设、运行管理几乎是空白的情况，包括笔者本人在内的重庆方方面面对于环境基础设施的建设并没有足够的心理预期，再加上受项目资金缺乏的制约，规划的库区城市污水、垃圾处理建设项目进展极其缓慢。

随着距2003年5月三峡工程135米蓄水期限日益临近，库区环境基础设施建设任务日益紧迫，相关工作仍没有实质性进展。2001年6月，朱镕基总理沿长江视察，并在宜昌发表了重要讲话，要求国家环保总局会同有关部门，做好治理环境污染规划，并严格执行。为此，市政府责成市环保局牵头，组织相关部门对《重庆三峡库区环境保护和生态建设规划》进行修订。市环保局在一个月内形成了《三峡库区(重庆部分)水污染防治规划》报送国家环保总局。同年，11月2日，国务院批复了《三峡库区及其上游水污染防治规划(2001—2010年)》。《规划》中，重庆库区污染防治项目的国家投资174.5亿元，并明确了到2010年库区水环境质量目标及水环境保护各项主要任务，尤其明确了到2003年三峡工程二期蓄水前的急迫任务，完成135米水位以下垃圾库底清理、水库沿岸城市污水处理厂和垃圾处理场的建设。从此，库区城市污水和生活垃圾设施建设项目相继开工建设。

2008年1月，国家环保总局再次修订了三峡库区水污染防治规划，并印发了《三峡库区及其上游水污染防治规划（修订本）》。同年8月，重庆市政府出台《三峡库区及其上游水污染防治规划（修订本）实施方案》。生活污水和生活垃圾处理设施建设由城市向小城镇延伸。

在中央资金支持下，重庆市政府持续十余年实施碧水行动。重庆的城市生活污水及生活垃圾处理设施发生了翻天覆地的变化，相继建成一批库区沿岸城市污水处理厂，再覆盖全市域城市。到2010年，全市建成城镇污水处理厂157座，日处理能力260万吨，全市城市污水集中处理率83%；同期建成生活垃圾处理场50座，日处理能力11080吨，城市生活垃圾无害化处理率94%，改写了重庆将长江及其支流作为纳污通道的历史。

（2014年12月）

（选自中共重庆市委党史研究室编：《重庆党史研究资料》2019年第3期）

重庆保税港区建设历程回顾

包子川[①]

在党中央、国务院的关心支持下，在市委、市政府的坚强领导下，在各方面的配合帮助下，重庆两路寸滩保税港区经历了从规划征地、开发建设、封关验收、招商引资、运行发展的过程。至2014年9月，港区累计投资299亿元，入驻企事业单位543家，已征用土地24平方公里，已建成厂房、库房、办公用房、员工宿舍等各类建筑物120万平方米。2014年1月—9月，港区实现固定资产投资50.92亿元，规模以上工业总产值684亿元，其中笔电（含平板电脑）产量1924万台、产值571亿元，保税贸易8.3亿美元，外贸进出口总额317亿美元，海关监管货值455亿美元，已征关税117.7亿元（人民币），国地税收入4.3亿元。就全国海关特殊监管区域进行比较，其发展之快、成效之好，是非常显著的。我作为一名保税港区开发建设的参与者、见证者，做一些客观概要的回顾。

重庆两路寸滩保税港区的诞生过程

国家实施的西部大开发战略，集中体现在促进西部地区的基础设施建设、教育文化卫生事业发展、生态环境的改善等方面，重庆在中央的支持下，这些方面都获得了快速的发展。但在经济和科技等方面，重庆作为内陆、西部的重要直辖市，需要争取中央更大支持，以深化改革、扩大开放、加快发展。

2006年11月，重庆海关撰写的题为《从成渝经济带崛起看区域通关的发展趋向》参考文章中，提出了在重庆设立内陆保税港区的构想，并就在重庆设立保税港区的意义、作用、功能等做了阐述。

2007年2月，重庆海关正式向市政府提出“研究在重庆建设内陆保税港区的可行性，支持把重庆建设成为西部最大的物流中心”的建议，此项建议得到市政府的高度重视和支持。

① 包子川，曾任重庆市地方税务局局长、党组书记，中共重庆市委组织部常务副部长（正厅局长级），重庆市保税区开发管理有限公司董事长、党委书记，重庆市两江新区党工委委员、管委会副主任（正厅局长级）。

同年3月，胡锦涛总书记就重庆新阶段发展提出了“314”总体部署：明确三大定位——努力把重庆加快建设成为西部地区的重要增长极、长江上游地区的经济中心、城乡统筹发展的直辖市；提出一大目标——在西部地区率先实现全面建设小康社会目标；交办四大任务——加大以工促农、以城带乡力度，扎实推进社会主义新农村建设；切实转变经济增长方式，加快老工业基地调整改革步伐；着力解决好民生问题，积极构建社会主义和谐社会；全面加强城市建设，提高城市管理水平。

在这之后，市委、市政府围绕贯彻落实“314”总体部署组织开展了一系列调研。在重庆设立保税港区的前期工作就是在这样的情况下逐步展开的。

2007年11月，海关总署党组书记、副署长盛光祖率队来渝调研，对重庆设立保税港区的想法表示支持。同年12月，《内陆保税港区可行性研究报告》形成，在此基础上经研究，2008年2月28日，重庆市政府以渝府〔2008〕13号文向国务院提出了《关于设立重庆两路寸滩保税港区的请示》，在重庆设立保税港区的申报工作就此启动。同年4月，国务院空港调研组来渝开展设立重庆保税港区的相关调研；同年6月，国务院专家调研组来渝调研，其中，由海关总署牵头的第五调研组即重庆保税港区专题调研组，对重庆申请设立的保税港区（含水港）进行了实地考察论证。海关总署盛光祖署长专程来渝，与王鸿举市长签署了《署市合作备忘录》，将推进保税港区的设立纳入合作内容。同月6日，国务院研究室在进行专题调研后提出了在重庆设立保税港区的建议，此建议以送阅件的方式报给了党中央、国务院的各位领导和有关部委，申报工作得到有力推动。6月25日，市政府又就设立重庆两路寸滩保税港区的有关事项向国务院提出了补充请示，全面完成了申报工作。

2008年9月22日，经重庆市委、市政府同意，成立了重庆保税港区开发管理有限公司筹备组。9月26日和10月8日，重庆市委常委、常务副市长黄奇帆主持召开了专题会议，研究重庆保税港区的筹备工作和重庆保税港区开发管理有限公司的筹建工作。这两次会议，使保税港区在获批之前的工作做到了精心筹划，及早准备，措施有力，快速推动。

同年10月，重庆海关印发了《重庆保税港区指南》，开始宣传保税港区的基本知识。11月7日，成立重庆保税港区海关推进工作领导小组。11月11日，重庆保税港区筹备组向重庆市政府上报了《重庆保税港区空间布局及土地储备建议方案》《重庆保税港区开发管理有限公司组建方案》《重庆保税港区开发管理有限公司章程》《重庆保税港区成立庆典方案》等重要报告。11月12日，《国务院关于同意设立重庆两路寸滩保税港区的批复》（国函〔2008〕100号）文件下发，标志着重庆两路寸滩保税港区正式获批。该批复明确了重庆两路寸滩保税港区面积8.37平方公里的四至范围，其中水港功能区6平方公里、空港功能区2.37平方公里；重庆保税港区的功能和有关税收、外汇政策按国务院关于设立洋山保税港区的批复的有关规定执行；要求重庆要严格实行土地利用和城市总体规划，在节约利用土地资源的前提下进行建设，要拟定保税港区的开发实施方案和产业发展规划，并按有关规定组织隔离监管设施的建设和验收。

国务院文件下发以后，在市委、市政府的领导下，市级有关部门、保税港区筹备组着重抓紧开展了六项工作：一是积极申报争取中编办支持，健全组织管理机构。2008年12月10日，中央编办以“中央编办复字〔2008〕120号”文件批复同意设立重庆两路寸滩保税港区管理委员会，作为市政府派出的正厅级机构，负责对保税港区进行开发建设和运行管理。二是组建重庆保税港区开发管理有限公司，作为市属国有重点企业，负责筹资开发建设保税港区。该公司于12月17日完成工商税务登记等手续，于12月31日前完成了法人治理结构、班子队伍建设的基础工作。三是启动保税港区及功能配套区的产业规划编制及招商引资政策研究。四是开展相关土地清理及规划前期工作。五是海关、国检拟订落实沿江、沿海异地通关工作方案等。六是认真筹备，12月16日市政府召开新闻发布会，向全国、全世界公布重庆两路寸滩保税港区成立的重要信息，并就在西部内陆地区设立保税港区的重要意义，重庆保税港区建设发展的主要设想、目标计划等进行宣传。新闻发布会引起了国内外的高度关注。12月18日，市委、市政府举行了重庆保税港区成立典礼，海关总署盛光祖署长前来参加。自此，我国第一个内陆保税港区、第一个“水港+空港”的双功能保税港区设立后正式面世。

保税港区的规划和开发建设的主要情况

对于保税港区的规划建设，市政府要求我们总体规划、分期建设、滚动发展，争取2009年底实现一期封关围网，2015年全面建成，并把高起点规划、大马力建设、大力度招商，尽快实现保税港区运行，发挥保税港区功能作为我们的主要工作目标。围绕上述要求，我们主要抓了以下几方面的工作：

（一）快速精心编制保税港区的规划

规划是建设的基础和前提，是对建设质量、建设过程的控制，是建设成本节省和建设效果良好的重要保证。我们面对的难题是内陆没有先例，全国也没有“一区双功能”的保税港区，而我们的保税港区与现有的沿海保税港区在地域环境、地形地貌、地质条件等诸多方面有重大差异，国外境外熟悉自由贸易区规划的单位或专家对国内的法规、政策及保税港区的功能和监管要求不了解，国内熟悉保税港区的规划设计单位及专家对重庆的规划建设要求及特点不熟悉，而熟悉重庆规划建设特点的单位及专家又对保税港区的功能及规划要求不了解等，尤其是能够进行总体规划和一期建设的时间只有一年。为此，我们采取的主要对策是：一是由非常熟悉并成功规划过沿海保税港区和北京天竺空港保税区的日耀金声投资顾问有限公司与非常熟悉重庆城市规划和规划实施情况及建设特点的重庆规划设计研究院合作，一起研究编制重庆保税港区的规划；二是“初规”形成后多次组织重庆的规划设计、建设工程管理专家研究论证、评议修改；三是邀请了住房和城乡建设部、中国规划设计研究院的高级专家和国内保税港区中知名度高的规划建设管理的专家、人才、领导，帮助查找问题、评议修改；四是组织确定的建设施工单位的施工专家、领导和工程技术人员进行图纸和实地的比较研究、评议修改，以提高规划实施的可行性；五是对保税港区的综合楼、卡口、监管设施、仓储设施、信息管理系统等重点项目方案开展深入细致的研究，多方征求意见，反复审议修改；六是组织规划、建设、环保、人防、市政等各政府职能部门进行综合评审，并多次向各方面的领导汇报。整个规划过程遵循了“专家咨询、部门合作、公众参与、科学决策”的原则，2009年4月27日，报经市政府第36次常务会议审议，批准了保税港区的总体规划和一期2.67平方公里的建设实施方案。从一期建设实施的效果来看，规划是非常成功的。

（二）保税港区的建设

保税港区的建设，是全市贯彻“国发3号”文件的重中之重。2009年，市政府贯彻“国发3号”文件将任务分解为145项，其中市领导牵头的有50项，50项中又确定了18项攻坚任务，其中的第一项就是加快保税港区建设。保税港区的建设的确是一个十分艰巨的任务，面临征地收地难、地形地貌复杂、建设工期紧、施工环境差、工程量极大、材料采购多等困难。为此，我们主要采取了以下几项措施：

一是大力快速征收土地。在一期工程中，我们采取征用、拆迁、安置经费包干的办法，委托渝北、江北两区政府征地并负责拆迁安置，得到两区政府的高度重视和大力支持，并调解、克服了诸多矛盾、困难。从2009年2月20日开始，用3个月时间，完成空港征地1500亩，水港拆迁980亩，保证了工程用地的需要；鉴于水港功能区近900亩已出让土地须收回，我们按照市政府确定的原则，采取加强对接、反复磋商，尊重历史、面向未来，实事求是、合理补偿等原则和方法，在市国土局等有关部门的支持下，从长安、中外运、双远、小水电项目等单位及时收回土地，推进工程开展。

二是大力推进建设。我们深知保税港区工程的重要性，提出了要把保税港区工程建设成为“市委、市政府放心工程，经得起历史检验、人民群众满意的工程，精心管理、质量优良的工程，不出重特大安全事故的工程，各方支持、心齐气顺的和谐工程，不出腐败问题、不倒下一个工作人员的廉洁工程”的“六个工程”目标。为了实现这个目标，我们采取与国有大型企业合作，实行工程总承包方法，并认真执行“三严行动”，不准违规转、分包等措施，通过近一年的艰难努力，完成“平基”土石方2100万立方米，搬迁14座高压铁塔，修建水空港综合楼、仓储设施近20万立方米，建成并投用全部海关、国检等监管设施，于2010年5月11日通过国务院联合验收组正式验收，获得验收组成员“建设难度最大、建设时间最快、完成效果最好”的“三最”评价。同年8月，在海关支持下，保税港区一期开始封关试运行。2010年8月，市政府提出重庆打造亚洲最大笔电基地的工作部署，市政府领导要求我们将空港功能区笔电基地建设作为重庆的“淮海战役”来攻坚，通过认真研究和精心准备，2010年10月10日开工建设保税港区二期工程和空港笔电基地，至2011年7月，宏碁系笔电企业入驻投产，笔电基地形成。2011年12月14日，重庆保税港区（二期）顺利通过国务院联合验收组验收，标志着重庆保税港区历经3年，全面建成。

（三）保税港区规划建设中的重要花絮

1.关于水港功能区标高的确定。寸滩港从已建成的集装箱码头到海尔路，从海尔路到水港功能区的监管仓储物流区，是一个梯级递高地形，两级高差分别为5米、8米。在规划设计过程中，一些专家及相关部门、单位的意见是将监管仓储物流区与海尔路标高一致，使之平顺美观。但我们在研究论证中结合重庆实际，反复斟酌，提出保留8米标高。实践证明，这项决策的效果既体现了重庆山城特色，又极大地降低了工程成本，还确保了一年封关围网目标的实现。

2.关于水港挖土方外运问题。水港一期土石方量为1100万立方米，其中有600万土石方需外运至9~13公里的弃渣场，由此既有运输成本高、企业投资大的经济问题，又有因运量大、运距长，沿线道路将损毁严重的社会问题。为此，我们在江北区政府的支持下，将水港功能区外的低洼农地一并征收，用于挖填平衡，并为港区未来发展储备资源。实践证明，既节省了外运费用，抓时机征用储备了大量土地，而对储备的土地又及时进行了回填，为今后使用节省了填方费用。

3.关于水港高压线搬迁。在水港规划的仓储物流区近100亩土地上，有14座高压铁塔及线路需搬迁。常规情况下，至少需上亿元的费用和一年以上的时间。但在市政府的协调和市电力部门的大力支持下，我们只花了三个月时间，用了3300万元投资就完成了搬迁任务。

保税港区的招商引资工作

重庆保税港区作为内陆开放高地和外向型经济发展平台，其功能作用的发挥关键是要做好招商引资工作。按市政府“大力度招商”的工作要求，我们主要做了三个方面工作：

（一）大力宣传保税港区

自2008年11月国务院批准设立重庆两路寸滩保税港区以后，市委、市政府就非常重视宣传工作。12月16日，市政府召开新闻发布会，依托国务院新闻办，利用国际国内知名媒体开展了全面、系统的宣传报道；12月18日，重庆市委、重庆市人民政府、海关总署、中央编办等举行仪式，对保税港区及保税港区公司授牌，推动宣传工作深入发展。几年来，结合保税港区建设、运行和招商引资工作的进展，开展了多次大型的、综合的、专题的宣传活动，接待了上千批市内外的调研观摩考察团组，利用电视、报刊、网络、展板等各种方式开展持续递进宣传，使重庆保税区的社会影响不断扩大，为招商工作奠定了良好基础。

（二）制定实施和不断完善政策

2009年6月，保税港区开工建设以后，招商引资的政策研究正式启动。8月6日，周慕冰副市长主持召开了重庆两路寸滩保税港区招商引资工作专题会议，研究论证保税港区的招商引资政策；11月2日，市政府第53次常务会议审议并通过，有力地推动了招商工作的开展。2012年12月5日，市政府印发了《关于支持重庆两路寸滩保税港区发展有关财税扶持政策的通知》（渝府发〔2012〕99号），根据这一扶持政策，保税港区又补充制订了吸引企业入驻保税港区的扶持办法，极大地推动了港区招商引资工作。

（三）大力度招商

保税港区的实际招商引资工作启动很早，起步很快，是与保税港区的规划、建设工作统筹考虑、同步进行的。2009年1月21日，世界500强企业日本伊藤忠商社小林荣三社长率团考察两路寸滩保税港区，通过友好交流，双方达成了初步合作意向，这是第一次商务交流。2月27日，重庆保税港区与重庆市渝北区政府签订战略合作框架协议，确定了保税港区与渝北区在土地征收开发、港区建设管理和招商引资、经济发展等方面携手合作、同心协力，这是第一次政企携手。5月13日，保税港区与日本伊藤忠商社、重庆机场集团等7家单位签订了合作协议，这是第一次集体签约仪式。6月13日，保税港区与中国农业银行重庆市分行等8家银行签订银企合作协议，授信总额达219.5亿元，这是第一次银团合作，保障了建设资金。9月28日，保税港区又与23家企业、9家金融机构、3家外地政府机构和市内5个区政府签订合作协议。12月31日，保税港区举行了招商引资、战略合作第二批签约仪式，与34家企业、4家外地政协机构、4个市内区政协签订了合作协议。2010年期间，台湾和硕、宏碁、仁宝、纬创、广达、英业达等笔电企业相继考察保税港区，笔电基地的厂房、员工宿舍等项目于10月10日正式启动；12月10日，宏碁电脑与市政府签订协议，正式落户重庆保税港区。另外，重庆机场集团航空货运站项目、重庆航运交易中心项目等相继落户保税港区。目前，重庆保税港区的保税加工快速发展，笔电年产能已达到4000万台，黄金、珠宝、钟表、服装等加工产业正在蓬勃兴起；保税贸易企业400多家，经营进口商品12300余种，已入驻物流仓储企业110家，空港功能区现代商贸物流园已见雏形。

党中央、国务院对重庆保税港区高度重视和大力支持

2008年11月，国务院批准设立重庆两路寸滩保税港区，迄今为止，这在内陆是唯一的，

其“水港+空港”的“一区双功能”也是唯一的，充分体现了党中央、国务院对西部大开发的持续推进，对把重庆建成长江上游经济中心、西部重要经济增长极的高度重视和坚强支持。12月22日，也就是在保税港区获批40天之际，时任中共中央政治局常委、国务院总理温家宝就到重庆两路寸滩保税港区视察，要求重庆“要做好扩大开放这篇大文章，加快保税港区的建设，研究实行沿长江建立高效便捷的大通关模式”。

2009年2月13日，时任中共中央政治局常委、全国政协主席贾庆林视察保税港区。2011年4月8日，中央政治局常委、全国人大常委会委员长吴邦国视察保税港区。自2009年以来，习近平、李克强、张德江、王岐山、张高丽等党和国家领导人，全国人大桑国卫、陈至立，全国政协陈宗兴、林文漪、张梅颖、董建华等领导同志以及原中共中央政治局常委、中纪委书记吴官正都莅临过保税港区视察指导我们的工作。据我对全国海关特殊监管区域的比较和了解，这应该是非常罕见的。

在重庆保税港区规划、建设、运行的过程中，随着建设的深入发展的速度加快，加上笔电基地项目的形成等综合客观因素，国务院批准设立的保税港区水港6平方公里、空港2.37平方公里需要进行调整，市政府提出请示和建议后，得到了国务院相关10多个部委的关心和帮助，得到国务院的重视支持。

2011年10月23日，国务院办公厅以国函〔2011〕123号文件函复重庆市政府和海关总署，正式同意调整重庆两路寸滩保税港区规划范围：水港功能区2.43平方公里，空港功能区5.94平方公里。整个工作的流程，相当于新申报一个保税港区，这种情况在全国海关特殊监管区域中是唯一的。

2014年9月16日，国务院以国函〔2014〕125号文同意重庆两路寸滩保税港区与苏州工业园综合保税区，在全国率先划出专门区域作为贸易功能区，调整相关税收规定，实行区域贸易多元化的试点。这项政策，对于重庆保税港区扩大国际贸易功能，利用国际、国内两个市场，实现进出口商品在更大范围、更宽领域、更深层次的聚集和辐射，对于充分发挥内陆开放高地的作用，推动重庆成为长江上游经济中心，具有非常重要的作用。

（2014年11月）

（选自中共重庆市委党史研究室编：《重庆党史研究资料》2019年第2期）

|“改革先锋”谈基层群众工作|

马善祥[1]

1988年,我从部队转业,从此长期扎根基层,在观音桥街道从事基层调解和群众思想政治工作,一干就是30年,走遍了观音桥的大街小巷,记下160多本、550多万字的工作笔记,为群众解决了2000多个困难和问题。在长期的基层群众工作实践中,我不断学习,勤于总结,形成了一套行之有效的基层群众工作方法,受到各级党组织和政府的肯定,受到基层群众工作者和普通群众的广泛认可和欢迎。

基层矛盾随时代发展而变化

我1988年从部队转业后开始接触基层群众工作,那时社会治安矛盾比较突出,中央提出了加强社会治安综合治理的方针,因为只靠警察和政法机关解决社会治安问题是不行的,必须把全社会组织起来,所以那个时候我们就在推动这个事。我在担任江北区综治办副主任的四年多时间里,到江北区各个街镇、部门,把各个单位的力量和群众组织起来,以此来加强社会治安综合治理,加强内保工作,扭转社会治安状况。总之,30年前的治安问题比现在复杂得多,今天的治安情况和过去相比有了翻天覆地的变化,朝着更好的方向在发展。

江北区改革发展起步相对较早,更早面临了现在有些地方刚刚开始面临的问题。当时农村征地、城市房屋征收、企业改制、环境保护,这四大问题比较突出。经济开发和城市建设建立在征收城市房屋和农村土地这个基础上,因为这是基本的生产资料,没有这些基本的生产资料,就没法发展。当时我们面临的最主要矛盾是征地拆迁矛盾,持续尖锐了20多年。伴随着改革开放进程和重庆市、江北区的改革发展,我所在的观音桥街道原来有5个村,这5

---

① 马善祥,曾任重庆市江北区司法局司法助理检查员、政法委主任干事、社会治安综合治理办公室主任、观音桥街道办事处副主任,退休后被返聘在老马工作室调解纠纷,任重庆市江北区观音桥街道“老马工作室”主要负责人。他多次受到国家和重庆市表彰,被习近平总书记点名表扬:“我们需要千千万万像老马同志这样的基层干部。”在2018年全国庆祝改革开放40周年大会上被授予“改革先锋”称号。

个村的土地全部被征收了。企业改制的矛盾也比较多，原来的天原厂、造纸厂、嘉华厂、渝州电线厂、香皂厂等都进行了改制。在这个过程中，职工安置、再就业安排、思想政治、利益平衡等各方面的矛盾比较尖锐。比如，在龙章造纸厂的环保搬迁中，因为很多职工反对搬迁方案，一直搬不了，后来市、区成立了工作组，我主要负责调解工作，经过各方面共同努力，平衡工厂和职工之间的利益，花了四五个月时间最终达成调解协议，为环保搬迁解决了一个重要矛盾。渝州电线厂环保搬迁也受到阻碍，市、区成立工作组，我也是主调人，矛盾怎样解决，由我提出一些基本意见和方案，然后说服企业方、说服职工代表，找到双方利益的平衡点和共同点，推动矛盾的解决。这件事情我们大概也调解了6个月。当然，一个企业的环保搬迁涉及众多复杂的利益关系，花这么多时间也是正常的。这一方面说明在改革开放中，我们很多工作都是付出了代价的，矛盾呈现出比较尖锐的状态，但是，另一方面通过长期积极解决矛盾，各项工作也可以有效推动往前走。

后来一段时间，医患矛盾比较尖锐。我认为，这既与医疗管理和服务质量没有跟上社会发展有关，也与社会众多矛盾相互交织有关。通过这些年的改革实践和矛盾纠纷解决工作，医患矛盾在逐渐好转。

总的来说，在我从事矛盾纠纷调解工作的前20多年中，基层比较突出的矛盾都与改革、发展、稳定相关，搞不好就要影响改革、影响发展、影响稳定。包括我在内的基层群众工作者，把解决好改革、发展、稳定中遇到的矛盾作为我们工作的重中之重，这个过程持续了将近20年。

现在基层矛盾有了新的变化和特点。现在的矛盾也有一些涉及改革、发展、稳定，但是像江北区这样发展比较成熟的城区，城市化进程已经基本完成，我们当前面临的矛盾大多与人们对幸福生活的更高要求有关。农村征地、企业改制、环保搬迁等都完成了，城市房屋征收也接近尾声。改革、发展、稳定方面的矛盾少了，人们日常生活中的矛盾多了起来。比如，现在基本都是私有住房，私有住房就意味着可能发生物业矛盾；人们口袋里钱多了，可能用来买房、投资、炒股，但投资有风险，这也可能产生各种各样的矛盾；家庭财产的调整和分割，也容易产生矛盾，以前没有什么财产，也就没有什么矛盾；现在个人、家庭财产多起来了，分配、继承、遗嘱等矛盾也随之增多；随着社会发展和人们维权意识的提高，一方面人们对于自己的权利、尊严等看得比较重，另一方面可能对别人稍微有点刺激、伤害就感觉接受不了，邻里之间、社会个人之间的矛盾，也容易发生。

总之，现在观音桥街道与改革、发展、稳定直接相关的矛盾已经不多了，与人们对幸福生活的要求越来越高相关的矛盾成了常态矛盾。从这里，我们也可以看出社会的巨大进步。过去我们把主要力量用在改革、发展上，跟上时代发展的潮流，现在我们要更多地通过解决矛盾，服务于群众的幸福生活。两者既有相关的地方，但根据时代发展的不同的阶段而各有侧重。

基层群众工作的重点和难点

我们把基层工作统称为群众工作,包括基层治理和基层服务两类。我是直接服务于群众的。党的十九大报告提出要不断满足人民群众对美好生活的需要,我认为这也是基层工作的重点和难点。基层工作要一个台阶一个台阶地往上走,人们的期待就是我们的动力,人们不断提高的期待和要求,推动着基层工作不断向前发展,由低级向高级再向更高级发展。我们今天已经习以为常的城市环境,20多年前根本想象不到,道路交通、城市绿化、小区环境等都是在改革开放中建设起来的。所以,基层工作的重点和难点具有时代特征。人们生活环境和生活状况的改善,受到经济条件的制约,现在经济条件已经显著改善,人们又有了新的诉求,这就是我们新的努力方向,这方面的难度与过去相比一点都不小。

一是在解决群众具体问题方面存在一些难点。当前,观音桥街道群众吃住方面的问题基本已经解决,比较困难的是群众治病问题。享受了国家正规社会保障的居民,这方面问题还不大,一些本来就吃低保的居民,一旦得了大病,其生活水平就会直线下滑。大病治疗也是当前群众普遍面临的一个困难问题,我们在群众工作中也不回避这个问题。我对群众讲,看病难是全世界所有国家的一个基本难题,它涉及所有人,而不是只与个别人有关,需要从国家和社会各个方面着手来解决这个问题。在当前条件下,我们可以自己努力增进健康,就是要养成良好的生活方式,保持愉快的心情。为此,我自己编了几句话来做群众的思想工作:追求快乐心舒畅,粗茶淡饭三餐香,心中少有不平事,不比物质比健康。这个难题需要通过发展来克服,通过社会保障来克服,但是群众自己也需要自我努力,按照党的十九大报告提出的健康中国目标来提高自己的身体素质。

二是基层矛盾对人们的幸福生活影响大。人民内部矛盾对处于矛盾之外的人们一般没有什么感觉,但是置身于矛盾当中的人,就会切身感受到对幸福生活的质量是有影响的。比如夫妻矛盾,一旦一个家庭夫妻闹矛盾,他们的幸福生活质量必然明显下降。但是,一个家庭难免遇到一些矛盾纠纷,在遇到这些问题的时候,我们积极帮他们调解和解决,使他们的生活恢复平静。这就是通过解决矛盾来服务于群众的幸福生活。人民内部矛盾在各个方面、各个环节都可能产生,我们基层群众工作者就要在矛盾产生时,尽快把矛盾解决掉。群众的问题鞭策着我们不断更好地为群众服务,为群众排忧解难。

三是在利益调整面前群众思想工作难度比较大。凡是涉及利益调整的事情,难度都会增大一点。因为人们容易在利益面前失去理智,比如,拆迁户总觉得补偿太少,矛盾双方中赔偿的一方总觉得赔多了,获赔方总觉得赔少了;遗产继承中有的人希望自己得的越多越好，其他人得的越少越好。在利益面前容易产生盲目性，这是人们普遍的弱点，也是我们在调解工作中经常面临的一个难点。

四是工作方法落后于时代发展要求。新形势下，善于做群众思想政治工作的人还不是很多。虽然思想政治工作是党的优良传统，但是由于一定程度上方法的固化，跟不上时代发展的要求，新时代人们的思想意识变化更大，固化的思想政治工作方式适应不了变化的社会思想意识状况，工作就难以做好。所以，我现在注意在这方面的研究和提高。

五是一个社会总有少数人、个别人的工作比较难做。比如，我们基层群众工作中遇到的一些刑释人员、吸毒戒毒人员、艾滋病人、精神残疾人员、性格偏执人员及在重大利益面前极端自私丧失理智的人等，需要对这些人特别关注，以适当的方式妥善应对。平时有理智的人来解决问题比较好办，但是有时难免遇到提着汽油来的、提着菜刀来的、堵在办公室不准下班的、留下你当人质的、口水溅到你脸上的、推搡过去推搡过来的等情况，这些也是基层群众工作中客观存在的，回避不了的。做这些人的工作首先就是要把他们的情绪控制好，防止矛盾激化，要有底线意识，遇到这些难做工作的人，就要付出更多的耐心和努力，最重要的是要缓解他们的情绪，使他们恢复到理智状态，因为情绪一失控矛盾就容易激化，情绪不失控矛盾就激化不了。我调解群众矛盾30年，也遇到过很多惊险时刻，但最终都有惊无险，没有激化矛盾，就是因为我比较善于控制情绪。

人民调解就是缓和矛盾、解决矛盾的，如果没有调解介入，有些矛盾就会不断激化，甚至导致刑事犯罪。调解工作就是奔着矛盾去的，在实际中我解决了大量矛盾。而且调解还有一个很好的社会导向作用，通过对具体矛盾的调解，向广大人民群众示范和传授遇到矛盾的正确处理方法。我一直提倡要通过理智的、沟通的、协商的方式，达到和谐解决的结果。一个矛盾不一定要闹到法院去，通过司法诉讼来解决，或者等到造成严重后果后才去解决。人民调解是社会的“减震器”，在缓和、化解方面具有不可替代的重要作用。

在实践中形成独具特色的“老马工作法”

“老马工作法”是我从自己和广大基层干部实践中的一些成功经验中总结出来的，是广大基层干部共同的宝贵财富。我对工作比较有心，喜欢总结自己和别人做得好的东西。我有一个每天做笔记的好习惯，这样坚持下来，很多好的东西在我手上就不会随便溜掉。其他很多同志做出了很多成绩，有很多好经验，但是因为没有及时记录和总结，最后都白白流失掉了，没有留下痕迹，这是非常可惜的。到现在我已经记录了160多本笔记，这是我最大的一笔财富。“老马工作法”就是在笔记中记录和总结出来的。

“老马工作法”最基本的一条是“民为本，义致和”。“民为本”就是以服务群众，为群众解决矛盾纠纷为出发点和落脚点。“义致和”就是用和谐的方法达到和谐的结果，和谐的方法就是矛盾不激化，和谐的结果就是损失最小，不是一定要等到后果很严重才去解决矛盾。我自己写了很多文章并出版了《老马工作法》《老马笔记》等书，这些都是回应群众工作和调解矛盾的需要，基本上群众工作的任何事情都可以在其中找到方法。

做群众工作，我始终感到方法很重要，我认为做群众工作两手都要硬，一手靠满腔热情，一手靠科学方法，两手都硬才能解决问题。满腔热情需要长期坚持，应该说现在组织、单位和干部服务群众、为群众排忧解难的热情是很高的，但是方法的科学性和运用熟练程度的差距还比较大。所以，“老马工作法”很受欢迎，很多地方和单位都让我去讲“老马工作法”，我也很愿意去交流学习。可以说现在“老马工作法”在全国都是有名的。这个成绩的取得，一方面是党对我们这些群众工作者的培养和教育，另一方面也是自己长期努力的结果。

“老马”带“小马”增强基层群众工作力量

2012年5月，观音桥街道成立了以我为首席调解员的“老马工作室”，成员包括综治干部、物业管理办公室的工作人员和21个社区的调解员等。在街道党工委领导下，以问题和矛盾纠纷为抓手，承担宣传群众、教育群众、动员群众、服务群众的具体工作。还承担对街道和社区干部的思想政治工作和调解工作业务技能培训任务，对工作室成员实行专业化、职业化的长期培养。现在观音桥街道每天有两个社区的调解员到我这里跟着我现场学习，这是我直接带的“小马”。此外，江北区各个社区共成立了60多个“小马工作室”，全市也在市委宣传部支持下打造了一批“小马工作室”。通过这种方式，老马做群众工作的宝贵经验可以传递给更多人，培养出更多的优秀基层群众工作者。

另外，通过外出讲课这种方式影响和带动的面更广。比如，2016年9月，我给西北工业大学学生讲课，现场响起72次掌声，印象中这是我获得掌声最多的一次，说明我讲的东西能够打动人，受到年轻朋友的认同和欢迎。虽然我不可能感染所有人，但是被我感染的人，接受了我的工作方法并运用到自己的工作和生活中去，这些人也可以说是“小马”。2018年12月28日，我到中国人民大学宣讲习近平总书记在庆祝改革开放40周年上的重要讲话精神，这是中宣部、教育部和团中央开展的十九大精神进校园的一项活动，29日根据中宣部的安排到北京市朝阳区给2000多人讲群众工作方法，这些都可以算是带“小马”。

我今年63岁了，如果身体情况允许，我打算干到70岁，但总存在一个干不动了和彻底退休的问题。所以，我希望培养出像我这样的接班人，从现在开始就像我这样干，坚持30年也会干出我这样的成绩的。

群众工作是全党的工作，不只是哪一个方面、哪一个人的工作。每个人要立足岗位做好自己的工作，力争在自己的岗位上把工作做到最出色。党的工作岗位千千万，每个人在自己的岗位上都干出优秀的成绩，汇集起来就是全党的工作成效。

在社区治理中，现在政府投入比较大，工作人员承担着繁重的工作任务，另一方面，也需要居民自己参与，把居民的责任感、主人翁精神、自觉性、主动性、参与性等调动起来。我们现在比较重视这方面的工作，因为这是社区自治的一个重要方面。小区环境依靠居民自治来维护，人际关系通过居民自治来达到相互和谐。观音桥街道在基层居民自治中，注意抓住这个重点，努力形成共管共治共享的良好局面，做到居民参加公益有热心，助人为乐有爱心，保护环境有责任心，处理矛盾有宽容心。

数十年如一日投身于基层群众工作的精神支撑

人的内在精神动力，对人的事业发展具有基础性作用。一个人干得怎么样，不仅要用做什么来回答，更要回答是什么在支撑你做。我1988年从部队转业后，很快就适应了基层群众工作新情况，角色转变非常快，而且立志要不断超越自己，过去在部队干得好，到地方后还要干得更好。我认为每个人在人生转折的时候都要有这样一种雄心壮志，这是理想和追求的启蒙。

我在接触群众工作几年过后，就立志要把自己终身献给党的群众工作事业，并且争取在基层群众工作中做到最出色，这是我的两个理想。30年来，我从没离开过群众工作岗位，自己主动向组织部要求不换岗，在群众工作岗位上干到退休，前一个理想可以说已经做到了。争取做得最出色还没完全做到，而且我还在接着干，争取以后几年比现在干得更出色。所以，一个人必须有自己的理想，老马的实践证明理想是一定可以实现的。

实现理想必须立足自身岗位，把自己岗位的各项工作都朝最高目标去做，尽量不留短板，因为人最怕短板，你有很多长处，但只要有一个短板就会对你的成长造成重大影响。所以，我们要朝最高目标努力，并注意均衡发展。因此，我比较注意在理论上、工作上、写作上、语言表达上、以身作则上等各个方面努力提高自己。但是这些追求的实现，要付出巨大的努力。我坚持每天记笔记坚持了30年，别人记笔记只是一个工作方法，但是我每天坚持记笔记就不一样了，这已经成了我党性修养的一个重要载体，每天检查自己哪里做得不好，哪里说得不好，哪里应该向别人学习，哪里应该引以为戒，党性修养就在写笔记的过程中得到提高。

实现理想必须具备一定的理论高度。理想的实现注定不容易，必须用最伟大的思想来激励自己不断坚持下去。习近平总书记说马克思主义占据了真理和道义的制高点，你要走得更高，必须具有马克思主义理论的支撑。我现在保持每天学习3个小时马克思主义经典著作，如《资本论》《德意志意识形态》《反杜林论》等，也包括毛泽东思想、邓小平理论、"三个代表"重要思想、科学发展观和习近平新时代中国特色社会主义思想等系列理论。我经常背诵马克思的《我的择业观》，用习近平总书记的"三个始终"和关于理想信念的论述以及毛主席关于为人民服务的思想，激励自己达到党和人民的要求。

实现理想要养成一种与干事创业相适应的生活方式。30年来，我从来不上网，当然这不能说是一个优点，只能说是一个特点，因为我需要时间，我的时间都用在读书和写作上了。此外，我从来不打麻将、不打牌，工作以外没有任何社会应酬，就是要把自己内心世界平静下来。我觉得自己最大的一个特色就是内心的平静。人们觉得社会比较复杂，但是我认为社会是影响人的外因，按照唯物论的观点，外因是事物变化的条件，内因是事物变化的根据，一个人能不能做到内心平静，归根结底还是由内因决定的。人内心的平静是特别有价值的一个东西，是金钱买不到的。所以还是要有信心，不管社会怎样变化，一个人的基本素养和宝贵品质不能变。

实现理想要不断超越自己。我现在给自己提出了更高的目标，争取每年写100篇文章。为了实现这个目标，我要从多个方面努力：首先是逼自己拼命看理论书籍，如果没有思维的深度和理论的高度，写三五篇就写不下去了；第二是要保持工作在第一线，没有工作实践也写不出东西；第三要保持非常敏锐的认识问题、观察问题、分析问题的能力；第四要保持良好的精神状态和内在的平静。我这样做的目的是记录和积累群众工作经验，等退休后花时间整理出来，会有很多有价值的东西。

实现理想需要一点牺牲精神。为人民服务是一种奉献型的价值观，在奉献中分享自己做人做事的快乐，在牺牲中实现自己的人生价值。作为一名基层群众工作者，在自己的工作岗位上达到党和人民的要求看起来有点牺牲，但是这种牺牲和我们的价值观是一致的，而且当今时代既不需要牺牲生命，也不需要牺牲物质，只需要你多用点心，多用点时间，多花点精力去干工作。所以，这种新时代的牺牲精神不是一种付出，它是一种分享，一方面有益于党和人民的事业，另一方面对自己的个人生活和精神愉悦也是有利的。

（袁仁景于2018年12月采访整理）

第四部分

民营企业家话改革

从弹簧到智能汽车　小康的32载之变

张兴海[①]

从弹簧到减震器

1986年,改革开放第八年,如今的重庆巴南区当时还叫巴县,那时还显得很偏僻。我揣着全家仅有的一点积蓄,开了一个小厂,专门生产弹簧,主要是给长安铃木微车配套座椅弹簧。厂很小,只有几名工人,说它是小作坊也不为过。

那时候,内陆改革开放的氛围远没有沿海一带热烈,但思想和观念已经形成,有人试水,有人缩手缩脚,我算是其中比较大胆的一个。当时整个中国都在摸着石头过河,我办企业也是一样,小心翼翼地探索。看似一根简单的弹簧,其中包含的技术也很不简单,特别是异形弹簧,力学原理、材质分析、形状设计等,都是从无到有地研制生产。当时这方面的技术人员非常少,为了招技术员,我曾四处寻觅,三顾茅庐地请人来。

功夫不负有心人,我们的弹簧研制成功了,并接到了为长安铃木汽车生产座椅弹簧的订单。

随后,小作坊一步步变大。因为对国家大政方针一直比较敏锐,我留意到了一些明显的风向变化。1988年4月,七届人大一次会议通过宪法修正案,宪法第十一条增加规定:"国家允许私营经济在法律规定的范围内存在和发展。私营经济是社会主义公有制经济的补充。国家保护私营经济的合法权利和利益,对私营经济实行引导、监督和管理。"这意味着私营经济的法律地位和经济地位正式确立。

非公经济得到了认可和政策支持,对我们办企业的人来说,是莫大的鼓舞和信心。一时间,各种民营企业如雨后春笋一般涌现。

1996年的政府工作报告提出:"今后十五年,是我国改革开放和社会主义现代化建设事

---

① 张兴海,重庆小康工业集团股份有限公司创始人。现任小康工业集团股份有限公司董事长,全国人大代表,中国民间商会副会长、重庆市工商联副主席。

业承前启后、继往开来的重要时期。”我如同吃下了定心丸，公司终于可以大胆干下去了，这时，我决定进入汽车和摩托车减震器领域。

从减震器到微车

我花了6年时间，将减震器做到了行业第一，且公司规模逐渐扩大。公司自主研发出了第一代气囊后减震器，填补了国内市场的空白，还大量出口，成为海外的“洋产品”。2002年，公司进入摩托车整车制造领域。

2003年5月，得知央企东风公司有意找一家合作伙伴上马微车项目时，我马上向东风公司表达了自己的合作意愿，很快获得答复并启动谈判。双方经过多轮艰难谈判，最终达成了合资合作造车的共识，算是开创了混合制经济造车的先河。

同年6月27日，小康与央企东风公司各出资50%，宣布成立东风渝安车辆有限公司(后改为东风小康汽车公司)，生产微车。国有大型汽车集团与民营企业联手混合制造车，这在我国当时的汽车行业尚属首例。我们成了“第一个吃螃蟹的人”。

之所以选择从做微车入手，我认为自己其实是顺势而为。当时，改革开放成效显著，老百姓有了微车购买力，也需要生产生活资料，小康便瞄准机遇，研发既可载客又能拉货的微车。当时公司对研发微车提的要求是必须满足老百姓的需求，做大一点，气派一点，安全一点，舒适一点，多拉多赚一点。

从无到有，殊为不易。小康的第一辆汽车研发倾注了很多人的心血，当时技术要突破现有汽车的水准，而我们又没有任何基础，难度可想而知，我们大量引进专业人才，不断对样车进行精雕细琢，有一点问题就重来，反反复复，不停地试错，不停地总结经验，最后终于成功。现在回忆起来，仍觉唏嘘。

好在，最后造出来的车因为满足老百姓的需求，上市很受欢迎，随后还被纳入指定的补贴汽车品牌，享受到了政策红利。顺应时代发展潮流，加之个人和集体的奋斗，企业发展由此走上快车道。

随着生活水平相对提高，人们对乘用车的需求越来越旺盛。我们又开始向乘用车领域进攻。

从乘用车到智能汽车

经过转型，由零部件到整车，由两轮到四轮，小康由汽车产业的配角转型到了掌控终端产品的主角。销售捷报频传，2016年小康首款超级汽车——超级都市SUV风光580上市，半年就实现销售8万辆。

2016年6月15日，小康成功在上海证券交易所上市，大屏幕上的信息瞬间显示股票开盘涨停。

对民营企业来说，做到上市，无疑是政府和市场对企业的一种肯定。也是从2016年开始，在产业互联网时代背景下，公司借助资本市场的力量，进入全面发力的发展阶段。发力的目标是新能源汽车。这次，是“创新、协调、绿色、开放、共享”的五大发展理念为我们指明了方向。国家对新能源汽车、智能网联汽车产业发展非常重视，企业也不能辜负国家的期望。公司在习近平新时代中国特色社会主义思想和党的十九大精神指引下，为贯彻落实大数据智能化与实体经济的深度融合，推进供给侧结构性改革，提升发展质量，全球布局智能汽车。我作为新当选的全国人大代表，还在2018年全国两会上提出了关于智能网联汽车的一系列建议。

从重庆到美国

对于智能电动汽车，公司的布局不仅在国内，更将目光投向了美国。

2017年初，小康旗下设立在美国的全资子公司SF motors位于美国硅谷的总部大楼正式投入运营。

之所以选择硅谷，是因为那里以斯坦福大学和加州大学伯克利分校等研发实力雄厚的顶尖大学为依托，云集了全球高科技企业。

之后，公司收购美国悍马民用汽车工厂，在硅谷发布多项技术领先的电动SUV，和百度签约共谋自动驾驶和车联网等领域发展，在北京发布智能轿跑等一系列动作，也成了水到渠成的事。

32载弹指一挥间，回顾整个小康造车史，亦是回顾中国改革开放背景下民营企业的发展史。小康的发展离不开国家改革开放的大好环境，企业必须珍惜这种发展机会，踏踏实实去创业，认认真真谋发展。

2018年3月22日、23日，我在与全国工商联及重庆市工商联的相关干部一道，相继到重庆市的巴南区、南岸区工商联进行党的十九大精神宣讲时，多次向听宣讲的民营企业家们表示，现在是中国的民营企业发展的最好时期。

下一步我们将致力于汽车科技与商业模式创新，以“推动汽车能源变革，创享智慧移动生活”为使命，致力于实现“成为全球智能汽车品牌企业”的愿景。

先行先试混合制经济

在小康的发展历程中，有一个具有标志意义的事件，那就是先行先试混合制经济，与央企东风公司合资合作制造东风小康（商用车）和东风风光（乘用车）品牌汽车，成就了民企和央企合作成功造车的典范，探索出了一条国企民企合作共赢之路，为民营企业积极参与发展混合制经济提供了鲜活的样本。

合资公司成立时，双方就明确，遵循“三会一层”法人治理原则，按照国家相关法律法规，根据市场导向进行科学决策，坚持“民营主导、创新经营”模式。

15年来，双方优势互补，实现了真正意义上的双赢。特别是在推动高质量发展，实施产品转型升级的过程中，双方全方位合作，整合优势资源，产品从微车升级到MPV、SUV，由商用车升级到乘用车，乘用车从1.0乘用化时代、2.0网联化时代升级到3.0智能化时代，目前多个产品占据行业细分市场领先地位。经过15年发展，东风小康公司从无到有，实现总资产135亿元，确保了合资公司的保值增值。

2017年，东风小康公司汽车销售突破40万辆，名列东风公司自主品牌汽车销量第一。目前东风小康及东风风光品牌汽车市场保有量近400万辆，销往全球70多个国家和地区。

订单式收购助力精准脱贫

响应国家号召，投身乡村振兴战略和精准脱贫攻坚战，是我们这些随着国家改革开放而发展、成长起来的民营企业家义不容辞的责任！

在2018年3月份召开的全国两会期间，作为全国人大代表我提交了《关于以万企帮万村推进精准扶贫有关工作的建议》，建议广大民营企业对口帮扶所在地区的贫困村，订单式定点采购农副产品，用以解决企业生活及福利所需求。中国民营企业规模庞大，涉及的生活及福利需求非常大，如果把这些需求资源投放到精准脱贫的攻坚战中，必将产生规模效应，起到实效。

我们考虑的帮扶途径是，企业先对贫困乡村进行针对性的精准扶贫行动，增加农民的收入，改善他们的生产生活条件，让他们能扎根于农村和土地，并逐渐吸引外出打工人员返乡。随后，企业再与村民们一起规划，因地制宜地开展特色农业、旅游农业等，在保护好绿水青山的前提下，帮助、配合策划好持续性的增收项目，让贫困乡村振兴起来。

按照初步预算，小康员工超过13000人，每年用于生活及福利所需的采购金额近6000万元，其中至少3000万元可以用于向贫困村进行定点采购。

目前小康已经行动起来。旗下东风小康十堰公司，将十堰丹江口市官山镇贫困村铁炉村作为精准脱贫定点村，我亲自担任公司精准脱贫领导小组组长。十堰制造公司与铁炉村签订了种植、养殖户农副产品市场保护价，订单式持续性采购其农副产品，保证贫困户不因自然灾害和市场波动的影响而减少收入，并且做到“日清日结”。仅6月8日一天，就在铁炉村以高于市场价采购土豆3000斤。考虑到该村养殖土鸡、土猪和肉牛的规模较小，无法满足公司需求，公司正设法帮扶他们提升养殖规模。

与此同时，公司旗下其他生产基地正推进订单式的精准脱贫行动。此外，小康还参与了其他精准扶贫行动，并与重庆市委统战部达成合作意向，2018年投入光彩事业专项资金500万元。

成立公益基金投身公益事业

2016年，小康在重庆市慈善总会设立了“小康公益基金”，并从2017年起将公司年营业收入的1‰充实到基金中。近两年来，公司通过公益基金累计投入精准脱贫、新能源公益、捐资助学、光彩事业等项目4000余万元。

该公益基金是为了传播公益理念，营造公益氛围，开展公益行动，发展公益事业，呵护绿水青山，改善和保护环境，致力于新能源产业，支持教育事业发展，培养人才，参与扶贫、赈灾，促进人与社会、人与自然的可持续发展而设立。

2016年8月，公司启动公益基金首个项目，斥资3000万元，在重庆国际博览中心S8馆建成的全国首个开放式公益性新能源智能汽车体验中心——国际新能源·智能汽车体验中心，免费向公众开放，通过绿色马拉松、学术讲座、少年课堂等形式，已累计接待、宣传节能减排、新能源汽车知识30多万人次。2017年，该中心荣获首届中国汽车公益盛典“年度品牌公益奖”，被授予重庆公益性新能源科普教育基地，成为重庆乃至西部片区新能源文化分享传播的知名社会公益平台。

（根据作者2018年回忆整理）

从摩托车制造企业成长为多元化投资控股集团

涂建华①

创办隆鑫集团的经历

隆鑫的发展，从外部条件讲，主要靠改革开放的大好机遇；从内部环境看，主要是依靠与时俱进的机制创新，依靠企业内部治理结构的持续完善。

1983年我创业时，办过预制板厂、金属拉丝厂，但一直都没能很好地打开局面。起初，既缺技术又缺人才也缺资金，品牌更是无从说起。困难的时候，工人的工资都发不出来。但再苦再难，我们绝不能做无目标、无信仰、无责任的“三无企业”。现在想想，这应该算是我创业后遇到的一个“坎儿”了。

其实，事业的“坎儿”，是考验，坚持下去也有机遇。1993年，我认准了摩托车发动机制造这个行业，创办了重庆隆鑫交通机械厂。当时，由于庞大的市场需求，发动机生产基本呈现供不应求的态势。国内做发动机的企业并不在少数，但有不少创业者急功近利，生产的产品粗制滥造，很大程度上影响了市场的健康发展。我始终认为，造出一个产品容易，造出一个有口碑的产品难，开创出一个被市场长期认可的品牌更是难上加难。做企业就要做出过硬的产品，这才是一个企业持续发展的最大机遇。

光说不练假把式。有了这样的想法，必须要有实践的办法。我先从解决“人”这个问题突破。几经周折，终于找到了一位有丰富经验的发动机制造专家，但他当场就拒绝了我的邀请。我并没有气馁，认准了就志在必得。那时通信不发达，交通也不发达，为了见到这位专家，一段同样的路有时得走很多次，因为根本就不知道他在不在家。或许是被不断登门拜访打动了，这位专家最终选择了和我一起打拼。

随后，我们就在蟠龙山上一间简陋的木板工作台上开始了研制工作。我们把当时能找

① 涂建华，现任隆鑫控股有限公司董事局主席，全国政协委员，重庆市工商联主席，中华全国工商业联合会执行委员会常务委员。

到的同类产品全部找齐，能找到的技术标准全部找到，能见到的客户全部见到，定标准听建议，反复修改，反复提高生产标准，最后，我们给自己设定了一个当时同行业都认为很难实现的标准。就这样，研发工作迈出了第一步。

办法总比困难多。用了半年时间，我们配齐了300多个零部件，并自制了工装夹具。找来的箱体尺寸不达标，我们便一丝一毫地进行剔划修整；启动轴装无法正常使用，我们就反复调试。创业之初，我们5个人承担了现在需要几十个员工才能完成的组装工序。1993年夏天，我们的第一台发动机终于试制完成，并且检测完全达标。

这个过程，现在回想起来，既艰辛更具有非常的意义，很多像我这样的民营企业家，创业初期都是这样咬紧牙关拼出来的。我们在国家政策的扶持下，和更多的志同道合者，乘中国改革开放的春风，历经经济形势起伏变化的种种考验，顶着市场的风风雨雨，不懈地追求，顽强地坚持，辛勤地创造。

可以这样说，从1983年到1992年，对于我是一个探索的阶段。而1993年到2002年则是隆鑫立业的阶段，我们以高性能摩托车发动机为起点，立定脚跟，进而延伸到摩托车整车制造，然后再扩展到通用热动力机械制造。到了2002年，隆鑫摩托车发动机、隆鑫摩托车和通用机械低碳成套动力设备的销售、出口量就跻身国内同业前列。2003年，隆鑫控股有限公司成立。隆鑫控股是包括工业制造、金融服务、房地产开发、资源投资等产业的多元化集团公司，多个支柱产业已在全国行业领先，我们实现了由单一制造业向多元化产业集团、由单一产业推进向产业与资本融合发展的转变。到了2013年，隆鑫成立三十年之际，我们已经成长为具有清晰的战略思维，有序地组织、调动、集聚资源，形成相应的优势以获取成功的现代民营企业。隆鑫对经济社会的推动力、影响力，自身的创新力和履责精神日益显现。为了再创隆鑫未来，我在2013年提出了"行业领先、管理创新、国际化"三大发展战略。现在隆鑫正朝着"成为中国领先的投资控股集团"目标不断向前迈进。

改革开放政策助推隆鑫发展壮大

改革开放40年来，中国经济社会文化飞跃式的发展，做到了老牌资本主义国家需要上百年才能做到的事，彻底颠覆了我们这一代中国人的认知，也在不断激发出社会各界建设社会主义中国的激情与活力，所取得的成就是40年前的我们不可想象的。改革开放40年的历史，也是一部民营经济的发展史。民营经济从无到有，从弱到强，经过不懈努力，已经成为中国经济持续健康发展的重要力量，为中国经济的发展注入了活力，为中国梦的实现奠定了坚实的物质基础。

我曾经看过的一本书里有这样一句话："际遇之事，岂能意料，意料之外，皆有因缘。"

1983年,我成为一名中梁山煤矿井下工人,由于一次意外事故受伤,在养伤期间,我开始了内心的较量,想着干出一番事业来。那时正值改革开放初期,国家刚刚放开经济管束。特别是1982年个体经济作为“社会主义公有制经济的补充”的市场地位在宪法中得以明确,个体经济的合法地位得到了国家根本大法的认可,政策环境进一步宽松,我想要闯出一番事业的心情更强烈了。但对于一个贫寒的家庭而言,“创业”二字闻所未闻,我不顾家人反对,辞掉稳定的工作开始下海经商。创业确实难,只能摸着石头过河,但那时候人年轻,有勇气,有干事的那股劲,所以干了很多小的实体,我办过金属拉丝厂、纸巾厂、预制构件厂、塑料橡胶厂,还做过钢材储运和金属材料贸易。就这样摸索了十年,想找一条适合我自己发展的路子。也就是这十年,改变了我的人生道路,也给隆鑫的发展打下了基础。

1992年小平同志南方谈话,号召全国各地抓住当前有利时机,加快改革开放的步伐,集中精力把经济建设搞上去,吹响了第二次解放思想的号角。此后的两年间,重庆市根据党的十四大精神及国家的有关政策,先后颁布实施了《关于进一步发展个体私营经济的若干规定》《重庆市发展个体私营经济条例》,并第一次召开个体私营经济工作会议,表彰重庆市十佳个体工商户和私营企业。从具体执行来看,那时政府为了鼓励发展,有过很多大胆的政策举措,比如民营科技型企业所得税的“两免三减半”(所得税33%,2年可以免,3年可以减半),税收上的“缴三挂七”政策(应缴税100万,缴纳30万,70万挂账上)等,这些政策在世界上其他国家是根本不可能有的。这让包括我在内的许多民营企业家都感觉到:民营企业发展的春天来了!又一股下海潮席卷重庆,各种制造企业如雨后春笋般建立起来,重庆的摩帮也开始了起步阶段,尹明善的力帆已初具规模,左宗申的宗申也小有成就,形势一片大好。有这么好的环境,这么多的政策,我也抓住机遇,于1993年创办了隆鑫交通机械厂,以摩托车发动机制造为方向。我那时候亲自登门寻访发动机技术人才,配备产品零部件,带领团队开始了发动机研制工作。这年的夏天,我们在蟠龙山的厂房里成功制造出第一台隆鑫发动机。1998年,隆鑫第一辆隆鑫摩托车下线,又进一步扩展到通用热动力机械制造。1993年到2002年这十年间,隆鑫以高性能摩托车发动机为起点,进军摩托车市场,进入了发展实业的快车道。1995年,我们发布“年薪百万元诚聘总经理”消息,招聘重庆隆鑫汽油机制造有公司总经理,最终以26:1的比例录用了一批中高层管理、技术人才,可以说,这开创了重庆民营企业大规模人才招聘的先河。之后,隆鑫逐步引入现代企业管理机制,规范运作,巩固发展职业经理人制度。我也慢慢开始当起了“翘脚老板”。1997年,中共十五大提出:“非公有制经济是我国社会主义市场经济的重要组成部分,对个体、私营等非公有制经济要继续鼓励、引导,使之健康发展。”

随着国家改革开放的进一步深化,重庆直辖、国家实施西部大开发战略等利好不断加码,隆鑫也在不断调整自己的经营、管理步伐,适应这个时代的快速变化。1998年,隆鑫抓住重庆市委、市政府实施“两车战略”的有利时机，以摩托车和物流为龙头，有计划、分步骤开始由“一元化”向“多元化”的战略转变。1999年，国家对外贸易经济合作部正式批准隆鑫经营机电产品进出口业务。隆鑫在大力拓展国内市场的同时，开始发力国际市场，向伊朗、叙利亚、巴基斯坦、阿根廷出口摩托车整车、发动机及零配件。同年，隆鑫取得甲A赛季“重庆隆鑫足球队”冠名权，隆鑫声名大振，当年生产发动机达100万台，年产值超过24亿元，已跻身于知名大型民营企业之列。

2001年，江泽民总书记在中国共产党建党80周年纪念讲话中，第一次把民营企业家定位为“中国特色社会主义事业的建设者”，为民营企业家加入中国共产党铺平了道路。2002年，民营企业家中的党员当选为党的十六大代表。这是党在历史上首次给我们民营企业家社会主义建设者的政治定位，我们不再是“剥削者”“被改造的对象”，而是和工人、农民一样，都是社会主义的建设者。2005年，国务院又颁布了“非公36条”。隆鑫也获得了更快的发展。2002年，隆鑫以出口创汇1.15亿美元的业绩，名列“重庆市出口创汇十五强”第一名。2003年，隆鑫控股成立，在金融、保险、证券、商业银行等热门领域的投资一下子全面开花。特别是在2017年10月，党的十九大胜利召开，习近平新时代中国特色社会主义思想被写入党章，中国特色社会主义迈入了新时代，我市民营经济的发展环境也越来越好。目前，隆鑫已发展成为控股参股5家上市企业的多元化投资控股集团，实现了跨越式的发展。截至2017年，隆鑫已连续16年荣膺中国企业500强。

改革开放40年来，作为一位民营企业家，一名见证者、参与者，过往的都是不断沉淀丰富的记忆，但烙印在我们心中的感受却确实始终如一，那就是：

(一)党的坚强领导是改革开放40年来民营经济迅速发展的根本原因

改革开放40年来伟大成就的取得，离不开党的坚强领导，这也是40年来我们民营经济迅速发展的根本原因。改革开放40年来，党做了一件很了不起的事情，就是不断完善中国特色的社会主义理论体系。我们的基本经济制度，是公有制为主体，多种所有制经济共同发展，我们的分配制度是按劳分配为主，多种分配方式并存；还确立了劳动、技术、资本、管理等生产要素按贡献参与分配的原则。就是因为这些理论的确立，民营经济才会蓬勃发展，地位也在不断地提高，从“资本主义的尾巴”到“必要的有益的补充”，再到社会主义市场经济的“重要组成”和“市场平等主体”，民营经济的地位和作用发生了翻天覆地的变化。因此，作为民营企业家，我感谢党给了我们一个改革开放、生机勃勃的伟大国度，让我的人生恰逢这样一个创业的黄金时代。

(二)党和政府的支持、保护是我们民营经济茁壮成长的重要保障

改革开放系列政策实施40年来，经济腾飞、祖国强大、民族复兴，中国已位列全球第二大经济体，并且还是全产业链蓬勃发展，民营经济增长势头不减，这一切都得益于党和政府

一直以来对民营经济的保护和支持，特别是对制造业的保护与支持。党和政府40年来一直以最大的力度给予我们民营企业保护与支持，克服了许许多多的困难，这也是现在涌现出华为、吉利等众多知名民营企业的根本原因。

（三）党和政府不断优化营商环境是我们民营企业蓬勃发展的良田沃土

为了帮助民营企业减负，国务院全面推开“营改增”试点，仅2016年就降低企业税负累计达5700多亿元。针对部分企业家担忧营商环境的问题，官方则不断放出“定心丸”。2016年底印发的《关于完善产权保护制度依法保护产权的意见》，强调非公有制经济财产权同样不可侵犯。去年又出台了中发〔2017〕25号文件，党的十九大报告中也强调了要保护企业家精神，打破行政性垄断和防止市场垄断，为民营经济发展营造公平竞争的市场环境。从重庆来看，今年全市经济工作会议上，市委书记陈敏尔强调要大力支持民营企业发展，提出：“民营经济是天生的市场经济、老百姓经济，在支撑增长、促进创新、增强税收等方面具有重要作用。必须以改革的思路和办法破解制约民营企业发展的体制机制障碍。”唐良智市长在政府工作报告中提出：“要优化营商环境，到2022年，全市民营经济占比要达到55%。”据不完全统计，自2012年7月以来，全市出台专门促进民营经济（企业）发展的政策文件12个，专门扶持中小企业和小微企业发展的政策文件35个，其他相关涉企文件约150个。2017年11月，重庆市出台了产业禁投负面清单，今年1月出台优化办事程序改革文件，提出缩减办事时间50天的明确要求，3月又再次出台以缓解融资难、融资贵问题为主要内容的“30条”，可以说营商环境正在加速优化。目前，我市正在筹备全市民营经济大会，更多的惠及民营企业的政策将陆续出台，我们民营企业充满期待，对未来的发展也更加充满信心。

隆鑫坚守的社会责任

党的十九大提出，激发保护企业家精神，鼓励更多社会主体投身创新创业。我理解企业家精神至少包括三个方面：创新精神、合作精神及道德信念。每一个优秀企业家成长的历史可以说都是企业不断创新的历史，尤其在国家层面推动供给侧改革的当下，企业的转型升级离不开企业家的创新思维和创新战略。合作精神是企业家精神的延伸，道德信念则是企业家精神的灵魂。弘扬优秀企业家精神的强烈信息，对进一步推动供给侧改革、激发企业家的新动能、调动全社会创业创新的积极性意义重大。中国企业和企业家正迎来最好的春天。我们有责任引导和培育更多更好的企业家，让企业家精神得到充分的传承和弘扬。特别是年轻一代民营企业家，我们应加强社会主义核心价值观、形势政策、守法诚信教育培训，把企业家实现理想和自我实现的内在动力与国家、民族的利益联系在一起，把自身及企业的发展纳入民族复兴的伟业之中。

我常说，企业做到一定程度，就不单属于个人，而属于全社会。隆鑫创立三十多年来，在经济发展的同时，一直坚守作为企业公民的社会责任。在党和政府的号召、指导下，隆鑫以“实实在在助公益，真心诚意做慈善”的朴实态度，按照“以教育扶贫为主线，并积极通过产业带动农业帮扶，以落实精准扶贫工作”的思路，认真探索和践行精准扶贫，不断发扬感恩社会、回报社会的企业公民责任。

(一)建设隆鑫希望小学，改善贫困山区办学条件

国家要强盛，民族要复兴，教育是基础，人才是保障。习近平总书记强调，实施精准扶贫，必须瞄准扶贫对象，进行重点施策。作为重庆市委办公厅扶贫集团成员企业、重庆市慈善总会副会长单位，隆鑫积极响应上级倡议和部署，将襄助教育作为参与公益事业的重点，认真以精准扶贫指导工作实际，特别将帮扶重庆贫困山区基础教育作为主抓方向。2002年至今，隆鑫先后在对口帮扶的武隆、石柱、潼南等重庆边贫地区捐建了多所山村希望小学，并连续十余年坚持回访，为山区失学儿童、留守儿童们提供了持续不断的关怀。

(二)产业带动农业帮扶，帮助贫困群众早日脱贫致富

在襄助教育之外，隆鑫常年对口帮扶石柱、武隆、潼南等渝东南贫困地区，在乡村建设、农业帮扶、修路筑桥、慰问孤寡等方面持续努力。隆鑫对贫困人群的帮扶工作不仅仅停留在财物捐赠方面，而是形成了一套规范的机制。化零为整，将发散型的捐赠模式变为集约型的管理，更有效地实现精准扶贫目标。

隆鑫多次得到社会各界肯定——2009年、2014年，隆鑫连续两届被授予“中华慈善突出贡献企业”荣誉称号。2014年，我本人在重庆首届扶贫济困典型评选活动中列“十大责任企业家”首位。2016年，隆鑫被重庆市扶贫开发办公室、重庆市人力资源和社会保障局联合授予“重庆市扶贫开发工作年度先进集体和先进个人”荣誉称号。

（根据作者2018年回忆整理）

以创新引领企业发展与转型升级

左宗申[①]

进入摩托车行业

我1974年参加工作，1981年从重庆摩托车公司退职。一方面，那时在国企上班收入很低，一个月30多块钱，养家糊口都成问题。另一方面，当时遇上了改革开放这个大浪潮，给我们出来创业提供了机会。那时从国营企业退职出来的人还非常少。我写退职申请时，管劳动的科长给我做了三天思想工作，让我慎重考虑，不要轻易丢掉“铁饭碗”。但是我那时看到了机会，想出来自己干点事情。所以，我退职了。

刚出来的一年多，我尝试了很多机会，最后，家里人对我长期在外面跑有意见，要求我找一个稳定的工作，不要到处跑。那时摩托车还属于奢侈品，只有一些万元户才买得起，人们对这个东西感到很神秘，摩托车修理行业还很少，再加上当时我自己家里有一辆摩托车，懂一点摩托车维修技术，最后决定开一个摩托车修理店。就是这样，我选择了摩托车行业进行创业。

1982年到1992年是一个发展阶段。这十年我都在修摩托车，维修店开在巴南区王家坝，位于川黔公路要道旁，来往车辆较多。1992年以前，还不允许私人办公司，必须挂靠在集体上，带一个“红帽子”，在政策上还有一些限制。在这个十年中，我已经积累了一定的摩托车修理、制造技术及企业管理经验。

到1992年，随着改革开放进一步深化，我觉得要自己办公司。在市场很火的时候，我们开始生产发动机。当时重庆摩托车生产企业主要是实施军转民的军工企业，包括嘉陵、建设、望江、坪山等。我们作为私营企业，要进入这个领域和他们抢饭碗，困难和障碍还是很

① 左宗申，现任宗申产业集团董事局主席，重庆市工商联副主席，重庆市巴南区工商联主席，中国国际商会重庆商会副会长，中国汽车工业协会摩托车分会理事长，中国工业互联网产业联盟重庆分联盟理事长，第十二届全国政协委员、原全国工商联常委。

大。一是要生产许可证。那时正处于改革开放意识转变的时候，有些职能部门也搞不清楚能不能给民营企业办许可证，但是军工企业对政府部门施加了很多压力，不让民营企业来搞这些。所以，我们在那个时期很困难，当时重庆市有个打假办公室，打击假冒伪劣，是由工商、税务、公安等部门联合组成的，多次来查封我们，说私营企业不能搞摩托车制造，与国企进行竞争。我们请他们拿法律依据，他们拿不出来。有一次，九龙坡公安局刑警大队把我抓去，关了一天，当时我们只有50多个员工，都跑到公安局请求放人，不然厂子垮了，大家的饭碗都没有了。还好，九龙坡区政府相当支持民营经济发展，因为我当时是纳税大户，区里面认为应该保护和支持民营经济发展，区里四大班子出面协调职能部门，才把这件事情解决了。

那时候有很多困难，主要是在观念上，计划经济和市场经济冲突，国营企业和民营企业之间的利益之争，这些在那个时候都是存在的。我们生产发动机，很多零部件都是三线企业生产的，如南川那一带的红山、红泉机器厂等，我们只能通过关系偷偷摸摸去拿，因为上面打了招呼，不能供给民营企业。在这种情况下，我们还是发展起来了。很困难，但是这也很正常。观念的转变，市场经济的发展都需要一个过程。

如果当初不是九龙坡区政府出面，支持和鼓励我们民营企业的发展，宗申很可能早就倒下了。我们一直没有忘记党和政府对我们的支持。那是很关键的一个节点。那之后，市政府也给了我们很多支持，吴家农副市长分管工业，很关心摩托车行业的发展，为我们创造了很多条件，做了很多法规方面的协调。

在特定时期，民营经济的发展离不开党和政府的支持。没有党和政府的支持，民营经济永远做不大。重庆摩托车行业发展到全国第一，民营经济做出了巨大贡献。宗申每年生产发动机800万台，可以说，单一工厂产量在全世界都是第一位的。而且带动了上千家零部件厂，绝大部分是民营企业。宗申从摩托车起步，后来延伸到通用机械行业、汽车行业。如果当时没有民营经济的发展，重庆制造业也不会有今天这个发展局面。

宗申的技术创新

摩托车行业是我国自主创新能力最强的行业之一，也是市场化程度最高的行业之一。比较而言，汽车行业经过30多年的发展，我国还没有掌握发动机等核心技术，购买国外技术付出了昂贵的知识产权代价。在很多行业，中国人赚的是小钱，外国人掌握核心技术，赚的是大钱。但摩托车行业不一样。由于政府干预比较少，市场化程度很高，在开始起步的时候，是借鉴了日本、欧美一些经验，甚至仿造他们的一些产品，但随着摩托车行业的发展，现在自主研发能力都很强，我们公司的研发投入是每年销售收入的2%左右。一是在基础研究方面做了很多投入，二是在产品方面。现在基本上100%是我们自主研发。当前，我们正在由燃油动力向电驱动动力转型。我国在新能源动力方面已经走在了世界前列。比如我们的新能源两轮车，每年产量是3000多万辆。我们最开始发展低端技术产品，随着消费市场的升级，逐渐向中高端延伸。在消费市场的拉动下，企业在新产品研发上的投资力度很大。

在电动摩托车方面，我们高举高打，整合全球资源。我们自己研发和制造驱动系统，包括电机、电池、控制系统等，匹配大量终端产品。这个过程中也借鉴了一些国外技术，如电池是和日本松下公司合作，它的电池很贵，合作后，我们把电池做成标准化的电池包，嵌入我们的驱动系统中，提供给整车厂、消费者。通过租赁的方式，不是直接出售。因为直接出售成本很高，几乎占了新能源汽车成本的50%。通过出租方式，使用两年以后我们再回收，因为两年后它的效率降低了，在动力上不足。但我们回收后，通过再制造加工，可以投放到电信、移动基站的备用电源上。这是我们创造的金融租赁、梯级使用的方式。

在企业发展中，研发领域有大量创新，仅仅靠产品创新还不行，还需要模式创新。我们的发展方向是产、融、网三位一体，产业为本、金融为器、网络为基，融合发展。所以，现在创新研发已经不仅仅局限于产品，我们专门成立了一个研究院，研究新商业范式、如何跨界，聚焦产业生态中的长期痛点。我们公司围绕这个战略方向已经干了四五年，构建了三个互联网平台，一个是为交通机械大类的交易做金融服务，因为交易中有大量痛点，但金融机构因为对产业不熟悉，难以解决这些问题。我们做产业的正好可以发挥自己对产业非常熟悉的优势。比如汽车行业生产周期长，零部件供应商要180天才能收到货款，这是一个通行的行业规则，零部件企业的资金周转率一年只有两次，资金压力非常大。那么，我们就可以帮助他们解决这个痛点。另外，消费者在维修过程中成本很高，这也是一个痛点。还有其他诸多痛点。我们就抓住这些痛点，为产业和市场服务。

在研发方面，我们在技术中心投了很多钱，搭建了一个比较庞大的开放式平台。以前，一个企业建立一个研发中心，就只为这个企业自己服务，这样它的效率就比较低，闲置量很大。我们把技术中心打开为社会服务，构建了一个公共研发平台。比如，我们的3D打印设备，贵的要几千万元一台，我们自己的使用效率只有20%多，通过为社会提供开放式服务，可以大大提高使用效率。我国在西南地区的工业设计中心只有两家，一家在长安汽车集团，另一家就在我们宗申集团。

我们专门成立了一家公司，从事工业设计、研发、产业化、市场化，提供一体化解决方案，做金融服务、产业整合、人才共享，我们的目标是三年内100万家企业上线，流水可以做到1万亿元以上。这些都与创新有关，是模式创新，资源共享。随着共享经济的发展，今后全世界的工程师都可以通过我们的平台为企业服务。企业可以在平台上面发布需求，工程师可以接单。这样，企业就不用养人。很多中小企业不具备创新研发的实力，他们有很好的想法和产品,但缺少产业化的资源和平台,我们可以为他们服务。我们的目标是做成国家工业互联网服务平台。国家现在对工业互联网、产业互联网非常重视,国家规划要做10个,我们是其中之一。

另外,我们做了一个共享平台。现在两轮机动车全国保有量接近4亿辆,但使用效率比较低,交通出行的使用效率只有40%,其余的60%没有有效利用起来。通过共享,可以提高使用效率,把另外60%释放出来,为社会服务。这个共享平台为两轮交通做快速消费品的短距离配送提供服务,经过测算,三公里左右成本最低、效益最高。而且我们使用的是社会存量资源,不像共享单车,首先要自己制造成千上万辆的自行车。一方面,是为千家万户的小卖场配送货物,消费者买盒香烟、买盒牙膏都可以配送,还可以帮助小卖场做集中采购,通过直接采购并配送,减少中间环节,降低成本。这也符合政府倡导的"大众创业,万众创新"潮流。另一方面,骑摩托车的人都是低收入群体,利用业余时间接单可以增加个人和家庭收入,为全面建成小康社会做出贡献。

我们还利用自己几十年积累起来的研发经验和制造能力进入军民融合领域。比如,我们现在给彩虹、翼龙等无人机企业开发发动机,他们原来是依赖进口,通过中间商买来只能用于民用,随着企业发展和市场扩大,要求发动机等核心技术必须迅速国产化。彩虹-3的发动机,国企开发了三年多,耗资几个亿,都没有成功。我们只用了8个月就试飞成功,然后批量生产。这是多年来坚守和技术沉淀的结果,民营企业不仅能为经济社会发展做贡献,还能为国防建设做贡献。

民营经济培养了一批人才,我们公司的技术骨干都在公司干了20年以上,没有长时间的积累,培养不出这样的人才,出不了什么成果。这也是工匠精神的体现。企业在这方面有很多直接投入,包括这些人的安居乐业,我们投资了二三十亿元为员工买地建房,以成本价卖给员工,让他们安心在企业工作。

这些年,随着以工业机器人为代表的智能技术不断进步,传统制造业面临着革命性的变革,我们在这些方面做了很多事情。但是存在一些矛盾,我们是全国总工会的就业基地,如果全部实施自动化、智能化,意味着要减少就业岗位,但智能化是大势所趋,作为企业不适应这个趋势不行,国家和重庆市都在鼓励发展智能化工厂、智能化车间、智能化生产线,并给予了一定的财政支持。

我们在不断改造生产线。一条生产线投入3000多万元,政府补助了五六百万元。我们在努力平衡智能化改造与就业之间的矛盾,原来一条生产线200多人,全部智能化后只需要50人左右,对裁减人员的就业需要做出妥善安排。将来,机械加工将全部实现无人化,一条生产线三四十个机器人可以完全替代人工。从企业经营的角度,当然愿意这么做,因为机器比人工更稳定。而且,有些简单的机器人,才两三万元一个,而每个工人的人均工资每年要五六万，讲效益的话，我肯定愿意使用机器人。所以，现在我们采用智能制造技术还有一定压力，不是简单地全部自动化。宗申集团全部员工3万多人，在顺应技术潮流的同时，还要考虑员工的就业问题。

当前，传统制造业都在喊转型，但是到底怎么转是成功的？对此，有不同的探索。我们原来做传统制造业就是做产业，没有加入金融，产业永远是一个低端的附加值。当前的趋势是要有一个好的产品，一个好的商业模式，再加上一个好的平台。互联网平台具有无边界、无地域限制的特点，可以无限扩大。我们实行的产业为本、金融为器、网络为基的发展模式，是否可以成为很多传统制造企业的借鉴？我们认为这是企业下一步发展的一条路子。当今时代，企业不运用互联网肯定有问题。现在企业都在跨界，都在讲生态链，这和传统发展模式完全不一样。我们原来只是卖产品，比如我们开发的氢氧燃料大巴车，原来就是直接销售给客户，维修保养都由客户自己承担。现在，我们是通过金融租赁，资产都是我们的，客户只管使用，后续维修保养也由我们负责。比如我拥有1万台发动机固定资产，可以作为一个资产包，去做金融衍生品。租赁费除了覆盖银行的利息，我们自己还有钱可赚。企业在产业和金融之间，不断派生出来一些新模式。整个产业都在发生这种变化。如果还是简单卖产品，只会越卖越困难。

党和政府的支持与民营企业的社会责任

党和政府给了我很多荣誉。我2003年被市委统战部、市工商联表彰为"首届优秀中国特色社会主义事业建设者"，2006年被重庆市委、市政府授予"重庆市非公有制经济人士优秀社会主义事业建设者"。我还担任过全国政协委员、重庆市人大代表、重庆市政协委员等职务，此外，还被聘为重庆市政府参事，为重庆经济发展建言献策。企业家不忘初心，本职是做好企业，要把主要精力放在企业发展上来，对国家、社区、员工做出应有的贡献，给股东以应有的回报。党和政府给企业家很多荣誉，是对企业家的肯定和支持；另一方面，企业家要平衡好企业自身工作与社会活动之间的关系，避免把过多精力投入到社会活动中，影响企业自身的发展，甚至把社会活动当成钻营和拉关系的机会，这就违背了党和政府对企业家表示肯定和支持的本意，也不利于企业自身的长远发展。所以，我曾建议政府给企业家适当的荣誉，比如，香港地区是授予企业家"太平绅士"等荣誉称号，表明政府对企业家的认可，企业家不用参与政治活动。我们可以借鉴香港地区的经验，结合自身实际，来表示对企业家的认可。这样能更好地让企业家专心搞企业。

作为重庆市政府参事，每年都要做课题调研。目前，我承担了市政府参事室的两个调研课题。一个关于给企业减负，从中央层面来看，政策力度很大，从企业层面来说，我们感觉还不明显。原因是什么？比如说税外负担，到底哪些合理，哪些不合理？政府在上面不一定知道，需要我们深入企业和基层进行调研。现在美国减税以后，对中国影响还是比较大的。另一个是关于军民融合发展，市政府工作报告中把璧山、永川、九龙坡列为军民融合示范区，巴南区也有很多军工企业，如建设集团、大江集团，还有十几个民企参与军工生产，巴南区也具备成为军民融合示范区的条件。我们希望向重庆市委、市政府提出这个建议，重庆市军民融合需要上下贯通。我们还要研究、了解全国军民融合发展现状、发展政策。成都军民融合产业基金达到200多亿元，重庆军民融合基金才20多亿元，我们跟成都比还有很大的差距。国家军民融合产业基金是1000亿元，我们要努力争取国家配套基金。

我们非常重视企业的党建工作，多次获得市委组织部的肯定和表彰。我们公司1996年就成立了党委，我非常支持在民营企业中开展党建工作。我们公司的党员都是挂牌上岗，党建工作体系下沉到班组，党委、总支、支部、党小组等组织机构健全。公司党委每年要制订工作规划，民营企业不能像对企业中其他工作一样，对党建工作进行考核，但公司党建工作搞得好不好，党委自己说的不算数，我们请第三方对公司党建工作进行认证，第三方说搞得好才算好。我们大力发展年轻人入党，从党员中培养企业的骨干，为企业发展输送人才。这与企业发展完全不冲突，而是相辅相成的，党建工作搞得好，对企业发展也是一种促进。民营企业也要坚持党的领导，必须要做好党建工作。

（袁仁景于2018年3月采访整理）

安得广厦千万间

蒋业华[①]

改革开放与民营企业的发展环境

中国改革开放40年的历史，从某种意义上说，是中国社会主义市场经济体系逐步建立和完善的历史，也是中国民营经济不断发展壮大的历史。40年来，亿万中国人沿着改革开放的大道阔步前行，从站起来，到富起来，再到强起来；40年来，民营经济已经成为推动中国经济增长的重要支撑和主要力量。而在这一段波澜壮阔的宏伟历史进程中，我既是见证者，又是参与者、建设者，为此我深感自豪。

1978年，党的十一届三中全会胜利召开，改革开放的春风吹遍渝州大地，那一年我才15岁。别看我年纪不大，但我已经有了3年多的从商经历。正如有句话所说：青春须早为，岂能长少年？从12岁开始，在家中长辈的影响下，我就一边读书一边经商。当时主要是利用放学或周末时间，到周边农村收购农副产品，再拿到集市上去卖。由于我脑子活、主意多，生意做得还算不错。就拿卖地瓜来说，别人的地瓜都是从地里挖出来直接卖，上面全是泥，卖相不好；而我却把地瓜全部洗干净后，再整整齐齐地摆好卖，所以我的地瓜卖得总是比别人快。这段经历，对我而言是一笔宝贵的财富，也为我日后在商海的打拼开了一个好头。在这一时期，虽然各种政策还没有放开，对经商的限制还很多，但小平同志在十一届三中全会上的重要讲话，解放了人们的思想，为经济发展注入了新的动力，也为非公经济的发展奠定了极其重要的基础。

1980年，随着我国第一个个体工商执照的正式颁发，国家对个体经商的限制逐步放开，那一年我17岁，高中未毕业。在重庆个体经济逐步起步和发展的大好形势下，我果断拿出前几年经商积累的一些资金，注册了个体商贸经营执照，开始走出市外、省外从事商业贸易

① 蒋业华，现任重庆华宇集团有限公司董事长，重庆市政协常委、委员，重庆市工商联副主席，重庆市企业联合会、重庆市企业家协会、重庆市工业经济联合会副会长。

活动。当时干的还是“老本行”，主要是把贵州的农副产品贩运到重庆、广州等地，再把广州的日用百货送到重庆出售。那时的交通运输条件很差，环境非常艰苦，日晒雨淋、风餐露宿都是家常便饭。但当时仗着自己年轻，凭着一股“初生牛犊不怕虎”的闯劲，我还是咬着牙坚持了下来。我当时的想法就是：“日日行，不怕千万里；常常做，不怕千万事。”无论是个人的小目标，还是国家的大蓝图，说到底，都落脚在一个“干”字上，有梦想，有追求，有奋斗，一切皆有可能。正是在这种信念的支撑下，在短短3年多的时间里，在往返奔波的艰辛中，我攒下近3万元钱，成了我们当地为数不多的“万元户”。

1982年，个体经济作为“社会主义公有制经济的补充”的市场地位在宪法中得以明确，个体经济的合法地位得到了国家根本大法的认可，政策环境进一步宽松。同时，随着改革开放的深入，国家的开发建设进一步提速，我市的建筑业也迎来了新的发展机遇。1983年，也就是在我20岁那年，我看准时机，从商贸转型涉足建筑行业，并在当年接下了沙坪坝区东风汽车运输公司和钟表公司劳动大学宿舍两大扩建项目建筑工程。但这次转型，让我深刻领会了什么叫“隔行如隔山”。由于新入行不懂行情，我承建的价格非常低，结果两个工程做下来，本钱贴进去不说，还要倒赔近40万元，这在当时简直就是一个天文数字。当时，很多朋友都劝我离开重庆，一走了之，但我并没有这样做。一是因为我是一个讲诚信、重信用的人，这样的事我不会做；二是因为我天生不服输的性格，哪里跌倒了就应当从哪里再爬起来。于是，我向债权人承诺：所有的债务一分不少，保证还清。在积极偿债的同时，我也及时总结了经验：不懂行是失败的根本原因。为了避免重蹈覆辙，我不仅自学完了高中和大专文化课程，还经常向专家、内行请教，弥补自己在专业知识上的不足。也就是从那段时间起，我逐渐养成了勤读书、爱学习的习惯。直到现在，无论工作有多忙，我都要抽出一定时间来读读书、充充电。同时，正是因为我讲信用、重诚信，找我做业务的公司也渐渐多了起来。到1988年，我不仅还掉了所有的债务，还赚下了40多万元。也许在很多人看来，能在欠下巨额债务的情况下实现逆转，我是幸运的。但我认为，幸运只会眷顾有志者、坚定者、奋进者，而不会等待犹豫者、懈怠者、畏难者。坚定、拼搏、责任、诚信，这是时代赋予我们这一代创业者的优秀品质，也是时代赠予我们的最大财富。随后，20世纪80年代中期乡镇企业的大发展，中后期三线内迁企业的大建设，为我市建筑行业提供了更多的发展机遇。所幸的是，这些机遇我都抓住了，为公司今后的发展奠定了一个比较良好的基础。

进入20世纪90年代，中国经济体制改革步入新阶段。特别是1992年小平同志的南方谈话，号召全国各地抓住当前有利时机，加快改革开放的步伐，集中精力把经济建设搞上去，吹响了第二次解放思想的号角，这让包括我在内的许多民营企业家都感觉到：民营企业发展的春天来了！事实证明，我们的感觉非常正确。1993年6月，根据党的十四大精神及国家的有关政策，我市颁布了《关于进一步发展个体私营经济的若干规定》；同年10月，市政府第一次召开发展个体私营经济工作会议,表彰重庆市十佳个体工商户和私营企业。1994年,我市又颁布实施了《重庆市发展个体私营经济条例》,民营经济的发展环境是越来越好了。而就在这一年,国务院下发了《关于深化城镇住房制度改革的决定》,让我看到了中国房地产市场广阔的发展前景。虽然当时以海南为代表的中国房地产泡沫破灭不久,房地产行业尚未走出低谷,但我认为,国家的改革力度正在逐渐加大,各行各业正酝酿着新的发展。特别是住房制度改革后,十多亿人口的住房需求很大,房地产行业肯定不会就这么萧条下去。于是在我刚刚度过32岁生日之际,也就是1995年3月,我做出了华宇企业发展史上最重要的决定:组建华宇集团,从事房地产开发。不过,我从房产泡沫的教训及中国十多亿人的实际需求中领悟到,在中国,不能只给少数人建房,而要满足大多数老百姓的居住需求。因此,在华宇成立之初,我给公司定的方向就是给大多数人造好房子,走大众化路线。由于华宇开发的房屋品质不错、配套成熟、价格也不高,因此很受市民欢迎,华宇集团在地产界的名声也开始逐步打响。

1997年,中共十五大提出"非公有制经济是我国社会主义市场经济的重要组成部分,对个体、私营等非公有制经济要继续鼓励、引导,使之健康发展"。随着国家改革开放的进一步深化,重庆直辖、国家西部大开发、统筹城乡综合配套改革试验区、两江新区正式挂牌等利好不断加码;同时,作为长江上游地区的经济中心、长江经济带的西部中心枢纽和内陆开放高地、渝新欧丝绸之路经济带桥头堡,重庆的国际国内地位正在不断提升。特别是在2017年10月以来,党的十九大胜利召开,中国特色社会主义迈入了新时代,我市民营经济的发展环境也越来越好。在这样的历史背景下,华宇集团也迎来了前所未有的发展机遇,企业迅速成长壮大,走上了健康、有质量的、可持续的发展道路。目前,华宇集团已发展成为集地产集团、商业集团、金控集团、建设集团、物业集团、海外公司为一体的多元化综合性城市运营集团,具有国家一级房地产集团资质、一级建筑施工资质、一级建筑装饰装修资质、一级物业服务资质,是中国房地产业协会副会长单位、中国物业管理协会副会长单位。

对改革开放40年来民营经济发展环境的变迁,我想谈三点感受:

一是民营经济的地位越来越重要。从"资本主义的尾巴"到"必要的有益的补充",再到社会主义市场经济的"重要组成"和"市场平等主体",民营经济的地位和作用发生了翻天覆地的变化。以下几组数字很能说明问题:1978年,重庆个体工商户仅4000多户,社会消费品零售额仅236万元,税收11.3万元;而2017年,我市民营市场主体总数达到232.6万户,纳税总额达到1079亿元。截至2017年9月,全市民营经济实现增加值7000多亿元,增加值占GDP比重50.4%;完成民间投资6686亿元,占全市投资总额的56%;城镇就业人员中90%都在民营企业。可以毫不夸张地说,我市的民营经济为支撑全市经济的平稳健康发展发挥了不可替代的作用。

二是民营企业的发展环境越来越好。在我创业之初，民营企业的社会地位不高，企业的优惠、扶持政策不多，企业资源获取能力很差；同时，整体营商环境也不优。当时在民营企业中间流行一句话，企业办事有三难：门难进、脸难看、事难办，企业发展的艰难可见一斑。而现在，这些情况已不复存在，“让信息多跑路，让企业少跑腿”就是政府职能转变的真实写照。特别是2017年下半年，随着中国特色社会主义进入了新时代，民营企业的发展也迎来了前所未有的新机遇、新环境。在党的十九大报告中，习近平总书记提出“要支持民营企业的发展”；在2018年政府工作报告中，李克强总理也明确提出，民营企业享有“权利平等、机会平等、规则平等”，同时要求健全企业家参与涉企政策制定机制，激发和保护企业家精神，增强企业家信心。市委、市政府领导对民营企业也是高度重视，2018年，市委书记陈敏尔同志多次发表重要讲话，要求我们主动投身各项事业发展，围绕经济社会发展和民生改善投产业、办企业、兴实业；同时强调要构建亲、清政商关系，为我市民营经济的发展营造良好氛围。市长唐良智同志在2018年政府工作报告中也反复强调要优化营商环境，以改革激发民营经济活力，加快完善公平竞争的市场环境、依法保护非公有制企业和公民合法权益，坚决破除各类限制，鼓励民企发展，这让广大民营企业家对重庆未来的发展更加充满希望。

第三点，我要说的是感恩。改革开放40多年来，经济腾飞、祖国强大、民族复兴。民营企业家作为改革开放最前沿的拓荒者和受益者，感恩时代、感恩祖国、感恩改革开放已成为一种习惯。我市的民营企业能不断茁壮成长，完全得益于改革开放的阳光雨露，得益于重庆这片良田沃土。是国家的改革开放为我们的创业提供了政策和制度上的保障，是重庆市委、市政府和社会各界为我们的发展营造了良好的环境、铺就了坚实的道路。可以说，没有改革开放，没有党的好政策，没有政府和社会各界的大力支持，就没有华宇集团的今天，也没有我的今天。因此，作为重庆土生土长的民营企业，我常怀感恩之心，也更加坚定了“听党话、跟党走”，踏踏实实在重庆投产业、办企业、兴实业，为我市经济社会的持续健康发展贡献全力的决心和信心。

华宇的发展历程

华宇企业的发展历程主要可以分为以下五个阶段。

第一阶段：从1983年到1994年，是我国住房制度改革的前期探索和发展阶段，也是华宇企业的初创阶段。1980年，中央正式提出实行住房商品化政策，拉开了住房制度改革的序幕。随着住房制度改革的不断深入，我市的建筑业也开始有规模地发展。1983年，我正式进入了建筑行业。虽然在前期经历了挫折，但经过不断摸索和调整，企业的发展逐步走向正轨。在1983年到1994年的12年时间，公司先后承建了沙坪坝区东风汽车运输公司和钟表公司劳动大学宿舍工程，重庆石桥塔机厂，汽车运输队23队，沙坪坝百货公司，重庆市重型汽车研究所招待所、厂房，重庆市乳品一厂和三厂职工宿舍、厂房，重庆红岩汽车弹簧厂宿舍、厂房，重庆钢球公司宿舍楼工程，重庆航天工业公司综合服务楼工程，西南合成制药厂宿舍、厂房工程，重庆康明斯发动机公司宿舍、厂房工程，沙坪坝区房管局职工宿舍楼工程，重庆高新区综合住宅楼工程等多项重要工程，为今后企业的发展奠定了一个比较良好的基础。

第二阶段：从1995年到1999年，是华宇进入房地产领域后的早期发展阶段。1994年7月，国务院下发了《关于深化城镇住房制度改革的决定》，确定房改的根本目标，是建立与社会主义市场经济体制相适应的新的城镇住房制度，实现住房商品化、社会化；加快住房建设，改善居住条件，满足城镇居民不断增长的住房需求。《决定》出台后，各地纷纷制定本地区的房改实施方案，居民对住房的需求越来越大。华宇集团正是抓住了这一历史发展机遇，于1995年进军房地产开发领域，并提出了“为大多数人造房”的开发理念。在这段时间里，华宇先后开发了华宇大厦、华宇五环大厦、华宇静园、华宇花园、龙泉大厦等项目，并获得了重庆首届房地产集团企业50强第三名。1997年，重庆华宇物业管理有限公司成立，并于1999年获得“物业管理一级资质”。

第三阶段：从2000年到2007年，是华宇取得快速发展的阶段。从1999年开始，全国已经全面停止实物分房，中国城镇住房制度发生了根本性的转变。2003年8月12日，国务院发布了《关于促进房地产市场持续健康发展的通知》，首次明确“房地产业已成为国民经济的支柱产业”。同时，中央一方面继续推进住房制度改革，一方面加大对房地产市场的调控力度，提出要稳定住房价格，加快建立和完善适合我国国情的住房保障制度。为响应国家号召，我们从消费者的角度出发，于2002年率先倡导“责任地产”，2003年率先提出“地产新政践行者”理念，2004年全国首创“华宇购房超市”，责任华宇的品牌形象深入人心，成了重庆地产的中坚力量。在这一时期，华宇集团得到了较好的发展，先后开发了都市家园、华宇广场、福源山庄、华宇名都、江南枫庭、金沙港湾、林泉雅舍、西城丽景等多个精品项目。从2003年起，华宇集团多次荣获重庆市房地产开发企业50强的第一名，成为重庆楼市的领航者。直到现在，我们仍是全市唯一一家连续十届位列重庆市开发企业50强前三名的企业。2006年，我们迈出了华宇发展史上非常关键的一步：挥师四川，进军成都。这标志着华宇朝着向全国化的发展目标迈出了坚实的步伐。

第四阶段：从2008年到2016年，是华宇厚积薄发、稳健发展的阶段。受2008年金融危机的影响，我市的营商环境、法制环境不够好。而在这一时期，国家的宏观调控也越来越频繁，市场环境也日益严峻。凭借多年来在商海打拼的经验和对房地产形势的判断，我对企业提出了“稳中求进、稳健发展”的战略思路。虽然在这一阶段华宇的发展速度不是太快，但企业在市场的风浪中得到了充分的锤炼和洗礼。同时，通过稳健发展、苦练内功，企业抵御风险的能力得到了增强，企业各项核心竞争指标也得到了极大提升。

第五阶段：2017年华宇进入跨越发展的新阶段。这一时期，国家对房地产和金融的宏观调控政策日趋严厉，回归住房的基本功能成为住房制度改革的新方向。坚持“房子是用来住的、不是用来炒的”的定位，加快研究建立符合国情、适应市场规律的基础性制度和长效机制成为房地产市场的主基调。同时，随着市场竞争的白热化、行业集中度的进一步提高，华宇集团也面临着许多新机遇和挑战。虽然机遇与挑战并存，但我认为，机遇是大于挑战的。特别是在2017年10月，党的十九大胜利召开，中国特色社会主义迈入了新时代，中国经济正由高速度发展朝着高质量发展的方向转变。同时，我市民营企业的发展环境也得到了极大改善。在这样的历史背景下，我们对集团三年的发展战略做了一个全新的规划，提出了今后三年冲刺千亿规模的发展目标，华宇集团也迎来了前所未有的发展机遇，步入了跨越发展的新阶段。

房地产对经济社会发展的贡献

改革开放40年来，随着我国城镇化进程的不断加快和城镇住房制度改革的不断深入，房地产行业成了推动我国经济快速发展的重要支柱产业。虽然近年来，国家对房地产行业的调控政策日趋严厉，但由于我国人口增长的需求和城镇化建设的持续推进，在未来几年，房地产业在国民经济体系中支柱产业的地位仍不会发生根本性改变。房地产业在经济社会的发展中所做出的贡献主要体现在以下几个方面：

一是房地产业在扩大内需、拉动我国GDP增长中作用突出。据国家统计局数据显示，2016年，我国商品房销售面积157349万平方米，同比增长22.5%；商品房销售额117627亿元，同比增长34.8%。2016年，中国房地产增加值占GDP的比重是6.5%。同时，由于房地产业涵盖了开发、建设、销售、物业服务等多个环节，带动了一大批如建筑、建材、商业、物业、房地产经纪、装饰装修等上下游相关产业的发展。自成立以来，我们累计开发楼盘70余个，项目覆盖中国重庆、四川、江苏、浙江、安徽、湖北、湖南、河南、辽宁等省市及北美市场，整体开发规模逾1820万立方米。同时，与我们有合作的上下游产业链公司有3000多家，在推动经济、拉动上下游产业的发展方面做出了一定贡献。

二是房地产业是财政收入的重要来源。当前，土地出让收入仍是地方财政收入的重要来源之一。根据财政部公布的数据显示，2017年全国政府性基金预算收入为61462亿元，其中国有土地使用权出让收入52059亿元，同比增长40.7%，其在政府性基金预算收入的占比高达84%。同时，房地产对国家税收的贡献也很大。2017年，全国一般公共预算收入中的税收收入144360亿元，其中土地和房地产相关税收为16437亿元，总占比高达11.3%。自成立以来，华宇集团累计缴税金已超过百亿元。

三是房地产业带动了社会就业。据国家统计局数据显示，2016年底，全国房地产行业直接就业人数为431万人，占城镇单位就业人数的2.4%。同时，在房地产业产生就业的同时，还带动了相关产业就业岗位的增加。目前，华宇集团提供工作岗位6000余个，拉动社会就业超过10万人。

四是房地产业在助推城镇化建设方面做出了积极贡献。城镇化是我国现代化建设的历史任务，也是扩大内需的最大潜力所在。作为城镇化的重要物质载体，一方面，房地产业加快了农村人口的城镇化进程。房地产业除自身吸纳大量人员就业外，还通过相关上下游产业链，提供了大量就业岗位，促进了农村剩余劳动力的转移，加快了农村人口的城镇化。另一方面，房地产业提高了城镇化质量。房地产业作为一个基础性、先导性产业，通过土地资源的置换整合，有效地强化了城镇功能，扩大了城镇规模，改善了环境质量，推动了道路、绿化、水电气、通信等城镇的基础设施及服务建设。随着房地产行业的快速发展，我国城镇化进程也在快速推进，全国城镇化率由1995年的29%提升到了2017年的58%。

五是房地产企业参与城市建设，改变了城市面貌，提高了民众的居住质量和生活水平。房地产企业不仅仅是销售房屋，还应对城市土地资源高度负责，最大化地发挥土地价值和保护协调好土地的功能布局，从而推动整个城市建设健康有序发展。为了落实这个理念，华宇集团在城市建设统一规划的指导下，积极参与城市开发建设，尤其是参与旧城改造，推动区域经济发展。从2000年建设华宇广场开始，我要求在每个项目的开发上都要以地标性建筑的高度进行设计并实施，实现每进入一个区域，推动一个区域的经济发展及城市景观形象的建设。如今，华宇开发的诸多楼盘，对当地区域经济的繁荣和城市美化均产生了积极的影响。同时，华宇在不断地开发建设和对城市文明思考探索过程中，还逐渐确立了以城市开发建设为基础，融城市文明、居住文明、生态文明于一体的理念，并由此做出了许多积极的努力和尝试。如依据城市地理环境，因地制宜，打造的华宇“山·水·城”系列楼盘，受到了社会多方好评；在开发建设华宇北城中央和华宇老街印象时，充分尊重原有地块作为区域交通枢纽及形象窗口的特点，分别打造为有特色、有品位的建筑精品；在开发建设华宇小泉别墅时，最大限度地保留了生长了近百年的树木的原始状态，许多树木都是穿房而过，体现了对原生态自然环境的绝对尊重。截至目前，华宇已开发建设了20多万套交通便捷、配套成熟、品质优秀的住宅，满足了50多万华宇业主居有良所的要求。

华宇肩负的社会责任

华宇集团能有今天的发展，靠的是国家改革开放的好政策，靠的是市委、市政府营造的好环境，靠的是各级政府、社会各界的大力支持。我一直认为，民营企业家一定要心怀感恩之情，富而思源、富而思进，用实际行动来回报社会。企业做得越大，我们肩负的社会责任也就越大。同时，我时常告诫自己和华宇员工，“做事不仅考虑结果，更重要的是考虑后果”，后果不好，结果再好也没有用。因此，自成立以来，华宇集团一直时刻牢记责任标尺，坚持践行“对社会负责、对企业负责、对自己负责”的责任理念，并从以下几大方面，肩负起了企业应有的社会职责：

一是坚持诚信经营、守法经营、依法纳税。在我看来，诚信是一个企业的发展之本和立业之基。企业的诚信，就好比一个人的生命，如果失去了诚信，那么这个企业就失去了存在的价值。因此，华宇集团自成立以来，一直都严格在国家法律法规允许的范围内开展生产经营活动，严格依法执行每一项合同，坚持用“诚信共赢”的理念，善待我们每一个合作伙伴，促进合作双方的共同发展。同时，华宇集团积极履行依法纳税义务，自成立以来，已累计上缴税金上百亿元。企业也多次获得中国房地产诚信企业、中国房地产开发行业信用品牌企业、中国守合同重信用企业、中国建行AAA级信用企业、重庆市守合同重信用企业、重庆市企业集团纳税50强等荣誉。

二是积极为政府排忧解难，并为社会提供更多的就业机会。自成立以来，华宇集团响应政府号召，收购了重棉一厂、重庆合成化工厂、重庆新渝食品厂、重庆无线电四厂、重庆通信器材厂、重庆无线电厂、重庆灯泡厂、重庆造纸厂、西南制药一厂等破产改制或“退二进三”迁建企业，使5万多名职工获得重新就业或安置的机会。同时，随着企业的不断发展壮大，随着我们开发建设的小区的持续交付，华宇集团为社会提供的就业机会不断增多。目前，华宇集团提供了6000多个就业岗位，累计安置破产国有企业的下岗失业人员5000多名，安置库区人员、接受军转及部队退伍人员逾千人，拉动社会就业超10万人。

三是积极投身公益慈善事业。多年来，我带领华宇集团积极参与抗击“非典”、抗洪救灾、抗旱赈灾、抗震救灾、捐资助学、改善贫困山区人民生活环境等公益事业，截至2017年累计慈善捐款已超过2.02亿元。我本人及华宇集团也多次荣获重庆市优秀中国特色社会主义事业建设者、重庆市光彩慈善事业先进个人、中华慈善突出贡献单位、慈善捐赠贡献奖、抗震救灾先进集体、重庆十大慈善楷模企业等荣誉。为响应习近平总书记关于坚决打赢脱贫攻坚战的号召，华宇集团积极为中央的精准扶贫、乡村振兴战略贡献自己的力量。2018年，华宇集团拟投入2000万元左右的资金，在我市贫困区县修建有特色的乡村民宿。民宿建成后，我们将其提供给当地的建卡贫困户，让他们通过农家乐餐饮、土特产和工艺品售卖等多种形式来进行经营。经营收益将首先用于帮助当地贫困户实现脱贫。相信此举对推动当地旅游产业及经济的发展、助推当地农户的精准脱贫会起到积极作用。

（根据作者2018年回忆整理）

"田螺姑娘"成长记

严　琦[①]

陶然居的创业与发展

我是重庆巴南鱼洞人，1985年高中毕业后考入中国人民银行巴南支行工作。我的父亲在当时的巴县人民政府工作，母亲在供销社上班，父母都是共产党员。我还有一个姐姐在地税局工作。那个年代，绝大多数城镇人口都在体制内工作。

改革开放后，逐步打破了计划经济体制的束缚，在国营和集体经济之外，个体私营经济开始发展起来。1992年邓小平的南方谈话，进一步解放了思想，体制内人员下海经商成为一种潮流。政策上也鼓励体制内人员出来自己创业，当时的一项政策是可以办理停薪留职，如果创业不成功，在规定的时间内还可以回原单位工作。这相当于给这些下海经商的人留了一条退路。如果不是可以停薪留职，而是一步到位取消原来体制内的所有保障，我想当时包括我在内的很多人是没有勇气出来创业的。因为有这项政策，我就想万一做不好我还可以回去。于是，带着做成一份自己的事业的强烈渴望，我毅然辞职出来自己创业。因为对餐饮比较感兴趣，而且认为自己在这方面有一定的天分，我选择了自己开餐馆。

虽然我自己下了决心要出来创业，但是当时父母那一辈人思想都比较传统，不会同意我这样做。我这个人比较有个性，自己认定的事情就一定要去做，于是没有征得父母同意，便自己一个人就去办了停薪留职手续。如果我先征求他们的意见，可能这件事就干不成了。办完后我才跟父母讲，我父亲知道后大病了一场，认为银行这么好的工作都不干，砸了自己的"铁饭碗"出来当个体户，怎么也接受不了。当时社会上面子观念还很强，看到你放弃干部身份去做个体户，对很多人来说是无论如何也想不通、不能接受的。因为这件事，人家都说我父亲养了一个不孝的女儿。

① 严琦，现任重庆陶然居餐饮文化(集团)股份有限公司董事长，全国政协委员，全国工商联执委，全国妇代会执委，重庆市工商联副主席，重庆市工商联(总商会)餐饮商会会长。

刚出来创业时，我怀着极大的热情和激情，把什么事情都想得很好，低估了创业的辛苦。但是真正跨出这一步，在社会上经过一番摸爬滚打，才知道现实和自己想的不是一回事。之前在体制内上班时非常受人尊重，收入也不错，而个体户在当时是被很多人看不起的。我从体制内出来后，感受到人们用和以往不同的眼光看我，一开始也有点接受不了。

当时我们单位还有两位男同事和我同一批办理停薪留职，也出来创业。由于各种情况，他们创业没有成功，但在社会上经过这样一番磨炼，后来也没有再回体制内上班。所以，创业很不容易，不是所有出来创业的人都能成功。我比较幸运，从最初起步一步步走到了今天。

1995年，我依靠自己之前上班的积蓄，在九龙坡白市驿成渝高速公路出口附近开了一家路边小餐馆，只有5张桌子，就这样开始了自己的创业之路。小店起名陶然居，取陶冶情操、健康生活之意。

当时为什么选择在白市驿开店呢？我认为重庆是川菜的发源地，那些风靡全国的川菜，如歌乐山辣子鸡、机场路水煮鱼、江津酸菜鱼、磁器口毛血旺、南山泉水鸡等，都是首先在郊区发展起来的。那时重庆餐饮文化还比较落后，不讲究环境，只讲究味道，只要菜品有创新、味道好，大家就会找着去吃。白市驿那个地方靠近高速公路出口，过往车辆和人流较多，后来很火的来凤鱼，就是在高速公路边发展起来的。而且，我丈夫老家在白市驿，他当时的工作单位也在那边。由于这几个方面的原因，我在白市驿开了自己的第一家店。

小店一开始主要是经营传统菜品，做一些家常菜，没有什么特色。到这里来吃饭的人不多，每天都没有什么生意。我意识到走人家走过的路，终究难以脱颖而出。只有创新才有出路，必须走人家没有走过的路。于是，我们尝试研发了很多道菜品，结果却不怎么成功。这时，有人告诉我，西南农学院一位教授培育出一种可食用田螺，这种田螺以新鲜蔬菜和青草为食，属于生态食品。于是，我们产生了以这种田螺为食材开发新菜品的想法，结合重庆人喜欢麻辣的口味，经过反复试验，创造出了“陶然辣子田螺”。这道菜一经推出就大受欢迎，很快风靡重庆，成了陶然居的招牌菜，很多人慕名前来品尝，来吃饭的人排起了长队。到了1996年底，陶然居光凭辣子田螺一道菜，一天就可以挣5000多块；仅仅过了一年，到1997年底，陶然居已经扩大到500张桌子，最火的时候，每天仅辣子田螺就能卖出1000份，收入五六万元。重庆的报刊刊登了很多对我和陶然居的报道文章。这是陶然居第一次在重庆扬名。

陶然居在重庆成长起来后，很快就迈出了走出去的步伐。1997年，陶然居走向成都，接着走向武汉、长沙，走向全国。2000年，我们在九龙坡高新区科园四路买下3000平方米店面，生意非常好，然后又买了几层楼，总共达到10000平方米。从2000年到2006年，陶然居连锁店已经开遍了全国所有省会城市。当年的商业模式和现在不一样，我们开一个店最少都是2000~3000平方米，解决就业200~300人。店里的厨师、服务员和管理人员都是我们从重庆带出去的，当时很好招工，大家对陶然居比较认可，广告一贴出去，很快就招满了，很多是一家子跟着我们一起出去的。这些人随着陶然居走向全国各地，也让全国各地的人认识了重庆人吃苦耐劳、耿直爽朗的性格。陶然居就像一张流动的重庆名片，开到什么地方就把重庆两个字传递到那个地方，也是为重庆增光添彩。在外地工作的重庆人也很喜欢到陶然居来吃饭，听一听亲切的乡音，用家乡话和我们店员聊一聊。在这个过程中，我们成立了自己的餐饮培训学校，对厨师、服务员和管理人才进行培训，提高员工综合素质，为我们的高速发展提供了人才保障。

2007年以来，陶然居开始走多产业、多品牌发展道路，先后打造了重庆会馆、陶然古镇、陶然会馆、两江会馆、鸿恩·陶然大观园、巾帼陶然酒店、陶然风味庄、陶然居生态鱼馆等涵盖高中低端的餐饮业态。目前，陶然居已经发展成为集餐饮、生态养殖、早餐快餐冷链物流配送、连锁经营、休闲旅游、幸福美丽乡村建设、古镇院落式酒店、餐饮职业培训学校、能源及金融投资、抱团发展等为一体的大型民营企业，年营业额达26亿元。

陶然居的发展，离不开党和政府的政策支持，这种支持包括在物质层面对民营企业的优惠政策、财政补贴等，也包括精神层面对民营企业家的关心和爱护。而且，我认为精神上的支持比物质上的支持更重要。这多年来，党和政府给了我很多关心和荣誉，如三八红旗手标兵、五一劳动奖章、中国特色社会主义事业优秀建设者、振兴重庆争光贡献奖等，并被推选为重庆市人大代表、全国政协委员，这些都是对我莫大的支持和鼓励。

热心社会公益活动

作为一名企业家，首要任务是要把企业做大做强，在激烈的市场竞争中生存下来。但我认为，一个只会赚钱的商人只能做老板，不是一个真正的企业家，真正的企业家应该具有强烈的社会责任感。在承担社会责任方面，企业家和企业首先要发挥自身优势，结合国家发展目标和政策导向，通过产业发展带动就业和创业，带领更多的人增收致富；其次，要积极参与社会公益事业，尽自己的力量扶贫济困，以实际行动回报社会。

在产业带动方面，我一直有个想法，就是通过陶然居这个品牌带动农业和农产品发展。因为餐饮行业本身与“三农”息息相关：第一，解决农村富余劳动力就业；第二，我们需要采购大量农产品，把农民的产品变成商品，卖个好价钱，带动农民增收。2006年，我们积极响应建设社会主义新农村的号召，投资2亿元在白市驿镇高田坝村建立了“陶然居建设社会主义新农村示范基地”，建立“公司+基地+农户”模式，大力发展生态农业，推动当地农产品、土特产及特色种养殖业快速发展，帮助农民就地创业，实现农民增收致富。我们的基地已发展成为重庆市新农村建设的先进典型，多次迎接重庆市党政代表团参观。除白市驿外，陶然居还把“公司+基地+农户”的农餐对接订单农业模式扩展到荣昌、綦江、大足、武隆、城口、潼南、江津、彭水、忠县等地，为当地农产品带来稳定的销售渠道。下一步我们还将在白市驿建立物流中心、“农餐旅”体验基地、创业孵化基地。我认为创业孵化基地应该让龙头企业来做，以龙头企业带动整个产业链的发展，成功率会更高。

经过多年探索和发展，陶然居形成了以品牌特色餐饮为核心，集高效生态观光农业、体验式农业、明清建筑皇家园林四合院为一体的现代休闲度假特色的新型产业集群。以产业发展为核心和支撑，对就业和创业起到了很好的带动效应。当前，陶然居提供直接就业岗位2万余个，其中90%来自农村，80%是青年，65%是女性；整个产业链提供就业岗位10万个，并且每年新增就业岗位1000余个，直接推动农村富余劳动力向城镇和非农转移。陶然居还把企业自身发展与帮扶创业紧密联系起来，根据自身特点和优势，搭建了陶然大包早餐快餐社区便利店、陶然两江火锅、陶然居生态鱼馆等一系列新平台，大力支持青年大学生自主创业。

在社会慈善事业方面，我们向市妇联捐资修建了20多所陶然居春蕾学校，救助贫困地区失学女童重返校园。我认为女童是未来的母亲，一个国家能不能够兴旺发达，一代更比一代强，关键的一点在于提高女性的素质。所以，这么多年来，我一直坚持做这件事。此外，我个人和陶然居每年都要拿出一笔资金用于社会公益和慈善事业。从2006年起陶然居每年向云阳县捐资10万元；"5·12"汶川大地震捐款捐物价值120万元；2014年参加《小善大爱》公益电视节目并捐资38万元，参加团市委《希望工程·圆梦活动》向6位贫困山区应届高中毕业生每月发放爱心岗位工资3000元；2014年至2017年每年向四川省简阳市壮溪乡初级中学贫困在校生捐款5万元；等等。此外，还积极参与"光彩事业库区行""抗洪救灾"、慰问武警消防官兵等社会公益活动。迄今为止，陶然居捐款捐物价值累计达2000多万元。

作为一名企业家，我还担任了全国政协委员、重庆市工商联副主席、重庆市工商联（总商会）餐饮商会会长，这些职务本身就代表着沉甸甸的社会责任。我始终坚持为改革建言，为发展献策，为民生助力，深入基层、深入群众，把基层的想法、群众的声音带到"两会"。多年来，我提出了关心环卫工人待遇和保障、龙头企业带动微型企业集群创业及鼓励和支持大学生创业、完善食品安全监管主体责任体系、将学前教育纳入义务教育、餐饮企业参与"精准扶贫"等一系列与民生息息相关的提案。

做人要有感恩之心，做企业同样应该常怀感恩之心。得益于党的改革开放政策，民营企业才能生根发芽、发展壮大。所以，在改革开放中成长起来的民营企业，要常怀感恩之心，热心回报社会。一个企业家如果不回报社会，就不算一个合格的企业家。企业家对社会的贡献，首先是一个态度问题，不是说一定要捐多少钱，也可以通过带动就业、产业扶贫等方式为社会做贡献。国家和社会给了我很多荣誉，我感到自己肩上的责任很重，必须要发挥表率作用。虽然我不是共产党员，但是在思想上、行动上要自觉做到和共产党员一样先进，坚定不移听党话、跟党走。

（袁仁景于2018年1月采访整理）

从一家小店到一个民营能源集团

薛方全[①]

企业的发展历程

我的童年和少年时代与全国大多数农村孩子一样，在特殊的历史年代，没有机会系统地学习文化知识，直到现在都是难以弥补的缺憾。在恢复高考的前一年，我参了军，在部队的大熔炉里，磨炼了我的意志，培养出我吃苦耐劳的品格。从部队退役后，我回到了璧山老家，先在一家国企上班，随后下海经商，当时液化气刚刚推广使用，我瞅准机会，筹资2.5万元，创建璧山液化气供应站，经营液化气业务。1996年成立的民生燃气公司，就是民生能源集团的前身。在民生能源发展的道路上，我的办公地点换了7次，就像生活条件好了要改善住房条件一样，这7次搬家真实记录了民生集团的发展历程，也见证了我们国家改革开放40年来发生的翻天覆地的变化。

纵观民生的发展，毋庸讳言，企业带有我个人的印记，但个人是社会大潮中的一员，所以说我对整个社会发展的感受更熨帖，更有触摸感。20世纪七八十年代，改革开放刚刚开始，我们带着青春期的冲动，怀着创业的激情，展现"初生牛犊不怕虎"的豪气，立志在天地间有一番大作为。现在回想起来，这些激情都源于当初思想的解放和改革开放的社会氛围。改革开放的伟大决策满足了我们对未来所有美好生活的想象，并提供了强大的思想动力和智力支持，直到现在我还怀念那种充满激情的年代，我认为源于20世纪70年代末期的改革开放不仅为我们准备了思想基础、理论基础，还提振了全民族的创业和实干精神，无论怎么褒奖都不过分。我认为中国共产党人在领导中国人民进行艰辛的探索和奋斗的过程中，总有一些大智大勇的民族精英在中华民族发展的紧要关头做出正确的抉择，是我们这个伟大民

① 薛方全，全国劳动模范，现任民生能源集团董事长、总裁，重庆市人大代表，中国民营经济研究会副会长，全国工商联城市基础设施商会副会长，中国光彩会常务理事，重庆市人民政府参事，重庆市工商联顾问，重庆市慈善总会副会长，重庆市光彩事业促进会副会长。

族的幸事和骄傲，改革开放的总设计师小平同志是其中杰出的一位。

我做企业有几十年了，有时也认真回想走过的路，具体到民生能源集团的发展历程，我认为重要节点有以下几个：一是1992年以前，这时候我虽然没有组建民生能源集团，但也真切地感受到社会的变革和人们思想的涌动，除了正常上班，我也对社会的变化冷静地观察和思考，这一阶段为我后面办企业做了思想准备；第二阶段是1992年至1996年，这一阶段是小平同志南方谈话以后，人们的思想进一步解放，各行各业都快速发展，很多人下海经商，整个社会经商氛围热火朝天，也为我成立公司储备了简单的物质条件；第三个阶段是1997至2007年，这一阶段是我创建民生并稳步发展的阶段，民生集团这一时期的发展成就是在改革开放和重庆直辖的大背景下取得的。经过十年的发展，集团完成了原始积累，为下一步的高速发展奠定了基础；第四阶段是2008年至2017年，这一阶段是民生的高速扩张阶段，现在不但有二十多个县城的近百万天然气用户，还有成品油生产基地、旅游等项目，也沉淀了独特的民生文化。当这一段发展结束后，民生能源集团已经拥有近百亿资产，为我们调结构、去产能、转型升级、飞跃式发展奠定了坚实的物质基础。我们制定了“五五”发展规划，绘制了集团未来五至十年的发展蓝图，我们相信在习近平新时代中国特色社会主义思想的指引下，民生人一定会取得更大的成就。

市委、市政府对民营企业的扶持与帮助

在公司的发展史上，1997年是个关键。这一年在市政府相关领导的组织带领下，主城共有53个老板赴武陵山区考察投资，但最后只有我一个人留下来干了，当时很多同去的企业家都笑我，怀疑我的判断和眼光。说实话，我当时也不知道能不能成功，但有一点，天然气是清洁能源，少数民族地区虽然落后，但是当地百姓改善生活条件、提高生活品质的愿望是迫切的。好的位置都被中石油、中石化等国企开发了，要想发展只有不怕困难，咬定青山，坚定信念才有希望，经过深思熟虑，我决定留下来。后来我们成功了，现在仅武陵山区我们就有十几个县市的天然气，管道数千公里，资产几十亿。除了企业自身的努力外，我非常感谢市委、市政府各级领导的帮助和支持。在我们的艰苦创业过程中，市委、市人大、市政府、市政协等各级领导为我们提供发展思路，积极帮助我们解决经营中遇到的各种难题。

我也经常总结经验，时常说我命好，遇到的都是好人，当然这是朴素的想法，各级政府部门之所以支持民生、帮助民生，一方面是因为我们从事的是民生事业，关乎千家万户百姓的日常生计，另一方面我们很好地掌握了与政府官员打交道的分寸，用今天的话来说，就是践行了习近平同志提倡的“清”与“亲”的政商关系，坚持原则走正道，勇往直前，这一条是民生发展的重要因素。

今天的民生能源是与往日不可同日而语的，我们在行业的地位也是举足轻重的。在民生的发展过程中，党和政府给予我莫大的荣誉，2014年我被推选为全国劳模，先后担任四届重庆市人大代表，市委统战部、工商联的很多领导也都关心支持民生的发展，市委、市政府的许多领导还多次到民生集团指导工作，党和国家领导人也多次接见我。这些都充分体现了党和政府对民营企业的关心和支持、对民营企业家的爱护，我本人发自内心地感激党和政府为我们企业提供的帮助，我也时常教育我们的员工学会感恩，努力工作，创造更多的价值，积极回报社会。因此我们从不敢懈怠，牢记使命，不忘初心，继续前行。

经济效益与社会效益兼顾

我是军人出身，经商办企业就认准一条，听党的话，跟党走。掌握好国家政策，始终秉持“服务社会、造福于民”的思想，走可持续、共享的发展之路。

“服务社会、造福于民”不是一句空话，只有发展起来才能回报社会，所谓“穷则独善其身，达则兼济天下”。只有企业发展了，才有能力更好地回报社会；只有人民富裕了，才能推动企业发展，这是相辅相成的，也蕴含了“大河有水小河满”的哲理。有这些思想做指导，我们就能很好地将经济效益和社会效益兼顾起来，走共同富裕之路，否则就是一句空话。

我认为所有企业家，都应具备有梦想、有情怀、有担当的奋斗精神，和祖国同呼吸、共命运。2017年10月18日，是一个注定要载入史册的日子。中国共产党第十九次全国代表大会胜利开幕，举国欢腾，世界瞩目。习近平同志花了三个半小时，用铿锵有力的声音向全体代表做了十九大报告。报告再次重申坚持“两个毫不动摇”，支持民营企业发展，强调把发展经济的着力点放在实体经济上来，要打破行政性垄断，清理废除妨碍统一市场和公平竞争的各种规定和做法，提出经济体制改革必须以完善产权制度和要素市场化配置为重点，进一步激发和保护企业家精神，要构建“亲”“清”新型政商关系。这些举措展现了以习近平同志为核心的党中央敏锐的眼光、宽广的胸怀、高超的智慧和过人的胆略。也为我国非公有制经济发展指出了光明前景，对于坚定非公有制经济人士一心一意发展企业的信心，具有十分重大的意义。

2017年通过的《中共中央　国务院关于营造企业家健康成长环境弘扬优秀企业家精神更好发挥企业家作用的意见》，共计29条，每一条都说到广大企业家的心坎上。如果说上述意见为广大企业家的成长和企业的长期发展吃了一颗定心丸，十九大报告则是为企业的发展指明了方向，并提供了强大的精神动力和智力支持。我深信，广大企业家一定和我一样欢欣鼓舞，认真学习贯彻落实十九大精神，自觉履行企业家责任，勇于担当、积极作为，为决胜全面建成小康社会、争取新时代中国特色社会主义新胜利不懈努力！

民生能源集团成立22年来，一直秉持“服务社会、造福于民”的理念，在我们自身发展的同时，一直坚持从事公益慈善事业，现在累计向社会捐款超过1.8亿元。捐助面涵盖精准扶贫、改善基础设施、捐资助学、敬老爱老等领域。为此，我本人2016年获评中央电视台第三届“十大慈善人物”，我们做慈善的事迹也被全国很多媒体多次报道。

比如我们为响应党中央关于精准扶贫，限期打赢脱贫攻坚战的号召，在市委统战部、市工商联、中国光彩事业促进会等的指导下，积极参与“万企帮万村”精准扶贫行动，为部分贫困村的脱贫攻坚贡献一分力量。

在精准扶贫工作中，公司先后向重庆、湖北、贵州、云南等贫困地区捐助3922.26万元，其中涉及15个建档与非建档贫困村，306户贫困户，包含1136人，带动脱贫人员超过800人。公司主要通过整村产业脱贫、改善基础设施、青年才俊工程等项目带动帮扶贫困村，开展产业帮扶、智力帮扶和公益捐赠扶贫，都取得了良好的效果。据不完全统计，民生能源集团在这场精准扶贫攻坚战中直接投入超过7600万元。

为此，企业也获得了很多荣誉，如“全国民族团结进步模范集体”“全国就业与社会保障先进民营企业”“中华慈善突出贡献奖”“全国民营企业文化建设先进单位”“全国关爱员工的民营企业”“全国厂务公开民主管理先进单位”“全国万企帮万村精准扶贫先进单位”等荣誉称号。

实际上，民生能源集团的企业宗旨就是“司强民富”，我们以此为基础，拥有从事扶贫济困事业的高度自觉，并不断践行这一崇高使命。我也将公益慈善事业作为我的毕生追求，慈善公益永远都在路上！

（根据作者2018年回忆整理）

甘当“配角” 摩托车齿轮做成行业第一

付中秋[①]

1993年创办秋田齿轮厂时，我已经42岁。当初选择办企业的原因很简单，一是国家当时政策环境好，鼓励个人创业，身边也有朋友开始创业；二是想通过办企业改善自己和家人的生活条件；三是当时工作的单位有闲置的设备和厂房可以租用，为创业提供了便利的条件。

秋田的发展可以分为三个阶段。第一阶段是成立初至1998年，企业处于快速成长阶段。得益于当时重庆乃至全国摩托车产业的迅猛发展，秋田齿轮迅速从一家小作坊成长为初具规模的齿轮制造企业。第二阶段是1999年至2010年，企业处于高速发展期。这一阶段秋田先后与日本本田、德国宝马、意大利比亚乔等世界知名企业建立长期合作关系，企业在管理、技术研发、国际市场开拓等方面取得长足进步，国内市场占有率长期稳居行业第一，成为行业最大的中小模数齿轮生产基地。第三阶段是2011年至今，企业处于转型升级期。这个阶段企业在稳固传统摩托车齿轮优势地位的同时，开始大力发展大排量摩托车齿轮、汽车齿轮及向国际市场开拓。目前秋田大排量摩托车齿轮、汽车齿轮出口产品销售收入占比达到70%左右，秋田齿轮逐步从原来的以规模取胜过渡到以中高端产品占领市场，产品研发实力得到进一步提升。

秋田从一个小作坊逐步发展成为中小模数齿轮行业的龙头企业，离不开党和政府的政策扶持。特别是重庆直辖以来，市委、市政府于1997年和1998年相继出台《关于大力发展个体私营经济的决定》和《关于进一步加快发展个体私营经济的决定》，让我看到了政府对私营经济的肯定和鼓励发展，更加坚定了我把企业做大做强的信心。企业发展壮大过程中总要经历波折和面对各种各样的困难，各级政府都能及时给予关怀和帮助。2008年以来，随着国际金融危机及全球经济疲软、国内经济增长放缓，企业同时面对原材料、人力成本持续上涨的困难局面，市政府及时出台扶持民营经济发展的政策，比如近期出台的扶持民营经济30条，给民营企业渡过难关带来了实实在在的好处，增强了民营企业家继续做好企业的信心。

① 付中秋，现任重庆秋田齿轮有限责任公司董事长。

秋田能够成为行业领先的企业，离不开技术人才的不断被引进和被培养。1998年左右，我们先后从玉柴机器和綦江齿轮厂等知名企业引进多名高水平技术人才，开始生产摩托车主、副轴，并逐步发展成为国内最大的摩托车齿轮生产企业。与此同时，公司还注意持续加大科技研发投入，每年研发投入占销售比保持在6%左右。早期通过购买高端齿轮生产检测设备提升企业技术水平，近几年公司重点加快生产设备的自动化改造，大大降低了劳动强度和人力成本，同时产品质量得到进一步稳定，公司未来的目标是实现主要工序全自动化，实现从传统制造到智能化制造的转型。在产品研发上，通过重点开发大排量摩托车齿轮和汽车变速器齿轮，产品结构得到了进一步优化，提升了企业经济效益，确保了公司的持续健康发展。

秋田在摩托车齿轮行业有较高的知名度，得益于和日本本田的合作。通过和本田的合作，秋田成功借鉴了本田的管理模式，完成了企业标准体系的建设，并借助与本田的成功合作在行业内创造了良好的品牌形象。

二十多年来，秋田凭借“专心、专注、专业”的精神深耕中小模数齿轮的研发与生产领域，已获得了国内外客户的认可，目前已是业内知名度较高的品牌。先后获得重庆市高新技术企业、重庆市民营企业50强、重庆市用户满意企业、重庆市用户满意产品、国家免检产品、重庆名牌产品、重庆市著名商标、重庆市产业振兴重点扶持骨干企业、重庆市企业技术中心、市级工程技术中心、全国先进基层党组织、重庆市市长质量奖等诸多荣誉称号。在标准化建设方面，秋田目前已通过了ISO9001：2000和ISO/TS16949质量管理标准体系认证，以及ISO14001环境管理体系和OHSAS18000职业健康安全管理体系认证，达到“标准化良好行为AAAA级”标准。

我曾经说过：一个正常人的需求是有限的，企业家的剩余价值都是社会的。在秋田不断发展壮大的过程中，我一直坚持尽可能地履行社会责任。从个人赞助患病女孩和贫困大学生、帮助奉节秋田小学改善办学条件，到1998年特大洪灾、汶川大地震、玉树地震捐款，再到后来的绿化长江行动、对口支持忠县扶贫捐款等，秋田都在积极地、力所能及地履行企业应尽的社会责任。

（根据作者2018年回忆整理）

一个外地人在重庆打造的“千叶王国”

叶定坎[①]

我是1987年到的山城重庆。在来重庆之前，我先后去过吉林省九台县、河北省石家庄市、山东省济南市等地方，但都没有留下。我刚到重庆，就感受到了山城立体感的美丽，这里是南方气候，气温环境和我家乡浙江差不多，再加上重庆人不排外、比较耿直，所以我很快就喜欢、热爱上了这座城市，并留下来在这里创业了。这是我对重庆的基本感受。

我之所以选择眼镜行业，是因为江浙一带五金、小电器之类本来就比较多，特别是温州瑞阳，在改革开放初期就到处都是眼镜厂。我高中毕业后，就在眼镜厂打工、做销售，对眼镜行业比较熟悉，后来自己出来创业，选择的也是眼镜行业。

刚到重庆的时候，我还是个个体户。做企业就像养小孩一样，总希望给它取个名字，希望它今后能够有所成就。通过与行业里的其他人接触，感觉做个体户不是长久之计，于是在1992年，我们就选择了成立千叶眼镜公司。希望我们的企业，把光明带给消费者，把服务带给消费者，这也是我从小的理想和目标，通过帮助别人，使自己获得快乐。从企业成立那天起，我们就注重真实感受，发自内心去做事情，做好产品的品质，做好行业的验光和专业，做好售后服务。从1992年到现在26年时间里，我们200多家眼镜店布满了重庆各区县，以及四川、贵州、云南等地。我们所有的店都做到了免费为消费者提供调试、清洗、换配件等服务，我们的真诚服务，赢得了良好的口碑，得到了消费者的充分认可，得到政府领导的认可，也使企业发展到了今天。

企业在发展过程中，重庆的工商、税务、质监等相关政府部门，对企业的支持很到位，给了我们很多的关心、鼓励，这也促使我鼓起信心，把企业做大做强。

在5年、10年以前，我的想法是强化自己，做大做强。这几年，作为一个民营企业的当家人，我的思想有了根本性改变。我们原来做的，有地产、物业、小额贷款、担保等各行业，现在回头来看，当时这种做法是不理性的，我们没有静心做好自己的专业。通过近三五年的梳

① 叶定坎，现任重庆千叶集团有限公司、重庆千叶眼镜连锁有限公司董事长，重庆市政协常委，重庆市工商联（总商会）副会长，重庆市浙商联合会会长。

理，我们今后的目标，就是把我们的眼镜行业做得更专业、更有品质、更时尚，为消费者提供更好的服务。换个角度来说，今后的发展路线中，其他行业都会逐步缩减，把精力集中在一个点上，就是把我们的眼镜做强做大做精。这也符合国家号召的大方向，因此我们的发展战略规划是打造品质前沿，做到精雕细琢。

千叶眼镜成立20多年来，除了免费验光配件之外，我们还参与了很多公益活动，包括到养老院、监狱提供公益服务，还捐献了几十所千叶希望小学。据不完全统计，我们先后捐款捐物达7000余万元。在将来，我们在发展好企业的同时，会更多地关注社会，更好地做好公益事业。企业在发展好自身的同时，还要回归社会、回报社会，这也是千叶总的方向和目标。

作为外来的企业家，对重庆的发展是很有感触的。我刚到重庆时，解放碑是重庆最高的建筑物，解放碑的商业大厦还在挖地基。今天整个重庆都是高楼大厦，而且交通便捷。这种变化大家都是有目共睹的，看到重庆的夜景，看着重庆每天的变化，我作为新重庆人，也有一种自豪感，感觉重庆的变化、重庆的飞跃，给我的生活带来了更多的色彩。

（刘承海于2018年3月采访整理）

| 饮水思源　感恩这个伟大时代 |

陈成宽[①]

艰辛的创业经历

1968年，我生于温州瑞安市荆谷一个普通的农民家庭，兄妹三人，排行老大。一直到18岁，无忧无虑，然而就在这年，家中“顶梁柱”的父亲突然离世，我的人生由此发生了改变。

1987年，我带着东拼西凑的几千元钱，从温州来到重庆发展，到今年整整31年。从当年小小的个体经营户，到今天公司具有一定的规模，诚泰集团在重庆小有成就，我感触颇深。这一切成绩的取得都离不开各级政府、各界朋友的支持。

创业是艰辛的，也是幸运的。

当年为了省钱，每日到火车站的长凳子上留宿。为了节约8分钱，选择小面而不要肉丝面。那时每到晚上，和朋友在一起能喝点小酒就是人生最大的快乐。“白天是老板，晚上睡地板”。

最开始做表带生意。1988年转行销售眼镜。1996年放弃眼镜行业，成立重庆诚泰通信，进入通信领域，从此专注于这个行业。直到今天，一直把手机销售、通信服务作为核心产业。秉承“诚信为本、泰然做人”的企业理念，一边学习一边摸索，稳扎稳打。我本人先后到重庆大学、重庆市委党校、北京大学光华管理学院学习，一步步走到今天。诚泰通信于2002年顺利通过ISO9001:2000质量体系认证，成为重庆通信行业最早获此认证的企业。先后获得重庆市著名商标、重庆市优秀民营企业称号。

经过多年的发展沉淀，公司经营范围逐步扩大到手机零售、手机批发、移动运营、电信运营、手机维修、增值业务、网络营销等多种业务。分别与中国移动、中国电信等建立了紧密的

① 陈成宽，现任重庆诚泰实业(集团)有限公司董事长，重庆诚泰通信连锁有限公司董事长，重庆博端科技有限公司董事长，重庆市政协委员，民建重庆市委常委，民建重庆渝中区委副主委，渝中区人大代表，重庆市总商会常委，重庆市总商会浙江商会常务副会长，重庆市温州商会会长。

合作关系，成为运营商中的金牌代理商。目前诚泰通信连锁店达100余家，员工1000余人，经营国内外众多知名手机品牌，成为苹果、三星、华为等主流品牌的战略合作伙伴。诚泰通信是目前重庆通信市场店面最多、市场占有率最高的通信连锁零售企业。

“三专”是诚泰的核心竞争力。专注、专一、专业，从一点一滴做起，打造品牌。从手机上游厂家资源采购、售后服务、流程管理，每一个环节都要做到精细化。

我先前并不具备太多的书本知识，但“不懂就学”。从诚泰品牌的塑造，到今天全网络化的现代办公，从家族企业向现代企业的转型，从实施ERP到ISO国际标准认证，从模拟手机时代到数字时代以及对即将到来的5G商机的及时把握。诚泰就是在这样的锻造中走过来的。

有人问我成功的秘诀是什么？

我觉得也谈不上什么成功，只是有些心得体会，想要在风云多变、情况复杂多变的商海中屹立不倒，就要时刻做到诚信为本。

诚泰通信目前是诚泰集团一张响亮的名片。2002年参与国企改制，收购解放碑百货公司、两路口百货公司，2010年成立重庆诚泰实业集团，开始多元化发展。2010年1月，重庆诚泰实业（集团）有限公司成立，注册资金5680万元。集团公司的成立，预示着诚泰向多元化发展迈出了重要的一步。

2017年，诚泰集团在两江新区数字经济产业园成立重庆博端科技，运营重庆首家物联网产业园——重庆博端物联网创新中心，进入物联网领域，为打造重庆物联网产业贡献力量。

诚泰与重庆通信

我国经济的高速发展、人民生活水平的日益提升，直接促进了通信行业的高速发展，让手机从30年前的奢侈品，变成了现在人人都买得起、用得起的生活必需品。功能从简单的通话到现在几乎成了一台小电脑，这个变化折射了时代的变迁与进步，是我国人民生活水平日益提高的缩影。诚泰通信正是在这样的历史大背景下，抓住了商机，逐步发展壮大的。

重庆通信业的发展始于20世纪80年代末90年代初。自1987年蜂窝移动通信出台以来，重庆通信业发展迅速，移动通信技术实现了从1G也就是“大哥大”时代到2G、3G，再到4G的历史性转变。到今天已经发展到了5G。在过去20余年里，诚泰集团见证了重庆通信业的巨大改变，从TD-SCDMA到TD-LTE，通信技术的发展给重庆市民的生活带来了翻天覆地的变化。截至2017年底，重庆市的网络覆盖和网络质量全面提升，全年电信业务总量611.3亿元，同比增长76.7%，增速排名直辖市第一。其中4G基站新增2.8万个，总量达9.2万个；4G用户达到2200万户，同比增长29.5%；全市互联网用户数达到3904.7万户，同比增长

17%。而且重庆在西部率先实现行政村通光纤和4G网络全覆盖。

追溯到1992年，重庆市电信局无线分局建成第一家寻呼台，传呼机逐渐普及并盛行；20世纪90年代中期，第一代手机“大哥大”应运而生，电信局成立移动分局，为“大哥大”入渝服务，重庆进入第一代移动通信（1G）时代，1G采用模拟蜂窝组网，仅能进行语音通话；到90年代末，座机开始在重庆普及，重庆的无线通信得到快速发展，各种营业厅相继问世。

据有关数据显示，至1999年，重庆电报交换量达到顶峰的1041万份，重庆电话用户达197.88万户，互联网上网用户达2.48万户，基础数据网覆盖到全部区县和绝大部分乡镇，信息化基础设施水平跻身全国一流，基本实现了重庆电话通信网的综合化、宽带化和数字化。

1997年重庆直辖后，重庆通信业增长势头加快，重庆市近郊9区电话号码由7位升至8位，长途区号由“0811”改为“023”，原重庆市所剩12个区市县成功建成一个本地电网。

1998年，重庆市境内电话号码全部升为8位，长途区号统一使用“023”，宣告重庆电信建成当时我国乃至世界最大的本地电话网，覆盖面积达8.2万平方公里，覆盖人口3200万。

2009年，中国联通启动3G试商用，三大运营商的3G业务在重庆启动，重庆全面进入3G时代。除了语音通话，3G时代开始提供高速数据业务，可以实现网页浏览、电话会议、电子商务等多种信息服务。

3G商用5年后，国内三大电信运营商终于获发4G牌照，2014年2月底重庆4G正式商用。4G时代网络传输速率最高可达到100Mbps，网速得到大幅提升，能够传输高质量视频图像，视频通话和随时随地上网成为现实。也因此促生了越来越多手机应用，各种手机端App企业乘势发展。

为了响应国家经济转型、升级的号召，追求高质量的发展，诚泰集团正在进行转型，并于2017年正式进入物联网产业，在两江新区投资组建重庆博端科技有限公司，打造博端物联网产业园，助推重庆早日建成物联网产业高地。

第5代移动通信技术（5G）即将到来。据了解，5G时代的最大体现是在应用场景上，主要有移动互联网和物联网两大类，除了支持移动互联网发展，还将解决机器海量无线通信需求，极大促进车联网、工业互联网等领域的发展。5G不仅传输速率更高，而且在传输中呈现出低时延、低功耗等特点，它能保证更好地支持物联网应用。未来5G技术将会大规模地应用于各行各业，因此必须构建一个开放、合作、共赢的全球生态系统，才可能推动全球5G产业健康发展。

2018年上半年，重庆移动已经开通了5G实验网。据有关报告，我国有望于2019年进行5G网络试商用，最快2020年正式商用5G网络。在此背景下，重庆已被中国移动确定为首批5G网络试商用城市之一，组建中国移动5G联合创新中心重庆开放实验室，是中国移动在渝部署5G的开端。2020年，5G网络有望在渝正式商用。

5G传输速度可达10Gbps，比4G网络的传输速度最高快百倍。这意味着，智慧城市、智慧电网、智能放牧/种植、物流实时追踪、远程驾驶、工业控制等物联网应用场景将因之成为现实。而业界普遍认为，物联网中接入的设备预计会超过千亿个，对设备数量、数据规模、传输速率等提出很高的要求，而这是只有5G才能肩负的使命。

5G加持的物联网将迎来新机遇。根据工信部的预测，中国物联网到2020年成熟时将启动万亿元级别的市场规模。来自中国信息通信研究院西部分院重庆信息通信研究院的信息表明，2017年，重庆市物联网核心产值达411.8亿元，同比增长36.9%，相关产值超过850亿元。未来几年，重庆物联网产业产值将保持30%～40%的增速，预计到2020年，重庆物联网产业核心产值将突破1000亿元。

重庆在硬件制造、软件与平台和应用服务方面拥有独特优势，是国家建设新型产业、发展物联网产业的重点区域，重庆物联网产业将带动医疗、教育、家居、安防、交通等多个行业的经济发展，成为重庆经济新的增长点。重庆诚泰实业集团深耕通信领域20余年，一直致力于与通信行业前沿科技和技术接轨，势必抓住物联网发展机遇，聚集行业优势资源，打造物联网高端项目，为重庆经济发展贡献绵薄之力。

社会责任在肩

2009年，重庆市温州商会在渝州宾馆成立，全国人大常委会原副委员长成思危、重庆市时任市长黄奇帆亲临会场做主讲嘉宾，温州市时任领导赵一德等出席，全国200多位温州商会会长出席庆典。

我作为重庆市温州商会会长，以温州商会为平台，借势重庆西部经济开发高地的定位，频繁地助力两地互动。我认为，东部的产业转移对于重庆经济而言是个难得的机会。不仅如此，之后的“重庆温州周”，让两地经济、文化、科技得到双赢，温州众多的产业、金融资本也从中受益。重庆温州商会的努力和成绩获得了全国温州商会的高度评价。最近几年，温州籍大企业集团投资重庆，商会作为双方的东道主，牵线搭桥。

通过温州商会的努力，让温州的各类资源整合，整体宣传、推介温州，让重庆更好地认识温州，以谋求与重庆各界更大范围、更宽领域、更高层次的合作交流，融入重庆经济建设的洪流中。为第二故乡的发展能尽一点绵薄之力，这是一件很荣幸的事情。

重庆是个好地方，种瓜得瓜，种豆得豆，投资环境越来越好，政府的服务能力也越来越强，效率越来越高。我会继续把主要投资放在重庆，同时重庆市温州商会将努力通过遍布世界各地的温州商会，集合温商资源，继续为重庆发展贡献力量。

达则兼济天下。我本人有幸作为商界代表，曾多次出席两地政协和人大会议，也有幸跟随国家商务代表团出访欧洲和亚洲等地，作为中国公民，作为企业代表，我深感自豪和重任在肩。企业家理应承担更多的社会责任，而不仅仅是赚钱，要为员工、为社会、为国家增添更多的正能量。

2015年，我个人捐款50万元支持中国民主建国会旧址在渝中区的复建工作，以及为2008年“5·12”汶川大地震捐款、2010年玉树地震捐款等，不定期地扶持贫困学生、慰问孤寡老人等，先后通过浙商爱心基金、重庆温州商会等平台，以重庆诚泰集团以及我个人的名义，30年来，累积为社会爱心捐款1000多万元。这是我应该做的，企业家理应承担更多的社会责任。

（根据作者2018年回忆整理）

后记

2019年是新中国成立70周年，也是重庆解放70周年。新中国成立以来，在党的领导下，重庆经历了社会主义革命和建设、改革开放和社会主义现代化建设重要历史时期。改革开放后，重庆于1983年成为全国第一个经济体制综合改革试点大城市，1997年成为中央直辖市，相继迎来新的发展机遇。为生动展现这一光辉历程和取得的巨大成就，中共重庆市委党史研究室对本室多年来编辑出版的口述回忆文章和近年新征集到的一些领导同志、亲历者的口述回忆资料进行了系统整理，选取与重庆解放以来一些重大事件、重要决策相关的文章，汇编成《新中国成立70周年重庆口述回忆文集》。

在本书编辑过程中，市委党史研究室徐塞声主任多次召开室务会听取工作情况汇报，提出编辑意见，并审定全部书稿。张琪巡视员、徐光煦副主任对书稿的策划、选稿等给予精心指导。艾新全副巡视员对全书篇目和内容进行了审订。征研二处田姝、袁仁景具体负责本书的策划和编辑，并参与采访整理部分文稿。俞荣新、黄亚丽、刘承海参与部分文稿的采访整理工作。同时，本书也得到重庆市工商联及各位口述回忆者或家属的大力支持，在此表示衷心感谢！

由于编辑时间紧迫，编者水平有限，书中难免存在不当之处，欢迎广大读者提出宝贵意见。

编 者

2019年8月